W0358104

HUNKE · ALLAHS SONNE ÜBER DEM ABENDLAND

SIGRID HUNKE

ALLAHS SONNE ÜBER DEM ABENDLAND

UNSER ARABISCHES ERBE

DEUTSCHE VERLAGS-ANSTALT
STUTTGART

CIP-Titelaufnahme der Deutschen Bibliothek

Hunke, Sigrid:
Allahs Sonne über dem Abendland : unser arab.
Erbe / Sigrid Hunke. – 73.–77. Tsd. –
Stuttgart : Deutsche Verlags-Anstalt, 1989.
ISBN 3-421-01590-2

73.–77. Tausend 1989
© 1960 Deutsche Verlags-Anstalt GmbH, Stuttgart
Druck: Druckhaus Beltz, Hemsbach
Bindearbeit: May & Co, Darmstadt
Printed in Germany

Herrlich ist der Orient
Übers Mittelmeer gedrungen;
Nur wer Hafis liebt und kennt
Weiß was Calderon gesungen.
Goethe, Westöstlicher Diwan

INHALT

FÜNFTES BUCH · SCHWERTER DES GEISTES

EINLEITUNG

Die heutige Welt besteht nicht mehr aus Europa. Und die europäische Geschichte ist heute nicht mehr Weltgeschichte. Auch die Völker anderer Kontinente haben die Bühne des Weltgeschehens betreten. Doch während alle Erdteile ohne Ausschluß handelnd an dem großen Schauspiel Weltgeschichte beteiligt sind, erinnert unser Geschichtsbild noch immer an eine mittelalterliche „Weltkarte", in der das Weltmeer die runde Scheibe Europa umfließt und als deren Mittelpunkt und geistige Heimat Hellas und Rom die Stelle des „Paradieses" einnehmen. Daß auch andere Völker, andere Erdteile existieren und in der Geschichte, ja in unserer eigenen abendländischen Geschichte ihren rechtens erworbenen Platz beanspruchen, kann in einer Gegenwart, die schon nach Gestirnen greift, nicht mehr ignoriert werden.

Darum scheint es an der Zeit, auch von einem Volk zu sprechen, das tief in den Gang des Weltgeschehens eingegriffen hat und dem das Abendland und die Menschheit unendlich viel verdanken. Und doch wird, wer hundert Bücher durchblättert, die nur irgend historische Auskunft geben, in achtundneunzig seinen Namen nicht finden. Noch heute beginnt für das abendländische Bewußtsein und für jedes Schulkind Weltgeschichte, ja jede Literatur-, Kunst- und Wissenschaftsgeschichte flüchtig im alten Ägypten und Babylon, um andächtig in Griechenland und Rom zu verweilen und mit knappem Seitenblick auf Byzanz zum christlichen Mittelalter und in die Neuzeit überzugehen. Weder hält man das Europa vor diesem Mittelalter einer Beachtung wert, noch das, was zugleich mit dem Mittelalter in der Welt geschah. Daß währenddessen in engster Nachbarschaft die Araber durch ein Dreivierteljahrtausend das führende Kulturvolk der Erde waren und damit doppelt so lang blühten wie die Griechen, ja daß sie das Abendland unmittelbarer und vielfältiger beeinflußt haben als jene – wer weiß davon und wer spricht davon? Allein um der Griechen willen gesteht man ihnen eine Bedeutung zu: sie haben dem Abendland die Schätze der Antike „vermittelt". Dieser einzige Satz, der ihr Verdienst um das Abendland zu würdigen vorgibt, während er es auf das eines Briefträgers herabdrückt, entwürdigt sie durch das, was er verschweigt.

Denn es geht nicht nur darum, unseren geschichtlichen Horizont zu weiten. Es geht in unserer Zeit, die in dem Feind von gestern Freunde von morgen sucht, darum, sich auch über einstige Glaubensschranken einer

Toleranz und höheren Menschlichkeit zu öffnen und hinter dem Glauben auf den Menschen zu blicken.
Ist es noch zu früh, einem Volk Gerechtigkeit widerfahren zu lassen, dem religiöse Leidenschaften eine objektive und gerechte Würdigung versagt, dessen überragende Leistungen sie herabgesetzt, dessen fundamentale Beiträge zu unserer Kultur sie verschleiert und totgeschwiegen haben?
Das Verhältnis des Abendlandes zum Arabertum seit Verkündung des Islams bis heute ist ein klassisches Beispiel dafür, in welchem Maße Geschichtsschreibung von Gefühlen und Leidenschaften diktiert werden kann. Dies war verständlich in einer Zeit, der jeder Einfluß Andersgläubiger unerwünscht, weil gefährlich sein mußte. Dieser mittelalterliche Standpunkt ist noch nicht verwunden. Noch heute verbauen konfessionell begrenzte Horizonte die Sicht, wenn auch zumeist unbewußt, aus einem verschwommenen, aber tiefverwurzelten Unbehagen gegenüber Menschen, deren Gesicht von der Propaganda als das von Mordbrennern, Götzendienern und Schwarzkünstlern diabolisiert worden war. Erst kürzlich gab der verbissene Streit um eine einzige Frage – die Ursprünge des Minnesangs – einen Begriff davon, wie stark noch heute die Abneigung ist, ein arabisches Erbe anzuerkennen, und welche Affekte sie noch im 20. Jahrhundert zu entfesseln vermag.
Dieser Streit wäre aber nicht möglich gewesen, wenn nicht die Horizonte sich langsam zu weiten begännen und ein gerechtes Urteil sich anbahnte!
Von dem Schicksal der arabischen Welt, die schon einmal das Gesicht unseres Erdkreises entscheidend verwandelt hat, wird vielleicht schon bald auch das unsere engstens mit abhängen. Sollten wir hinter dem Trennenden nicht endlich nach dem Gemeinsamen, uns Verbindenden fragen?

Dies Buch spricht von den „Arabern“ und der „arabischen“ Kultur, nicht von „islamischer“: denn nicht nur haben auch Christen, Juden, Parsen und Sabier sie mitgetragen, viele der größten Leistungen sind gerade im Protest gegen den orthodoxen Islam entstanden. Ja vieles, was die Eigenart dieser Geisteswelt ausmacht, ist im Charakter des Arabers der vorislamischen Zeit bereits angelegt.
Dies Buch spricht von dem „Araber“ und „arabischer“ Kultur, obwohl ihre Träger nicht nur Angehörige jenes Volkes waren, die schon Herodot als „Arabioi“ bezeichnete, sondern auch Perser, Inder, Syrer, Ägypter, Berber, Westgoten sie mitgestaltet haben: denn alle Völker, über welche die Araber sich als ihre Herren erhoben hatten, waren geeint nicht nur durch die gemeinsame arabische Sprache und arabische Religion, sie waren durch das arabische Vorbild und die unerhörte Prägekraft des

arabischen Geistes zu einer kulturellen Einheit von großartiger Geschlossenheit zusammengeprägt worden.
Dies Buch spricht von der arabischen Kultur, wie man von der amerikanischen Kultur spricht, und nennt einen ar-Rasi oder Ibn Sina aus persischen, seit vielen Generationen unter den Arabern lebenden Familien so wenig einen Perser, so wenig man den Präsidenten der Vereinigten Staaten von Amerika, Dwight D. Eisenhower, einen Deutschen nennt.
Dies Buch möchte dem Arabertum einen längst geschuldeten Dank abstatten. Wenn es daher eine große – wenn auch notgedrungen unvollständige – Anzahl direkter und indirekter Einflüsse aus der arabischen Kultur zur Sprache bringt, so kann dies nicht heißen, daß uns alles Heil von dort gekommen sei! Und es kann nicht heißen, daß wir deshalb die wichtigen Einflüsse von Griechen und Römern, Chinesen, Indern und Juden etwa übersähen oder verkleinerten ebensowenig wie den Eigenwuchs und die kulturgestalterische Kraft der germanischen und romanischen Völker, die von Fremdem nahmen, um mit ihm sich selbst zu verwirklichen! Viele Hände weben den großen Teppich Kultur. Sie alle geben das Ihre hinein, und alle haben ihr Recht auf Dank.

Erstes Buch

DIE WÜRZE DES ALLTAGS

Swâ man ufen teppech trat,
cardamom, jeroffel, muscat
lac gebrochen undr ir fuezen
durch den Luft suezen
Wolfram von Eschenbach, Parzival

ARABISCHE NAMEN FÜR ARABISCHE GABEN

Darf ich Sie in dies *Café* einladen, gnädige Frau? Sie sind er*matt*et? Legen Sie bitte die *Jacke* ab und nehmen Sie dort hinten auf dem *Sofa* mit der *karmin*roten *Matratze* Platz! Der *Konditor* mit der steifen *Mütze* und dem weißen *Kittel* wird sofort eine *Tasse Bohnenkaffee* mit zwei Stückchen *Zucker* vor Sie hinstellen – oder lieber eine *Karaffe* eisgekühlte *Limonade*, falls Sie nicht *Alkohol* vorziehen? Nein? Dazu mögen Sie sicher eine Obsttorte mit *Aprikosen* und *Bananen* garniert.
Natürlich, mein Freund, sind Sie heute zum Essen mein Gast! Zur Eröffnung darf ich Ihnen einen *Sorbett* von *Orangen* reichen. Die gefüllten *Artischocken* werden Ihnen als Vorspeise gefallen. Und was halten Sie jetzt von *bardiertem* Kapaun auf pikantem Reis mit *Spinat*-Krusteln? Danach kann ich Ihnen die *Zimt*röllchen in *Arrak*sauce sehr empfehlen. Und zum Beschluß einen *Mokka*. Und machen Sie es sich bitte auf dem *Diwan* bequem.
Ja fühlen Sie sich nur recht zu Hause, denn alles, was Sie umgibt und was ich Ihnen hier biete, gehört ja längst zum festen Inventar unseres Lebens, obwohl wir uns dies alles erst von einer ganz fremden Welt ausgeborgt haben – von den Arabern. Den *Kaffee*, mit dem Sie täglich Ihre Lebensgeister auffrischen, die Kaffee*bohne*, die Sie fein mahlen, sogar die *Tasse*, aus der Sie den schwarzen Trank zu sich nehmen, den *Zucker*, ohne den Sie sich heute keinen Küchenzettel mehr vorstellen können, die *Limonade* und die *Karaffe*, den *Kittel* und die *Jacke*, die *Mütze* und die *Matratze* – sie alle haben wir überhaupt erst durch die Araber kennengelernt. Nicht nur das! Sie alle tragen bei uns – und in fast der gesamten zivilisierten Welt – noch ihren arabischen Namen! Auch der *Zuckerkand* oder *Kandis*, mit dem der *Konditor* in der *Konditorei* an der Ecke seine *Zwetschgen*, *Bergamott*birnen und feinen *Orangen*stäbchen *kandiert*.
Gut, Sie sagen: Südfrüchte werden aus dem Süden kommen müssen

(auch mancherlei Trink- und Eßbares natürlich), warum nicht aus dem Orient, und warum nicht in die Hüllen ihrer orientalischen Heimat verpackt?

Sie sagen, wenn Sie sich zerschlagen und matt auf dem *Sofa*, dem *Diwan*, der *Ottomane* oder im *Alkoven* ausstrecken: jedes Kind kann solch extravaganten Wörtern ihre fremdländische Herkunft gleichsam von der Stirn ablesen. Wissen Sie übrigens, daß Sie sich eben, sicher unfreiwillig, eines arabischen Ausdrucks bedient haben, eines Wortes aus dem *Schach*spiel (das wir ja ebenfalls von den Arabern gelernt haben wie seinerzeit Karl der Große von den angeblichen Gesandten Harun ar-Raschids), und daß „schâh" der „König" heißt und unser liebes, schlichtes *matt* nichts anderes als „– ist gestorben?" Na also – schachmatt! Wissen Sie auch, daß Sie sich deshalb noch heute *scheckig* lachen oder ärgern, d. h. buntge*scheckt* gleich dem *Schach*brett?

Wußten Sie, daß auch der *Koffer*, der dort in der Auslage neben dem *Saffian*etui und der Tasche aus *Maroquin*, also aus Marokko, auf Käufer wartet, noch den Stempel der reisefreudigen Araber trägt, ebenso wie das Paar *Gamaschen*, das seinen Namen von der nordafrikanischen Stadt Ghadames erhalten hat?

Sehen Sie die *Galanterie*waren in diesem Schaufenster und die hübsche Dekoration der Stoffe? Außer dem tüchtigen *Barchent*, dem feinen *Kattun* und *Musselin* und dem flauschig-schmiegsamen *Mohair* haben Sie hier die Auswahl zwischen dem hauchzarten *Chiffon*, dem eleganten *Satin*, dem vornehmen *Taft*, dem *rass*igen *Moiré*, dem majestätischen *Atlas* und dem pompösen *Damast* – aus der Stadt Damaskus, die übrigens sogar unserer *Zwetschge* den Namen gegeben hat – angeordnet in einer Farbskala, die vom *Safran*gelb über *Orange*, *Karmesin* bis zum tiefen *Lila* spielt. Auch dies die anmutigen Andenken an die, denen wir die nützlichen und festlichen Stoffe und ihre leuchtenden Farben verdanken, an die Araber.

Ist Ihnen bewußt, wenn Sie dort drüben die Apotheke betreten oder hier die *Drogerie*, daß Sie arabische „Erfindungen" vor sich haben? Schon die *Drogen*handlung verrät es und ein Blick in die Kästen und Gläser, die *Muskat*, *Zimt*, *Ingwer*, *Kümmel*, *Esdragon*, *Safran*, *Kampfer*, *Benzin*, *Alkali*, *Natron*, *Soda*, *Borax*, *Saccharin*, *Ambra* und viele andere arabische *Drogen* enthalten, die Sie täglich im Haushalt verwenden. Wissen Sie, daß wir auch den *Lack*, mit dem wir die Fußleiste oder die Fingernägel *lackieren*, die *Anilin*farben, die *Gaze*, das *Talkum* und die *Watte* noch mit ihren arabischen Namen nennen?

Arabische Wörter, überall in unsere Sprache verstreut – Gegenstände des täglichen Gebrauchs, von den Arabern uns gebracht, wohin wir greifen! Dinge, die unserem einst nüchternen, kahlen und etwas schmuddeligen Alltag die freundlichen Zierate und festlichen Glanzlichter aufgesetzt, ihn buchstäblich gewürzt, mit Duft und Farbe belebt, ihn gesünder und hygienischer gemacht und mit Behaglichkeit und Eleganz verschönt haben . . .

DARBENDES ABENDLAND IM SCHATTEN DES WELTHANDELS

Man schreibt das Jahr 973. Vor der Westküste Frankreichs steuert eine Galeere um das Kap Gris Nez Kurs nach Nordosten. In Bordeaux, Rouen, Utrecht und Schleswig löscht sie ihre kostbare Fracht, andalusisches Öl vor allem, kastilischen Alaun zum Gerben, Feigen und Wein aus Malaga, Pfeffer und Schiffstaue. Mit ihr reist an der Spitze der Gesandtschaft des Kalifen al-Hakam II. aus Cordoba Sidi Ibrahim ben Achmed at-Tartuschi.

Ihr Ziel ist der Hof des ruhmreichen „römischen Königs Huto" im Sachsenland. Denn nach Quedlinburg am Harz ist der Kaiser des Heiligen Römischen Reiches, Otto I., soeben aus Rom von der glänzenden Hochzeit seines Sohnes mit der griechischen Kaisertochter Theophano und von den anstrengenden Krönungsfeierlichkeiten zurückgekehrt. Der Sieger auf dem Lechfelde und Erneuerer des abendländischen Kaisertums steht im Zenit seiner Macht und Herrscherwürde. Gesandte der Dänen, Polen, Slawen, Böhmen, Abordnungen der Griechen, Bulgaren, Ungarn und Italiener stehen Schlange in der Kaiserpfalz von Quedlinburg, um dem höchsten Herrscher des Abendlandes ihre Huldigung darzubringen.

Anfang April verlegt der Kaiser seine Hofhaltung nach Merseburg. Und hier trifft, geführt von Ibrahim ben Achmed at-Tartuschi, auch die Gesandtschaft des „Beherrschers der Gläubigen" aus Spanien ein zur Ehrung des ersten Fürsten der Christenheit.

Kaiser Otto I. nimmt die arabischen Gäste wohl auf und die kostbarsten Geschenke, die er je erblickt hat. Der Empfang der Araber ist eine seiner letzten Amtshandlungen. Wenige Tage, nachdem er die Gesandtschaft mit fürstlichen Gegengaben entlassen hat, schließt der große Sachsenkaiser in Memleben die Augen.

Auf dem Landwege kehren die maurischen Diplomaten in ihre Heimat zurück. Seine Heimreise führt at-Tartuschi über Soest, Paderborn, Fulda nach Mainz. Und hier begegnet ihm etwas, was ihn unversehens heimatlich berührt. In dieser „Stadt im Frankenlande an einem Fluß, der Rîn genannt wird", gibt ein Kaufmann ihm ein paar arabische Dirhem in die Hand. Erstaunt liest er die kufischen Zeichen, den Namen des Münz-

herrn, das Datum der Prägung: 301 und 302 nach der Hedschra! Kein Zweifel, hier hält er Goldstücke aus Samarkand, die vor rund sechzig Jahren geprägt sind! „Ich schätze, es sind Münzen des Samaniden Nassr ibn Achmed", urteilt er. Und noch etwas anderes setzt ihn in Verwunderung.
„Seltsam ist auch, daß es dort Gewürze gibt, die nur im fernsten Morgenlande vorkommen, während Mainz im fernsten Abendland liegt, z. B. Pfeffer, Ingwer, Nelken, Spikanarde, Costus- und Galgantwurzel."

Noch größer wäre freilich sein Erstaunen gewesen, hätte er das Verzeichnis der Waren gesehen, die der Bruder Kellermeister des Klosters Corbie an der Somme – und also schon beinahe am Rand der Welt! – für seine Küche in der siebzig Kilometer entfernten Bischofsstadt Cambrai einzukaufen pflegte. Auf seiner Liste hätte er lesen können:

600 Pfund Wachs	10 Pfund Rha ponticum
120 Pfund Pfeffer	10 Pfund Percrum
120 Pfund Kümmel	10 Pfund Salbeiblätter
70 Pfund Ingwer	10 Pfund Schwamm
10 Pfund Gewürznelken	10 Pfund Pomicar
15 Pfund Zimt	10 Pfund Zittwar
10 Pfund Spikanarde	10 Pfund Styrax calamita
10 Pfund Weihrauch	5 Pfund Cotzumber
10 Pfund Mastix	3 Pfund Opperment
3 Pfund Myrrhe	3 Pfund Drachenblut
10 Pfund Costus	3 Pfund Indium
10 Pfund Galgant	2 Pfund Thymiama

Bis auf den Salbei mußten fast alle Gewürze, Heilpflanzen und Räucherwaren, die in solchen Mengen in die Keller des Klosters wanderten, einen weiten Weg „vom fernsten Morgenland" in „das fernste Abendland" zurücklegen, Waren, die schon so selbstverständlich zum täglichen Bedarf gehörten, daß nicht allein die unzähligen Kirchen ohne die Gaben Arabiens in Bedrängnis gerieten, sondern sogar die Mönche sie auf ihrer Tafel nicht mehr entbehren konnten.
Und doch haben sie lange Zeit auf die gern genossenen Wohltaten des Orients verzichten müssen.
Die Liste aus Corbie nämlich stammt aus den Tagen der Merowinger. Sie ist fast dreihundert Jahre vor Tartuschis Reise aufgezeichnet worden. Und in diesen dreihundert Jahren ist sehr viel Wasser den Rhein und die Somme hinuntergeflossen. Und sehr viel hat sich auf dieser Erde verändert, vielleicht mehr als in all den Jahrhunderten, die vorausgegan-

gen sind. Mehr als die Wanderung der Germanen, die von Norden her in das Imperium Romanum einbrachen, mehr auch als der Untergang des gewaltigen römischen Weltreiches im Gesicht der alten Welt verändert hatte, das von der Einheit und Heilheit des Mittelmeers bestimmt wurde.

Oder hatten die Germaneneinfälle wirklich Entscheidendes gewandelt? Hatten die Völker aus dem Norden etwa die alte Ordnung umgestürzt, die Einheit der antiken Kultur zerschlagen? Sie hatten sich eingefügt und waren ein Teil des Bestehenden geworden und seine Fortsetzer. War etwa mit dem Ende des alten Imperiums und mit der neuen Vormacht Ostroms die Einheit der Religion erschüttert worden? Hatte die Wirtschaftseinheit rings um das Mittelmeer Einbuße erlitten?

Im Gegenteil. Dieser Orienthandel, der einst über Ostia in die Weltstadt Rom und in den Hafen von Marseille gemündet war, blüht indessen nur kräftiger weiter und zieht sich auf breiteren Wegen als ehedem über die Alpen und durch Gallien bis nach Cambrai und ins innerste Germanien. Zwar gibt nicht mehr Rom den Ton an, sondern Byzanz. Zwar ist die alte Welt innerlich morsch und müde. Aber nach außen hin ist sie unversehrt.

Zerschlagen wird sie, zersprengt ihre Einheit erst, als aufbrechend aus Südarabien die arabische Völkerwanderung, aktiviert und diszipliniert durch ihren Propheten Muhammed, an den Rändern des Mittelmeers entlang bis an den Atlantik vorbrandet und den Osten, Süden und Westen aus dem einstigen Kulturblock herausbricht und fest in Besitz nimmt.

Die Folgen haben Riesenmaß. Der Sieg des Islams zerreißt die seit einem Jahrtausend und länger bestehende Welt in einen Orient, gegen dessen Aggression der Okzident den eisernen Vorhang herunterläßt und sich auf Jahrhunderte hermetisch abschließt. Das neue, arabische Weltreich setzt zum erstenmal überhaupt sich als „Morgenland" einem „Abendland" entgegen und wirft dies auf sich selbst zurück[1].

„Niemand wage nach Syrien und Ägypten zu reisen!" droht es aus Rom, aus Konstantinopel. Die eigene Propaganda schnürt den Kontinent ab. Daß christliche Pilger weiterhin ungestört zur Grabeskirche wallfahrten können, daß gerade eben der Kalif Harun ar-Raschid dem hochgeschätzten Kaiser Karl durch den ungehindert weiteramtierenden Patriarchen Jerusalems die Schlüssel der Heiligen Stadt überreicht und die Schirmherrschaft übertragen hat, hindert nicht, die „Ungläubigen" im selben Augenblick der Schändung eben dieses Jerusalems zu zeihen, um Gutgläubige und Reiselustige abzuschrecken. Dem arabischen Kaufmann aber steht der unermeßliche Osten mit Indien und China offen. Er ist auf

Handel mit dem Westen wahrlich nicht angewiesen. Nicht der Kaufmann sucht daher die Küsten des südlichen Europas auf, sondern allein der Pirat.

Verödet sind jetzt die Häfen, durch die die Güter des Orients hereingeflossen, leer die Lager, leer die Keller von Corbie, wo der Bruder Küchenmeister fade Kohlsuppen auf den Tisch bringt. Kein Händler bietet mehr Pfeffer, Ingwer, Wein oder gar Seide an. Nichts, was das Leben bisher angenehm gemacht hatte. Ja, der Kaufmannsstand selbst ist von der Bildfläche verschwunden. Denn es gibt nichts zu handeln. Der Bauer zahlt dem Bauern in Vieh und Getreide, selten noch in Silber. Aber kein Gold rollt mehr durch die Hände. Das Leben ist arm geworden, einfach und gesund.

Selbst die Kirchen müssen das Notwendigste entbehren. Weihrauch, Wein und Öl für die Beleuchtung sind Mangelware. Als „Ersatz" wird in Zukunft das Wachs der Waldbienen herhalten. Bonifatius ist auf bescheidene Geschenke der Freunde aus Rom angewiesen, die einmal mit ein wenig Weihrauch aushelfen, ein anderes Mal ein Prieschen des seltenen Zimts, ein Stück würziger Costuswurzel oder ein Pröbchen Opobalsam vom arabischen Balsamstrauch beisteuern, die vielleicht ein Jude in der christlichen Metropole angeboten hat.

Denn allein die Juden halten noch eine gewisse Verbindung zwischen dem muslimischen Orient und dem christlichen Okzident aufrecht, als Großhändler, auch als Gesandte der Karolinger. Wo auf der Erde finden sie nicht ihre Glaubensgenossen, die ihnen weiterhelfen? Zudem sprechen sie – wie Ibn Chordadhbeh, um das Jahr 900 Chef der vorzüglich arbeitenden Polizei- und Postverwaltung des Irak, bemerkt – „Persisch, Römisch, Arabisch, Fränkisch, Spanisch und Slawisch. Sie reisen vom Abendland nach dem Morgenland und vom Morgenland nach dem Abendland zu Schiff und zu Lande (über Spanien, Ceuta nach Ägypten). Sie bringen aus dem Abendland Verschnittene, Sklavinnen, Knaben, Seide (aus Byzanz), Pelze und Schwerter. Sie schiffen sich im Land der Franken auf dem Westmeer ein und fahren nach Farama (einem Ort in der Nähe des heutigen Port Said) . . . Bei der Rückkehr laden sie Muskat, Aloe, Kampfer, Zimt und andere Erzeugnisse östlicher Länder."

Doch dies sind in Europa von jetzt ab nur Tropfen auf den heißen Stein. Kein gewöhnlicher Sterblicher kann sich ihre überteuerten Waren vom Schwarzen Markt leisten. Darum hat Tartuschi allen Grund, sich über das Vorkommen östlicher Spezereien im westlichen Mainz zu wundern.

In der Tat liegen die christlichen Länder auch zu seiner Zeit weithin im Schatten eines mächtigen Orienthandels, der über das Kaspische Meer und wolgaentlang hoch hinauf in den heidnischen Norden ausstrahlt und alle Küsten und Inseln der Ostsee bestreicht. Tausende, nein Millionen arabischer Münzen aus dem 9. bis 11. Jahrhundert hat der Boden der nordischen Länder wieder herausgegeben, Zeugen der weltweiten Ausstrahlung der arabischen Kultur und eines Handels, der nicht durch religiöse Vorurteile beengt war. Ihre Träger waren die nordgermanischen Wikinger oder Normannen, die von Norwegen, Island, Schweden und Dänemark auf ihren kühnen Fahrten tief hinein bis in den Orient vorstießen. Eine ihrer vielen machtvollen Staatengründungen haben sie in den Gefilden Rußlands vollbracht, das noch von ihnen, seinen einstigen Herren, den Hros oder Rûs, wie sie nach ihrer Heimat in Schweden heißen, seinen Namen führt.

Als handeltreibende Krieger gründen sie große Handelsplätze, Nowgorod, Kiew. Sie reichen Stoffe, Filze, Silberschmuck, Kaurimuscheln, Waffen, Harpunen und Spezereien aus den arabischen Provinzen bis ins fernste Thule weiter. Dafür schaffen sie Bernstein, Walfischzähne, Fischleim, Ahornholz, Birkenrinde, lebende Habichte für die Jagd und Mützen aus Schwarzfuchspelz zu den Arabern, ja die wundervollsten Pelze in riesigen Mengen. „In Esellasten kam glatter Biber, schwarzer Zobel auch, so daß man ihn nicht mehr zählen konnte; von Hermelinpelz so viel aufgebunden, daß jede Schätzung unmöglich war; leuchtende Vehe und rubinfarbener Fuchs; ebenso noch nie beschlagene Fohlen; Luchspelze, das Schlafgemach erleuchtend wie das Dunkel der Nacht, wenn es gefallen ist auf das Antlitz des Tages."

Doch zwischen dem Reich der Rûs, dem arabischen Weltreich und Ostrom eingekeilt, liegt der Pufferstaat der Chasaren. Seit Jahrhunderten hat er die vertriebenen Juden aus dem Vorderen Orient aufgefangen, und Könige jüdischen Glaubens herrschen über das aus Juden, Christen, Muslimen und Heiden gemischte Volk. Die Hauptstadt Itil kontrolliert die für den Verkehr so wichtige Mündung der Wolga in den Kaspi-See. Denn sein immenser Reichtum beruht auf dem Transithandel und den Zöllen, die der Staat erhebt bei dem Durchgang der Waren aus allen Himmelsrichtungen.

Seitdem Kaiser Otto I. die den Kontinent verheerenden Magyarenhorden für immer unschädlich gemacht hat, bricht sich endlich über Chasar und die „russischen" Normannen ein Seitenarm des kräftig hin und her flutenden arabisch-nordischen Handels den Weg auch zu den Klöstern und Städten Mitteleuropas. Denn große Handelsstraßen führen bereits bis Prag – wie der Jude Ibrahim ibn Jaqub erzählt, der von einer Reise durch die slawischen Länder zu gleicher Zeit in Merseburg bei dem „Sachsenkönig Huto" eintrifft wie die Gesandten al-Hakams II. „Zu ihr,

der Stadt Prag, kommen aus der Stadt Krakau die Rûs und die Slawen mit Waren, und es kommen zu ihnen aus den Ländern der Türken Mohammedaner, Juden und Türken gleichfalls mit Waren und gangbaren Münzen und führen von ihnen Sklaven, Zinn und verschiedene Felle aus."
Vielleicht die Rûs selbst, vielleicht die Prager haben so jene Gewürze nach Mainz gebracht und jene Münzen hinterlassen, die den Araber Tartuschi im Jahr 973 in dem fremden Lande heimatlich grüßten.

BLOCKADEBRECHER VENEDIG

Währenddessen hat sich, hierzuland unbemerkt, an anderer Stelle jene winzige Macht gerüstet, die den gewaltigsten Sieg auf diesem Felde ernten sollte – die Lagunenstadt in der Adria, Metamauco, die, bald von Bürgerkriegen und dem Meer verschlungen, auf den Rialtoinseln als Venedig unter dem Schutz ihres aus Ägypten gestohlenen heiligen Markus weiterlebte. Durch ihre Lage inmitten des Meeres war sie von Anbeginn auf Handel hingewiesen. Ganz klein fing es an, mit Salz und Fischen, und wurde zu einem Triumph ohnegleichen. Ihre Waffen waren ihr Kaufmannsgenie und die Waren der Völker in Ost und West, ihr Sieg ein Reichtum, wie er einzig dastand im Abendland, ein Reichtum von nahezu arabischen Ausmaßen.
Durch die Ausbreitung des Islams war das Meer zur Grenze zwischen zwei Welten geworden – Venedig schlägt die Brücke von neuem, über die das Morgenland mit seinen lang entbehrten und mit noch unbekannten Schätzen das darbende Abendland erobert.
Denn Venedig gehört zu Ostrom, und das zur See unbesiegte Mutterland hat die Verbindung zu seinen italienischen Stützpunkten offenzuhalten gewußt. Aber der Basileus ist weit, und der Kaiser der Franken ist oft bedrängend nahe. Beide werben um Venedigs Gunst, und beide drohen. Aber Venedig spielt sie geschickt gegeneinander aus und steigt bei diesem Schaukelspiel jedesmal eine Stufe höher auf der Leiter der Selbständigkeit, bis ihr Doge mit den Fürsten der Erde als Gleicher mit Gleichen verkehrt.
So kann die Umworbene es sich schließlich erlauben, auch noch auf andere ihr Auge zu werfen, und bei den Fahrten über das Mittelmeer auch die reichen arabischen Häfen wahrnehmen, obwohl es einer christlichen Stadt nicht ziemt, mit Ungläubigen zu verkehren. Aber hat etwa Neapel sich gescheut, den Arabern bei der Eroberung Siziliens ein bißchen unter die Arme zu greifen, von der geringfügigen eigenen Unterstützung nicht zu reden? Hat etwa Pisa nicht mit den Sarazenen Verträge gegen Genua

abgeschlossen und Neapel sich nicht mit ihnen gegen die Rivalin Amalfi verbündet? Ja, haben Amalfis Schiffe nicht sogar an der Seite der Ungläubigen die römische Küste angegriffen und sich durch keine päpstliche Drohung mit dem Kirchenbann davon abbringen lassen? Hier aber geht es schließlich um friedlichen Handel! Und was hat das Geschäft mit dem Glauben zu tun? Und was die junge Herrscherin des Meeres mit den jeweiligen politischen Händeln des alten Mannes am Bosporus?

Soll man sich die Schnüffeleien der Kommission überhaupt gefallen lassen, die auf Befehl Kaiser Johannes' Tzimiskes am Rialto die auslaufenden Schiffe nach Waffen und Holz durchsucht? Allerdings, der Zorn des Basileus über die jüngsten Angriffe des Fatimidenkalifen kann nicht größer sein als sein Zorn auf die Venezianer, die – wie er aus zuverlässiger Quelle weiß – die Ungläubigen und Feinde auch noch durch Waffenlieferungen und Holztransporte für den Bau von Kriegsschiffen unterstützen. Er droht sogar, alle Galeeren, auf denen Bannware gefunden werden sollte, mit Mann und Maus verbrennen zu lassen!

Doch in Venedig hält man seinen Kopf nicht in die Schlinge, wenn man gerade im Begriff ist, ihn auf Samt und Seide zu betten. Durch eilig diktierten Erlaß, der den Verkauf von Waffen bei Todesstrafe untersagt und Holzlieferungen auf das unverdächtige Maß für Bretter von fünf mal einen halben Fuß und im übrigen auf hölzerne Wannen, Schüsseln und Kochlöffel beschränkt, nimmt der gewitzte Doge dem aufgebrachten Kaiser fürs erste den Wind aus den allzu prall geblähten Segeln. Und schließlich – so macht er der Kontrollkommission klar – ist der Holzhandel Venedigs ohnehin nie von Bedeutung gewesen und schon gar nicht etwa als Unterstützung des Kalifen gedacht! Allerdings sind kurz vor dem Eintreffen der Herren aus Konstantinopel drei Schiffe mit einer Ladung ganzer Holzstämme ausgelaufen . . . aber zwei von ihnen sind nach Machdija in Tunesien unterwegs, das dritte für das nordafrikanische Tripolis bestimmt; und nur aus christlicher Barmherzigkeit mit den bedürftigen Hafenarbeitern hat man die Erlaubnis zum Laden erteilt. Aber die Levante erhält nichts davon!

In der Tat bezeugen arabische Schriftsteller des 10. Jahrhunderts den Handel Venedigs, Amalfis, Palermos und Messinas mit den Arabern Nordafrikas. Ihre Galeeren führen kostbare seidene Vorhänge und Altardecken, schwarze Tuche und Gewänder von einem wundervollen *Azur*blau aus Kairuan, Susa und Gabes nach Europa ein. Arabische Prunkstücke wandern nach Monte Cassino und in die Klöster und Kirchen der Apenninhalbinsel, wo sie heute noch zu sehen sind.

Aber kaum nach dem Norden. Denn wer soll sie über die Alpen schaffen? Da bringen zwei Ereignisse den Wandel.

961 bricht Byzanz die Herrschaft der Araber über die Insel Kreta. Der Weg nach der Levante ist frei. Und kein kaiserliches oder päpstliches Machtwort kann einen mehr hindern, die Geschäftsbeziehungen auch mit den Arabern des Ostens aufzunehmen und von ihrem weltumspannenden Handel und ständig wachsenden Reichtum zu profitieren! 991 schickt der Doge Peter II. Orseolo bei Antritt seiner Regierung Gesandtschaften an alle arabischen Fürsten, um sie Venedig geneigt zu machen. Handelsschiffe vom Lido und aus Genua legen bald regelmäßig auch in Syrien und Ägypten an, und der christenfreundliche Fatimidenkalif al-Mustansir räumt den Pilgern und Kaufleuten sogar einen ganzen Stadtteil Jerusalems ein.

Denn die Schiffskarawanen pflegen Anfang September, wenn die größte Hitze zu weichen beginnt, aus ihren Heimathäfen auszulaufen und nach vier bis fünf Wochen in der Levante zu ankern; aber erst tief im Frühjahr werden die Segel wieder für die Heimkehr gehißt. Den Winter über bleiben die Kaufleute im Orient, reisen von Syrien und Palästina weiter nach Bagdad oder gar zum Persischen Golf oder gehen direkt nach Kairo und Alexandrien, wo die wertvollen Gewürze auf dem billigen Seeweg von Indien und Madagaskar anlangen und reichlichen Handelsgewinn versprechen – weshalb auch die Kreuzfahrer später gern versuchen, „Palästina in Ägypten zu erobern".

Wer nicht vertraglich zur Rückfahrt auf demselben Frachter verpflichtet ist, dehnt seine Geschäftsreise auch über einige Jahre aus. Mindestens sechs Monate aber geht der Kaufmann aus Venedig oder Genua in dem Rhythmus des arabischen Lebens und in der hochstehenden fremden Kulturwelt auf. Und wenn er die Planken des Schiffes wieder betritt, nimmt er mehr mit heim als die inzwischen eingehandelte Fracht an syrischer Baumwolle, leinenen Stoffen aus Antiochia, Glaswaren und Keramiken aus Tyrus, Zuckerhüten und Staubzucker in Säcken aus Tripolis, bringt er mehr als Pfeffer, Zimt, Muskatnüsse, Kampfer, Kubeben, Weihrauch, Myrrhen, Indigo, Alaun, Sandelholz und Brasilholz von den ägyptischen Handelsplätzen mit sich zurück an den Lido . . .

Hat auf diese Weise der Handel wieder den Anschluß an den Orient gefunden, so beseitigt 955 die Ungarnschlacht auf dem Lechfeld endlich die jährlichen Überschwemmungen durch die raubenden Steppenhorden und gibt den Siedlungen und Straßen Europas die Sicherheit zurück. Jetzt plötzlich werden die Pfade über die Alpenpässe zu belebten Handelswegen. Der Kaiser verleiht Markt- und Münzrechte an Orte des Alpenvorlandes, rings um den Bodensee und rheinabwärts. Der Weg ist frei, um die in Venedig gestapelten Waren sich in den Norden ergießen zu lassen.

Aber während Italiener sie nach Burgund, Frankreich und Flandern bringen, ist kaum einer von ihnen in Deutschland zu sehen. Auch die Juden scheiden mehr und mehr aus und weichen in den Zwischenhandel mit Geld, Pferden, Vieh und Altwaren zurück. Der deutsche Kaufmann selbst steigt jetzt über den Septimer oder den Großen Sankt Bernhard in die Poebene hinab und erschließt den Orientwaren ein riesiges Absatzgebiet.

Hauptziel der deutschen Kaufleute ist natürlich die Republik von San Marco. Aus Konstanz und Schaffhausen, aus Ravensburg, Regensburg, Nürnberg, Augsburg, Ulm und sogar aus Köln zieht es sie zu Europas größtem Stapelplatz arabischer Kostbarkeiten. Ihrer Überzahl entsprechend hat der Staat Venedig speziell für die Ankömmlinge von jenseits der Alpen einen Kauf- und Herbergshof reserviert, ebenso wie der ägyptische Sultan den christlichen Händlern in Alexandrien seit langem eigene „Funduks" zur Verfügung stellt. Mit der Einrichtung hat Venedig auch das Wort von den Arabern übernommen. Der Funduk der Deutschen, das staatliche „*Fondaco* dei Tedeschi", enthält sechsundfünfzig Wohngelasse mit Betten und Unterkunftsräumen für Mensch und Tier, einen eigenen Backofen und die nötigsten Handwerksstuben, dazu vor allem Waren-*Magazine* und Verkaufshallen. Eine kleine Kolonie für sich.

Sie ist gleichsam der Kopfbahnhof der Handelsreise. Nur hier kann der Kaufmann Konrad Eisvogel aus Nürnberg in Venedig Wohnung nehmen, hier werden seine Kupfer, seine Eisenwaren, Pelze und Brabanter Tücher verzollt und verkauft, und zwar – wie man es den Arabern abgesehen hat – unter der Aufsicht des *Sensals*, des amtlich bestellten Maklers und Sachverständigen für Waren*tarife*. In Gegenwart des Sensals jedoch hat der Nürnberger sogleich den Erlös in Waren anzulegen, in den vielbegehrten Gewürzen und Drogen aller Art, in den seiden- und golddurchwirkten Stoffen und Gewändern.

Denn die Auszeichnung, mit Venedig Handel treiben zu können, wird durch peinliche Befolgung einer strengen Hausordnung erkauft. Konrad Eisvogel kann nach Nürnberg Waren mitnehmen, aber kein Geld aus Venedig ausführen. Er darf die Masten der Schiffe, die aus Tyrus, Alexandrien, Machdija und Ceuta heimkehren, von den Loggien seines Fondaco aus betrachten, aber er darf die Liegeplätze nicht betreten. Kein Wort und keine Prise Pfeffer dürfen zwischen ihm und einer Schiffsbesatzung hin und her wechseln. Keinem Händler aus Burgund oder Böhmen, aus Mailand gar oder aus Florenz darf er auch nur auf Hörweite nahekommen. Dafür verpflichtet Venedig sich, nirgends außerhalb ihrer Lagunen deutsche Waren einzukaufen und keine venezianischen Güter auf deutschem Boden zu vertreiben. Auf ihrem Inselreich

jedoch und in der Adria behält sie sich allein die Mittlerschaft zwischen Orient und Okzident vor. Und wer Gast ist, hat sich an die Spielregel zu halten. In dieser kaufmännischen Weisheit und Strenge liegt das Geheimnis ihrer Macht.
Da ist Genua anders, liberaler, großzügiger. Hier ist der Orienthandel nicht Staatsmonopol, sondern auf die private Initiative gestellt. Daher ist Genua Durchgangsstation auch für fremden Unternehmungsgeist nach Spanien, Nordafrika oder zur Levante.

Und nun zeigt sich: Letztlich sind die arabischen Spezereien überall das Fundament von Reichtum, wirtschaftlicher Macht und Einfluß, ja aller frühe Wohlstand im Abendland wächst gleichsam aus den arabischen Körben mit Pfeffer heraus.
Mit ihrem Ausbleiben war einst der inländische Handel erloschen, der Kaufmann ausgestorben, das umlaufende Gold eingeschmolzen worden. In dem Augenblick, in dem die Fäden zum Osten zerrissen, war das Abendland auf die rein agrarische, bäuerliche Stufe zurückgesunken. Und darum befriedigt mit seinem Pfeffer, Muskat und Zucker der Orient jetzt nicht nur den abendländischen Gaumen und würzt nicht nur den abendländischen Kohltopf. An die Stelle der kleinen bäuerlichen Märkte, die mit Getreide und Eiern, mit hausgetöpferten Schüsseln und in Heimarbeit gewebten Hosen den örtlichen Bedürfnissen genügten, setzen sich seit der Wiederkehr orientalischer Waren die Markt- und Stapelplätze mit ihren Siedlungen der Kauf- und Fernkaufleute, die jetzt die höheren Ansprüche bedienen. Mit ihnen wachsen Komfort und Luxus, die Hätschelkinder des Reichtums, der Hand in Hand mit den Städten emporblüht. Das Geld beginnt wieder zu rollen und verursacht eine unblutige soziale Revolution.
Ganz gewiß aber wäre Venedig ohne den Handel mit den Arabern nie geworden, was es wurde. Ohne ihren Zimt und Kümmel, Kermes und Indigo hätte es sich niemals seine beherrschende Rolle als größte Wirtschaftsmacht des Abendlandes erspielen können. Dabei kommt ihm die Konjunktur zustatten, die das gigantische Transportgeschäft mit den Befreiern des Heiligen Landes ankurbelt.
Denn mit dem äußersten Entgegenkommen, wie der großzügige al-Mustansir es den Christen erwiesen hat, ist es schlagartig vorbei, als ein türkischer Stamm gleich einem Unwetter über die arabischen Länder hereinbricht. Der Fall Jerusalems in die Hände der türkischen Seldschuken und ihre Bedrohung Ostroms geben das Signal für den geballten Angriff des christlichen Westens. Bis auf die Regierungszeit eines Fanatikers und Wahnsinnigen, des dritten Fatimiden al-Hakim, hatten Muslime und

Christen in Palästina friedlich miteinander gelebt. Jetzt wird es für Jahrhunderte zum Schlachtfeld, das Mittelmeer zum Aufmarschgebiet gegen den Islam.
Trotzdem setzen die italienischen Seerepubliken ihren einträglichen Geschäftsverkehr mit den arabischen Partnern fort. Ausgenommen wenige Jahre, für die das geistliche Oberhaupt in Rom jeglichen Handel mit den Glaubensfeinden unter Strafe stellt. Ja, wiederholt müssen Synoden und Konzile Holz, Waffen und Metalle zur Konterbande erklären, weil sie geeignet seien, die Heidenschaft im Krieg gegen die Streiter Christi zu unterstützen. Wie sich zeigt, haben die apostolischen Bekanntmachungen wenig Erfolg. Auch geben sich weiterhin christliche Seeleute dazu her, das Steuer arabischer Kriegsschiffe zu führen! Ja, Genua unterstreicht seine schändliche Freundschaft zu den Muslimen noch, indem es auf Ansuchen des Sultans von Marokko achtzehn Galeeren ausrüstet, um dem „Beherrscher der Gläubigen“ gegen plündernde Kreuzfahrer zur Hilfe zu kommen ...
Warum denn sollten sie es nicht tun? Ein Kaufmann hat Handel zu treiben, alle Gelegenheiten zu erspähen und nutzbar zu machen! Der Transport der zwanzigtausend, vierzigtausend Gottesstreiter, die sich auf dem Markusplatz drängen, um nach Akkon und Damiette gebracht zu werden, das ist ein Geschäft und ausreichender Beitrag zur allgemeinen christlichen Sache. Und Geschäft ist es, wenn 1203 unter Venedigs Führung Kreuzfahrer das einst vom Islam bedrohte Ostrom jetzt selber zerschlagen. Wüstestes Zerrbild eines Kreuzzugs, den ein christlicher Schreiber den verheerendsten Beutezug nennt, „seit die Welt erschaffen“, angesichts der Zerstörungsorgien, welche die Ritter – schlimmer als später die Türken – unter den Resten antiker Bibliotheken und Kunstwerke abhalten. So gehen auf seiten der Christenheit Venedig und ihre italienischen Rivalinnen als die einzigen Sieger aus der allgemeinen Niederlage der Kreuzzüge hervor.
„Und am Ende erschöpften sich alle, ohne ihr Ziel zu erreichen“, zieht der spanische Franziskaner Ramon Lull die Summe der vergeblichen, Jahrhunderte währenden Anstrengungen der Christenheit um das Grab des Erlösers, um „Vernichtung oder Bekehrung des Heidentums“ und Aufrichtung eigener Herrschaft im Heiligen Lande.
Nicht aber erschöpfte sich das weise Venedig! Ja, ein Gerücht geht im Abendland um, das will wissen: nach dem bösen Ausgang der Sache komme es den Venezianern nicht darauf an, sich geschlossen zum Islam zu bekennen. Die katastrophale Niederlage König Ludwigs des Heiligen von Frankreich jedenfalls sei ihnen ein Karnevalsfest!

Venedigs Triumph ist zu einem großen Teil der Triumph des Kontinente überbrückenden und Kontinente zusammenfassenden Handels der Araber. Er hat den italienischen Orienthandel mit sich emporgerissen. Er bringt jetzt durch den italienischen auch den deutschen, französischen, niederländischen Handel zu machtvollem Blühen und durchdringt als belebender Strom ein sich immer kräftiger knotendes Netz von Städten und Straßen, das bis nach England und in den skandinavischen Norden reicht. Die Städte nehmen einen ungeahnten Aufschwung.

Wie seit längerer Zeit in Italien, so werden jetzt auch nördlich der Alpen arabische Rohstoffe nach arabischem Muster in neuen Gewerben verarbeitet. Etwa die Baumwolle, die Araber in Sizilien und in Spanien angepflanzt haben, oder die feinere, die aus Syrien und Choraßan kommt. Schon um 1200 tragen die Schönen in den Liedern Neitharts von Reuenthal den *Barchent* und *Buckeram*, der aus Mailand zu den Messen Oberdeutschlands gebracht wird. Noch ein Jahrhundert, und eine lebhafte Barchent-Industrie breitet sich rasch über Konstanz, Basel, Ulm, Augsburg in ganz Schwaben aus.

Wiederum hundert Jahre später wandern zwei Barchentweber aus dem Dorf Graben auf dem Lechfeld nach Augsburg. Ulrich, der ältere der beiden Brüder, wird von seinem Bleichergesellen ermordet. Hans bleibt nicht dabei, nur das Schifflein zu werfen, er beginnt, seine gute Ware selbst zu verkaufen. Syrische und cyprische Baumwollballen treffen auch noch in der Werkstatt seiner Söhne ein und verlassen als der modische Barchent für *Kittel*, *Jacken* und *Joppen* wieder ihren Laden.

Aber die Söhne fasziniert schon die geheimnisvolle Macht, die an den Gewürzen hängt. Buchstäblich auf arabischen Baumwollballen und auf arabischen Pfefferkörben erhebt sich ein ganzes Geschlecht von einfachen, kleinen Handwerkern zu der einflußreichsten und mächtigsten Finanzmacht der Alten Welt: die Fugger. Mit „Spezerei, Baumwolle, Seide und den daraus gemachten Stoffen“ legen die Stammväter der Fugger von der Lilie, wie die erfolgreichste Linie sich nennt, den Grund für jenes Vermögen, mit dem sie sogar in die Geschichte eingreifen, Kaiser und Könige machen und Päpste finanzieren, aber auch für „arm dürftig Bürger“ sorgen und für „andere, so öffentlich das Almosen nit suchen“. Den blumigen Namen verdanken die Brüder Ulrich, Marx, Peter, Jörg und Jakob Fugger den guten Gulden, mit denen sie die Hochzeit des habsburgischen Kaisersohns Maximilian mit Maria, der Erbin des reichen Burgund, in eben dem Augenblick ermöglichten, in dem der französische König Land und Braut an seinen siebenjährigen Sohn bringen wollte.

Sie verdanken ihn außerdem einer arabischen Anregung, die die Kreuzfahrer gern übernommen und 1150 in Frankreich, 1170 auch in Deutschland eingeführt haben: der Verleihung von Wappen. Nach dem Beispiel der arabischen Ritterschaft entwickelt sich der germanische Brauch, Tierbilder als Feldzeichen zu führen, jetzt unter dem abendländischen, für Auszeichnung und Ruhm empfänglichen Rittertum zu einem förmlichen allgemeinen Wappenregen und einer Art Wissenschaft der Heraldik mit einer besonderen Symbolsprache.
Auch das Fuggersche Wappen mit der blauen und goldenen Lilie im Felde, das Maximilians Vater, Kaiser Friedrich III., ihnen für ihre Gefälligkeit verleiht, übernimmt die bei den Arabern besonders beliebte Stilisierung der im östlichen Mittelmeer beheimateten Lilie, die auch in das französische Lilienwappen eingeht. Uralt und ebenfalls aus dem arabischen Vorbild entlehnt ist das seltsame Zeichen, das sogar vielfach Reichssymbol wurde, nämlich Hoheitszeichen des deutschen Kaiserreichs, der österreichisch-ungarischen Monarchie und des kaiserlichen Rußlands: der Doppeladler. Schon auf Monumenten der Sumerer und Hethiter erhebt er seine beiden Häupter. Auf arabischen Münzen kehrt er wieder, wird Anfang des 12. Jahrhunderts von den Seldschukensultanen in ihr Wappen gesetzt und läßt sich plötzlich im 14. Jahrhundert im Wappenschild des deutschen Kaisers nieder.

Wer nur die Augen offenhält, der findet auf seinen Reisen im Ausland Anregungen in Hülle und Fülle, die längst darauf warten, aufgegriffen zu werden, und geeignet sind, dem Abendland unschätzbaren Segen zu bringen.
Schon vor langer Zeit, noch im 12. Jahrhundert, haben Pilger bei ihrer Rückkehr vom Grab des Apostels Jakobus in Santiago de Compostela, dem großen Wallfahrtsort im äußersten Nordwestzipfel Spaniens, die ersten Blättchen Papier mit nach Hause gebracht, die ihre Glaubensbrüder aus dem arabischen Andalusien bei sich trugen. Bei den Arabern – so haben sie ihnen berichtet – verwenden nur die Schönschreiber bei der Herstellung der heiligen Bücher das teure Pergament; alle anderen – und jeder lernt dort das Schreiben – benutzen nur diese feinen Blätter. Sie nehmen sie sogar zum Einwickeln, so viel gibt es davon!
In Europa haben inzwischen erlesene Gewürze, betörende Wohlgerüche und schmiegsame Gewänder aus Samt und Seide im Schnellschritt wieder die Märkte und Herzen erobert. Die Sehnsucht nach Wohlleben und Luxus ist dabei um vieles schneller galoppiert als die Bedürfnisse des Geistes. Schreibmaterial steht seit dem Zusammenbruch des Handels hier noch immer ganz oben auf der Liste der Mangelware.

Zur Zeit der Merowinger hatten die Schreiber der Kaufleute, Notare und Klöster immerhin den Papyrus gehabt. In Marseille waren damals regelmäßig Ladungen mit dem ägyptischen Schreibstoff eingetroffen. Aber damit hatte es jäh ein Ende. In den Häfen legten keine Schiffe mehr an. Man mußte höchst sparsam mit den alten Beständen haushalten, falls man nicht auf das kostspielige Pergament zurückgreifen wollte oder antike Handschriften abkratzte.

Das Pergament war denn auch niemals ein Artikel des Großhandels geworden, und seitdem sich ohnehin mehr und mehr die Kunst des Schreibens verlor, brauchte es ja nicht in größeren Mengen hergestellt zu werden . . . Aber wäre es nach fünf, sechs Jahrhunderten nicht endlich an der Zeit gewesen, ein wohlfeileres Schreibmaterial zu besitzen?

Seitdem die Pilger ein paar Stücke des feinen Stoffes aus Spanien mitgebracht haben, entdeckt man ihn plötzlich überall in den arabischen Handelskontoren und kommt mit einigen *Ries* andalusischen Papiers zurück. Seit zweihundert Jahren fahren Bürger aus Nürnberg und Ravensburg, Basel und Konstanz nach Barcelona und weiter nach Valencia, in dessen Nähe das beste Papier geschöpft wird, das nach dem Urteil des weitgewanderten arabischen Geographen Idrißi seinesgleichen nicht hat in der Welt.

Aber erst der Gewürzhändler Ulman Stromer, der berühmteste Sohn des angesehenen Nürnberger Kaufmannsgeschlechts, den der *Safran*handel nach Spanien führt, kommt auf den Gedanken, das Papier in der Heimat selbst herzustellen. Im Jahre 1389 gründet er die Geismühle bei Nürnberg, die erste sicher bezeugte Papiermühle Deutschlands. Er läßt sich als „Papierer" erfahrene Facharbeiter aus Italien kommen, das schon im Jahr 1340 die erste Papiermühle Europas eingerichtet hat.

Schon? Sind nicht volle zwei und ein halbes Jahrhundert ins Land gegangen, seitdem die erste auf Papier geschriebene Urkunde von einem christlichen Staat des Abendlandes im Jahr 1090 ausgefertigt wurde? Oder rechnet das gerade erst den Arabern entrissene, noch ganz muslimische Sizilien unter der Herrschaft der Normannen nicht mehr zum Abendland?

In Palermo „erneuert und bestätigt" im Jahr 1115 der nachmalige König Roger II. aus dem normannischen Hause der Hauteville „eine Urkunde seines Vaters, des Großgrafen Roger, von 1090 . . . weil sie auf Papier geschrieben war". Denn das leichte Baumwollpapier aus Kairuan haben die Besitzer der Urkunde, an das haltbarere Pergament gewöhnt, nicht allzu pfleglich aufbewahrt. Es ist zerknittert, zerrissen und unleserlich geworden, anderes sogar radiert und abgeändert. Während seiner ganzen Regierungszeit hat der König damit zu tun, die von seinen Eltern und anfangs von ihm selbst ausgestellten Urkunden prüfen und neuausfertigen zu lassen. Schon 1102 muß er eine im Vorjahr – 1101 – verfaßte Urkunde seiner Mutter, der Gräfin Adelasia, die dem Kloster San Filippo eine von einem Araber angelegte Mühle übereignet hatte, wiederholen, „weil sie auf Papier geschrieben war". – Übrigens ist auch die Konstruktion von Mühlen eine Domäne der Araber, aus der sie dem Abendland durch ihre Erfindungen von Mühlen aller Art, darunter fahrbaren Wassermühlen und Windmühlen, abgegeben haben.

Doch bis das erste Blatt Papier auf den europäischen Kontinent gelangen konnte, hatte es bereits einen langen und abenteuerlichen Weg zurückgelegt. Wie so oft wurde die Notwendigkeit, ein teures Erzeugnis durch einen preiswerten Werkstoff zu ersetzen, die Mutter der unsterblichen Erfindung. Und die hohen Seidenpreise Chinas schrien nach einem „Ersatz". Wahrscheinlich ein Filzsattel osttürkischer Nomaden aus Ziegen- und Rinderhaaren gab eines Tages dem Direktor der kaiserlichen Waffenmanufaktur Ts'ai Lun seinen genialen Gedanken ein. Im Jahre 100 n. Chr. begann er damit, und noch zu seinen Lebzeiten war es allgemein üblich, Baumrinde, Hanf, Lumpen und alte Fischernetze zu zerkleinern und aus ihnen einen Schreibstoff herzustellen, der von der teuren Seide unabhängig machte.

Im Jahre 751 siedeln die Araber chinesische Kriegsgefangene in Samarkand an. Als man ihnen freistellt, sich mit Hilfe eines Gewerbes loszukaufen, ergibt sich, daß ein Teil von ihnen in der Papierfabrikation bewandert ist. Eine lebhafte Papierindustrie entwickelt sich im Lande. Die Verfahren der Herstellung werden verfeinert. Aus Leinen und Baumwollfasern werden die feinsten weißen Papiere gewonnen. Von hier überschwemmen sie das Reich und feiern ihren ersten Triumph in der Reichshauptstadt Bagdad. Und wenn später das schreibunkundige Abendland mehrere Jahrhunderte brauchen wird, um vom ersten Kennenlernen zur Einfuhr und vom Verbrauch zur eigenen Herstellung zu gelangen, so wird das Papier hier zu einem Ruhmesblatt des geistig aufgeschlossenen und regsamen Arabertums.

Der Kalif al-Manßur (754–775) erfaßt augenblicklich, was das neue Schreibmaterial bei dem starken Verbrauch in den Kanzleien und Akademien durch seine Gelehrten und Abschreiber, durch Kaufleute und Behördenverkehr für seinen Staatshaushalt bedeutet: dieser Ersatzstoff kann ihn von der Einfuhr aus Ägypten und seinem Papyrus unabhängig machen. Also verbietet er den Staatskanzleien die weitere Verwendung von Papyrusrollen und befiehlt, fortan nur noch auf dem billigen Papier zu schreiben. Unter der Regierung seines Sohnes Harun ar-Raschid hat sich der neue Schreibstoff schon so weit durchgesetzt, daß der Barmekidenwesir Jachja ben Fadl 794 in Bagdad die erste Papiermühle baut. Über Syrien mit seinen Fabriken in Damaskus und Tripolis, über Palästina und Ägypten unternimmt die Papierindustrie ihren Siegeszug in den Westen, nach Tunesien, Marokko und Spanien. Von den Arabern Siziliens und Andalusiens lernt schließlich das Abendland diesen recht nützlichen Stoff kennen, der in Wahrheit einer der wichtigsten Bausteine der Kultur und der unersetzliche Tragbalken des Geisteslebens ist. Ihr Papier schließt ein neues Zeitalter auf. Die Wissenschaft hört auf, Vorrecht einer Kaste zu sein – sie lädt alle Geister ein, sich zu betätigen.

Der unersetzbare Träger des Geisteslebens bis heute! Denn ohne Papier kein Buchdruck mit seinen tausend Möglichkeiten, welche Vervielfältigung und Verbreitung geistiger Erzeugnisse, Nachrichten und Mitteilungen der Menschheit gewähren, selbst noch im Zeitalter des Radios und der Elektronentechnik!

Tatsächlich löst der Gebrauch des Papiers überall in kurzer Zeit die Erfindung des Drucks aus, nicht nur im Abendland. Sowohl Chinesen als auch Araber und Europäer wie der Holländer Coster und der Deutsche Gutenberg sind nacheinander an dieser großen Kulturtat beteiligt, auch ohne daß jeweils eine unmittelbare Anregung angenommen werden muß. Mit welchen Apparaten der Wesir Abd ar-Rachmans III. die amtlichen Schreiben an die Dienststellen Andalusiens zu vervielfältigen pflegte, erfahren wir nicht. Mit ihren Druckpressen jedenfalls stellten die Araber außer Papiergeld auch Spielkarten her, die mit anderen arabischen Gesellschaftsspielen, wie dem *Schach*-Spiel und dem *Dame*-Spiel (dessen Name überraschenderweise ebenfalls arabischen Ursprung hat) über Spanien zu uns gekommen sind.

Als Erfinder des Kompasses gilt bei uns Flavio Gioja aus Amalfi. Und doch hat auch er dies Instrument erst durch die Araber kennengelernt und nicht einmal als erster im Abendland.

Daß die Magnetnadel nach Norden zeigt, wissen die Chinesen schon um die Zeitwende. Aber nach ihrem eigenen Bericht haben sie den Gebrauch des Kompasses in der Seefahrt zuerst bei „Fremden“ beobachtet. Da zu dieser Zeit – im 11. Jahrhundert – die arabische Handelsschiffahrt den Indischen Ozean bis zum Reich der Mitte beherrscht, nimmt man an, daß sie mit den „fremden“ Seeleuten, die nach dem Kompaß steuern, die Araber gemeint haben. Und zeitgenössische arabische Quellen bestätigen seine Anwendung. Direkt von ihnen bringt bei seiner Rückkehr vom Kreuzzug Petrus von Maricourt „der Kreuzfahrer“, ein Lehrer Roger Bacons, seine Kenntnisse des Magnetismus und des Kompasses mit nach Frankreich und legt sie dem Abendland 1269 in seiner „Epistola de magnete“ vor. Und erst dreiunddreißig Jahre später – um 1302 – beschäftigt der Italiener aus Amalfi sich mit dem Kompaß. Amalfi ist aber neben Venedig die erste Seestadt, die einen bedeutenden Handel mit den be-

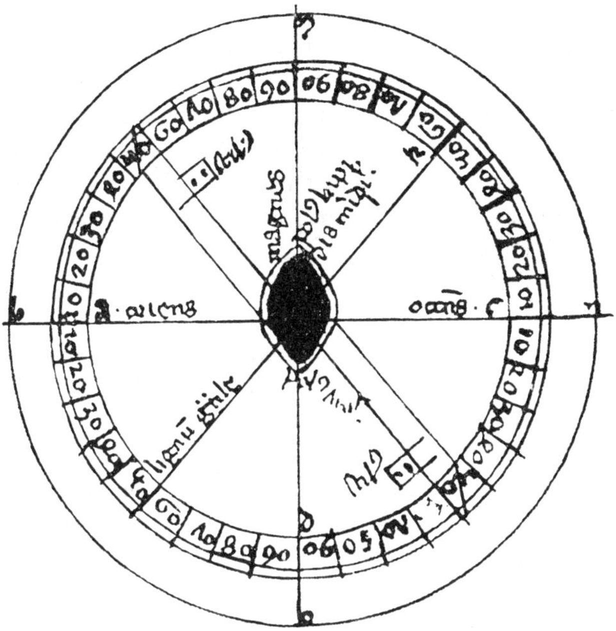

Petrus der Kreuzfahrer zeichnete 1269 in seiner „Epistola de magnete“ einen Kompaß mit arabischen Ziffern.

freundeten Arabern treibt und Niederlassungen in arabischen Hafenplätzen überall in Ost und West unterhält. Wenn ihre Glanzzeit auch längst dahin ist, so gehören doch ihre Einwohner noch zur Zeit Friedrichs II. zu den rührigsten und bevorrechteten Händlern und Seefahrern Unteritaliens. Als ein solcher hat auch Flavio Gioja sein Wissen im Orient selbst geschöpft, um sodann das arabische Instrument – wie man gern zur Rettung seines zerschlissenen Ruhmes annimmt – verbessert an die abendländische Seefahrt weiterzureichen, jenen neuen, zuverlässigen Wegweiser auf den Weltmeeren und zu neuen Küsten.

Stehen wir heute staunend vor der atemberaubenden Entwicklung unserer Raketentechnik, so bedenken wir kaum, wem wir diese Erfindung verdanken, noch etwa, daß wahrscheinlich wir Abendländer selbst nichtsahnend Ursache ihrer Entstehung gewesen sind. Ob der Gedanke, Geschosse durch die Sprengkraft des Pulvers zu treiben, ebenfalls in China zuerst gedacht worden ist? In der Schlacht um Pien-king 1232 tauchen plötzlich im Verzweiflungskampf gegen die Mongolen auf chinesischer Seite erstmalig Pfeile auf, die mit Hilfe eines salpeterhaltigen Brandsatzes abgeschossen werden. Um 1270 setzen auch die Mongolen die Sprengwirkung des Salpeters ein: zum erstenmal entscheiden bei der Belagerung von Fan-tsching Pulverschußwaffen den Kampf; mit ihrer Hilfe bricht der mongolische Kublai-Khan den letzten Widerstand Alt-Chinas. Mit wessen Hilfe? „Der Kublai-Khan wandte sich hierher", vernehmen wir überrascht vom Hof des arabischen Sultans aus dem Munde des Historikers Raschid ad-Din, „man solle ihm einen Ingenieur, der aus Baalbek und Damaskus gekommen war, senden. Die Söhne dieses Ingenieurs, Abu Bekr, Ibrahim und Muhammed, erbauten mit den Leuten, die sie begleitet hatten, sieben große Maschinen und gingen nach der belagerten Stadt ab." Haben auch in Pien-king arabische Ingenieure ihr Können zur Verfügung gestellt? Handelt es sich bereits bei der Beschießung, mit der der ägyptische Feldherr Fachr ad-Din, der Freund Friedrichs II., dem „fränkischen" Heer und seinem König Ludwig dem Heiligen 1249 auf dem verhängnisvollen fünften Kreuzzug einen heißen Empfang bereitet, um arabische Sprenggeschosse? „Jedesmal, wenn wieder ein Geschoß einschlug", meldet der französische Kriegsberichter, „war der König von Frankreich tief beeindruckt und rief aus: ‚Lieber Herr Jesu Christ, beschütze mich und meine Leute!'"

Arabische Wissenschaftler des 12. Jahrhunderts jedenfalls stellen bereits die Formel des Schießpulvers auf. Dank der bitteren Notwendigkeit, sich ständig gegen die abendländische Aggression zur Wehr zu setzen, beschäftigen arabische Herrscher ihre weltberühmten Chemiker in Pulverfabriken damit, chemische Kampfmittel auf ihre ätzende, brandstiftende und sprengende Wirkung hin zu untersuchen. Sicher ist, daß die

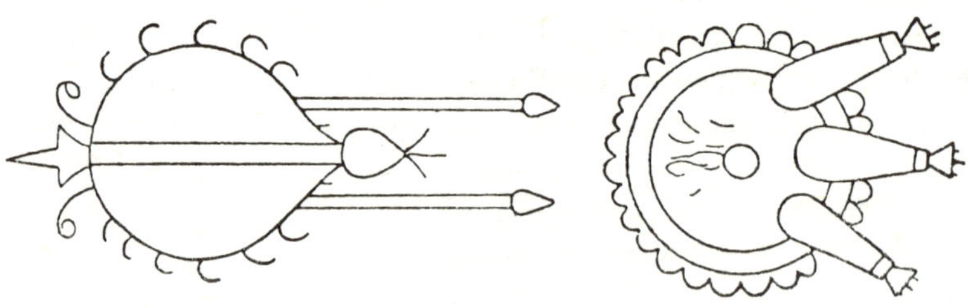

Ein sprengstoffgeladenes, raketengetriebenes Torpedo und ein mit drei Zündern versehenes Sprenggeschoß aus der Handschrift des Hassan ar-Rammah um 1275.

Araber in der zweiten Hälfte des 13. Jahrhunderts in der Lage sind, Schießpulver als Treibmittel für Raketen zu verwenden. In dem Kriegsbuch des Hassan ar-Rammah und anderen Kriegsschriften jener Zeit raucht es nur so von Explosivstoffen und Feuerwaffen, von „sich bewegenden und brennenden Eiern", die „feuerspeiend herausfahren" und „einen Lärm wie Donner" machen, den ersten *raketen*getriebenen Torpedos. Jetzt gelangen durch lateinische Übersetzungen erste Kenntnisse der donnernden und blitzenden Mischungen und geheimnisvollen „Spielzeuge" ins Abendland zu Roger Bacon und zu Albertus Magnus, dem belesenen deutschen Grafen von Bollstädt. Und er wahrscheinlich ist es, der auf seinen Wanderungen an den angeblichen Pulvererfinder, den Franziskaner Berthold Schwarz in Freiburg, sein sensationelles Wissen weitergegeben hat.

Und der geistentzündenden Theorie folgt alsbald die welterschütternde Praxis. Die Araber Andalusiens in Spanien sind die ersten, die in Europa Pulvergeschütze zu Kriegszwecken einsetzen, und sie werden auch hierin die Lehrmeister des Abendlandes. Diesmal aber zeigt es sich überraschend gelehrig. 1325, 1331, 1342 feuern die Geschütze der Araber bei Baza, bei Alicante und Algeciras Entsetzen und Weltuntergangspanik in die Reihen der Gegner. Aber schon vier Jahre später, 1346 in der berühmten Schlacht von Crécy, entscheidet das arabische Teufelsrohr, das die Engländer bei Algeciras noch zittern gemacht, ihren überwältigenden Sieg über das französische Ritterheer. Mit dieser neuen Wunderwaffe bricht auch für das Kriegswesen ein neues Zeitalter an, von deren grandioser neuer Fortentwicklung seit dem zweiten Weltkrieg wir Tag für Tag staunend Zeuge sind.

In vielerlei Gestalt lebt das Andenken an jene Zeit fort, in der das Arabertum das führende Kultur- und Handelsvolk der Erde war und dem ärmeren Abendland von seinem Reichtum an Handels- und Kulturgütern abgab.

Davon sprechen zahlreiche Ausdrücke der Schiffahrt, mit denen der Mittelmeerhandel das übrige Europa bekannt machte, Namen von Bootstypen wie *Dau*, *Dingi*, *Karavelle*, *Feluke*, das *Besan*-Segel, das *Kabel*, das *Arsenal*, der *Admiral*, der *Kalfaterer* und sogar der *Klabautermann*, der den Schiffszimmermann durch sein Pochen mit dem *Kalfat*-Hammer an das Ausbessern schadhafter Stellen mahnt, auf daß nicht eine *Havarie* entstehe. Davon erzählt noch die Gestalt der venezianischen Gondel, liebenswürdiges Andenken an Venedigs Flirt mit dem Orient.

Davon zeugt die Brieftaube, die „schneller als der Blitz, flüchtiger als die Wolke" bei den Arabern den regulären Postdienst versah und den Vermittler des geheimen Nachrichtendienstes machte, von Kreuzfahrern in Europa eingeführt wurde und mit dem Brief im Schnabel als sinniges Symbol der Liebe noch heute die bunten Oblaten unserer Kinder ziert.

Davon zeugt die europäische Gartenkultur, für deren Vervollkommnung und Verschönerung nicht nur Araber, sondern der Nahe und Ferne Orient Jahrhunderte hindurch unaufhörlich gesorgt haben: mit ihren Nutzpflanzen wie Gurken, Kürbissen, Melonen, *Artischocken*, *Spinat*, *Kapern*, Zitronen, *Orangen*, *Pomeranzen*, Pfirsichen, *Zwetschgen*, *Reis*, *Safran* und *Zucker*-Rohr; mit ihren Zierpflanzen, der Roßkastanie, dem Flieder und *Jasmin*, der Rose und Tulpe, *Kamelie*, Reseda, Forsythie und Hyazinthe; vor allem auch durch die arabischen Bewässerungsmethoden und raffinierten Wasserkünste, in deren Erfindung die Araber Meister waren.

Arabische Hinterlassenschaft hält sich selbst in kirchlichen Gebräuchen wie dem Beten des Rosenkranzes, der aus Indien über den Islam in die römische Kirche gepilgert ist; in liturgischen Geräten, Räuchergefäßen und Räucherstoffen, Weihrauch und *Myrrhen;* in den arabischen Seidengeweben, Stickereien und Prachtgewändern, die auf die Altäre und in die Schatzkammern abendländischer Kirchen gewandert sind, die Schultern der christlichen Priester und Prälaten bedecken und mit ihrem schweren, ornamentreichen, orientalisch schimmernden Prunk noch heute die Weihestimmung des katholischen Gottesdienstes erhöhen. Ja, Arabisches klingt nach im *Baldachin*, dem Trag- und Altarhimmel, der aus dem gleichnamigen, golddurchwirkten Seidenstoff aus Bagdad oder „Baldac" drapiert ist.

Wie stark arabisches Vorbild wirkte, zeigt sich noch heute in unserer Kleidung, in manchen Volkstrachten, die mittelalterliche Moden festhalten, in unzähligen Stoffen, die meist schon durch ihren Namen den orientalischen Geburtsort ausweisen, auch in mancherlei Kleidungsstücken, die im Gegensatz zu ihnen kaum noch ihre fremde, geschweige denn arabische Abkunft preisgeben wie die *Mütze*, die Konradin so entzückend zu dem süßen *Kittel* steht, die *Bluse*, die Ria unter der feschen Kostüm-*Jacke* zu tragen pflegt, Vaters Haus-*Joppe* und sein alter englischer *Jumper*, den er immer zum Autowaschen überzieht, das *Jüpchen* unserer Allerkleinsten und – verzeihen Sie – Ihr *Jupon*, gnädige Frau, der durch Machtspruch der französischen Mode immerhin gesellschaftsfähig gewordene Unterrock.

Ihre Reverenz erweist die Damenwelt den Arabern schließlich mit dem – zwar vordem nicht unbekannten – Make-up und mit dem Parfümieren, zu dem der Orient den ganzen Reichtum seiner Wohlgerüche und die Verfahren zu ihrer Bereitung zur Verfügung stellt; der Mann durch den Bart, der seit den Kreuzzügen die bislang rasierten Gesichter schmückt nach dem Vorbild des Propheten und fortan zu einer neuen Provinz der Herrenmode wird.

Eine Gedächtnisfeier besonderer Art für die Araber hält das Abendland gewissermaßen beim Ent-Kleiden, beim Baden ab. Für die abgehärteten Germanen gehörte es, wie wir von Tacitus wissen, zu den Selbstverständlichkeiten des Alltags, das tägliche Morgenbad „gleich nach dem Schlaf, und zwar öfters warm" zur üblichen Frühgymnastik. Nach Cäsar badete man trotz des kalten Klimas in den Flüssen oft und reichlich, und beide Geschlechter badeten gemeinsam und „schämten sich nicht".
Als jedoch Tartuschi durch das Frankenland wanderte, machte er eine ganz andere Erfahrung, die ihm, dem Muslim, der verpflichtet war, sich vor jedem seiner täglichen fünf Gebete zu waschen, die Haare sträubte. „Aber du siehst nichts Schmutzigeres als sie! Sie reinigen und waschen sich nur ein- oder zweimal im Jahr mit kaltem Wasser. Ihre Kleider aber waschen sie nicht, nachdem sie sie angezogen haben, bis daß sie in Lumpen zerfallen." Seitdem die Lehrer der Keuschheit den Germanen beigebracht hatten, sich zu schämen und im entblößten Körper den Erreger der Fleischeslust, Begierde und Unzucht zu entdecken, hatten das Baden und Waschen, ja die Entkleidung des eigenen Körpers im stillen Kämmerlein den Stempel sündlichen Tuns erhalten in demselben Maße, wie der Schmutz einen gewissen Keuschheitsruf erwarb.
Unverständlich und unerträglich war das für den gepflegten Araber, dem Reinlichkeit des Körpers nicht nur religiöse Pflicht, sondern im heißen Klima Bedürfnis war. Unvorstellbar für eine Stadt wie Bagdad, wo im 10. Jahrhundert Tausende von heißen Bädern mit Badern, *Masseuren* und Friseuren den Männern und den Frauen zur wöchentlichen oder täglichen Körperpflege und Ausspannung dienten. Erst das arabische Beispiel, das Kreuzfahrer und Reisende aus Spanien und Sizilien gegen harten Widerstand verfochten, brach auch der verlorengegangenen Reinlichkeit und besseren Hygiene im Abendland wieder Bahn.

So war die Blockade, die das christliche Europa gegen den Islam errichtet hatte, dutzendfach durchbrochen, waren seine Menschen zu Hunderttausenden durch eigene Anschauung die Gefangenen, die Bewunderer, ja die Schüler der arabischen Zivilisation geworden.
Über die Brücke, die italienische Schiffe geschlagen, über Pilger und Kaufleute, Kreuzfahrer und Reisende wirkte das Arabertum mit seinen materiellen Gütern bereichernd und anregend in alle Bezirke des abendländischen Alltags hinein.
Eine ungeheure Befruchtung durch seine geistigen Güter sollte dem mächtigen wirtschaftlichen Aufschwung einen zwar bedächtigen, aber um so bedeutenderen kulturellen Aufstieg folgen lassen.

Zweites Buch

ZAHLSCHRIFT DER WELT

Mit den kanstu recht numeriren,
All zal aussprechen und volfüren.
Mittelalterliche Rechenanweisung

INDISCHES ERBE

Weshalb stolpert gerade in Deutschland jeder Abc-Schütze bei seinen ersten Gehversuchen im Reich der Zahlen, wenn er sich in der mählich steigenden Ebene der Einer zu bewegen gelernt hat und die erste Anhöhe der Zehner nehmen soll? Um die Zahl dreiundzwanzig auf die Schiefertafel zu malen, muß er ein Kästchen überspringen, um erst in das folgende die 3 zu setzen und sodann das freigebliebene mit der 2 zu füllen. Und paßt er einmal im Eifer des Schreibens nicht auf und malt die Zahlen in der Reihenfolge hin, wie er sie hört und spricht, so ist aus der dreiundzwanzig unversehens eine 32 geworden. Aber noch verwirrender wird es, sobald unser tapferer Schüler die Höhe der Hunderter erklimmt. Hatte er sich gerade daran gewöhnt, eine 85 von hinten nach vorn, d. h. von rechts nach links, als „fünf – und – achtzig" zu lesen, so soll er bei der 123 jetzt vorn mit dem 1 Hunderter beginnen, um plötzlich zu den 3 Einern hinüberzuspringen und sich darauf ebenso unvermittelt zu den 2 Zehnern zurückzuwenden. Später einmal wird er verwundert feststellen, daß andere Völker diese Bocksprünge keineswegs mitmachen. Der Franzose schreitet sehr logisch und konsequent die Treppe von den Hundertern über die Zehner zu den Einern hinab. Er sagt „vingt-trois", der Engländer „twenty-three", der Russe „dwadzatj tri" – nur wir sagen nicht „zwanzig-drei".

Und diese Gewohnheit[2] teilen wir mit den Arabern, die, ebenso wie sie ihre Schrift linksläufig schreiben, auch die Zahlen bis hundert von rechts nach links aufbauen. Und von denen nicht nur wir, sondern alle Kulturvölker der Erde überhaupt erst die Zahlenzeichen übernommen haben.

Während Karl der Große noch „zehenzug inti finfzug inti thriu", hundertundfünfzigunddrei, sagte, lange Zeit jedoch die Reihenfolge der Zehner und Einer schwankte, bevorzugte das Mittelhochdeutsche etwa zugleich mit der Einführung der arabischen Zahlen die Erstnennung der Einer, bis sich der Sprachgebrauch in Deutschland endgültig der arabischen Lesart anpaßte.

Nicht nur wir, alle Kulturnationen benutzen heute die Ziffern, die uns die Araber gelehrt haben. Ohne sie sind kein Fahrschein, kein Preisschild, kein Telephonverzeichnis und kein Börsenbericht zu denken, ohne sie nicht das gewaltige Gebäude der mathematischen, physikalischen und astronomischen Wissenschaften, kein Überschallflugzeug, kein Raumschiff, keine Atomphysik. An seinem Eingang haben wir dem Volk, dem wir dieses unentbehrliche Instrument verdanken, ein Denkmal errichtet, indem wir es „arabische Zahlschrift" nennen.

Aber die Araber selbst haben nie einen Zweifel darüber gelassen, daß sie ihre Zahlschrift von den Indern übernommen haben. Bei den Arabern heißen die „arabischen" Zahlen „indische" Zahlen.

Wir werden den Siegeszug der „arabischen Zahlen" von ihren indischen Schöpfern bis ins frühe Abendland verfolgen, das sie zur herrschenden Zahlschrift der Welt gemacht hat. Wir werden Zeugen der Schleichwege ihrer getarnten Vortrupps sein und der erbitterten Schlachten, die zwischen diesen abstrakten Heersäulen des Geistes, zwischen Zahlensystem und Zahlensystem, ausgetragen wurde. Wir Heutigen kennen nur das Ergebnis, nur den Ausgang der Schlacht. Denn wir alle denken und schreiben in arabischen Zahlen wie in unserer Muttersprache. Aber was wissen wir von ihren Schicksalen, ihren Wegbereitern, ihren Widersachern und, warum gerade sie bei uns heimisch wurden?

Die Kulturvölker des Mittelmeers besaßen keine eigentlichen Zahlen. Die Ägypter stellten die Zahlwerte von eins, zwei, drei durch senkrechte Striche und ihre Aneinanderreihung dar. Und da ein waagerechter Strich bei ihnen vier bedeutete, wurde die Acht eben durch ein Bündel von zwei waagerechten Strichen geschrieben. Durch Reihung von Strichen und Punkten und ihre Verbindung mit den hieratischen Zeichen für zehn, hundert und tausend, die aus Hieroglyphen entstanden waren, setzt sich ihre Zahlschrift zusammen.

Die Babylonier kamen bei ihrer Zahlschrift mit drei Formen aus. Sie reihten horizontale und vertikale Keile und Winkelhaken aneinander, deren Anzahl und Stellung zueinander den Zahlwert bezeichneten.

Die Griechen benutzten etwa seit Solons Zeiten bis ins vorchristliche Jahrhundert hinein die Anfangsbuchstaben ihrer Zahlwörter. Durch das schwerfällige Reihungsverfahren, das mehrstellige Zahlen durch eine Vielzahl von Einern, Zehnern und Hundertern abbildete, klafften Zahlschrift und Zahlsprache weit auseinander. Aber schon um 500 v. Chr. taucht bei ihnen ein neues Zahlsystem auf, das zunächst nur in der mathematischen Wissenschaft benutzt wird und die vierundzwanzig Buchstaben des Alphabets und drei Zusatzzeichen semitischen Ursprungs verwendet.

Diese alphabetische Buchstabenschrift ist nicht bei ihnen selbst gewachsen. Sowohl die Ordnung eines Alphabets als auch die Methode, mit Hilfe seiner Buchstaben ein Zahlensystem aufzubauen, haben die Griechen von semitischen Völkern, Phöniziern und Hebräern, entlehnt.
Auch die Römer zählten mit ihren Buchstaben – so sieht es aus. Doch die Buchstabenähnlichkeit ihrer Zahlen ist rein zufällig. Die römischen Zahlzeichen waren ursprünglich einfache Kerbzeichen, senkrechte Striche, die sich durch ihre Aneinanderreihung zählten in der Weise, daß acht nebeneinandergesetzte Kerben eben acht ergaben. Zehn Kerben wurden „gebündelt" und durch die durchkreuzte Einheitskerbe ersetzt: X. Ihre Halbierung trat für fünf ein: V oder Λ. In diesen Grundformen stimmen die Zahlzeichen der Römer, Etrusker, Osker und Umbrer überein, nur daß die Römer die obere Hälfte des Zehnerbündels V, die Etrusker auch die untere Hälfte Λ für fünf verwendeten. Durch Kreuzungen, Umrundungen und Halbierung wurden auch die weiteren Zeichen bis 1000 gebildet. Diese – mit geringen Gestaltabweichungen – allgemein-italischen Strichzeichen gehen in eine Zeit zurück, in der das Alphabet in Italien noch unbekannt ist. Erst später nehmen die alten Kerbzeichen die Buchstabengestalt I (1), V (5), X (10), L (50), C (100), D (500), M (1000) an. Die ebenfalls rein zufällige Ähnlichkeit der Zeichen für 100 und 1000 mit den Anfangsbuchstaben von centum = C und mille = M erleichterten ihrerseits die Wandlung zur Buchstabenform, die sich im Mittelalter vollends durchsetzte.
Aber auch hier – welch ein Unterschied zwischen Zahlschrift und Zahlsprache! Jede Zahl, schon jeder Einer muß stets erst aus jenen Einzelteilen wie aus einem Kasten mit Rechenstäbchen zusammengesetzt und einzeln gezählt werden, wie man Münzen gleichen Wertes hinzählt. Während der Römer „quadringenti octoginta septem" (vierhundert-achtzig-sieben) sagt, schreibt er „hundert-hundert-hundert-hundert-fünfzig-zehn-zehn-zehn-fünf-eins-eins": CCCCLXXXVII. So geschmeidig und klar gegliedert seine Zahlsprache ist und so sauber und bündig die gesprochene Zählreihe sich hinaufstuft, so einfältig und grobschlächtig stolpert seine Zahlschrift daher. Und ein schriftliches Rechnen schon einfacherer Art ist mit ihr nicht möglich.
Eine solche Zahlschrift findet notwendig ihre Grenze, sobald ein Zahlwert über die verfügbaren Zahlzeichen hinausragt und kein neues hinzuerfunden ist. Auf der Columna rostrata, der Säule mit den gekreuzten Schnäbeln eroberter Karthagerschiffe, die auf dem Forum in Rom das Andenken an den ersten Seesieg der Römer bei Mylae im Jahre 260 v. Chr. feiert, sind für die Zahl 2 200 000 nicht weniger als zweiundzwanzig

Hunderttausend-Zeichen nebeneinander gemeißelt. Ein höheres Zahlzeichen gab es noch nicht.

In der westlichen Hemisphäre waren die Inder das einzige Volk, das sich nicht nur über die primitive Reihung und Bündelung von Einzelelementen erhoben hatte: jeder Stufe der neun Einer teilten sie – ebenso wie ja die Sprache es tut – ihr eigenes Zahlzeichen zu. Damit war ihnen eine der bedeutendsten Erfindungen des Menschengeistes gelungen. Denn diese feststehenden und unverwechselbaren Einer empfingen jetzt allein durch ihre jeweilige „Stelle" innerhalb des Zahlganzen ihren Wert als Einer, Zehner, Hunderter, Tausender und so fort in einem unbegrenzten Anstieg.

Mit Hilfe dieser „Stellenschrift" waren die Inder in der Lage, jeden nur denkbaren Zahlenwert zu schreiben. Die Chinesen, die auch eine Stellenschrift besaßen, führten dagegen noch jede „Rangschwelle" extra auf, indem sie 3952 als 3T9H5Z2 schrieben.

Mit anderen Worten: wo der Römer nur Rangschwellen schreibt – I (1), X (10), C (100), M (1000) und ihre Mittelwerte V (5), L (50), D (500) – und sie wie große und immer kleinere Münzen in der gewünschten Anzahl nebeneinander auf den Tisch hinzählt, so daß unsere Zahl 3952 bei ihm so aussieht: MMMDCCCCLII, da mischt der Chinese Einer und Rangschwellen: durch Hinzufügen der Rangschwelle erläutert er den Stellenwert der Einer, so daß also 3T als drei-tausend, 9H als neunhundert, 5 Z als fünf-zig erkennbar sind. Auf diesen Ausweg wird später auch das Abendland verfallen, als es sich noch nicht getraut, sich in der neuen, indischen Stellenschrift auszudrücken. Denn im Gegensatz zum Römer und Chinesen schreibt der Inder gar keine Rangschwellen, sondern nur Einer.

Nur die Inder und die Mayas sind zu dieser „reinen Stellenschrift" vorgestoßen, die allein ein schriftliches Rechnen möglich macht.

Das konnte nicht die Tat eines einzelnen sein. Bis zu einer solchen Höhe mußte auch ein mathematisch so begabtes Volk wie das indische einen jahrhundertelangen Weg zurücklegen.

Auch Indien hatte sich in der primitiven Reihung und Bündelung geübt, bevor es um 300 v. Chr. begann, seine Zahlzeichen zu verziffern. Aber noch lange Zeit blieb es bei einer „benannten Stellenschrift" stehen in der Weise der chinesischen. Bis spätestens im 6. Jahrhundert n. Chr. – vielleicht schon früher – nur die Ziffern von 1 bis 9 übrigbleiben und die reine Stellenschrift geboren ist.

Denn schon 662 sind sie außerhalb Indiens bekannt. Der syrische Gelehrte Severus Sabokht, der als Vorsteher eines Klosters und Leiter einer Ge-

lehrtenschule am Euphrat wirkt, erwähnt „die geschickte Methode des indischen Rechnens, die alles übertrifft, nämlich die der neun Zeichen".
Das erste Lob, das sie ernten!
Mit diesen neun Zeichen konnte Severus in einer neuen Methode rechnen.
Mit ihnen konnte er die Zahlenreihe bis ins Unendliche treiben.
Und doch war diese „geschickte Methode" nicht geschickt genug, um alle Zahlen zu schreiben! Denn wo allein die „Stelle" den neun Zahlzeichen ihren Wert im Zahlganzen verleiht – d. h. in 3952 die 2 als zwei, die 5 als fünf-zig, die 9 als neun-hundert und die 3 als drei-tausend ausweist –, dort muß bei einer Zahl wie vierhundertacht die leere Zehnerstelle markiert werden, um sie nicht als 48 erscheinen zu lassen.
Und hier hat die in diesem Felde geistesgeschichtlich bedeutendste Leistung der Inder ihren Ort, die ihrer Zahlschrift die letzte Vollkommenheit gab.
Um die fehlende Stelle anzuzeigen, mußten sie die „Leere" selbst abbilden. Und sie gaben ihr als Symbol den Kreis oder den Punkt, den sie „sunya", auch „sunyabinda", „die Leere" nannten oder „kha", „das Loch".
Dieser Kreis – unsere 0 –, ursprünglich wohl nur als Fehlzeichen in ihrem Stellensystem verwendet, tritt schon bald als selbständige Zahl im indischen Rechnen auf. Severus Sabokht kennt sie noch nicht, und wir wissen nicht, wie er sich ohne sie beholfen hat.
Aber schon um 400 n. Chr. war sie in indischen Schriften zum erstenmal erschienen. Der große Astronom Brahmagupta, der im Jahre 598 geboren war, schrieb dreißigjährig seinen berühmten „Siddhanta", ein astronomisches System, in dem er – wie wir aus Übersetzungen wissen – auch Vorschriften für das Rechnen mit den neun Zahlzeichen und mit der reinen Null gab.

Da kommt im Jahr 773 ein indischer Astronom namens Kankah an den Hof des Kalifen al-Manßur (754–775) in Bagdad.
Ein astronomisches Tafelwerk des um 900 lebenden Arabers Ibn al-Adami mit dem reizvollen Titel „Die Perlenschnur" hat dies für sein Volk so folgenreiche Ereignis festgehalten. „Im 156. Jahre der Hedschra erschien vor dem Kalifen al-Manßur ein Mann aus Indien, welcher in der unter dem Namen Sindhind bekannten Rechnungsweise, die sich auf die Bewegung der Sterne bezieht, sehr geübt war. Das Buch wollte er aus den Kardagas ausgezogen haben, die den Namen des Königs Figar tragen. Al-Manßur befahl, dieses Buch ins Arabische zu übersetzen und danach ein Werk zu verfassen, das die Araber den Planetenbewegungen zugrunde legen könnten. Mit dieser Arbeit wurde Muhammed ibn Ibrahim

al-Fasari beauftragt, der danach ein Werk verfaßte, das bei den Astronomen der große Sindhind heißt. Das Wort Sindhind bedeutet nämlich in der Sprache der Inder ewige Dauer. Insbesondere die Gelehrten jener Zeit bis zur Regierung des Kalifen al-Mamun (813–833) richteten sich danach. Für sie wurde das Werk durch Muhammed ibn Mußa al-Chwarismi neubearbeitet, der sich dessen auch zur Herstellung seiner in den Ländern des Islams berühmten Tabellen bediente. Die Astronomen, die die Methode des Sindhind anwandten, schätzten das Werk sehr und verbreiteten es rasch weiter."

Das Buch, das der indische Gelehrte mit nach Bagdad bringt und mit dem er das Interesse des Kalifen erregt, ist kein anderes als Brahmaguptas Siddhanta. Unter dem Namen Sindhind wird es gleich ins Arabische übersetzt und mit Eifer studiert, es dringt schnell in die Öffentlichkeit und befruchtet selbständige astronomische Forschungen, die von den Kalifen in großem Stil unterstützt werden.

Durch dieses Werk werden die Araber mit der indischen Zahlschrift bekannt gemacht. Als im Jahr 706 der Kalif Walid I., unter dessen Regierung die arabische Herrschaft bis nach Spanien vorgetragen wurde, die Verwendung der griechischen Sprache in den staatlichen Rechnungsbüchern seines Reiches zugunsten der arabischen verbot, hatte er von seinem Verbot noch die Zahlen ausnehmen und mangels einer besseren Zahlschrift die weitere Verwendung der griechischen Buchstabenzahlen zulassen müssen. Jetzt erscheinen bald nicht nur in gelehrten Werken die indischen Zahlen, auch die Verwaltungsbeamten und Kaufleute beginnen mit ihnen zu rechnen.

Man versteht erst, welche Denkleistung hier vollbracht wurde, um von dem alten System auf das neue umzuschalten und den Sinn der Stellenschrift und die Rolle der Null zu erfassen, wenn man sieht, welche Schwierigkeiten und Widerstände sich ihrer Einführung im Abendland in den Weg stellen sollten. Denn mit dem bloßen Ersatz alter Zeichen durch neue war es ja nicht getan. Indem der Gelehrte und der Kaufmann die fremde Zahlschrift „übernahmen", mußten sie gänzlich umdenken und einen fremden Denkvorgang verstehen und nachvollziehen.

Um den Bankhaltern, Kaufleuten und Vermessungsbeamten den Gebrauch der indischen Zahlzeichen zu erklären und ihnen Anleitungen und Beispiele für den praktischen Gebrauch an die Hand zu geben, verfaßte der in der „Perlenschnur" als Bearbeiter des „Sindhind" genannte al-Chwarismi ein Lehrbuch. Vor allem den Testamentsvollstreckern, die mit dem komplizierten Erbrecht des Korans fertigwerden mußten, erteilte er Vorschriften und Aufgaben für ihre verzwickte Erbteilung und für die Freilassung von Sklaven.

Al-Chwarismi gehörte zu den glänzendsten Geistesgrößen jenes Gelehrtenkreises, die der leidenschaftliche Förderer der Wissenschaften auf dem Kalifenthron, al-Mamun, an seinen Hof gezogen hatte. Er schrieb geographische und astronomische Werke, die dreihundert Jahre später von dem Engländer Athelhart von Bath ins Lateinische übersetzt und abendländischen Gelehrten zugänglich gemacht wurden.
Aber unsterblich werden sollte er durch zwei seiner mathematischen Werke. Eine interessante Aufgabensammlung für das praktische Leben trägt den sehr theoretisch klingenden Titel „Algabr w'almuqabalah", zu deutsch „Wiederherstellung und Ausgleich", gemeint ist, bei der Umformung von Gleichungen. Als diese Schrift im Mittelalter ins Lateinische übertragen wird, übernimmt der Übersetzer ohne weiteres den arabischen Titel. Und das erste Wort „algabr" lebt für alle Zeiten weiter als „*Algebra*".
Die zweite Schrift des al-Chwarismi, die seinen Namen selbst unsterblich machte, ist jenes kleine Lehrbuch der Rechenkunst, in dem er den Gebrauch der indischen Zahlzeichen erklärt und das „indische Rechnen" lehrt, das Zahlenschreiben, das Addieren und Subtrahieren, das Halbieren und Verdoppeln, Multiplizieren und Dividieren und das Bruchrechnen.
Auch dieses Büchlein kommt nach Spanien und wird dort zu Beginn des 12. Jahrhunderts ins Lateinische übersetzt. Die Übersetzung beginnt:
„Dixit algoritmi: laudes deo rectori nostri atque defensori dicamus dignas."
„Also sprach Algoritmi: Laßt uns Gott verdientes Lob sagen, unserem Herrn und Beschützer."
Noch im 12. Jahrhundert erscheinen die ersten Abschriften der lateinischen Übersetzung von al-Chwarismis Rechenbuch mit den indischen Zahlen auf deutschem Boden. Die älteste Handschrift, die sich in der Wiener Hofbibliothek befindet, stammt aus dem Jahre 1143; eine zweite wurde im Kloster Salem aufgefunden, der „Liber algorizmi", das „Buch des Algorizmus", das heute in Heidelberg aufbewahrt wird. Aus „Algoritmi" ist inzwischen ein Mann namens „Algorizmus" geworden!
Aber sogar in Reimen wurde für die indischen Zahlen und das indische Rechnen geworben. Das „Carmen de algorismo" des Alexander de Villa Dei aus der Mitte des 13. Jahrhunderts beginnt:

> Haec algorismus ars praesens dicitur in qua
> talibus Indorum fruimur bis quinque figuris.

> Diese neue Kunst heißt Algorismus, in der wir
> folgende zweimal fünf Ziffern der Inder genießen.

Al-Chwarismi hatte nicht nur „gesprochen“ – der Name des arabischen Gelehrten, der das Abendland die neue Zahlschrift und Rechenmethode lehrte, ging auch auf die neue „Kunst mit den zweimal fünf Ziffern“ selbst über und lebt als „*Algorithmus*“ bis auf den heutigen Tag. Seine Anhänger, die in einem langwierigen und zähen Kampf in Spanien, in Deutschland, in England und in Frankreich mit den Vertretern einer

Ein langer Kampf entbrennt zwischen den „Abacisten“, den Anhängern des Rechenbretts, und den „Algorithmikern“, den Vertretern des arabischen Ziffernrechnens, dessen Erfindung das römerfromme Mittelalter dem abgöttisch verehrten Boetius unterschiebt.

anderen Rechenmethode, den sogenannten „Abacisten“, ringen, um schließlich dem Ziffernrechnen mit dem Stellenwertsystem und der Null zum Siege zu verhelfen, werden von der Geschichte als *„Algorithmiker“* verzeichnet.

Aber die Geschichte hatte ein kurzes Gedächtnis. Schon im 13. Jahrhundert war, wie das „Carmen de algorismo“ zeigt, das Wissen um Herkunft und Bedeutung des Wortes „Algorithmus“ verlorengegangen. Und höchst amüsant ist es, den Wortdetektiven, die sich immer von neuem um seine Entlarvung abmühten, bei ihrer Spurenjagd zuzusehen. Bezeichnenderweise fragte man nur bei den autorisierten Urhebern aller Kultur und Wissenschaft an. Bei den Arabern nach Spuren zu suchen, kam niemand in den Sinn.

Der eine glaubte, in „Algorithmus“ „alleos“, fremd, und „goros“, Betrachtung, zu erkennen – weil es eine fremde Betrachtungsweise sei. Nein, sagte ein Zweiter, darin stecken „argis“, griechisch, und „mos“, Sitte – wir haben es mit einer griechischen Sitte zu tun. Weit gefehlt, erklärte der dritte, das Wort kommt von „ares“, die Kraft, und „ritmos“, die Zahl. Aber der vierte hatte eine weit bessere Idee, die nahezu überzeugen mußte: in „Algorithmus“ stecke ein griechisches Wort „algos“, das weißer Sand bedeute; verbunden mit „ritmos“, die Zahl, deute es auf das Rechnen auf Tafeln, die mit weißem Sand bestreut gewesen seien, wie es bei den Alten Brauch war. Ein Fünfter zerlegte das heißumstrittene Wort in „algos“, die Kunst, und „rodos“, die Zahl – eine Zahlenkunst also! Das „Carmen de algorismo“ hatte eine ganz andere Lösung bereit: der Erfinder dieser „Kunst“ sei ein König Algorus aus Indien gewesen. Aber auch einem sagenhaften christlichen König Algor von Kastilien und einem Philosophen Algus wurde das Urheberrecht zugesprochen. Mit viel Scharfsinn schoß ein späterer Deuter scharf an der Wahrheit vorbei: war einmal an dem berühmten 13bändigen Werk des Ptolemäus seit seiner Übersetzung ins Arabische durch Zusammenziehung des arabischen Artikels „al“ mit dem griechischen Superlativ μέγιστος für alle Zeiten der Bastardname *„Almagest“* hängengeblieben, warum sollte dann „Algorithmus“ nicht ebenfalls aus dem arabischen „al“ und dem griechischen „arithmos“, die Zahl, zusammengesetzt sein? Um das eingeschobene „g“ lohne es sich wahrlich kaum den Kopf zu zerbrechen, da man bei Übersetzungen aus dem Griechischen ins Arabische und aus dem Arabischen ins Lateinische auf alles gefaßt sein müsse.

Erst 1845 entdeckte der Franzose Reinand den Namen des al-Chwarismi in Algorithmus wieder.

Ein interessanter Beleg dafür, daß die arabischen Ziffern dem Abendland bei seiner ersten Bekanntschaft mit der neuen Zahlschrift in der Weise vorgestellt wurden, in der die Araber mit ihnen umzugehen pflegten – nämlich, indem sie von rechts nach links zuerst die Einer, dann die Zehner lasen –, findet sich in al-Chwarismis Buch an der Stelle, an der er von der Null beim Addieren und Subtrahieren handelt.

Ein Beispiel:

$$\begin{array}{r} 38 \\ -18 \\ \hline 20 \end{array}$$

„Bleibt nichts übrig", schreibt al-Chwarismi laut der lateinischen Übersetzung, „so setze das Kreislein, damit die Stelle nicht leer sei, sondern das Kreislein muß sie einnehmen, damit nicht, wenn sie leer bleibt, die Stellen vermindert werden und etwa die zweite für die erste gehalten wird", d. h. auf daß nicht die erste Stelle etwa die 2 als Einer ausweise. Zu ergänzen ist „die erste Stelle von rechts". Denn dieser Satz hat keinen Sinn, wenn die Null an die erste Stelle von links gesetzt werden sollte, da die Null vor einer Zahl – 02 – den Wert nicht verändert.

Wir werden noch bei anderen Werken sehen, daß die Übersetzer die arabischen Quellen wörtlich ins Lateinische übertragen und dabei die arabische Linksläufigkeit der Schrift und Zahlschrift mitübernehmen. –

Doch al-Chwarismi war nicht der erste, der die arabischen Ziffern dem Abendland brachte. Eineinhalb Jahrhunderte früher, Ende des 10. Jahrhunderts, hatte schon einmal ein Abendländer sie geschrieben und gelehrt, freilich ohne ihnen eine breitere Anhängerschaft zu gewinnen. Und das hatte seinen besonderen Grund.

Dieser Gelehrte und Lehrer war ein Mann, der, in bescheidensten Verhältnissen geboren, ein geistiger Mittelpunkt seiner Zeit wurde, der drei deutsche Kaiser zu seinen Gönnern und Freunden zählte und der schließlich als Papst die höchste Würde der Christenheit empfing.

Vor dem Auftreten dieses Mannes gab es im Abendland keine eigentliche mathematische Wissenschaft. Von der zu hoher Blüte gediehenen griechischen und hellenistischen Mathematik, die unter dem Mißtrauen der maßgeblichen kirchlichen Kreise gegenüber aller heidnischen Geisteskultur dahinwelkte, war in die abendländischen Klöster nichts gedrungen. Einzig die kaum an ihre griechische Quelle heranreichende, umständlich und verwickelt geschriebene „Arithmetik" des gebildeten Spätrömers Boetius – der als einstiger Vertrauter des Königs Theoderich wegen verräterischer Umtriebe von ihm hingerichtet und später als Märtyrer der Abgott des christlichen Mittelalters wurde – und die Werke einiger noch geringerer römischer Schriftsteller waren in den

Klosterbibliotheken vorhanden und wegen ihres Seltenheitswertes an Ketten befestigt. Was in den Klöstern gelehrt wurde, ging über das elementare Rechnen auf dem Abacus, dem römischen Rechenbrett, Pythagoräische Zahlenmystik und die Feststellung des Osterdatums und der Ostrichtung des Chors der Kirche nicht hinaus. Und die Isidor, Beda, Alcuin, Hrabanus Maurus und Walafried Strabo hatten kaum Nennenswertes zu dem dürftigen Wissensstand beigetragen.
Ist es verwunderlich, daß er einen tieferschürfenden Geist nicht befriedigen konnte? Und an solchen fehlte es nicht. Gerbert von Aurillac war solch ein Wissensdurstiger, jeder Anregung weit geöffnet und bereit, auch Fremdes aufzunehmen, sich dienstbar zu machen und auf ihm höherzusteigen zu neuer Erkenntnis und zu weiterem Ausblick. Sein erstaunliches, für seine Zeitgenossen ganz ungewöhnliches Wissen zog viele Schüler herbei, weckte ihren Eifer an mathematischen Studien und belebte den Unterricht und die Abschreibetätigkeit wie ein erster lauer Frühlingstag das winterstarre Land.

DER PAPST RECHNET ARABISCH

Vor der Pforte eines Klosters in der Auvergne wird im Jahr 945 von unbekannter Hand, nur in Tücher gehüllt, ein Kind niedergelegt. Die frommen Brüder nehmen das armselige, kleine Wesen bei sich auf und taufen den Knaben auf den Namen Gerbert. Im Kloster Aurillac wird Gerbert erzogen. Und hier lebt er, ein eben Zwanzigjähriger, als der Markgraf Borel von Barcelona nach Aurillac wallfahrtet und auf den Vielbegabten aufmerksam wird. Von seinen Oberen erhält Gerbert die Erlaubnis, den Markgrafen in seine Heimat jenseits der Pyrenäen zu begleiten.
Die spanische Mark ist noch von dem eben erst beendeten Krieg gezeichnet. Graf Borel hat in den Kämpfen mit dem mächtigen Herrn Andalusiens mehr als eine Niederlage einstecken müssen. Und nicht anders als die christlichen Fürsten Kastiliens, Leóns und Navarras hat er sich schließlich gezwungen gesehen, durch seine Gesandten in Cordoba um Frieden nachzusuchen.
Bischof Hatto, der Gerbert Unterricht erteilt, hat die Schmach noch nicht verwunden, vor dem Herrscher der Ungläubigen, al-Hakam II., zu Kreuze zu kriechen. Er hatte dem Kalifen sogar im Namen seines Herrn anbieten müssen, alle spanischen Festungen längs der andalusischen Grenze zu schleifen. Und dennoch welch ein Empfang! Welch sinnverwirrende Pracht an diesem Märchenhof! Der junge Gerbert drängt den väterlichen Freund immer wieder, ihm von dem muslimischen Für-

sten zu erzählen, der mehr ein Mann der Wissenschaften als des Schwertes und ein bedeutender Historiker sein soll, von den Schwärmen von Gelehrten und Dichtern, die al-Hakam umgeben, und von den vornehmen, führenden Christen dieser Riesenstadt Cordoba, ihrem Erzbischof und ihrem obersten Richter, die aussehen, sprechen und sich benehmen wie Araber und die über arabische Mathematik und Naturwissenschaften zu reden wissen wie ein Professor islamischer Universitäten!

Bei dem derart weltkundigen Bischof Hatto von Vich beschäftigt Gerbert sich „fleißig und mit Erfolg" – wie es heißt – mit der Mathematik und der Sternkunde. Hier kommen ihm Dinge zu Ohren, von denen sich zu Hause niemand träumen läßt. Hier lernt er auch die arabischen Zahlzeichen kennen.

971 begleitet er den Markgrafen und den Bischof nach Rom. Und dort findet die Begegnung statt, die Gerbert bis zu seinem Lebensende dem deutschen Kaiserhaus verbinden soll, Kaiser Otto dem Großen und seiner Gemahlin, der Kaiserin Adelheid, ihrem Sohn und noch dem Enkel. Otto III. ruft den bewunderten Gelehrten als seinen Lehrer und Ratgeber an den Kaiserhof, macht ihn zum Erzbischof von Ravenna und 999 als Silvester II. zum Nachfolger Petri. Dieser wunderbare Aufstieg war für die Nachwelt voller Rätsel und Geheimnis. Die Persönlichkeit des Mannes, dessen Wissen seine Zeitgenossen in Erstaunen gesetzt, der sich vermessen hatte, mit seinen sarazenischen Teufelswerkzeugen in Gottes Schöpfung herumzupfuschen, erschien ihr verdächtig und unheimlich.

Ein großer Zauberer und Schwarzkünstler war er gewesen. Und durch wen anderes als durch die Araber konnte er in das unchristliche Treiben eingeweiht worden sein! Nächtlich floh er aus dem Kloster nach Spanien – berichtet die Sage –, plötzlich von der Absicht getrieben, bei den Sarazenen Astrologie und andere Künste zu studieren. Dort erlernte er die Beschwörung dunkler Gestalten aus der Hölle und was an Schädlichem und Nützlichem die menschliche Neugier von dort zutage fördert. Dort listete er einem greisen Zauberer ein peinlich gehütetes Buch der geheimen Magie ab und verpfändete dem Teufel seine Seele, damit der ihn vor der Rache des betrogenen Zauberers beschütze.

Und dies war ein Teil jenes Zauberwerks, das der Magier über die Geister seiner Zeit den Feinden der Christenheit abgewonnen hatte:

Gerbert rechnet als erster Abendländer mit den neun Zeichen, die er in der spanischen Grenzmark kennengelernt hat. Auf dem schon bei Griechen und Römern für die einfachen Rechnungsarten verwendeten Rechenbrett, dem Abacus, läßt er sie ihre fremdartige Rolle spielen.

Das Rechenbrett war durch senkrechte Linien in Spalten für die Einer, Zehner, Hunderter und so fort eingeteilt. In diese Kolumnen hatte man Rechenmarken aus Stein, Glas oder Metall gelegt in der jeweiligen Anzahl der Einer, Zehner, Hunderter. Mit ihnen konnte man addieren und subtrahieren, und wer im Addieren einiges Geschick und genügend Übung besaß, konnte mit ihnen sogar multiplizieren, indem er aus vielfach wiederholter Addition schließlich die Endsumme erhielt. Wer diese schwierige und schwerfällige Operation scheute, konnte das Einsundeins und das Einmaleins aber auch aus fertigen Tabellen ablesen.
Aber wozu schon dieses umständliche Häufen von Rechensteinen, die einzeln nachgezählt werden müssen und jede Übersicht erschweren? Malt man auf die Rechenmarken die neun Ziffern, so genügt ein Blick, um aus der 5-Marke in der Einer-Spalte und der 6-Marke in der Zehnerspalte die 65 abzulesen.
Als Gerbert bei einem Schildmacher eine Rechentafel aus Leder in Auftrag gibt, läßt er zwar, wie es üblich war, für die Kopfzahlen der Einer-, Zehner- und Hunderter-Spalten die römischen I, X, C verwenden; aber die tausend Rechenmarken, die er aus Horn schnitzen läßt, beschriftet er mit höchst sonderbaren Zeichen, die noch keiner gesehen hat.
Ebenso kraus und fremdartig wie ihre Gestalt sind auch die Namen dieser Zeichen. Gerbert selbst hat sie nicht überliefert. Eine spätere Schrift des Radulph von Laon aus dem 12. Jahrhundert nennt sie: 1 heiße „igin", 2 „andras", 3 „ormis", 4 „arbas" (aus arab. arba'a), 5 „quimas" (von arab. chamsa), 6 „calctis", 7 „zenis" (zebis, von arab. zeba), 8 „temenias" (aus arab. thamania), 9 „zelentis" – wunderliche Wortgebilde, in denen die arabischen Zahlwörter, vielfach verstümmelt und entstellt, kaum noch zu erkennen sind. Radulph selbst machte das Geheimnis um die Zahlen noch geheimnisvoller, indem er ihre Herkunft für chaldäisch erklärte. Das bereitete späteren Gelehrten viel Kopfzerbrechen, bis man bemerkte, daß seinen Zeitgenossen vieles, was dem unendlich fernen Arabien entstammte, schlechtweg als chaldäisch galt.
Seinen geliebten „Chaldäern" schreibt Radulph irrtümlich sogar die Erfindung des Abacus zu. Und wieder zeigt sich, welchen Eindruck die Linksläufigkeit der arabischen Schreibweise auf die lernenden Abendländer ausübte. Bei der Einrichtung seines Rechenbretts schließt Radulph sich den angeblichen Erfindern an, „die beim Schreiben rechts anfingen und nach links fortfuhren", und „so beginnt gemäß des den Erfindern schuldigen und sich ständig verbreitenden Ansehens die Zeichnung dieser Tafel zur Rechten und setzt ihre Länge nach links fort"!

Ein Schüler Gerberts, Bernelinus, hat die Schrift seines Meisters „Regel der Tafel des Rechnens“ herausgegeben, aber auch ein eigenes Buch über den Abacus verfaßt. Und hier wird deutlich, weshalb die neuen Zahlzeichen noch nicht über den Kreis der Gelehrten hinaus ins Volk zu dringen vermochten.

Man konnte mit ihnen weder schreiben noch rechnen.

Bernelinus bildete zwar die arabischen Ziffern ab, die auf den Rechenmarken über den Abacus geschoben wurden. Aber in den Rechenbeispielen seines Buches sah er sich genötigt, doch wieder die römischen Zahlen zu verwenden. Das hatte einen ganz simplen Grund.

Gerbert kannte die Null nicht. Auf dem Rechenbrett konnten bei der Zahl 1002 die Zehner- und Hunderter-Spalten ohne weiteres leerbleiben; sie war durch das Fehlen von Rechensteinen unmißverständlich als tausend-zwei zu erkennen. Aber ohne ein Fehlzeichen, ohne Null, war diese Zahl mit Hilfe der Ziffern nicht zu schreiben. Ja, ohne die Kenntnis der Null konnte Gerbert und seinen Schülern der *Sinn* der fremden Schreibweise gar nicht aufgehen.

So war ihrem ersten Vorstoß von vornherein jede Entfaltungsmöglichkeit versagt. Ihr kurzes Gastspiel auf der Bühne des römischen Rechenbretts „gleicht dem Auftreten einer fremden Schauspielertruppe, der man eine falsche Rolle aufgezwungen hat und sie daran hindert, ihr eigenes Stück zu spielen“ [3].

Gerbert und die Männer, die aus seiner Schule hervorgingen, regten das mathematische Denken kräftig an und verbreiteten das Kolumnenrechnen auf dem römischen Abacus, was ihnen den Namen „Abacisten“ eintrug. Gerberts fremdartige Ziffern aber blieben kaum mehr als ein gelehrter Schnörkel. Die Herrschaft der römischen Zahlen war unangefochten. Und erst in dem ein Jahrhundert später entbrennenden Kampf zwischen Abacisten und Algorithmikern, die inzwischen von al-Chwarismi das elegante Rechnen mit „den zwei mal fünf Zeichen“ gelernt hatten, mußte sich erweisen, daß die schwerbewegliche Schlachtordnung der römischen Kolumnen der geschmeidigen Taktik des Ziffernrechnens auf die Dauer nicht gewachsen war.

Aber wie hatte Gerbert bei seinen Studien in der spanischen Mark das zehnte Zahlzeichen – die Null – entgehen können?

Tatsächlich war zu seiner Zeit im arabischen Westen die Null noch unbekannt. Die Andalusier schrieben mehrstellige Zahlen, indem sie ein, zwei, drei und mehr Punkte über die Einer, Zehner, Hunderter usw. setzten, und kamen mit dieser Methode ganz gut ohne Null aus. Erst als sie von den Ostarabern das Stellenwertrechnen lernten, fügten sie die Null ihrer altgewohnten Ziffernschrift hinzu.

Ihrer Ziffernschrift? Die Zahlzeichen, die Gerbert von den Westarabern importierte, waren wesentlich älter als die zehn des al-Chwarismi und wichen zum Teil in ihrer Gestalt von der der ostarabischen Zahlen erheblich ab. Noch bevor der indische Astronom Kankah die zehn Ziffern nach Bagdad brachte, waren jene neun Zeichen – die man Gobar-Ziffern nennt – vermutlich durch Kaufleute aus Indien über Alexandrien nach dem Westen des Mittelmeerraums gereist.

Wann ist das geschehen, und warum fehlt ihnen die Null? Hatten Araber sie auf ihrem Zug nach Spanien bereits in der Form mitgebracht, in der sie Severus Sabokht bekannt geworden waren? Oder ist die Null bei der Übernahme durch Fremde dem Nichtverständnis ihrer eigenartigen Rolle zum Opfer gefallen? Das Geheimnis der fehlenden Null ist nicht restlos geklärt.

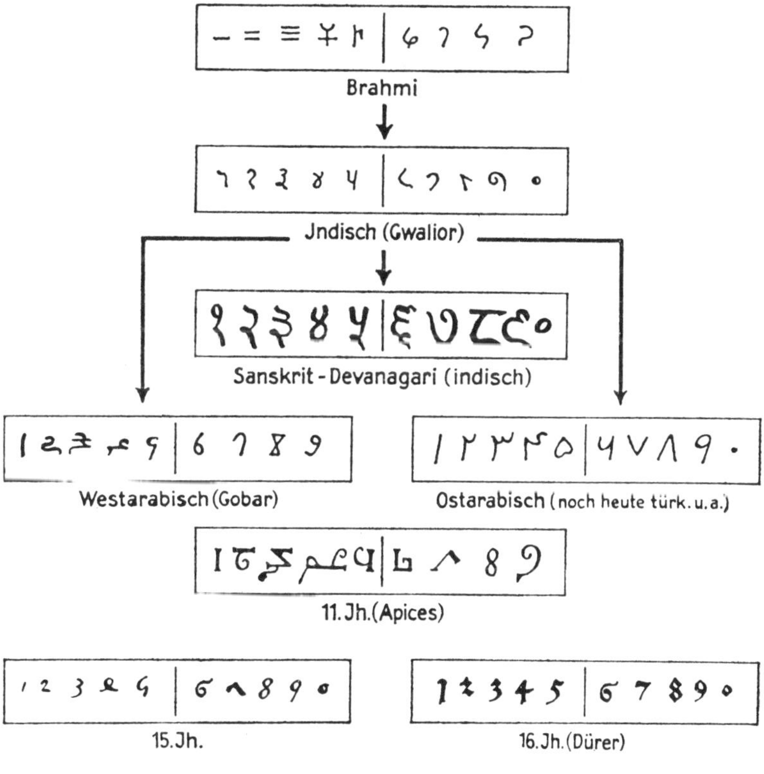

Noch heute wird die ostarabische Zahlschrift von allen arabisch schreibenden Völkern benutzt. Die westarabische starb aus, nachdem sie die Vorbilder unserer heutigen „arabischen Zahlen“ geliefert hatte.

Daß schon in Indien nicht nur die Gestalt der Buchstaben, sondern auch die Gestalt der Zahlzeichen von einer Landschaft zur anderen wechselte, wissen wir von dem großen arabischen Mathematiker al-Biruni (973 bis 1048), einem Zeitgenossen Gerberts, der von Jugend auf und durch spätere, ausgedehnte Reisen mit der indischen Sprache und indischen Wissenschaft vertraut war. Die Araber, erklärt er, haben von den Indern nur die geeignetsten Zahlen übernommen – aber „ihre Gestalt ist nicht entscheidend, wenn man nur die innere Bedeutung kennt".

Für die Araber bezeugt schon al-Chwarismi, daß bei ihnen zwei Arten der indischen Zahlschrift in Gebrauch seien, die in der Schreibweise der 5, der 6, der 7 und der 8 voneinander abwichen – „doch darin", fügt er hinzu, „liegt kein Hindernis".

Noch heute wird die ostarabische Zahlschrift von allen arabisch schreibenden Völkern benutzt. Die westarabische starb aus, nachdem sie die Vorbilder unserer heutigen „arabischen Zahlen" geliefert hatte.

Gerberts Ruhm, als erster die arabischen Zahlen dem Abendland übermittelt zu haben, verblaßte jäh und vollständig und für die Dauer von fast achthundert Jahren hinter einem Werk, das heutigentags die Gerichte beschäftigt hätte. Dieses Werk, das Generationen von Gelehrten täuschte und zu geschichtlich weittragenden Mißdeutungen verführte und dem kein Geringerer als Alexander von Humboldt auf den Leim ging, war die „Geometrie des Boetius".

Abgesehen von seiner „Arithmetik", jener unbeholfenen Bearbeitung der Arithmetik des Nikomachus, gründete sich die ungewöhnliche Hochschätzung des Boetius im Mittelalter auf dieses Lehrbuch der Geometrie, das seinen Namen als Verfasser trug und das bereits auch die indischen Zahlen in einer seltsam krausen Gestalt verwendete.

Kein Wunder, daß die Gelehrten entzückt waren. Denn das hieß ja, daß schon zu Lebzeiten des Boetius, um die Wende des 5. Jahrhunderts, als Theoderich über Italien herrschte, das christliche Abendland mit dem Gebrauch der neun Ziffern vertraut gewesen war, lange bevor die Araber von ihnen Kunde hatten: Boetius hatte mit ihnen operiert, er hatte das indische System des Stellenwerts gekannt, und nachdem das Wissen um sie dem Abendlande verlorengegangen war, hatte die erst im 11. Jahrhundert aufgefundene Schrift dieses Mannes es der Nachwelt wiedergegeben!

Diese alles revolutionierende Tatsache, daß schon Boetius im Besitz der Ziffern gewesen war, konnte aber noch etwas anderes bedeuten, und Humboldt war es, der in seinem „Kosmos" (II, 263) diese Frage aufwarf. Durfte man nicht annehmen, daß die große geistige Leistung, die zu dem

Stellenwertsystem mit benannten Ziffern führte, unabhängig voneinander an zwei Stellen der Erde zugleich – im Orient und im Okzident – vollbracht worden war?
Doch alle hoffnungsvollen Vermutungen hatten ins Leere gestoßen. Die angebliche „Geometrie des Boetius" erwies sich als eine Fälschung aus dem 11. Jahrhundert, die sich den Anschein gab, aus der Feder des so bewunderten Römers zu stammen. Ihr Verfasser hatte ihr Werke verschiedenen Alters zugrunde gelegt, ohne seine Quellen zu nennen, darunter erwiesenermaßen auch die Schriften Gerberts, dem er seine Regeln des Dividierens und schließlich seine Kenntnis der arabischen Ziffern verdankte.

An drei Namen vor allem knüpfte sich die Bekanntschaft der Araber mit der Zahlschrift, die einmal die arabische genannt werden sollte: Severus Sabokht, Brahmagupta und al-Chwarismi. Und drei Namen verbinden sich mit ihrem Erscheinen im Abendland.
Es mutet wie eine seltsame Laune der Geschichte an, daß sie bei dem Vormarsch der indischen Ziffern zur Weltzahlschrift die drei Stationen ihres Weges in die arabische Welt im Okzident noch einmal kopierte.
Der erste, der im Abendland die arabischen Zahlen gelehrt hatte, war *Gerbert*, der Lehrer von Reims und Mathematiker auf dem Papstthron, gewesen. Aber ebenso wie von dem Gelehrten und Leiter der Klosterschule am Euphrat, *Severus Sabokht*, der unseres Wissens in Arabien als erster Unterricht in der indischen Zahlschrift gegeben hatte, konnte auch von Gerbert keine breitere Wirkung ausgehen: sie beide kannten nur die neun Zeichen, aber nicht die Null.
Es war ein Buch, hier wie dort, das das vollkommenere Wissen übermittelte:
776, hundertvierzehn Jahre nach Severus, lag der *Siddhanta des Brahmagupta* mit den vollständigen zehn Zeichen in arabischer Übersetzung vor, und „insbesondere die Gelehrten jener Zeit bis zur Regierung des Kalifen al-Mamun richteten sich danach". Und wiederum reichlich hundert Jahre nach Gerbert bringen die lateinischen Übersetzungen von *al-Chwarismis Rechenbuch* – der „Liber algoritmi" – über das Mittelsland Spanien die Kenntnis des schriftlichen Rechnens mit den neun Zahlen und der Null ins Abendland, und die Schule der Algorithmiker trägt sie weiter.
Zwar drang das neue Wissen im arabischen Reich auch während der folgenden Jahrzehnte schon über die Kreise der Astronomen und Mathematiker hinaus. Aber erst mußte der Mann kommen, der es dem Volk in der leichtfaßlichen und anschaulichen Form bot, die es für die prak-

tische Anwendung im täglichen Umgang geeignet machte. Dieser Mann war der am Hofe al-Mamuns lebende *al-Chwarismi* (der seinerseits wiederum zum Brahmagupta des Abendlandes werden sollte).

Auch in Europa war die Kenntnis der neuen Schreibweise über die Klostermauern hinaus schon in weltliche Kreise gelangt. Wir besitzen ein greifbares Zeugnis dafür in den Illustrationen zu dem mittelhochdeutschen Lehrgedicht „Der wälsche Gast" des Thomasin von Zerclaere. Ein junger Domherr von Aquileja in Venetien, der die Deutschen liebte und ob ihres sittlichen Ernstes bewunderte, hatte für die Fürsten und Ritter ein moralphilosophisches Lehrbuch in der deutschen Verssprache gedichtet und es der deutschen Nation mit den Worten gewidmet:

Tiusche lant, enphahe wol,
als ein guot husvrouwe sol,
diesen dinen welschen gast,
der din ere minnet vast.

Thomasin war achtundzwanzig Jahre alt, als er 1215 sein Gedicht begann; nach zehn Monaten, Anfang des Jahres 1216, hatte er es mit mehr als zwölftausend Versen vollendet. Und noch im selben Jahr machte sich einer seiner Freunde daran, die Handschrift mit über hundert feinen, farbigen Miniaturen zu illustrieren. In den Darstellungen der „sieben freien Künste" erscheint dort „Pythagoras" mit der „Arismetica", beide in Gewändern der romanischen Zeit, die mit dem Zeigefinger auf eine sich treppenförmig verkleinernde Tafel deuten. Auf dieser Tafel sind die Verdoppelungen der Reihe 1, 3, 9, 27 in arabischen Zahlen geschrieben; und in gleicher Weise erscheinen die Zahlen der Intervalle auf dem Bilde der „Musica" und die Jahreszahl 1216. Es besteht gar kein Zweifel, daß der offensichtlich hochgebildete Zeichner, nach der ganzen Wahl seiner Motive und der in klösterlichen Kreisen durchaus unüblichen Darstellung religiöser Szenen zu schließen, dem Laientum angehörte. Und dieser Mann verwendete schon 1216 ausschließlich die arabischen Ziffern wie etwas ganz Selbstverständliches.

Aber noch war die „Kunst der zweimal fünf Zeichen" weit davon entfernt, Allgemeinbesitz der Gebildeten, geschweige denn des einfachen Volkes zu sein. Da trat der Mann auf, der der Bahnbrecher der arabischen Zahlschrift werden sollte für ihren Siegeszug durch die Welt: *Leonardo von Pisa.*

Hier war ein Mann, der nicht in den Klöstern sein Wissen geschöpft hatte und nicht für die Gelehrten in der Klosterzelle schrieb. Dieser erste selbständige mathematische Denker des Abendlandes und genialste Mathematiker Europas bis zum 18. Jahrhundert war ein Mann des tätigen,

praktischen Lebens. Er erwarb sich die Grundlagen seiner Wissenschaft auf ausgedehnten Reisen an den Quellen selbst und lehrte für den lebendigen, täglichen Gebrauch.
Waren die ersten Rinnsale über die wissenschaftlichen Hochburgen Spaniens geflossen, so nahm die Woge, die jetzt das Abendland überschwemmte, von Italien und seinem geistigen Zentrum ihren Ausgang: vom Hofe des Staufenkaisers Friedrich II.
Das Abendland hatte seinen al-Chwarismi gefunden.

EIN KAUFMANN LEHRT DAS ABENDLAND

Leonardo wird um 1180 in Pisa geboren. Eine bunte Bevölkerung mischt sich in dieser von Etruskern gegründeten Stadt an der Mündung des Arno. Nicht allein hat die römische, gotische, langobardische und fränkische Epoche die Spuren ihrer Herrscher hinterlassen. Ein Mönch des 12. Jahrhunderts zetert über die heidnischen „Meeresungeheuer“, die „Türken, Libyer, Parther und schmutzigen Chaldäer“ – wie er, auch er die Araber zu nennen beliebt –, die sich in den Straßen Pisas drängen und der Stadt ihr wildes, grellfarbiges Gorgonenantlitz geben.
Denn der kleine Fischerhafen am Arno hat sich durch seine Kämpfe gegen die Araber Sardiniens und Siziliens Macht und Reichtum erworben. Jetzt macht Pisa sich den von mehr oder weniger heiligen Zwecken getriebenen Drang nach dem Heiligen Land zunutze und steigt entschlossen in das größte Transportgeschäft aller Zeiten ein, organisiert den Handel zwischen Ost und West, kolonisiert die handelswichtigsten Küstenplätze und errichtet seine Fondachi entlang des Mittelmeers von Konstantinopel über Tyrus und Alexandrien bis Bugia und Ceuta.
Vorsteher der pisanischen Handelsniederlassung in Bugia an der algerischen Küste ist Leonardos Vater. Sein Familienname ist nicht überliefert. Wir kennen nur seinen Spitznamen Bonaccio, „der Gute“, aus Leonardos berühmtester Schrift, dem „Liber abaci“, in dem der Sohn sich als „Leonardus filius Bonacci“ vorstellt. Eine spätere Zusammenziehung hat daraus Leonardo Fibonacci gebildet, den Namen, unter dem der große Pisaner in die Geschichte einging.
Der Vater läßt früh den aufgeweckten Knaben aus der Heimat zu sich nach Bugia kommen. Als pisanischer Sekretär bei der *Duane* hat er sich im Verkehr mit den Fellverkäufern und Ledergroßhändlern aus der Sahara und dem Maghreb recht und schlecht den flotten Schreib- und Rechnungsmethoden seiner arabischen Kollegen beim Seezollamt anbequemen müssen. Selbstverständlich wird sein Sohn auch einmal in das blühende

Handelsgeschäft einsteigen. Also läßt Bonaccio den Knaben bei einem arabischen Rechenmeister unterrichten. Und der junge Leonardo begeistert sich an der Rechenkunst mit den indischen Ziffern, die bisher ungekannte Möglichkeiten eröffnet.
Was läßt sich mit den römischen Zahlen schon anfangen! Ein bißchen Zusammenzählen und Abziehen allenfalls. Aber wie ungeschickt ist das und wie beschränkt! Und wie wendig und vielseitig die Verfahren, die bei den Arabern in Übung sind! Bald kann Leonardo multiplizieren und dividieren, so wie die Inder es gemacht hatten. Nicht nur mit ganzen Zahlen, sondern auch mit „Brüchen“ (von arab. kasr; kasara zerbrechen), wie Sidi Omar, der Herr Lehrer, das Verhältnis zwischen zwei Zahlen nennt. Ja neuerdings, so erklärt er seinem andächtigen Schüler, pflegen die Gelehrten an den Hohen Schulen von Bagdad und Mossul die beiden übereinandergeschriebenen Zahlen noch durch einen waagerechten Strich, den Bruchstrich, zu trennen. Leonardo lernt Potenzrechnen und Wurzelziehen, er lernt Gleichungen mit einer, zwei und mehreren Unbekannten lösen, bestimmte und unbestimmte, quadratische und sogar kubische Gleichungen, wie Abu Kamil, Omar al-Chaijam, Ibn Sina, al-Biruni und al-Karadschi sie aufgestellt hatten. Während seine Altersgenossen sich auf den Gassen balgen und auf Kais, zwischen *Arsenalen* und *Magazinen* spielen, spielt Leonardo mit Zahlen.
Die frühe Leidenschaft für das faszinierende Spiel begleitet ihn, als er den Kaufmannsberuf erlernt und der Vater ihn mit den ersten Handelsgeschäften betraut. Sie begleitet ihn auf seinen Handelsreisen nach Ägypten, Syrien, Griechenland, Sizilien und Spanien. Er setzt sich in Tyrus und Korinth, Ceuta und Tunis selbst in die Kontore und sieht seinen Geschäftspartnern auf die Finger. Er stöbert in den Bibliotheken von Alexandrien und Damaskus. Er diskutiert mit den Hofgelehrten in Kairo. Er studiert alles, was die alten Schriften und die Praxis des Kaufmanns ihn, den von der hohen Kunst der Mathematica Besessenen, im Zusammenhang mit dem griechischen, indischen und arabischen Rechnen lehren können.
„Auf daß das Volk der Lateiner in solchen Dingen nicht mehr als unwissend befunden werde“, verfaßt der Dreiundzwanzigjährige in lateinischer Sprache den „Liber abaci“, das Buch, das seinen Ruhm begründet. „Welch ein Werk!“ staunt der Mathematikhistoriker Moritz Cantor, nachdem er die wissenschaftliche Leistung der umfangreichen Arbeit durchleuchtet hat. „Wir kennen eine ziemliche Anzahl von Vorgängern desselben in den verschiedensten Sprachen, aber wo ist nur entfernt dessen Gleichen? Wir wissen kaum, was wir mehr bewundern sollen: die Möglichkeit, daß ein solches Werk am Anfang des 13. Jahrhunderts ge-

schrieben werden konnte oder die Verständnisfähigkeit dafür an dem Kaiserhofe[4]."

Kein Wunder, daß das epochemachende Werk die Aufmerksamkeit des von Jugend auf in der Mathematik und in den arabischen Naturwissenschaften bewanderten Staufenkaisers Friedrich II. erregt. Als 1228 die zweite Ausgabe des erfolgreichen Buches erscheint, die dem ebenfalls arabisch gebildeten Philosophen des Kaisers, Michael Scotus, gewidmet ist, sehen wir Leonardo in engsten Beziehungen zum Kaiserhof, wo er hin und wieder als Friedrichs Gast weilt und seine Thesen Gegenstand scharfsinniger Diskussionen bei der kaiserlichen Tafel sind.

1220, im Jahr der Kaiserkrönung des Staufers, hatte Leonardo auf Bitten des Hofastrologen Dominicus Hispanus eine „Praxis der Geometrie" verfaßt. Dieses Werk war es, das die Neugier des eben aus Deutschland zurückgekehrten Kaisers geweckt hatte, diesen glänzenden Geist kennenzulernen.

Der Empfang im Kaiserpalast zu Pisa ist von dem Hofphilosophen Magister Johannes von Palermo sorgfältig vorbereitet worden. Er hat sich beharrlich durch den zähen Stoff von Leonardos Schriften durchgebissen. Aber sein mathematisches Wissen reicht nicht hin, um sich mit Pisas großem Sohn messen zu können. Doch da ist unter den Hofgelehrten ein Araber. Theodorus aus Antiochia hat in Mossul bei dem berühmten Kemal ad-Din ibn Junis die Werke der arabischen Mathematiker gründlich studiert, und von dem Ruf des von den Arabern hochgepriesenen „Frankenkönigs Imberur" (Imperator) angezogen, ist er einem der Gesandten Friedrichs II. aus dem Orient an den Hof nach Süditalien gefolgt. Gemeinsam mit ihrem kaiserlichen Herrn knobeln die gelehrten Männer die Aufgaben aus, an denen der geniale Prüfling sein Geschick vor der Majestät ausweisen soll. So kommt eine Liste kompliziertester mathematischer Fragen zustande.

Die Audienz wird für Leonardo ein einziger Triumph. In atemlosem Staunen erleben die Anwesenden, in welch ungemein geistreicher Weise der Kaufmannssohn aus Pisa die für sie selbst unverständlichen Probleme bewältigt. Und nur der Kaiser selber und Theodorus, der Schüler des Ibn Junis, der in den Schriften al-Farabis und Ibn Sinas, im Euklid und im Almagest des Ptolemäus beschlagen ist, ahnen, wie weit er noch über das von Griechen wie von Arabern Erarbeitete hinausgegangen ist.

Leonardo selbst hat diese denkwürdige erste Begegnung mit „seinem Kaiser und Herrn" in zwei mathematischen Schriften wiedergegeben. Er hat dort jene Aufgaben dargelegt und die Methoden angedeutet, nach denen er sie gelöst hatte. Und trotzdem ist es bis heute nicht in allen Fällen gelungen, den von ihm zurückgelegten Gedankenweg zu seinen

Ergebnissen nachzuverfolgen, deren Exaktheit noch die neuere Mathematik verblüfft. „Wir haben", schreibt der sonst so nüchterne Historiker Cantor über die beiden Abhandlungen, „nachdem wir über Leonardos ‚Abacus' berichtet hatten, geglaubt, unserer Bewunderung Ausdruck geben zu dürfen. Fast möchten wir gegenwärtig bereuen, daß wir es thaten, denn mit welchen Worten sollen wir Leonardo jetzt rühmen, nachdem wir diese Schriften kennengelernt haben[5]."

„In Gegenwart Eurer Majestät, glorreicher Fürst Friedrich", schreibt Leonardo an den Kaiser, seines ersten Empfangs im Kaiserpalast zu Pisa gedenkend, „hat Euer Philosoph, Magister Johannes von Palermo, sich ausführlich mit mir über die Eigenschaften der Zahlen besprochen."
Von den Zahlen, die er von seinem arabischen Rechenmeister gelernt und deren Gebrauch er auf langen Geschäftsreisen studiert hat, handelt der erste Abschnitt seines umfangreichen „Liber abaci":
„Die neun Zahlzeichen der Inder sind diese:

9 8 7 6 5 4 3 2 1

Mit ihnen und mit diesem Zeichen 0, das arabisch sifr heißt, kann jede beliebige Zahl geschrieben werden."
Die Reihenfolge der Ziffern wirkt überraschend: die Reihe beginnt mit der 9 und endet mit der 1 – für uns! Leonardo las sie anders. Nach arabischem Vorbild pflegte er sogar die Ganzen eines gemischten Bruchs rechts neben den echten Bruch zu setzen und „eineinhalb" als $^1/_2 1$ zu schreiben. Wie sein Rechenmeister ihn als Knaben die Schreibweise der Zahlen gelehrt hatte, nach arabischer Weise von rechts beginnend und nach links fortfahrend, so lehrt Leonardo die neue Zahlschrift „mit diesem Zeichen 0, das arabisch sifr heißt", jetzt das lernfreudige Abendland.
„– das arabisch sifr heißt!"
Die Geschichte dieses Wortes ist einer Betrachtung wert. Denn an ihrem Ende steht ein Wort, mit dem wir ständig umgehen, ohne noch seine eigentliche Bedeutung zu kennen, unser Wort „*Ziffer*".
Die Inder hatten die 0, den Kreis, das Sinnbild für das Fehlen von etwas, das Nichts, „sunya", „die Leere", genannt. Als die Araber das Zeichen und seine Bedeutung kennenlernten, übersetzten sie wörtlich: arabisch „as-sifr" heißt „die Leere". Aber Leonardo, der Schüler der Araber, der ihnen sein wertvolles Rüstzeug verdankte, *übersetzte* nicht mehr – so wenig er die Linksläufigkeit der arabischen Zahlschrift in die Rechtsläufigkeit der abendländischen Schreibweise übersetzt hatte. Er übernahm den arabischen Namen „sifr" und latinisierte ihn in seinem lateinischen Text zu „cephirum": „cum hoc signo 0, quod arabice cephirum appellatur" steht dort.

In Italien wird im Anschluß an Leonardos Werk „cephirum" zu „zefero" und schließlich zu „zero", ebenso wie aus „livra" „lira" geworden war; in Frankreich zu „chiffre", das bald die Bedeutung von „Geheimzeichen" annimmt und in „*chiffrieren*" weiterlebt und wegen seiner Doppeldeutigkeit die Übernahme des italienischen „zero" erforderlich machte; in England zu „cipher" und „zero"; in Deutschland zu „Ziffer".
Nur die 0 war ursprünglich *die* „Ziffer". Dem einfachen Volk, das nicht schriftlich rechnete und die neuen Zahlen nur vom Hörensagen kannte, wurde die „Ziffer" – dieses ganz und gar unverständliche Mitglied dieser merkwürdigen Zahlengesellschaft, das ja wiederum keine Zahl, sondern „nichts" war – zum Sinnbild der fremden Zeichen überhaupt. Schon im 14. Jahrhundert hießen alle zehn arabischen Zahlzeichen „Ziffern", eine Verallgemeinerung, die gleichzeitig „chiffre" in Frankreich und „cipher" in England erlebten, weshalb dort das aus Italien importierte „zéro" und „zero" für die 0 eintreten mußten.
Diese Umdeutung, die noch mehr Verwirrung stiftete, als die geheimnisvollen Eindringlinge ohnehin schon angerichtet hatten, war den Männern der Wissenschaft ein Greuel. „Obgleich von Rechts wegen nur das zehnte Zeichen ‚chifra' genannt werden sollte – jene 0 – und die anderen ‚Figuren' heißen", empörte sich eine gelehrte Schrift von 1356, „werden dennoch beim Volk nach gemeinem Brauche der Ungebildeten alle zehn Zeichen ‚Ziffern' genannt. Sie sind aber Figuren!"
„Nulla figura" – „kein Zahlzeichen" nannte man es deshalb. Und während weiterhin den Gelehrten zum Trotz und Verdruß „der träge Pöbel die neun mit Wert behafteten Zeichen ‚Ziffern' nennt", wurde dasjenige Zeichen, dem dieser Name von Rechts wegen zustand, als „nulla figura" zur „Nulla" und endlich zur „Null" degradiert.

DER KAMPF DER ZAHLEN

Zuerst in Italien, dann mit der im ganzen Europa bald als Vorbild geltenden italienischen Buchführung hält die von Reisenden gerühmte Kunst in den Handelshäusern und Kaufmannsstuben jenseits der Alpen ihren Einzug. Oft nur zögernd und mit Mißtrauen betrachtet, denn wie einfach läßt sich eine 0 in eine 6 ändern oder eine Ziffer zu einer Zahl hinzufügen! Kann nicht jedermann leicht einen Wechsel auf solche Weise fälschen? Sind dem Betrug nicht Tür und Tor geöffnet? Freilich, für die Kaufleute ist diese Rechenart nützlich. Aber muß das Abfassen von Verträgen mit den neumodischen Ziffern nicht verboten werden?
Hier und da behaupten sie sich schon. An kirchlichen und weltlichen

Bauten nennen vier ungewöhnliche Zeichen das Erbauungsjahr. Auf Grabsteine werden sie gemeißelt, auf Münzen, auf Rechenpfennige der staatlichen und städtischen Rechnungsämter geprägt. In den Büchern verdrängen sie die wurmlangen alten Seitenzahlen, denn daß 998 knapper und übersichtlicher ist als DCCCCLXXXXVIII, muß auch der Hartnäckigste einsehen – sofern er ihre „figur und bedeutnus" kennt! Aber bis sie sich gegen die römische Zahlschrift endgültig durchsetzen, vergehen Jahrhunderte.

Ein langer, erbitterter Kampf entbrennt zwischen den alteingesessenen Zahlen und den Eindringlingen.

Die römische Zahlschrift war die „amtliche" gewesen, so lange man denken konnte. Die römische Besatzungsarmee und römische Händler hatten auf ihren Denkmälern und Münzen den Germanen den ersten Anschauungsunterricht erteilt. Mit den Klöstern waren sie erneut über die Alpen gelangt und hatten sich an die Stelle der einfacheren, aber in dem System der Reihung und Bündelung wesensverwandten Volkszahlen gesetzt. Wo Zahlenwerte nicht, wie es am häufigsten geschah, wörtlich ausgeschrieben wurden, hatte sich die römische Zahlschrift eingebürgert, so daß sie gar nicht mehr als fremde Anleihe empfunden wurde. Ja, das Bewußtsein, daß die alteingewurzelten Kräutchen nicht im eigenen Garten gewachsen waren, war den Deutschen so völlig abhanden gekommen, daß sie die römische Zahl als „gemein Teütsch zale" wütend gegen die „Zyffernzale" verteidigten.

Es war schon schwer genug, die zehn merkwürdigen Zifferngestalten schreiben zu lernen und sich einzuprägen. Zur Gedächtnisstütze diente ein Vers, der, lateinische und deutsche Wörter wild durcheinanderwürfelnd, die damalige Ziffernform durch Bilder veranschaulichte:

Unum dat zungel (1), kruck (2) duo significabit,
suswancque (3) tria, wuerstfuel (ᛟ) dat tibi fiere,
reffstab (└|) dat funfe, widder (6) dat tibi sechse,
Süben gesperre (∧), ethwe kette (8), nün colb (9) significabit.
Ringel (0) cum zingel (1) tibi decem significabit.
Si zingel (1) desit, ringel (0) nihil significabit.

Die Eins gibt dir das Zünglein, die Krücke die Zwei, der Sauschwanz die Drei, die Wurst gibt dir die Vier, der Reffstab die Fünf, das Horn des Widders die Sechs, das Gesperr bezeichnet die Sieben, die Kette die Acht, der Kolben die Neun. Das Ringlein mit dem Zünglein bezeichnet die Zehn. Wenn das Zünglein fehlt, bedeutet das Ringlein nichts.

Doch mit dem Auswendiglernen und Schreibenkönnen war es ja nicht getan. Die Ziffern konnten nicht einfach die römischen Zahlen ersetzen. Wer mit ihnen umgehen wollte, mußte gänzlich umdenken. Denn hatte

In Tausenden von heißen Bädern der arabischen Städte sorgten die Bader, Masseure, Barbiere und Friseure für die Körperpflege ihrer männlichen und weiblichen Kundschaft

er es vordem nur mit Rangschwellen – I V X L C D M – und ihren Kombinationen zu tun gehabt, so standen ihm jetzt nur Einer zur Verfügung, die allein durch ihre Stellung ihren Wert verzehnfachen, verhundertfachen konnten.

„Welcher lernen will anfänklich rechnen durch dye ziffer, yst not, das er wysse dye figurenn der Ziffer“, lehrt eine mittelalterliche Handschrift und fährt dann fort: „Darnach lerne er dye crafft und bedeutnus der stätt (Stelle), daran dye ziffer gesetzt werden.“ Das richtige Verständnis des Stellenwertes ist eine der großen Schwierigkeiten, mit denen die Lernenden zu kämpfen haben. Und die Rechenbücher, die nun für das gemeine Volk geschrieben werden, ersinnen alle nur erdenklichen Erklärungen und Hilfen, wie sie ihm die „bedeutnus der stätt“ begreiflich machen können.

Aber in den Köpfen wirbelt bisweilen noch alles kunterbunt durcheinander. Da mischt einer alte Zahlen mit neuen und Stellenwert mit römischer Aneinanderreihung und schreibt die Jahreszahl 1482 als MCCCC8II. Die Jahreszahl 1515 erscheint als 15X5 und 1504 gar als 15IIII.

Der Verfasser einer Handschrift aus dem Jahr 1220 hat von dem System des Stellenwerts schon etwas läuten hören und versucht, es auf die römischen Zahlen anzuwenden; aber gänzlich kann er von der römischen Reihung doch nicht lassen, und so schreibt er die Zahl 2814 als II·DCCC·XIIII.

Ja, die Stellenschrift konnte man sich noch gefallen lassen, aber die „gewenlich teutsch zal“ für solch fremdmodisches Zeug aufzugeben, das mochten die Affen aller Neuheit tun. So schrieb denn jemand an eine Kirche für die Jahreszahl 1505, indem er verschämt an Stelle der nicht gesprochenen und wohl noch nicht verstandenen Null das kleine Zeichen für hundert einfügte: IV^{c}V.

Denn dieses Teufelszeichen, die 0, war ein weiteres Hemmnis fur das Verständnis der Ziffernschrift. Mußte diese „Zyffer“, die „nichts“ war und doch die Macht besaß, Einfaches zu verzehnfachen, verhundertfachen, vertausendfachen, nicht etwas Unheimliches, zumindest Unbegreifliches sein?

Gut, sie war eine Zahl, und doch war sie keine. „Wie die Puppe ein Adler sein wollte, der Esel ein Löwe, die Äffin eine Königin“, so spottet ein Franzose noch im 15. Jahrhundert, „so wollte die cifra eine Zahl sein!“ Auf jeden Fall, so meint ein deutscher Schriftsteller, ist sie eine Zahl „außerhalb“ der neun anderen – „wirt genannt nulla – 0 –, die nichts für sich selbs bedeut, aber dye andern bey ir mer bedeuten macht“.

Und zu allem hält sie sich auch noch stumm im Hintergrund und übt von dort aus ihre rätselhafte Macht – denn sie selbst wird niemals ausgesprochen:

Hab achtung! Neun sein der figur,
Ohn all beschwer auszusprechen pur.
Bei solchen ferner – merk auf mich –
Ein nulla steht unaussprechlich,
Rund und formiert recht wie ein o.
Wirt dann dasselb – versteht also –
Ayner deutlichen (figur) fürgemalt,
Bringts zehenmal so vil als bald.
Mit den kanstu recht numeriren,
All zal aussprechen und volfüren.

Und abermals – „fürmalen" ließ sich die Null einer „Figur" nur von rechts, sollte sie zehenmal so viel bringen wie die Figur für sich genommen. Auch die Abc-Schützen des Mittelalters lernten, der arabischen Schreibrichtung entsprechend, bei einer 20 zuerst die Null und danach die 2 zu malen; sie lernten, die 23 von rechts nach links zu schreiben und als drei-und-zwanzig zu lesen.

Und überhaupt diese Null, die es vorher gar nicht gegeben hatte, die plötzlich da ist und eine so wichtige Rolle spielen will! Verdächtig ist sie, anderen ein Spott, auf jeden Fall nicht geheuer. Sogar zu metaphysischen Spekulationen regt ihre zwielichtige Existenz an. In der im Kloster Salem aufgefundenen lateinischen Übersetzung von al-Chwarismis Rechenbuch aus der Zeit um 1200 hat der Schreiber sich seine eigenen Gedanken über sie gemacht:

„Jede Zahl entsteht aus der Eins, diese aber aus der Null", urteilt er logisch und rechnerisch nicht richtig, um dann fortzufahren: „Zu wissen ist, daß in ihr ein großes Heiligtum liegt: durch das, was ohne Anfang und ohne Ende ist, wird ER versinnbildlicht; und wie die Null sich weder vermehrt noch vermindert, so erhält ER weder Zufluß noch Abgang. Und wie sie alle Zahlen verzehnfacht, so verzehnfacht ER nicht nur, sondern vertausendfacht, ja, daß ich richtig sage, ER schafft alles aus dem Nichts, erhält es und lenkt es."

Die einen machen noch lange einen großen Bogen um sie herum. Mit CC2 versuchen sie die Null in 202 zu umgehen. Sebastian Frank behilft sich bei der 300, indem er die römische III vor die Hunderter-Rangschwelle setzt, mit IIIC. Dieser Ausweg ist uns nicht unbekannt: es ist derselbe, den die Chinesen beschritten, weil sie keinen Begriff von der Null hatten.

Die gleiche Verquickung von Stellenschrift mit römischen Rangschwellen, die vor der Verlegenheit bewahrte, eine 0 schreiben zu müssen, brachte das wunderliche Zahlengebilde XV·Cet:II für 1502 zustande. Dabei konnte der Schreiber sich hier noch mit gutem Gewissen auf die Sprache berufen, die die Null, das Nichtvorhandene, verschweigt und ebenfalls „fünfzehn-hundert-und-zwei" sagt.
Andere befreunden sich mit der Null sogar schneller als mit ihren eitleren Schwestern. Die zähen Anhänger des Althergebrachten, die sich immerhin in der modernen Stellenschrift versuchen wollen, stellen dies fremde Zahlenkind unbekümmert zwischen die ihnen vertrauten römischen Zahlen. Dabei kommt es zu so kuriosen Zwittergebilden, vor denen ein Römer ratlos gestanden hätte, wie IVOII für 1502 und für 1089 I0VIIIIX. Ja, einer bildet sogar das sphinxhafte Monstrum ICC00, indem er nicht nur römische und indische Zahlzeichen, sondern auch das indische Stellensystem (unter Verwendung von Einern: I und 0) und die römische Reihung (von zwei Hunderter-Rangschwellen: CC) in einen Topf wirft – um die Zahl 1200 auszudrücken!

Fast will es angesichts aller Widerstände und Mißverständnisse wie ein Wunder erscheinen, daß die arabischen Ziffern den Kampf gegen die „düdesche tal" so überlegen gewinnen konnten. Auf welche Ablehnung sie aber beim einfachen Volk, das weder lesen noch schreiben gelernt hatte, noch lange Zeit stießen, davon gibt die souveräne Mißachtung der neumodischen Ziffernschrift von seiten der prachtvollen Trödlerin Margret in Gottfried Kellers „Grüner Heinrich" [6] eine Vorstellung:
„In dem Hause gegenüber befand sich eine offene dunkle Halle, ganz mit Trödelkram angefüllt... Im tiefsten Hintergrunde aber saß jederzeit eine bejahrte, dicke Frau in altertümlicher Tracht... Sie konnte nur schwierig Gedrucktes lesen, hingegen weder schreiben noch in arabischen Zahlen rechnen, welche letzteren zu kennen ihr nie gelang; sondern ihre ganze Rechenkunst bestand in einer römischen Eins, einer Fünf, einer Zehn und einer Hundert. Wie sie diese vier Ziffern in ihrer frühen Jugend in einer entlegenen und vergessenen Landesgegend überkommen hatte, überliefert durch einen Jahrtausend alten Gebrauch, so handhabte sie dieselben mit einer merkwürdigen Gewandtheit. Sie führte kein Buch und besaß nichts Geschriebenes, war aber jeden Augenblick imstande, ihren ganzen Verkehr, der sich oft auf mehrere Tausende in lauter kleinen Posten belief, zu übersehen, indem sie mit großer Schnelligkeit das Tischblatt mittelst einer Kreide, deren sie immer einige Endchen in der Tasche führte, mit mächtigen Säulen jener vier Ziffern bedeckte. Hatte sie aus ihrem Gedächtnisse alle Summen solchergestalt aufgesetzt, so erreichte

sie ihren Zweck einfach dadurch, daß sie mit dem nassen Finger eine Reihe um die andere ebenso flink wieder auslöschte, als sie dieselben aufgesetzt hatte, und dabei zählend die Resultate zur Seite aufzeichnete. So entstanden neue kleinere Zahlengruppen, deren Bedeutung und Benennung niemand kannte als sie, da es immer nur die gleichen vier nackten Ziffern waren und für andere aussahen wie eine altheidnische Zauberschrift."

Wenn anfangs die arabischen Ziffern von dunklen Geheimnissen umgeben sind und noch dem einfachen Gemüt der Trödlerin Unbehagen einflößen, so mutet das abgelegte Gerümpel der römischen Zahlschrift die Späteren nun schon wie Zauberwerk an. Ja, beißender Spott ergießt sich jetzt über jene „gelehrten Männer, die heute noch lächerliche Rechensteine setzen und, nachdem längst anständige Mahlzeiten erfunden sind, sich von Eicheln ernähren".

Mit der Entfaltung der Städte und des Handels sind die Bedürfnisse nach allgemeinerer Bildung und breiterem Wissen gewachsen, sind die Wissensgüter aus den Klöstern in die Stadt abgewandert. Aus den als Vorbild geltenden Handelshäusern Italiens haben die deutschen, niederländischen, französischen und englischen Kaufmannssöhne ihre Kenntnisse in die Heimat mitgebracht. Und was bisher vorwiegend den auf Klosterschulen und Universitäten Eingeweihten erreichbar gewesen und von dort aus weitergesickert ist, dringt vollends seit der Erfindung des Buchdrucks in breitem Strome ins Volk. Die von den städtischen Gemeinden bestallten Rechenmeister sorgen durch ihren Unterricht in eigenen Rechenschulen und durch ihre volkstümlich geschriebenen Rechenbücher für die Ausbreitung der neuen Zahlschrift und Rechenmethode. Noch heute beschwören wir einen von ihnen als Zeugen für richtiges Rechnen: Adam Riese, der bei Bamberg im selben Jahr geboren wurde, in dem die arabische Herrschaft in Spanien endete, seines Zeichens zünftiger Rechenmeister in Erfurt. In solchen Rechenbüchern gibt es Tafeln, die römische und arabische Zahlen wie Vokabeln nebeneinandersetzen – „dem nach mag stu die bayde tzale durch ainn ander lernen erckennen vnd rechen".

Die „arabischen Ziffern" haben das Abendland erobert und ihre tragende Rolle in Naturwissenschaft, Technik, Wirtschaft und Verkehr sämtlicher Kulturvölker der Erde für alle Zeiten übernommen.

Drittes Buch

DER HIMMEL ÜBER UNS

Durch die Wissenschaft von den Sternen gelangt der Mensch zu dem Beweise der Einheit Gottes und zu der Erkenntnis der ungeheuren Größe, der höchsten Weisheit, der größten Macht, der Vollendung Seiner Tat. Al-Battani (877–918)

DIE DREI SÖHNE MUSSAS DES ASTRONOMEN

Nacht für Nacht, wenn das letzte Gebet in der Moschee verstummt ist, trabt der Geisterreiter von Choraßan durch die Wüste. Sein Pferd ist rot wie das Henna in den Schminktöpfen der Frauen. Die Hufe sind mit weißen Tüchern umwickelt. Überall, wo der vermummte Reiter lautlos zwischen den niedrigen Hügeln hervortaucht, sind Ruhe der Nacht und Sicherheit dahin. Dort sind die Waffen und der Beutel mit dem Erlös der von den Märkten zu ihren Zelten zurückkehrenden Beduinen seine blitzschnelle und sichere Beute.

Mußa ben Schakir geht seit Jahr und Tag im Palast des Kalifen ein und aus. Er ist ein Geachteter unter den Astronomen und Geometern des großen Mamun und ein Freund des Herrschers. Aber sobald er sich vom Nachtgebet in der großen Moschee erhoben hat, wird Mußa ben Schakir zum Räuber. In den goldenen Fesseln des Hofes, die ihn fest an die Stelle binden – eine Stellung sogar in der Gunst des Kalifen –, kann er nicht vergessen, daß seine Eltern und seine Voreltern, die früher einmal, Allah allein weiß wann, aus der Wüste bei Kufa hierher in den Osten des Reiches verweht sind, zu den Beduinen, den Schweifenden, gehört haben, daß er selbst noch als freier Sohn der Wüste geboren ist . . .

In der Nacht kehrt Mußa in die Wüste zurück. In der Nacht lebt er wieder nach ihren uralten Gesetzen, die den ghaswa (von dort unser Wort *Razzia*), den Raubzug nach festen, ritterlichen Regeln, als ehrenhafte Tat des Tapferen, des Kühnen und Umsichtigen adeln.

Und Stunde um Stunde seiner Nacht, in der er echolos durch die Finsternis reitet, sind nur die Sterne seine Freunde und seine Führer, wie sie seit Jahrtausenden seinem Volk die Zeit und die Richtung im unendlichen Raume gewiesen haben.

Denn sobald die Nacht vorbei ist, muß der namenlose Geisterreiter sich wieder in den Mann zurückverwandeln, den in der Residenz jeder kennt.

Sobald das Auge einen weißen Faden von einem schwarzen unterscheidet und der Muezzin zum Frühgebet ruft, wirft sich Mußa ben Schakir neben seinen Nachbarn in der Moschee nieder und neigt seine Stirn vor Allah, der ihm die Schar der Reiter in den Weg sandte, auf daß die Beute sein sei.

Ahnt al-Mamun, daß der Mann, dem er unter seinen Gelehrten einen bevorzugten Platz am Hof und an seinem Herzen eingeräumt hat, ein Doppelleben führt?

Als die Überfälle auf den Straßen sich mehren und die Klagen der Ausgeraubten eine Untersuchung fordern, fällt der Verdacht auf Mußa ben Schakir den Astronomen. Doch die Gemeinde bezeugt, daß er seit je zu Beginn und Ende der Nacht wie jeder der Gläubigen in der Moschee sein Gebet verrichtet hat. Und der Kalif schweigt.

Daß Mußa nicht nur kühn, sondern auch umsichtig ist, hat er auf zahllosen Raubzügen bewiesen. Bevor noch die Rache der Beraubten ihn eines Tages an der Sorge für seine unmündigen Söhne hindern kann, übergibt er seinem Freund, dem Kalifen selbst, die Vormundschaft. Und al-Mamun „verwaltete die Rechte bei den Benu Mußa", die später zu den ausgezeichnetsten Astronomen und Wissenschaftlern am Kalifenhofe von Bagdad zählen werden.

Diese Geschichte ist wahr[7]. Sie hat sich in den Tagen, als im Abendland Kaiser Karl der Große die Augen schloß, in der fernen Oase Merw am Murgab zugetragen, wo al-Mamun residierte, bis er von Bagdad aus das nach dem Tode seines Vaters Harun ar-Raschid zerfallende Reich zusammenfaßte.

Die Geschichte aber ist wahr in noch anderem Sinn, sie ist ein Gleichnis. Was ihre heidnischen Vorfahren in den Nächten, wenn der glühende Feuerball verschwunden war und die Kühle von den Sternen herabwehte, draußen bei ihren Herden und auf ihren Streif- und Fehdezügen aus dem funkelnden Firmament gelesen hatten, daran versuchte sich jetzt in dem jungen Licht der heraufsteigenden islamischen Wissenschaft der Beobachtungs- und Forschungseifer der gebildeten, muslimischen Söhne.

Wieviel mehr als die Griechen, die Römer oder Germanen – ja, wie kaum ein anderes Volk waren die Araber der Wüste auf den gestirnten Himmel hingewiesen! Sie, die ohne feste Behausung im endlosen Raume dahinwanderten, hatten vom ersten Blick in die Welt bis zu ihrem letzten das Himmelsgewölbe als ihr Zelt über sich – einen Himmel, der in der trockenen Wüstenluft mit seiner Schwärze sich ihnen in einer funkelnden, Funken stiebenden Pracht darbot, von der wir uns in den nördlichen Breiten keine Vorstellung machen. Um sie herum gab es kein Nächstes, an dem ihr Auge festen Halt fand. Keinen Berg, keinen markanten Fels, weder Baum, See noch die Nähe eines Meeres. Nur den fernen Horizont, durchbrochen von trügerischen Luftspiegelungen, der mit ihnen zog, wohin sie zogen. Inmitten der monotonen Weite der Steppe, der Steinwüste, der wandernden Dünen des Sandmeers fand der Blick keinen Richtpunkt, auf den er das Dasein in der Zeit und im Raum beziehen konnte, keinen anderen als Anfang und Untergang der Sonne, des Mondes und Ort und Gang der Sterne.

Und hingen nicht an ihnen auch die jähen und für sie und ihre Herden so folgenschweren Wechsel der Witterungen und Temperaturen? Wiederholte sich der Rhythmus ihres nomadischen Lebens nicht Jahr für Jahr in der rhythmischen Wiederkehr der über ihnen wandelnden Lichtpunkte?

Nur zu verständlich, daß sie einzelnen Planeten oder Fixsternen göttliche Kraft zudachten, wie der Stamm Misam dem rötlich leuchtenden „al-Dabaran", den sie den (den Plejaden) „Nachfolgenden" nannten oder auch „das große Kamel" und der bei seinem Erscheinen Regen mitbrachte und ihnen Nahrung und Überfluß verhieß. Oder daß der Stamm Kais den funkelndsten aller Sterne am Maul des großen Hundes, „asch-Schira al-Abur" oder Sirius, den die Milchstraße „durchdringenden, hellglänzenden Stern", göttlich verehrten, „weil er den Himmel herrlicher als alle anderen Sterne durchstreift". Noch bis in die ersten Jahrhunderte des Islams reicht die Verehrung der Gestirne durch heidnische Sekten, die Sabier, die sich auch wissenschaftlichen Studien widmeten und einige der größten Astronomen der Araber hervorbrachten: Thabit ben Qurra und al-Battani, den gefeierten Albategnius des Mittelalters, dem das Abendland einen Ehrenplatz unter seinen arabischen Lehrern eingeräumt hat.

Die poetische Phantasie der Hellenen hatte die Gestalten der griechischen Mythen an den Himmel gedichtet und hatte dabei die Sterne großzügig und oft ohne viel Rücksicht auf ihre Stellung zu kompakten Bildern zusammengesetzt. Die naturnahe Einbildungskraft der Araber arbeitete ganz anders. Sie bevölkerten das „Himmelszelt" mit den Wesen und Gegenständen ihrer Beduinenwelt, und sie nahmen Stern für Stern in ihr manchmal recht dramatisches Phantasiespiel auf.

Da weidet im Norden ein Hirte, begleitet von seinem Hund, eine Herde Schafe, ein paar Kälber, Ziege und Ziegenbock, vier Kamelstuten mit einem Füllen und ein einzeln weidendes Kamel; um diese Herde schleichen eine männliche und zwei weibliche Hyänen mit ihren Jungen und dort zwei Schakale, die dem Kamelfüllen nachstellen. Hier drüben, wo am Himmel der Fluß Eridanus glänzt, liegt ein Straußennest, neben ihm stelzen fünf weibliche Strauße, ein wenig entfernt versammeln zwei

Straußenhähne ein paar junge Strauße zwischen sich; Straußeneier und zerbrochene Schalen liegen in der Nähe des Nestes.

Das sind Szenen aus dem Leben, die mit den babylonisch-griechischen Stern-„bildern" nichts zu tun haben. Die Griechen hatten, frei nach ihren babylonischen Lehrmeistern, ganzen Sterngruppen den Umriß einer Götter- oder Heroengestalt oder eines zu ihm gehörigen Tieres übergestülpt und hatten – mit wenigen Ausnahmen – die einzelnen Sterne allein nach ihrem Platz innerhalb des Sternbildes beziffert und katalogisiert – etwa als Stern λ am linken Schulterblatt des Schützen oder Stern γ am Rücken des Pegasus. Die Araber dagegen haben nicht vorgestellten „Sternbildern", sondern den einzelnen Fixsternen selbst eigene Namen gegeben, so daß sie von vornherein eine viel größere Zahl von Sternnamen besaßen als die Griechen.

Als sie, zur Zeit Harun ar-Raschids und seines Sohnes al-Mamun, die Sternkunde des großen Hipparch und dazu sein Sternverzeichnis in der Bearbeitung des Ptolemäus im „Almagest" in ihre eigene Sprache übertrugen, flossen die ins Arabische übersetzten griechischen Sternnamen mit den uralten eigenen, durch Tradition und Nationalgesänge fortgepflanzten Namen der Fixsterne zusammen. Daher kommt es, daß die meisten der heute gebräuchlichen Sternnamen arabischen Ursprungs sind. Das Abendland, das bei den muslimischen Astronomen in die Schule ging, arbeitet noch heute mit arabischen Fixsternnamen wie *Aldebaran, Algenib, Algol, Alkor, Atair, Wega, Beteigeuse, Deneb, Fomalhaut, Rigel* u. a.

Und nicht nur Sternnamen, auch astronomische Bezeichnungen, die jedem Laien geläufig sind, entstammen der arabischen Sternkunde: *Zenit, Azimut, Nadir, Almuqantarat, Alhidade, Theodolit.*

Denn, angeregt durch die indische und griechische Sternkunde – den astronomischen „Siddhanta" des Brahmagupta und den „Almagest" des Ptolemäus – begannen jetzt an den Kalifenhöfen al-Manßurs, Harun ar-Raschids und am lebhaftesten am Hofe al-Mamuns systematische Beobachtung und exakte Forschung, die die arabische Himmelskunde aus den Kinderschuhen beduinischer Gebrauchsastronomie herauslösen und für Jahrhunderte zur führenden Astronomie der Welt machen sollten.

Der sterbende Mußa hinterläßt drei Söhne im Knabenalter. Die Nachricht vom Tod seines Freundes erreicht al-Mamun auf einem Feldzug in Kleinasien. Unverzüglich beauftragt er seinen Statthalter in Bagdad, sich der Kinder anzunehmen, und in keinem seiner Sendschreiben aus dem Feld vergißt er, sich nach dem Wohlergehen seiner Mündel zu erkundigen.

Der Mann, den „Mamun zur Amme der Benu Mußa gemacht hat" – wie dieser über sich selber scherzt –, übergibt die Knaben Jachja ben Abi Manßur zur Erziehung, dem Astronomen des Kalifen. Jachja leitet in Bagdad die von al-Mamun gegründete Akademie, das „Haus der Weisheit", „Bait al-hikma", in dessen Bibliothek zur Zeit auch al-Chwarismi seinen Auszug aus dem Siddhanta verfertigt, die astronomischen Tafeln des Ptolemäus verbessert und seine berühmten, bis zur Renaissance in Europa maßgebenden Bücher über die Rechenkunst und die Algebra schreibt. Hier, unmittelbar an den Quellen der Gelehrsamkeit, zwischen Tausenden von Büchern, seltsamen Apparaturen und den Gesprächen und Disputen weiser Männer aller Wissensgebiete wachsen die ungewöhnlich begabten Knaben auf. So ist es kein Wunder, daß die drei Söhne des Astronomen und Wüstenräubers Mußa ben Schakir und Mündel des Beherrschers der Gläubigen zu wahren Leuchten des Wissens und der Wissenschaften heranblühen.

Muhammed ben Mußa, der Älteste, wird der bedeutendste von ihnen, ein großer Herr, ein gewiegter Politiker und wie der Vater der Vertraute der Kalifen.

Al-Mamun hat für seine Astronomen eine Sternwarte in dem höchstgelegenen Stadtteil Bagdads beim Tor Schammassija gebaut, wo er unter Jachjas Leitung die Bewegungen der Planeten systematisch beobachten läßt. Auf Grund erstaunlich exakter Messungen, die gleichzeitig in Gundischapur und zur Kontrolle drei Jahre darauf noch einmal in der Sternwarte auf dem Berge Kasijum bei Damaskus wiederholt werden, arbeiten seine Astronomen hier gemeinsam die sogenannten „erprobten" oder „Mamunischen" Tafeln aus, eine kühne Revision der astronomischen Tafeln des Ptolemäus.

Endlich darf auch Muhammed ben Mußa, kaum seiner Lehrjahre bei Jachja entwachsen, auf Befehl des Kalifen an der Vermessung des Erdumfanges teilnehmen. Mit einer Gruppe von Astronomen reist er in die Ebene Sindschar westlich von Mossul. Eratosthenes hatte die erste Erdmessung mit Hilfe des Strahlenwinkels der Sonne vorgenommen. Al-Mamuns Astronomen versuchen einen anderen Weg. Ausgehend von einem Punkt wandert eine Gruppe nach Norden, die andere nach Süden so lange, bis sie den „jungen Ziegenbock", den Polarstern, hier steigen, dort sinken sehen. Aus der Entfernung der beiden Beobachtergruppen errechnen sie einen Grad des Meridians, und dies mit wahrhaft staunenswerter Genauigkeit.

Aber bald machen Muhammed und seine Brüder sich mit selbständigen Berechnungen einen Namen, ja ihre Berechnungen stellen nicht nur die

Ergebnisse des Ptolemäus, sondern auch die des Hofastronomen Mawaruzzi in den Schatten. „Ich fand“, erklärt hundertfünfzig Jahre später kein Geringerer als ihr großer Landsmann al-Biruni, „daß man unter diesen vor allem die Beobachtungen der Benu Mußa annehmen und ihnen folgen muß, denn diese haben ihre ganze Kraft darangesetzt, die Wahrheit zu ergründen; sie standen in ihrer Zeit einzig da in der Kenntnis astronomischer Methoden und in der Geschicklichkeit ihrer Anwendung, ferner bürgten andere Gelehrte, die als Augenzeugen dabei waren, für die Genauigkeit der Beobachtung.“

Inzwischen haben die Benu Mußa sich von dem alten Jachja und seinem Observatorium getrennt. Denn Muhammed ist ein sehr selbständiger und sehr feiner Herr, und Geld – nun, die Brüder können es sich offensichtlich leisten. Jedenfalls besitzen sie an der Tigrisbrücke am Bab at-taq, dem „Tor der Krone“, ihre eigene Sternwarte!

Hier widmet Muhammed sich seinen Beobachtungen und Berechnungen mit Hingabe –, „dabei strengte er seinen Geist an und war darin ausdauernd“, stellt ein Landsmann ihm das Zeugnis aus. Hier verfaßt er astronomische Werke, die erste arabische Abhandlung über den für die Astronomie so wichtigen Transversalensatz und, mit seinen Brüdern gemeinschaftlich, ein Buch über die Ausmessung ebener und sphärischer Flächen, das von Gerhard von Cremona ins Lateinische übersetzt und dem mittelalterlichen Abendland als das „Buch der drei Brüder“, „Liber trium fratrum de geometrica“, geläufig wird.

Aber Muhammed ist nicht nur ein eifriger Astronom und Mathematiker. Er befaßt sich auch mit Philosophie, besonders mit der Logik, und schreibt ein Werk über die ersten Ursachen der Welt. Er interessiert sich für Meteorologie und stellt Beobachtungen über die Atmosphäre an. Er begeistert sich für mechanische Konstruktionen, das Steckenpferd seines zweiten Bruders Achmed, und erweitert in seiner Schrift über die Schnellwaage die Kenntnisse der Antike.

Dieser Achmed ist der leidenschaftliche Techniker und geniale Bastler der Familie. „Ihm erschlossen sich“, sagt eine arabische Quelle, „in dieser Kunst Dinge, die sich weder seinem Bruder Muhammed erschlossen hatten noch irgendeinem der Früheren wie Heron und anderen, die sich mit der Lehre von den sinnreichen Anordnungen und selbstbeweglichen Instrumenten gründlich beschäftigten.“ Sein umfangreiches „Buch von den sinnreichen Anordnungen“ versetzt selbst die technisch begabten Araber in Staunen und wird von ihnen begeistert ausgewertet.

Und staunenswert ist diese Erfinderphantasie, die unermüdlich aus einfachsten Teilen eine Unzahl immer neuer, komplizierter Gerätschaften für den praktischen Gebrauch, um die jede moderne Hausfrau, jeder Bauer sie beneiden könnte, zusammenbaut oder köstliche technische Spielereien für die Unterhaltung und Belustigung zaubert, an denen heute noch jedes Kind seine helle Freude hätte.

Da gibt es einen Trog, aus dem nur Kleintiere, aber kein Großvieh saufen kann; Krüge für Bäder oder Weinkannen, aus denen man jeweils bestimmte Flüssigkeitsmengen entnehmen kann, wobei zwischen dem Austreten der aufeinanderfolgenden Mengen eine gewisse Pause eintritt; Gefäße, mit denen sich das spezifische Gewicht von Flüssigkeiten berechnen läßt; Anordnungen, die ein Gefäß selbsttätig nachfüllen, sobald es geleert ist; Flaschen, aus denen man je nach Bedarf getrennt oder gemischt Wein und Wasser fließen lassen kann; Lampen, aus denen der Docht von selbst hervortritt, in die sich das Öl von selbst ergießt und die im Wind nicht verlöschen; ein von selbst pfeifendes Instrument, das bei der Feldbewässerung selbsttätig Signale aussendet, sobald eine gewisse Wasserhöhe erreicht ist, und die verschiedensten Arten von Springbrunnen und Wasserkünsten, deren Strahl ständig wechselnde Figuren hervorbringt. Achmed wagt sich sogar an ein astronomisches Werk, darin er die Ansicht der Griechen widerlegt, „daß eine neunte Kugel die Sphären umschließt".

Selbstverständlich, daß auch dieser Sohn des Astronomen seine Fähigkeiten in den Dienst der Sternkunde stellt.

Mit Muhammed gemeinsam baut er eine kupferne Uhr riesigen Ausmaßes. Muhammed berechnet die wechselnden Auf- und Untergänge der wichtigsten Sterne sowohl im Tages- als auch im Jahreslauf. Achmed überträgt die äußerst komplizierten Berechnungen des Bruders in eine genial ausgeklügelte und aufs genaueste arbeitende Apparatur, ein einzigartiges Meisterwerk der Technik, das die Menschen zu heller Bewunderung hinreißt. Staunend sah es in der neuen Residenz des Kalifen der Arzt Ibn Rabban at-Tabari.

„Vor der Sternwarte in Samarra habe ich einen von den Brüdern Muhammed und Achmed ben Mußa, die beide Sternkundige und Mechaniker sind, erbauten Apparat gesehen, der die Gestalt einer Kugel hat und die Sternbilder und die Zeichen des Tierkreises abbildet. Angetrieben wird er durch Wasserkraft. Wenn am wirklichen Himmel ein Stern untergeht, verschwindet im selben Augenblick auch sein Abbild auf dem Apparat, in dem er unter eine Kreislinie, die den Gesichtskreis darstellt, hinabsinkt. Geht in der Natur das nämliche Sternbild wieder auf, so erscheint auch auf dem Apparat sein Abbild über der Horizontlinie."

„Der dritte Bruder al-Hassan", erzählt die arabische Quelle, „war einzig groß in der Geometrie, er war für sie wunderbar begabt, und keiner kam ihm in ihr auch nur nahe. Alles, was er wußte, wußte er aus eigener Begabung. Sein Gedächtnis war wunderbar, und er hatte eine so starke Vorstellungsgabe, daß er selbst solche Probleme als erster löste, die keiner der Früheren gelöst hatte. Er versenkte sich so mit seinem Verstand in sie, daß man erzählte, daß er sich in seinem Denken in einer Versammlung, in der zahlreiche Leute waren, so vertiefte, daß er von dem, was sie sagten, nichts hörte, ja davon gar nichts merkte." Bisweilen, wenn ein Problem ihn beschäftigt, geschieht es ihm – wie er selbst erzählt –, „daß ich sah, wie die Welt sich vor meinen Augen verdunkelte, und ich hatte das Empfinden, als ob ich ohnmächtig oder im Traum sei".

Eines Tages gerät er in Gegenwart al-Mamuns mit dem Mawaruzzi aneinander, einem der Astronomen al-Mamuns, die an der Sonnenbeobachtung in Damaskus beteiligt waren. Mawaruzzi nun hat das Werk des Euklid und den Almagest gründlich studiert, aber ihm selbst fällt es schwer, mathematische Probleme zu lösen. Hassan aber fordert ihn auf, ihm eine geometrische Aufgabe zu stellen, unter der Bedingung, daß auch er, Hassan, an Mawaruzzi eine geometrische Frage richte. Der Vorschlag bringt den Armen in arge Verlegenheit, und anklagend wendet er sich an al-Mamun:

„O Beherrscher der Gläubigen, er hat von Euklids Werken nur sechs Bücher gelesen!"

Al-Mamun, der nur den als einen Geometer betrachtet, der das vollständige Werk Euklids studiert hat, kann einen so schweren Anwurf gegen seinen geliebten Hassan unmöglich für wahr halten. Er wendet sich freundlich und mit deutlichem Zweifel an den Beschuldigten. Da antwortet ihm Hassan:

„Bei Gott, o Beherrscher der Gläubigen, wenn ich lügen wollte, würde ich seine Aussage als falsch hinstellen und ihn zu einer Probe aufrufen, denn er hat mich nicht nach einem der Probleme gefragt, die in den von mir nicht gelesenen Büchern vorkommen. Hätte er das getan, ich hätte es aus dem Stegreif gelöst und ihm mitgeteilt. Ich hätte dann keinen Schaden davon gehabt, daß ich diese Bücher nicht kenne, denn so etwas macht mir keine Schwierigkeiten. Das ist aber bei ihm der wunde Punkt, daß ihm das Studium auch des kleinsten Problems nichts nützt, um es zu lösen." Al-Mamun muß dies zugeben. Aber er verzeiht Hassan nicht, daß er seine Forderungen in den Wind geschlagen hat.

Zu seinen selbständigen Arbeiten, die er nicht mit den Brüdern gemeinsam schrieb, gehört ein Werk über die Kegelschnitte. Er ist auch der Erfinder der sogenannten Gärtnerkonstruktion der Ellipse.

Aber nicht allein durch eigene Forschungen befestigen die Benu Mußa ihren Ruhm, sondern auch durch die Dienste, die sie der Wissenschaft dank ihres geradezu astronomischen Reichtums leisten. Noch relativ jung treten sie als großzügigste Mäzene der Wissenschaften auf. Auf eigene Kosten entsenden sie Boten ins byzantinische Reich, die in ihrem Auftrage nach alten philosophischen, astronomischen, mathematischen und medizinischen Schriften suchen. Gegen hohe Bezahlung lassen sie die Werke der Griechen aufkaufen und in ihr Haus am Bab at-taq in Bagdad schaffen. Dort und auf dem Gelände, das al-Mutawakkil ihnen in der Nähe seines Palastes in Samarra geschenkt hat, gewähren sie ständig einem Stab von Übersetzern Unterhalt, die sie durch große Angebote aus den verschiedensten Ländern heranziehen. Nicht anders als al-Mamun selbst, der antike Manuskripte sammeln ließ und Übersetzerschulen eingerichtet hatte.

Wie ist ihnen ein solcher Aufwand möglich, mit dem sie neben dem Kalifen einzig dastehen? Haben sie in ihrer Kindheit nicht in engen, bescheidensten Verhältnissen gelebt? Hat Mußa ben Schakir sich selbst und seine Familie nicht zeit seines Lebens einfach, fast ärmlich gehalten? Das Monatsgehalt von 500 Dinaren, das die Benu Mußa jetzt jedem einzelnen ihrer Übersetzer auszahlen, hätte in ihrer Jugend für sie ein Vermögen bedeutet. 500 Dinare entsprechen 7500 Goldmark, das sind pro Kopf 90 000 Goldmark im Jahr – wahrlich eine königliche Bezahlung! Wenn die Einkünfte der Brüder auch beträchtlich sind, so muß der Geldstrom, den sie allein auf den Erwerb und die Übersetzung verschollener und vergessener griechischer Texte verwenden, doch aus noch anderen Quellen gespeist werden!

Wo denn ist Mußas Gold, die Beute unzähliger Nächte? Kein Mensch hat den Beweis seiner Raubzüge zu seinen Lebzeiten zu sehen bekommen! Hat hier, was ein Wüstenräuber aus Leidenschaft von seinen heimlichen Ritten aus der Wüste eingebracht hat, eine wissenschaftliche Rettungsaktion von weltgeschichtlicher Bedeutung finanziert?

Unter den Gelehrten, die für die Benu Mußa „die Wunder der Weisheit zu Tage fördern", sind Hunain ben Ischaq, Ischaq ben Hunain, sein Sohn, und sein Neffe Hubaisch ben al-Hassan die fruchtbarsten.

Eine nicht minder bedeutsame Übersetzungstätigkeit entfaltet im Hause der Benu Mußa der junge Thabit ben Qurra, der sich zur Sternverehrung der heidnisch gebliebenen arabischen Sekte der Sabier bekennt. Dieser Jüngling, der einmal zu den Größten der arabischen Wissenschaft gezählt werden wird, ist eine Entdeckung Muhammeds.

Auf der Suche nach antiken Manuskripten hatte Muhammed ben Mußa persönlich Griechenland und Kleinasien durchreist. Bei seiner Rückreise durch Harran war er in Kafartuta auf den intelligenten, flinken Burschen gestoßen, der dort eine Wechselstube betrieb und ihm im Handumdrehen nicht nur in den verschiedensten Währungen, sondern auch in den verschiedensten Sprachen herausgab. Der Junge war genau das, was er brauchen konnte, gewandt in der Kunst des Rechnens und ein geschickter Übersetzer. Muhammed brachte seinen Fund mit nach Bagdad und nahm ihn als Schüler in sein Haus auf. Er führte seinen Schützling beim Kalifen al-Mutadid ein, der den genialen Sabier bald allen seinen Gelehrten vorzog.

Für die Ben Mußa übersetzt Thabit eine große Reihe astronomischer, mathematischer und medizinischer Werke: von Apollonius, Archimedes, Euklid, Theodosius, Aristoteles, Platon, Galenos und Hippokrates, dazu die Geographie des Ptolemäus. Er verbessert die Übersetzungen Hunains und seines Sohnes und beginnt darüber hinaus eine ungeheure Produktion selbständiger Werke – er soll annähernd 150 arabische und 10 syrische Schriften verfaßt haben – über Astronomie, Mathematik und Medizin, die ihn in die vorderste Reihe der muslimischen Gelehrten nicht nur seiner Zeit, sondern der islamischen Wissenschaften überhaupt stellen.

Wir haben die Lebensgeschichte der Benu Mußa nicht nur um ihrer selbst willen mitgeteilt. Unter den fünfhundertvierunddreißig Astronomen der Araber, deren Namen die Geschichte aufbewahrt hat – eine Zahl, die nur bei wenigen Kulturvölkern eine Entsprechung finden dürfte –, gibt es manchen, der sowohl für die Entwicklung der eigenen Wissenschaft als auch für die Ausbildung der abendländischen Wesentlicheres und Größeres vollbracht hat.

Aber das Leben der drei Söhne Mußas spiegelt Typisches.

Durch die drei Brüder sind all jene Anlagen und Neigungen vertreten, mit deren Hilfe die muslimischen Gelehrten die Wissenschaft von den Gestirnen zum erstenmal, seitdem die Griechen für immer verstummt waren, zu neuem Leben und zu einer neuen Reife erweckten und schon bald in das Bildungsvakuum des Abendlandes hineinwirkten:

ihre Sammler- und *Übersetzertätigkeit*, welche die reichen Wissensgüter der Antike dem Vergessen entriß, ihnen selbst die unerläßlichen, wertvollen Grundlagen bereitstellte, auf denen sie weiterbauen konnten, um sie sodann dem Abendland zu vermachen;

ihre *technische Erfinderphantasie*, mit der sie die überlieferten Instrumente weiterentwickelten und neue ersannen und damit die Vorbedingung schufen für

ihre methodische und *exakte Naturbeobachtung*, durch die sie auf ihren

Sternwarten in vielen Gebieten die Ergebnisse der Alten überflügeln konnten, und ihre auf planmäßige Experimente gegründete Forschung; ihre vorzügliche *mathematische Begabung* und Freude an der Lösung rechnerischer Probleme, auf Grund deren sie neue Zweige der Mathematik entwickelten und sich und dem Abendland die grundlegenden geistigen Hilfsmittel für astronomische Berechnungen schufen.

DER ERSTE SOHN: DER MECHANIKER

Ein Grieche hatte die wissenschaftliche Astronomie begründet, einer der ungriechischsten unter ihnen. Bis dahin war die griechische Sternkunde eine vorwiegend beschauende, spekulative, weniger eine systematisch beobachtende gewesen. Der griechische Geist, auf Form, Ordnung und Gesetzmäßigkeit bedacht, hatte durch die Jahrhunderte ein Weltgebäude von immer größerer Vollkommenheit aufgeführt. Er hatte damit für alle Zeit dem Gedanken einer durchgreifenden gesetzmäßigen Ordnung des Weltalls, des „Kosmos", Geltung verschafft. Dies Bedürfnis, in den Erscheinungen Gesetze zu erkennen, sie auf ein rational faßbares, sinnvolles Ganzes zu beziehen, unterschied die griechischen Weisen tief von den Sternkundigen an Euphrat und Tigris.

Die Babylonier waren sehr eifrige und sehr sorgsame Beobachter. Sie hatten die Himmelserscheinungen und ihre Wirkungen sehr genau wahrgenommen – und hatten, was sie beobachteten, als gegeben hingenommen. Die Phänomene auf Naturgesetze zurückzuführen oder gar ihre Ergebnisse systematisch auszuwerten, war nicht ihr Anliegen.

Was die vorwiegend empirisch gerichteten Babylonier auszeichnete, fehlte hingegen den Griechen: die ausdauernde Beobachtung, die sorgfältige Berechnung fesselte ihren ungeduldigen, mehr theoretisch arbeitenden Geist nicht in dem Maße wie der rasche Sprung zur philosophischen Deutung. So gelangten sie schon um 500 v. Chr. dahin, das sichtbare Himmelsgewölbe zur geometrisch reinsten und darum der göttlichen Harmonie entsprechenden Gestalt, zur Kugel, zu ergänzen, in deren Mitte die zunächst noch zylindrisch gedachte Erde frei im Raum schwebt. Bis im 3. Jahrhundert Aristarch von Samos die Sonne an Stelle der Erde in den Mittelpunkt des Universums rückte. So grandios dieses Weltbild gemalt war, das Gros der Gelehrten und die Masse des Volkes lehnten es leidenschaftlich ab, etwas anderes als Weltmitte anzuerkennen als die Erde, die den Menschen, das Maß aller Dinge, hervorgebracht hatte. Hier mußte es sich zeigen: ohne wissenschaftliche Hilfsmittel, durch bloßes Nachdenken war diese kühne Behauptung nicht zu stützen.

Die Erde blieb unverrückt „der heilige Herd des Weltalls" und blieb es auch, als 150 Jahre v. Chr. ein Mann aus Kleinasien auf ganz ungriechische Weise anfing, am Himmel herumzumessen, zu beobachten, zu berechnen in einer unermüdlichen Kleinarbeit und mit peinlicher Genauigkeit, wie noch keiner vor ihm es getan hatte. Der Mann, der die neue Phase der Sternkunde einleitete und die eigentliche, wissenschaftliche Astronomie begründete, war Hipparch. Mit brennenden Augen las er am gestirnten Himmel, zählte, rechnete an teils selbsterdachten Meßgeräten und lieferte in mühseliger Ameisenarbeit jene Erkenntnisse, Einzeldaten und Sternkataloge, die aller weiteren Astronomie zum Vorbild und zur Grundlage dienten. Den „Gewissenhaftesten" nannte ihn 265 Jahre später der Ägypter Ptolemäus, der es wissen mußte.

Denn er selbst verarbeitete sie in seinem berühmten „Almagest", jenem das gesamte Wissen seiner Zeit umfassenden System, das als letzter und höchster Gipfel der antiken Himmelskunde aufragt, so gewaltig, daß er die selbständigen Einzelleistungen seiner sämtlichen Vorgänger völlig überschattet hat. Erst spät entdeckten abendländische Gelehrte unter dem Humus die Spuren dieses oder jenes Forschers, auch die Urheberschaft Hipparchs, dessen Werke überflüssig geworden und daher verschollen waren. Man besaß ja den Almagest.

Dieser blieb die letzte große Leistung der astronomischen Wissenschaft auf Jahrhunderte hinaus. Weder Römer noch Inder trugen zu ihrer Fortentwicklung bei. Erst bei den Arabern sollte sich eine neue Blüte entfalten.

Zwei arabische Astronomen, beide Omar geheißen, saßen eines Tages im Bogengang eines Moscheehofes, vor sich den Almagest, als einige vorübergehende Gottesgelehrte neben ihnen stehenblieben und sich erkundigten, an welchem Brunnquell sie ihren Geist erlabten.

„Wir lesen", erwiderte der eine Omar, „den Kommentar zu dem Verse des Korans:

> Und betrachtet ihr nicht den Himmel,
> wie ER denselben gebaut hat!" (Sure 88, 19)

Die Astronomie hat für den Muslim eine tiefe religiöse Bedeutung. Der wunderbare Gang der Sterne, der Sonne und des Mondes ist ihm ein sichtbares Zeugnis der Allmacht und Allwissenheit dessen, von dem der Prophet ihm verkündet hat, daß „ER die Himmel und die Erde erschaffen und Finsternis und Licht ins Sein gerufen hat und dessen Wissen Himmel und Erde umfaßt". Daher kommt – sagt einer der größten arabischen Astronomen, al-Battani – die Wissenschaft von den Sternen „gleich nach den Dingen, die jeder Mensch von den Gesetzen und Ein-

s Astrolabium leite den Arabern ollose Dienste, unanderem diente es en als Taschenuhr

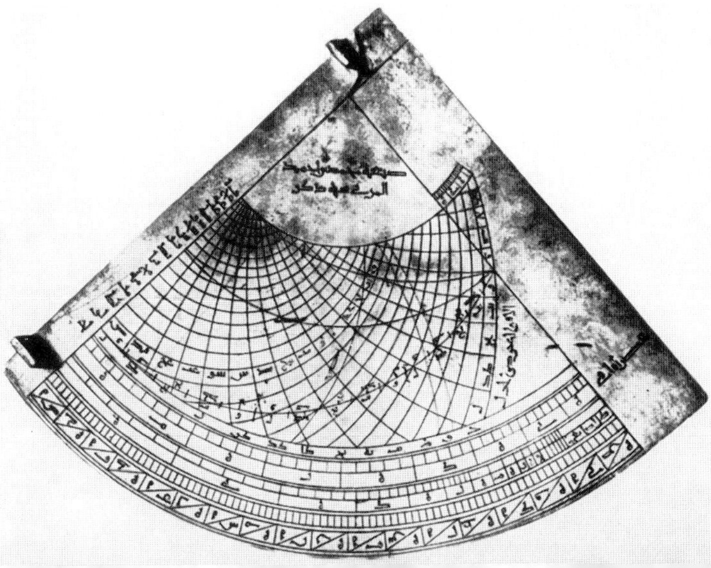

adrant des Mumed ben Achmed Medina aus dem r 839

richtungen der Religion kennen muß", denn „durch sie gelangt er zu dem Beweise der Einheit Gottes und zu der Erkenntnis der ungeheuren Größe, der höchsten Weisheit, der größten Macht, der Vollendung Seiner Tat".

Und die Astronomie hat für den Muslim eine eminent praktische Bedeutung.

War schon das Leben der Beduinen und auch der Fellachen, der Seßhaften, von der Gunst des Himmels und seinen Launen abhängig und auf praktische Gestirnskunde hingewiesen, um wieviel mehr verlangten jetzt die täglichen Forderungen der Religion nach ständiger Himmelsbeobachtung. Der Prophet hatte genaue Vorschriften für die gottesdienstlichen Handlungen aufgestellt. Nur ihre gewissenhafte Einhaltung gab dem Gläubigen die Gewähr, daß Gott seine Gebete in Gnaden aufnahm.

Dabei spielte auch die richtige Zeit eine Rolle. Jeder Muezzin, jeder Gebetsrufer an einer Moschee, mußte ein kleiner Astronom sein und praktische Kenntnisse in der „Wissenschaft von den bestimmten Zeitpunkten" besitzen. Er mußte mit seinen Instrumenten umzugehen verstehen, um nach dem Sonnenstand Beginn und Dauer der fünf täglichen Gebete auszurufen. Er mußte nach den Bewegungen des Mondes Anfang und Ende des Ramadans, des Fastenmonates, errechnen können und den Zeitpunkt des Sonnenuntergangs wie den Anbruch der Morgendämmerung verkünden, die das Fasten begrenzen. Aber auch Sonnen- und Mondfinsternisse waren zu beachten, weil sie bestimmte kultische Pflichten aufgaben, und vor allem die Gebetsrichtung nach Mekka, wo immer auch der Gläubige sich vor Allah auf die Erde beugte. Die Beschäftigung mit den Himmelserscheinungen war für die Muslime nötiger als die tägliche Speise.

Darum griffen sie begierig wie Kinder nach allem, was sie von anderen lernen konnten. Und nachdem, vor allem an den Fürstenhöfen, über die Notwendigkeit, ihre Kenntnisse zu erweitern, hinaus die Lust an der Sache erst einmal erregt war, wurde die Astronomie zu einem ihrer Lieblingsgebiete wissenschaftlicher Betätigung. Mit Feuereifer stürzten sie sich darauf, selbst zu beobachten, zu messen, zu berechnen, wie der große Hipparch es auch getan hatte.

Sie bauten Sternwarten, deren berühmteste die des al-Mamun in Bagdad und in Damaskus, die der Fatimidenkalifen al-Asis und al-Hakim in Kairo waren und die später vom Sultan Adud ad-Daula wiederum in Bagdad im Garten seines Palastes errichtete, die des Seldschuken Malikschah in Naischapur im östlichen Persien, des Mongolen Hulagu in Maragha im westlichen Persien und des Tatarenfürsten Ulugh Beg in Samarkand.

Allein Hulagu scheint nicht allzusehr von dem Wert einer Himmelsforschung überzeugt gewesen zu sein. Auf seinem triumphalen Vorstoß in das Herz des arabischen Reiches hatte der Enkel Dschingis Khans sich die Kleinfürsten Persiens unterworfen, den ismaelitischen Fürsten und Großmeister der Assassinen über die Klinge springen lassen; Bagdad war geplündert und niedergebrannt, das abbassidische Kalifenhaus ausgerottet worden. Aber seine hohe Kultur imponierte dem Emporkömmling aus der Steppe, und was Namen und Klang in den Wissenschaften und Künsten besaß, war ihm geeignet, den Glanz seines Ruhmes zu vermehren. Er machte den genialen Mathematiker und Astronomen Nassir ad-Din at-Tußi (1201–1274), der in den Diensten des eben enthaupteten ismaelitischen Fürsten von Alamut gestanden hatte, zu seinem Finanzminister und Wesir.

Nassir ad-Din aber wünschte, nebenher seine Forschungen fortzusetzen, und dazu brauchte er eine Sternwarte. Doch der Vorschlag und Kostenanschlag seines Finanzministers erweckten in dem mißtrauischen Barbarenherzen Bedenken. Stand der Nutzen einer Wissenschaft von den Sternen überhaupt in einem Verhältnis zu den enormen Geldmitteln, die ein solches Institut verschlang?

„Den Nutzen", erwiderte Nassir ad-Din, „werde ich dir bald durch ein Beispiel vor Augen führen."

Mit Hulagus Erlaubnis ließ er unauffällig ein großes, kupfernes Becken auf das Dach des Palastes schaffen. Und am Abend, als alle Würdenträger um den Il-Khan versammelt waren, gab er insgeheim Befehl, den Kessel von oben hinunterzuwälzen.

Das herabstürzende Becken vollführte ein fürchterliches Getöse. Alle Anwesenden waren zu Tode erschrocken – bis auf Hulagu und Nassir.

„Siehst du", sprach er, „nur dem geschieht nichts, der um die Ursache der Dinge weiß. Dies ist einer der Vorteile der Sternkunde, daß der mit ihr Vertraute versteht, was vorgeht, und deshalb jedes Ereignis mit ruhigem Blick anschauen kann und nicht erschrecken wird wie der Unwissende."

Der Il-Khan war von der einfachen Schlußfolgerung seines Finanzministers überwältigt. Jetzt konnte ihm nichts schnell genug gehen. Er stellte ihm für die unverzügliche Errichtung und angemessene Ausstattung des Observatoriums riesige Summen bereit. Als dieses Wunder einer Sternwarte vollendet war, machte der überglückliche Hulagu ihm überdies zwanzigtausend Dukaten zum Geschenk. Vierhunderttausend Bände, die aus den Bibliotheken in Bagdad, Syrien und Mesopotamien zusammengeraubt waren, wurden in die Bücherei geschafft und namhafte Gelehrte aus Spanien, Damaskus, Tiflis und Mossul nach Maragha berufen, um

unter Nassir ad-Dins Leitung so schnell wie möglich neue astronomische Tafeln anzufertigen. Und dies war ein Befehl.
Eine vollständige Beobachtung der Planeten, wandte Nassir ein, könne unmöglich in weniger als dreißig Jahren durchgeführt werden, weil der Saturn nahezu so viel Zeit für seinen Umlauf brauche. Dem ruhelosen Nomaden-Khan dauerte das zu lange. „Ich verlange, daß die Beobachtungen in zwölf Jahren beendigt sind!" befahl er kalt. Und tatsächlich lagen die „Ilkhanischen Tafeln" zu dem befohlenen Termin vor.
Nassir ad-Din at-Tußi hatte seine Sternwarte bekommen, eine Forschungsstätte, neben der es nichts Vergleichbares gab. Zu dem Ruf, den sie weithin genoß, trugen vor allem die hochqualifizierten Beobachtungsgeräte bei, mit denen er sie ausgestattet hatte.

Die Araber waren einfallsreiche Techniker und geschickte Mechaniker, wie Achmed ben Mußa bewiesen hatte. Viel Scharfsinn verwandten sie darauf, sich das Wasser dienstbar zu machen, von dem ihr Leben so stark abhing; für die Bewässerung des Bodens konstruierten sie allerlei Arten von Wasserschöpfrädern, Pumpen, Wasserhebemaschinen mit Hebelanordnungen, ja Vorrichtungen zum Heben des Wassers durch Anwendung von Feuer.
Daß sie sich schon an die Bezwingung der Lüfte wagten, ist kaum bekannt. Um 880 baute in Spanien der Arzt Ibn Firnas die erste Flugmaschine, die er mit Stoff und Federn bezog; wirklich gelang es ihm, sich mit ihr längere Zeit in der Luft zu halten und Gleitversuche durchzuführen, bis er eines Tages abstürzte und der uralte, kaum erfüllte Traum vom Ikaros wieder auf der Erde zerschellte.
Das Hauptinteresse der Araber aber galt astronomischen Instrumenten. Was ihnen von den Griechen überliefert worden war, genügte ihnen schon bald nicht mehr für die Aufgaben, die sie sich stellten. Immer wieder besserten sie daran, fügten Einzelteile hinzu, ersannen Neues und entwickelten die verschiedenen Beobachtungs- und Meßgeräte zu jener Vollkommenheit, in der das Abendland sie von ihnen übernahm und bis zur Erfindung des Fernrohrs unverändert verwendete.
Als der Sohn Nassir ad-Dins Vorsteher der Sternwarte in Maragha war, besichtigte ein Besucher staunend „die vielen Beobachtungsinstrumente, darunter die Armillarsphäre, die aus fünf Ringen aus Kupfer bestand; der erste war der Meridian, der unten im Boden befestigt war, der zweite der Äquator, der dritte die Ekliptik, der vierte der Breitenkreis, der fünfte der Deklinationskreis oder Kolur der Nachtgleichen. Außerdem sah ich den Azimutalkreis", erzählt er, „mit dem man das Azimut der Sterne bestimmt".

Immer größer waren die Ringe geworden, aus denen die Araber die Armillarsphäre, „die Besitzerin der Ringe", wie Ptolemäus sie beschrieben hatte, nachbauten, immer feiner die Gradeinteilungen und immer exakter die Messungen. Ihre Kupferringe erreichten die gigantischen Durchmesser von dreieinhalb Metern und mehr.
Man fragt sich, wie ihre Instrumentenbauer so gewaltige Ringe, bei denen doch alles auf Genauigkeit der Ausführung ankam, überhaupt herstellen konnten. Tatsächlich besaßen sie Drehbänke, die Kreise in Kugeln schnitten. Aber für so große und schwere Exemplare wie jenen Kupferring von fünf Metern Durchmesser, den Ibn Qaraqa um das Jahr 1100 in Kairo anfertigte, hatten sie noch andere Verfahren ersonnen, ähnlich unseren modernen Drehbänken, bei denen ein rotierender Stahl aus festliegenden Platten Ringe schneidet.
Als Ibn Qaraqa sein Mammutinstrument in Kairo aufstellte, meinte der Sultan: „Du hättest dir viel Mühe ersparen können, wenn du den Ring kleiner geschnitten hättest." Ibn Qaraqa antwortete: „Und wenn ich ihn so groß hätte machen können, daß sich sein eines Ende bei den Pyramiden, das andere jenseits des Nils auf dem Tannur befunden hätte, so hätte ich dies getan. Je größer die Instrumente sind, um so genauer kann man mit ihnen arbeiten. Wie klein sind unsere Geräte doch im Vergleich zur Größe des Weltalls!"
Die Araber brachten die Armillarien nicht nur auf den Höchststand technischer Verfeinerung, sie erfanden drei Ringe hinzu, mit denen sie auch Messungen im Horizontsystem durchführen konnten. Sie führten die Alhidade, den beweglichen Arm zum Ablesen, ein, mit der sie frühere Unzulänglichkeiten im Gebrauch der Armillarsphäre beseitigten. Um die Meßgenauigkeit noch zu steigern, wurden neue Instrumente nach neuen Gesichtspunkten und für neue Beobachtungsmethoden entwickelt. Der Azimutalquadrant aus dem Observatorium von Maragha ist nur eines jener schon bis zur äußersten Leistungsfähigkeit getriebenen Geräte. Der von Dschabir ben Aflah konstruierte Azimutalquadrant enthielt bereits die Ansätze zu unserem modernen Theodoliten und wurde 1450 von dem Deutschen Johannes Müller, der sich nach seiner Heimatstadt Königsberg in Unterfranken „Regiomontanus" nannte, Dschabirs Beschreibung entsprechend in Nürnberg nachgebaut.

Um die gleiche Zeit, als im Osten des Reiches Nassir ad-Din at-Tußi an der Sternwarte in Maragha die Sterne beobachtet, lebt in Burgos in Nordspanien ein christlicher König, der sich durch eigenen Augenschein eine hohe Meinung von den Leistungen der muslimischen Völker erworben hat und sie zu benutzen sich nicht scheut. Dieser christliche Bewunderer seiner arabischen Feinde ist König Alfons X. von Kastilien. Die Geschichte hat ihn den Weisen genannt, wobei sie weniger politische Klugheit, ja nicht einmal eigene Gelehrsamkeit oder Bildung meint als vielmehr seine eher platonische Liebe zu jenen Wissenschaften, die ihm das Schicksal der Menschen verraten sollen, und ihm nachsagt, daß, während er den Himmel studierte, er die Erde verlor.

Das Vorbild der kenntnisreichen Araber hat sein Interesse an der Himmelskunde entzündet, während das Abendland an einer wissenschaftlichen Beschäftigung mit den Himmelserscheinungen noch desinteressiert ist. Er aber – so wünschen seine jüdischen Ratgeber – muß als erster in seinem Reich eine Sternwarte besitzen wie die arabischen Herrscher auch, nur noch größer, mit noch besseren Instrumenten ausgestattet, den besten, die die Welt gesehen hat. Dafür aber braucht er die Erfahrungen und tätige Mithilfe von Arabern und arabisch geschulten jüdischen Gelehrten. So läßt der König alles, was ihm an arabischen Handschriften erreichbar ist, in die Vulgärsprache, ins Kastilische, übertragen. Und nach dem Verfahren der Araber wird jetzt die vollkommenste Armillarsphäre konstruiert, die je gebaut worden ist.

Aber das Abendland nahm keine Notiz von seinen Anstrengungen. Was dieser König, der als Inhaber auch der deutschen Königswürde nie den Fuß auf deutschen Boden setzte, mit großem Aufwand an Mühen, Kosten und weiser Vorurteilslosigkeit seinen Landes- und Glaubensfeinden gegenüber aufgebaut hatte, wurde über die kastilischen Sprachgrenzen hinaus nicht bekannt. Und als Regiomontanus Mitte des 15. Jahrhunderts in Nürnberg noch nach ptolemäischem Rezept eine Armillarsphäre baute, entstand ein Instrument, das den arabischen Armillarien weit unterlegen war.

Besser erging es den berühmten sogenannten „Alfonsinischen Tafeln“, die – in Wahrheit das Werk des vor zweihundert Jahren in Toledo wirkenden arabischen Astronomen as-Sarqali – von des Königs Arzt Don Abraham ins Kastilische übersetzt worden waren. Die Astronomen ganz Europas bedienten sich ihrer. Nicolaus Cusanus setzte sich mit ihnen auseinander, als er 1436 der Synode seine Vorschläge für eine Kalenderverbesserung unterbreitete. Doch alle Voraussetzungen zu einer Neuberechnung astronomischer Tabellen fehlten. Und obwohl hoffnungslos veraltet, mußten sie noch zur Zeit des Kopernikus als Grundlage für die Berechnung von Kalendern und Jahrbüchern herhalten. Erst 1551 macht der Wittenberger Professor Reinhold den zwar noch unvollkommenen Versuch, sie durch seine „Preußischen Tafeln“ zu ersetzen.

Unter den Instrumenten seiner Mustersternwarte, die König Alfons den arabischen Vorbildern nachbauen ließ, befanden sich auch verschiedene

Arten von Astrolabien und als deren bestes Stück das „astrolabium redondo“, das sphärische oder Kugelastrolab.

Als kleineres und handlicheres Instrument war das einfache, ebene Astrolabium unter den Arabern wesentlich mehr verbreitet als die Armillarsphäre. Während das gewaltige Ringinstrument nur in Sternwarten aufgestellt wurde, leistete diese mit einem Ring zum Aufhängen versehene, flache Metallkapsel die unentbehrlichen Dienste einer gutgehenden Taschenuhr. Mit seiner Hilfe konnte der Muslim die genaue Tageszeit berechnen und, wo er sich auch aufhielt, die Gebetszeiten bestimmen, ja sogar die Lage Mekkas und also auch die Richtung des Gebets feststellen. Aber auch unzählige astronomische und astrologische Berechnungen ließen sich mit ihm anstellen. Dieser „Sternfasser“, wie die Griechen es nannten, war das beliebteste Meßinstrument der Araber.
Und das vielseitigste. Während den Griechen nur ein paar Anwendungsarten bekannt waren, führt eine Schrift des al-Chwarismi über das Astrolabium schon dreiundvierzig an, und kurze Zeit darauf weiß ein anderer annähernd tausend zu beschreiben. Aber auch das Instrument selbst ist von den Arabern fortentwickelt und den verschiedenen Zwecken entsprechend zu einer Unzahl neuer Formen abgewandelt worden. Zu dem ebenen erfanden sie das sphärische Astrolabium. Es gab linsenförmige, kugelförmige, eiförmige, melonenförmige und Stabastrolabien. Und kaum einen der muslimischen Astronomen, der sich nicht mit ihrer Konstruktion oder mit ihrer Verwendung befaßt hat.
Dementsprechend lebhaft wurde es vom Abendland aufgenommen. Während des 10. Jahrhunderts brachten wandernde Scholaren die ersten solcher feinziselierten Kunstwerke als Andenken an ihre Lehrjahre an arabischen Universitäten mit heim. Und schon in der ersten Hälfte des 11. Jahrhunderts schrieb ein Deutscher zwei Bücher über den Nutzen des Astrolabiums, Bücher, die mit arabischen Ausdrücken gespickt waren.
Der Verfasser dieser seltsamen Schriften war der unglückliche Sohn eines schwäbischen Grafen Wolverad, den eine bei der Geburt erworbene Rückenmarkerkrankung von Kindheit auf an den Tragstuhl fesselte. Seine Lähmung war derart, daß er ohne fremde Hilfe nicht einmal imstande war, seine Körperlage zu verändern, und nur mit Mühe konnte er verständlich sprechen. Als Siebenjährigen hatte man den jungen Grafen Hermann in das Kloster Reichenau gebracht, wo er noch sein einundvierzigstes Jahr erlebte. Doch in dem so unglückselig behinderten Körper wohnte ein kraftvoller und beweglicher Geist. Sein heiteres und liebenswürdiges Wesen endlich machte Hermann „den Lahmen“ oder Herman-

nus Contractus, wie er später heißt, zu dem gesuchtesten und beliebtesten Lehrer des Klosters.

Und, seltsam genug, gerade dieser Körperbehinderte, der selbst nicht reisen konnte, fing wie eine Membran viele Schwingungen des arabischen Geistes auf. Ob ihm durch heimkehrende Studiosi arabischer Universitäten, die auf der Reichenau Herberge fanden, mit anderen werkwürdigen Instrumenten arabische Astrolabien in die Hände und ein Schwall arabischer Redewendungen und Fachausdrücke zu Ohren kamen, mit denen die Weitgewanderten ihre Reden und Erzählungen zu schmücken pflegten? In Hermanns Büchern führen sie, stark verstümmelt und manchmal bis zur Unkenntlichkeit entstellt, ein sonderbares Fortleben. Aber auch von seinem buntgescheckten Wortschatz abgesehen, ist arabischer Einfluß in seinen vielbenutzten Lehrbüchern unverkennbar.

In ihnen hat Hermann das Astrolabium anschaulich beschrieben. Aber an eine Herstellung des nützlichen Zeitmessers wagte man sich noch nicht. Während der nächsten Jahrhunderte wurden die Originale eingeführt. Und die muslimischen Instrumentenbauer machten sich die Nachfrage nach ihren Erzeugnissen durch die Christen zunutze, indem sie besondere Export- und Fremdenverkehrsartikel mit lateinischer Aufschrift versahen. Erst im 14. Jahrhundert wurde das so begehrte Wundergerät der Ungläubigen im Abendland angefertigt. Denn für die Berechnung genauer astrologischer Vorhersagen hatte es sich als unentbehrlich erwiesen. Zur Ortszeit- und Positionsbestimmung war es für den Seemann längst von unschätzbarem Wert. Im 16. Jahrhundert blühte die Literatur, die sich mit ihm beschäftigte. Bei der christlichen Seefahrt wurde es noch im 17. Jahrhundert verwendet, bis andere Instrumente es ersetzten.

Ebenso haben die Araber aus dem recht einfachen Quadranten des Ptolemäus neue Geräte entwickelt: den Mauerquadranten, den Azimutalquadranten und den tragbaren Quadranten, von dem es wenigstens achtzehn verschiedene Arten gegeben hat. Al-Biruni benutzte einen Mauerquadranten von siebeneinhalb Meter Durchmesser. Er wurde durch die Sternwarte des Ulugh Beg noch übertrumpft: der dort aufgestellte Mauerquadrant wies einen Durchmesser von vierzig Metern auf. Neu hinzu erfanden die Araber den Sextanten und den Oktanten. In der ersten Sternwarte des Abendlandes, der Uranienburg des Tycho Brahe auf der Ostseeinsel Hveen, finden wir die arabischen Geräte wieder. Sie dem Abendland als erster vorgestellt zu haben, war auch hier das Verdienst des schwäbischen Grafensohns Hermann.

Besonderen Scharfsinn haben die Araber auf die Erfindung verschiedenartigster Sonnenuhren verwandt, von denen sie die Tageszeit mit Hilfe ihrer sphärischen Dreieckslehre und der für den jeweiligen Sonnenstand berechneten Tafelwerke genau ablesen konnten. Ihre originellste Schöpfung auf diesem Gebiet war eine tragbare Sonnenuhr in Zylinderform. Eine solche „Reisesonnenuhr“ ist auch auf die Reichenau zu Hermannus Contractus gelangt, der die meisterliche Konstruktion ausführlich beschrieben hat. Exemplare dieser ersten Reiseuhren tauchen in der Folgezeit immer wieder im Abendland auf.

Bei der Ausgestaltung der Sonnenuhren hatte der arabische Spieltrieb ein weites Feld, ganz besonders aber bei jenen Uhren, die durch Wasser, Quecksilber, durch brennende Kerzen oder durch Gewichte bewegt wurden. So erfanden ihre Instrumentenbauer „trommelnde“ Sonnenuhren, die durch Beckenschall die Mittagsstunde austrommelten, und Wasseruhren, die stündlich Kugeln in einen Metallbecher warfen und auf einer Drehscheibe die Planeten durch den Tierkreis führten oder nachts zwölf im Halbkreis aufgestellte Fenster nacheinander aufleuchten ließen, während eine Mondsichel an ihnen vorüberzog. Im Jahr 807 überreichte ein Araber, der Gesandte Harun ar-Raschids, mit Namen Abdallah, Kaiser Karl dem Großen in Aachen ein solches Wunderwerk. „Die Uhr war aus Messing“, berichtet der Chronist des Kaisers, Einhard, in seinen Annalen, „und war mit staunenswerter Kunstfertigkeit zusammengesetzt. Eine Wasseruhr maß den Verlauf der zwölf Stunden, bei deren Vollendung zwölf Kügelchen herabfielen und durch ihren Fall eine darunter befestigte Zymbel ertönen ließen. Dazu kam noch die gleiche Anzahl von Reitern, die zur vollen Stunde durch zwölf Tore heraussprangen und durch den Schwung ihres Sprunges die Tore schlossen, die vorher offen waren. Aber noch viel anderes Merkwürdiges war an dieser Uhr zu sehen, was aufzuzählen jetzt zu weit führen würde ...“

Noch heute bleiben wir entzückt stehen, wenn an einem Rathaus mit dem Stundenschlag eine Drehscheibe sich in Bewegung setzt und die zierlich starren Figürchen vorüberziehen, wie die arabische Freude an mechanischen Spielereien es einst erdacht hat.

DER ZWEITE SOHN: DER ASTRONOM

Die Araber übernahmen die ererbten Wissensgüter nicht rezeptiv. Das gilt für die wissenschaftlichen Apparaturen, und es gilt ebenso für den fremden Wissensstoff. Schon sehr bald überrascht die Unbefangenheit, mit der sie, von keiner Autorität geblendet oder eingeschüchtert, sich daranmachen, die Ergebnisse nachzuprüfen, Fehler zu berichtigen und auf dem so gewonnenen Neuland weiterzubauen.

Bezeichnend für ihre Unbekümmertheit, nichts als wahr hinzunehmen, was nicht durch Erfahrung bestätigt ist, die Schriften sogar eines Aristoteles oder Ptolemäus kritisch zu kommentieren, sind Titel wie „Über das, was Theon übersehen hat bei der Berechnung der Sonnen- und Mondfinsternisse“ oder „Über den Grund der Abweichungen der Tafeln des Ptolemäus von den ‚Erprobten‘“, die Thabit ben Qurra sich einfallen läßt.

Ihr strohtrockener, aufs Praktische gerichteter Realismus treibt sie beharrlich zur eigenen Beobachtung. Wenn die Griechen immer das Ganzheitliche im Auge hatten, ihnen das Gesetzmäßige in aller Erscheinung zu erkennen wesentlich war, ist es für den Araber die wissenschaftliche Einzelfrage, deren Beantwortung er sich widmet – nicht etwa in einer, nicht in einem Dutzend, sondern in hundert und Hunderten von Untersuchungen. Und weil es ihm in erster Linie immer um die praktische Anwendung geht, um die pünktliche Einhaltung des Gebets, um den genauen Augenblick des ersten Erscheinens des Mondes im Ramadan, um die Wegrichtung durch die Wüste, an der Leben oder Tod hängen können, kommt es ihm auf peinlichst präzise Resultate an. Nicht so sehr für die Griechen, die in puncto Genauigkeit großzügiger verfuhren und schon umständlichen Rechnereien gern aus dem Weg gingen.

Die von ihren täglichen Bedürfnissen diktierten Beobachtungen der Himmelsbewegungen schlugen sich in einer ständig steigenden Flut sternkundlicher Untersuchungen nieder. Die zunehmende Verfeinerung der Instrumente und die wachsende Sorgfalt in den Beobachtungen brachte mit der Zeit immer genauere Werte für die Bestimmung und Vorausberechnung der Sonnen-, Mond- und Planetenbahnen. Und nicht nur die Ptolemäischen, auch die Tafeln der eigenen Gelehrten wurden von neuem kritisch überprüft und vervollkommnet. Vor allem die an der Ausbildung der Sternkunde interessierten Fürsten förderten die großen Beobachtungsreihen und wandten ihren Astronomen unermeßliche Summen zu. Der Auftrag, an solch einem Werk mitzuarbeiten, das sich durch Jahrzehnte hinziehen konnte, kam einer Lebensversicherung des Gelehrten samt seiner Familie gleich, dem Fürsten trug es die Verewigung seines Namens ein.

Die bedeutendsten Tafelwerke, die größtenteils auch dem Abendland zugänglich wurden und hier bis in die Zeit des Kopernikus benutzt wurden – um so vorbehaltloser, als man gar nicht in der Lage war, entsprechende Beobachtungen anzustellen, geschweige denn eigene Tafeln zu berechnen –, waren: die Tafeln al-Chwarismis, die Mamunischen, die

Sabischen des al-Battani, die Hakimidischen des Ibn Junis und die Toledanischen von as-Sarkali, die auch den Alfonsinischen zugrunde lagen.
Nicht weniger wichtig wurden die Einzelergebnisse arabischer Natur- und Himmelsbeobachtung. Die Astronomen Bagdads, erklärt der Franzose Sedillot, „waren schon Ende des 10. Jahrhunderts bis zur äußersten Grenze gelangt, die man ohne Linsen und Fernrohre zu erreichen imstande war". Jedoch fanden nicht alle einen lateinischen Übersetzer und damit Eingang in das Abendland. Zu den Arabern, deren Spuren uns geradewegs zu den Geburtsstätten der abendländischen Wissenschaft führen, gehört al-Farghani, der zur Zeit der Benu Mußa in Bagdad tätig war. Er berechnete die Längen der Erdgrade und erkannte als erster, daß die Sonnenbahn sich wie die der Planeten im Laufe der Zeit in rückwärtiger Richtung bewegt. Die „Elemente der Astronomie" des Alfraganus, wie das Mittelalter ihn nannte, wurde mehrfach ins Lateinische übertragen und von Melanchthon 1537 aus dem Nachlaß des Regiomontanus in Nürnberg neu herausgegeben.
Zu ihnen gehört der Star unter Muhammed ben Mußas Schülern, Thabit ben Qurra, der die Höhe der Sonne und die Länge des Sonnenjahres berechnete. Zu ihnen gehört ganz besonders al-Battani (877–918), der hochberühmte und bewunderte Albategnius des Mittelalters und der Renaissance. Wie Thabit war er ein Anhänger der heidnischen Sabier. Er vervollständigte dessen Ergebnisse durch seine exakten Berechnungen der unterschiedlichen Längen des sogenannten tropischen und des siderischen Jahres, verschieden, weil er den Umlauf der Erde um die Sonne auf zweierlei Arten maß. Er verbesserte al-Chwarismis Untersuchungen durch neue Forschungen über das Erscheinen des Neumonds, über Sonnen- und Mondfinsternisse und über die Parallaxen. Die astronomische Einleitung zu seinen berühmten Sabischen Tafeln wurde, lateinisch übersetzt, von Regiomontanus mit einem Kommentar versehen und 1537 zusammen mit jenem Werk des al-Farghani in Nürnberg der europäischen Öffentlichkeit zugänglich gemacht; 1645 erschien sie noch einmal als Einzelschrift in Bologna unter dem lateinischen Titel „Mahomet Albatenis Buch von der Wissenschaft der Sterne, mit einigen Zusätzen des Johannes Regiomontanus". Selbstverständlich beschäftigte auch Kopernikus sich eingehend mit dem arabischen Gelehrten, und noch um 1800 dienten seine Schriften zusammen mit denen des Ibn Junis aus Kairo dem Franzosen Laplace bei seinen Studien.
Al-Battani berechnete auch die Neigung der Ekliptik genauer und fand neue Methoden zur Bestimmung der Breite eines Ortes, für die der geniale Ibn al-Heitham ebenfalls neue Verfahren auf Grund seiner epochemachenden Lehre von der Strahlenbrechung ersann.

Dieser al-Hassan ibn al-Heitham (965–1039) wurde als Alhazen einer der einflußreichsten Lehrer des Abendlandes. Er stellte eine Theorie von den Planetenbewegungen auf undurchsichtigen Schalen auf, die das Mittelalter sehr beschäftigt hat. Eine Spur seiner Lehre findet sich noch heute im Stift Stams bei Innsbruck, wo auf einem großen Eichentisch, der 1428 in Augsburg angefertigt war, die Bewegungen von sechs Planeten nach seinen Anschauungen im Modell dargestellt sind.
Aber nicht darauf gründet sich der Ruhm dieses bedeutenden Arabers. Wichtiger für die Astronomie war seine Entdeckung, daß alle Himmelskörper einschließlich der Fixsterne eigenes Licht aussenden und nur der Mond seine Helligkeit von der Sonne empfängt. Sie brachte ihn auf eine andere, die Naturerkenntnis revolutionierende Entdeckung, mit der er den zwei größten Gelehrten Alexandriens widersprach, Euklid und Ptolemäus – ausgerechnet den beiden, deren Thesen auch noch zu verbreiten er gezwungen war, damit er seine eigenen Forschungen durchführen konnte.
Schuld daran war der Nil und waren die Gedanken, die er sich über die jährlichen Überschwemmungen gemacht hatte und darüber, wie sie zum Segen des Nillandes genutzt werden könnten. Er lebte damals als Arzt und Hofbeamter in Basra am Persischen Golf, als in Kairo der Fatimidenkalif al-Hakim erfuhr, da sei ein Mann, bereit, die Nilüberflutungen zu regulieren und damit eins der auf ewig unlösbar scheinenden Lebensprobleme Ägyptens zu lösen. Er berief den Gelehrten aus Basra nach Kairo. Maßlos, wie er in allem war, empfing er ihn mit geradezu königlichen Ehren und stattete sein Unternehmen mit riesigen Mitteln aus. Ibn al-Heitham zog mit seinem Stab von Mitarbeitern nilaufwärts. Er prüfte die Stromverhältnisse in Assuan und in den südlichen Nilgegenden. Überall an seinem Weg lagen, Staunen und Ehrfurcht einflößend, die jahrtausendealten Gräber, erhoben sich die Tempel und Pyramiden. Und im Angesicht dieser gewaltigen Monumente, die von der Höhe der geometrischen und technischen Kenntnisse ihrer Erbauer kündeten, sah er ein, wenn dies hochbegabte Volk ein Vorhaben wie die Nilregulierung durchzuführen nicht imstande gewesen war, mußte der Plan für ihn undurchführbar sein. Beschämt und niedergeschlagen kehrte er nach Kairo zurück. Sein Versagen zog ihm die allerhöchste Ungnade zu. Er erhielt eine Arbeit in der Verwaltung zugewiesen, die ihm wenig Freude machte. Das Unglück wollte es, daß ihm dabei ein Fehler unterlief, und um dem gewalttätigen Zorn des unberechenbaren, schon umnachteten Herrschers zu entgehen, stellte er sich selbst wahnsinnig. Seine List gelang. Aber er wurde in seiner Wohnung eingeschlossen und bewacht, sein Vermögen eingezogen. Erst als der Kalif bei einem Spazierritt vor den Toren Kairos

auf rätselhafte Weise spurlos verschwand, konnte er als freier Mann ein Haus in der Nähe der al-Ashar-Moschee beziehen. Seinen Lebensunterhalt jedoch mußte er sich mühsam durch Schreibarbeiten verdienen. Und dieser Mann, der nun genötigt war, jahrein, jahraus bis zu seinem Lebensende für seine Auftraggeber die „Elemente" des Euklid und den „Almagest" des Ptolemäus fehlerfrei und in säuberlicher Schönschrift abzuschreiben, um leben zu können, dieser selbe Mann sah sich gezwungen, die Theorien eben jener beiden Säulen der hellenistischen Wissenschaft in einem ganz wesentlichen Punkte zu widerlegen.

Euklid und Ptolemäus hatten gelehrt, das Auge entsende „Sehstrahlen" in Richtung auf die wahrzunehmenden Dinge. Ibn al-Heitham erklärte, diese Behauptung sei falsch. „Nicht ein Strahl, der das Auge verläßt, bewirkt das Sehen. Vielmehr strahlt die Gestalt des wahrgenommenen Gegenstandes in das Auge und wird von seinem durchscheinenden Körper (der Linse) umgewandelt."

Damit war ihm eine Entdeckung gelungen, die ihn weit über das antike Wissen um Wesen und Leistung der Sinnesorgane und alle Arten von Lichterscheinungen hinausführen mußte, die Auffindung eines Gesetzes, das sich ihm in den verschiedenartigsten Versuchen bestätigte. Nicht Roger Bacon oder Baco von Verulam, nicht Leonardo da Vinci oder Galilei sind die Begründer der experimentellen Forschung. Die Araber sind ihnen hierin vorangegangen. Nicht anders als die moderne Naturwissenschaft verbindet „Alhazen" aufs glücklichste theoretische Betrachtung mit dem planmäßig veranstalteten Versuch. In seinen Experimenten, die er während der selbstgewählten Gefangenschaft und in den Jahren seiner zurückgewonnenen Freiheit anstellt, schreitet er sämtliche Gebiete der geometrischen Optik ab und macht ein ganzes Wissensfeld urbar.

Wie kommen die Mondfinsternisse zustande, wenn der Mond selbst nicht leuchtet und sein Licht von der Sonne empfängt? Fragen der Astronomie bringen ihn auf seine Lehre von der Schattenbildung durch ausgedehnte Lichtkörper. Und sogleich baut er sich seine Lichtquellen auf und studiert unter verschiedensten Versuchsanordnungen alles, was sie ihn lehren können „Über die Natur der Schattenwerfung", wie er seine Schrift nennen wird. Als erster experimentiert er mit einer Art Lochkamera, dem Urmodell der Photographie, die ihm die geradlinige Ausbreitung der Lichtstrahlen beweist und – er traut seinen Augen kaum – ihm durch Umkehrung der Bilder die Welt auf den Kopf stellt. Dabei bedient er sich derselben Versuchsanordnung, die später Leonardo da Vinci verwenden wird. Er findet die Erklärung für die durch verschiedene Medien wie Luft oder Wasser hervorgerufene Strahlenbrechung und berechnet danach die Höhe der irdischen Lufthülle erstaunlich genau auf

fünfzehn Kilometer. Er beschäftigt sich mit dem Entstehen des Mondhofes, der Dämmerung, des Regenbogens, an dessen physikalischer Erklärung Aristoteles gescheitert war. Er wendet seine Erkenntnisse auch auf optische Geräte an. Er studiert und berechnet die Reflexion im Kugel- und Kegelschnittbrennspiegel und findet die Gesetze der Wirkung des Scheinwerfers. Er untersucht die Brennwirkung und die Vergrößerungen nicht nur durch den Hohlspiegel, sondern auch schon durch das Brennglas, die Lupe, er erfindet auch die erste Lesebrille. Seine hohe Meisterschaft als Theoretiker und Experimentator erweist er in seinen Untersuchungen des Strahlengangs innerhalb einer Kugel, Experimente, die sein ihm durchaus ebenbürtiger Kommentator Kamal ad-Din zwei Jahrhunderte später in seinem Geiste weiterführt.
Der Einfluß des genialen Arabers auf das Abendland ist gewaltig. Seine physikalisch-optischen Theorien beherrschen die europäische Wissenschaft bis in die Neuzeit hinein. Auf der „Opticae thesaurus" des Alhazen gründet hier alle Optik, von dem Engländer Roger Bacon bis zu dem Polen Vitellio. In Italien ist Leonardo da Vinci, angeblicher Erfinder der Lochkamera oder „camera obscura", der Pumpe, der Drehbank, der ersten Flugmaschine, vielfach von Arabern abhängig und nachweislich auch durch Alhazens Werk stark angeregt. Als in Deutschland Johannes Kepler um die Wende des 16. Jahrhunderts die Gesetze erforscht, nach denen Galileis Fernrohr bisher ganz unbekannte Sterne vor das Auge zu holen vermag, steht hinter ihm der große Schatten Alhazens. Noch heute heißt die komplizierte physikalisch-mathematische Aufgabe, die al-Hassan ibn al-Heitham durch eine Gleichung vierten Grades löste und die seine hohen algebraischen Fähigkeiten verrät, nämlich in einem sphärischen Spiegel den Punkt zu berechnen, von dem ein Gegenstand von gegebener Entfernung zu einem gegebenen Bild reflektiert wird, Alhazensches Problem.

Doch bei der Beobachtung des Himmels waren die Araber noch auf das bloße Auge angewiesen. Um so erstaunlicher, welche Unzahl von Lichtpünktchen sie wahrnahmen. Schon Hipparch hatte über tausend gezählt und ihre Örter am Himmel bestimmt. An eine Korrektur seines Sternverzeichnisses wagte sich um die Mitte des 10. Jahrhunderts in Bagdad Abd ar-Rachman as-Sufi (903–986). Der Sultan Adud ad-Daula hatte mitten in den Garten seines Palastes eine Sternwarte gesetzt, wo Nacht für Nacht sein Hofastronom die Sterne beobachtete, zählte und ihre Längen und Breiten am Himmel vermaß. Bei seiner himmlischen Bestandsaufnahme fiel ihm sogar noch eine ganze Anzahl von Fixsternen auf, die Hipparchs scharfen Augen entgangen war. Für den Unterricht seines Fürsten zeichnete as-Sufi die von ihm aufs sorgfältigste neu berechneten Örter und Größen der Fixsterne auf und gab bei jedem so genau wie möglich den Grad seiner Helligkeit an. So entstand ein Sternkatalog, der viele seit Hipparch und Ptolemäus überlieferte Irrtümer und Ungenauigkeiten beseitigte und das alte Verzeichnis um bisher unbekannte Fixsterne vermehrte.

Arabischen Astronomen fielen auch Veränderungen von Phänomenen auf, die von den Alten auf Grund von wahrscheinlich erdichteten Beobachtungen für starr und unveränderlich erklärt worden waren. Mit der ihnen eigenen Langmut, die sie für ihre Untersuchungen aufbrachten, und ihrem Spürsinn für feinste Unterschiede erkannten sie, daß die Schiefe der Ekliptik – d. h. des Neigungswinkels der Sonnenbahn gegen den Äquator, den sie übrigens bis auf die Sekunde genau berechneten – ganz allmählich abnimmt. Dies als erster erkannt zu haben, war das Verdienst al-Farghanis. Als erste beobachteten sie auch die Bewegung des Apogäums oder der Erdferne der Sonne, das die Griechen angeblich immer auf derselben Länge ermittelt hatten.

Sicherlich haben sie dabei nicht die gleiche Geduld und Ausdauer aufgewandt wie ihre arabischen Schüler. As-Sarqali (1028–1087) stellte in Toledo in nicht weniger als vierhundertundzwei Beobachtungen fest, daß die Erdferne der Sonne sich dem Vorrücken der Tages- und Nachtgleichenpunkte auf der Sonnenbahn, der sogenannten Präzession der Nachtgleichen, anpaßt. Die Größe der Präzession hatte er ebenfalls genau berechnet. Das astronomische Werk as-Sarqalis wurde von Gerhard von Cremona ins Lateinische übersetzt, und noch 1530 zitiert Kopernikus ihn zusammen mit al-Battani in seinem berühmten „De revolutionibus orbium coelestium".

Der vortreffliche Astronom aus Toledo, den das Abendland unter dem Namen Arzachel in die Reihe seiner Lehrer aufnahm, war außerdem ein Instrumentenbauer von Ruf. Von ihm stammt die noch von Regiomontanus gepriesene Erfindung des „edlen Instruments Safiha", das als „zarkalisches Astrolabium" in der Astronomie besonderes Ansehen genoß. Im 15. Jahrhundert veröffentlichte Regiomantanus sogar eine Aufgabensammlung speziell für die Safiha; 1504 schrieb der bayrische Astronom Jakob Ziegler einen Kommentar zu dem Büchlein des Toledaners, und 1534 erschien eine neue lateinische Übersetzung durch Johann Schoner in Nürnberg mit dem Titel „Die kürzlich erschienene Lehre über die Safiha des Vaters der höchsten Astronomie Alrysakh Arzachel".

Mit Fragen der Naturwissenschaften und der Himmelskunde hat sich auch Ibn al-Heithams Landsmann, der ihm an Ruhm nicht nachstehende al-Kindi (gest. 873), abgegeben, der unter dem Namen Alkindus „der

Philosoph der Araber" genannt worden ist. Unter seinen 265 Werken aus allen Wissensgebieten befindet sich eine Abhandlung „Über die Rückläufigkeit der Planeten", das „Urrätsel der Astronomie", an dem alle Griechen sich die Zähne ausgebissen hatten, dessen Lösung aber erst al-Bitrudschi in Andalusien gelang, der als erster das berühmte Ptolemäische Dogma von den Planetenschleifen und den exzentrischen Kreisen widerlegt und damit Kopernikus den Weg bereitet hat. Die „Sphärik" des „Alpetragius", wie das Abendland ihn hieß, wurde 1217 von Michael Scotus, dem Hofastronomen Kaiser Friedrichs II., ins Lateinische übersetzt.

Al-Kindi führte die Winkelmessung mit dem Zirkel in die Geometrie ein, berechnete spezifische Gewichte von Flüssigkeiten und experimentierte schon mit den Gravitations- und den Fallgesetzen. Doch seiner Schrift „Über die aus der Höhe herabfallenden Körper" gelang es nicht, das Interesse lateinischer Übersetzer zu finden. Ebenso wenig Echo weckte die um das Jahr 1000 aufgestellte „Atomtheorie" des Kairiner Arztes Ali ben Sulaiman in seiner „Abhandlung darüber, daß die Möglichkeit der Körperteilung nicht aufhöre und daß man nicht zu etwas gelange, das nicht mehr teilbar sei. Unbeachtet blieben auch arabische Beobachtungen von Sonnenflecken, die erst 1610 die Aufmerksamkeit wieder auf sich lenken konnten, und Berichte über Schwankungen der Erdachse – „doch merken die Menschen dies wegen der Größe der Erde nicht".

Und unbeachtet blieb die ebenfalls schon um 1000 von al-Biruni (973 bis 1048) vollzogene „kopernikanische Wendung" im astronomischen Denken. Was einst Aristarch von Samos und ein Jahrhundert nach ihm der Chaldäer Seleukos in Babylon gewußt hatten und im Zeitalter der Renaissance das Genie des Deutschen Kopernikus neu erkannte, das hatte fünfhundert Jahre vor ihm der Araber al-Biruni erfaßt: nicht die Sonne war für den Wechsel von Tag und Nacht verantwortlich zu machen, sondern die Erde selbst, die sich um die eigene Achse dreht und mit den Planeten die Sonne umwandert. Doch all jene, die sich unterfingen, „den heiligen Herd des Weltalls zu verrücken", blieben Einsame in ihrer Zeit, die keiner verstand und verstehen konnte. Welch leidenschaftlichen Widerspruch rief noch das Werk des Kopernikus hervor! Das christliche Abendland brach über ihn den Stab, weil er gegen das kirchliche Dogma und die Worte der Heiligen Schrift verstoßen hatte. Aber selbst von dem aktiven und versteckten Widerstand abgesehen, waren weder er noch seine Astronomenkollegen mit ihren Beobachtungsgeräten und ohne Fernrohr in der Lage, seine ketzerische Behauptung auch nur durch einen einzigen entscheidenden Beweis zu erhärten; und mehr als ein

Jahrhundert mußte vergehen, bis sie sich die allgemeine Anerkennung erkämpft hatte. Um wieviel weniger war die allem Augenschein spottende Hypothese al-Birunis mit den derzeitigen Hilfsmitteln zu stützen?
Die unbewegliche Erde blieb an dem ihr zugewiesenen Platz im Zentrum der Welt, wie sie es auch für Hipparch geblieben war. Ebenso wie die Araber als systematische Himmelsbeobachter seine Nachfolger wurden – und dabei seine Forschungsergebnisse in allen Einzelheiten rühmlich überholten –, ebensowenig wie er, versuchten sie an dem uralten Weltgebäude zu rütteln.
Bis im 12. Jahrhundert sich Zweifel und Kritik auch an den Grundfesten des Ptolemäischen Weltbildes melden. Vereinzelt im Osten, vernehmlicher in Spanien und Marokko erheben sich Stimmen, die, wesentlich beeinflußt durch Aristoteles, die Voraussetzungen des Ptolemäus in Frage stellen. Ausgehend von dem Philosophen Ibn Badscha (Avempace) aus Saragossa erben sich der Geist der Auflehnung und das Streben nach „natürlicheren" Erklärungen der Himmelserscheinungen durch drei Gelehrtengenerationen fort. Der Geisteskampf zwischen den Anschauungen des Aristoteles und des Ptolemäus, der im arabischen Westen von Avempaces Schülern Ibn Tufail (Abubacer), Ibn Ruschd (Averroes) und al-Bitrudschi (Alpetragius) angeführt wird, setzt sich im 13. und 14. Jahrhundert in Frankreich, Deutschland und England fort und ruft Streiter wie Albert den Großen, Thomas von Aquin, Roger Bacon, Jean Buridan und Dietrich von Freiberg auf den Plan und bringt auch im Abendland Bewegung in die Geister.

DER DRITTE SOHN: DER MATHEMATIKER

Wichtiger noch als die Fortschritte und Entdeckungen, die arabische Gelehrte auf Grund ihrer Himmelsbeobachtungen machten, und wichtiger als ihre physikalischen und technischen Erfindungen – und zugleich eine der Voraussetzungen für ihre Leistungen auf beiden Gebieten – war die Ausbildung der geistigen Werkzeuge, die sie sich schufen und für das Abendland bereitstellten.
Sie waren Meister der Mathematik. Sehr im Gegensatz zu den Römern, die es hier kaum und dann nur „verstohlener Weise" zu geringfügigen Ergebnissen brachten. Während die hohe mathematische Begabung der Griechen ganz überwiegend in der Geometrie, der Lehre von den Raumgrößen, lag, so sehr, daß sie auch ihre Algebra geometrisch einkleideten, und auf der anderen Seite die Inder ausschließlich rechnerisch befähigt waren und als reine Arithmetiker selbst die Trigonometrie der Griechen

algebraisch, rechnerisch, behandelten, scheint sich im arabischen Bereich ein ausgeprägter Sinn für Zahlengrößen mit dem für Raumgrößen zu paaren. Eine Gabe, die der Jüngste den Benu Mußa, Hassan, aufs glücklichste besaß. Dank dieser Anlage schufen die Araber neue Wissenschaftszweige und entwickelten andere zu sehr viel höherer Reife, als Inder und Griechen sie erreicht hatten und erreichen konnten. Und „darum wurden nicht die Griechen, sondern die Araber die Mathematiklehrer unserer Renaissance".

Dabei kamen ihnen die indischen Ziffern sehr zustatten.

Gewiß, die Araber hatten Glück, sie zu diesem Zeitpunkt kennenzulernen; aber auch den Verstand, die Verwendbarkeit der kleinen Figürchen, die Kankahs Gastgeschenk zierten, einzusehen, anstatt sie als fremde Merkwürdigkeit beiseite zu legen. In Alexandrien und an den syrischen Lehrstätten waren sie seit langem bekannt, ohne hier oder dort zu zünden.

Aber ihr mathematischer Verstand begriff augenblicklich, was sich mit ihnen anfangen ließ, und – worauf alles ankam – er wußte mühelos, sie und das fremde Stellenwertsystem zu handhaben. So wurde das übernommene Material in arabischen Händen binnen kürzester Zeit zu einem Werkzeug von vielfachem Nutzen.

Jede Konstruktion, jede der verwickelten astronomischen oder physikalischen Berechnungen war auf ein ausgebildetes Ziffernrechnen angewiesen. Und allem, was sich berechnen ließ, gaben die Araber sich offensichtlich mit Leidenschaft hin. Manche Entwürfe für astronomische Instrumente, die niemals ausgeführt wurden, sind weniger aus der Absicht, sie für Beobachtungen einzusetzen, als aus dem Vergnügen an rechnerischen Aufgaben entstanden. Ja, die Besessenheit für die „schönste der Disziplinen", das Rechnen, führte sie an arithmetische Probleme heran, die den größten Mathematikern des Altertums unlösbar erschienen wären.

Das klingt überraschend. Denn „Arithmetik" ist ein griechisches Wort. Es bedeutet das „Vergnügen, mit Zahlen umzugehen". Aber dieser Umgang mit den Zahlen war für die spekulativ veranlagten Griechen ein reiner Gedankenluxus. Als das aufgeklärte Kind der Zahlenmystik befaßte ihre Arithmetik sich mit Zahlentheorie und Zahlensymbolik, mit geraden und ungeraden Zahlen, mit befreundeten und vollkommenen, mit Zahlenreihen und Zahlenverknüpfungen – aber doch nicht mit dem Zahlenrechnen, mit dem der Händler auf dem Markt zu tun hatte! Die praktische Arithmetik, das, was wir heute unter dem Wort verstehen, die eigentliche *Rechen*kunst, fiel für sie in das weniger und sehr spät bebaute Gebiet der Logistik.

Sie war das bevorzugte Feld der Inder. Und dieses rechnerisch so begabte

Volk hatte auf ihm Eigenes und Bemerkenswertes hervorgebracht. Aber wie sah das aus? Und was ließ sich praktisch mit ihm anfangen? Sie hatten ja nicht nur ihre Religion und ihre Philosophie in dichterische Form gegossen. Das hatten andere Völker und das hatten die Araber auch getan. Die Inder aber hatten auch ihre Astronomie, ja selbst ihre Mathematik in die nur Eingeweihten zugängliche Sprache geheimnisdunkler Verse gefaßt.

Erst der nüchterne, begrifflich scharf und präzise arbeitende Verstand der Muslime schliff sich das Kleinod zu kristallener Klarheit zurecht. Erst durch al-Chwarismi wurde die Arithmetik für den täglichen, praktischen Gebrauch und für die Wissenschaft erschlossen und systematisch ausgebaut. Mit dem, was arabische, besonders auch persische Gelehrte der folgenden Jahrhunderte dem hinzufügten, wurde sie die Grundlage der abendländischen Arithmetik, al-Chwarismi ihr Ahnherr.

Besonders die Algebra, ebenfalls von al-Chwarismi zum erstenmal in ein System gebracht, entwickelten erst die Araber zur exakten Wissenschaft. Aus der Algebra des in Ägypten lebenden Abu Kamil und den Schriften al-Birunis, Ibn Sinas und al-Karadschis schöpfte Leonardo von Pisa seine Kenntnisse über quadratische und kubische Gleichungen, die er in seinem Liber abaci lehrte. Den Gipfelpunkt ihrer Entwicklung erreichte die Algebra endlich mit einem Mann, den wir als den Dichter teils tiefsinnig-mystischer, teils frivol-atheistischer Strophen kennen, mit dem gebürtigen Perser Omar ibn al-Chaijam, dem „Zeltmacher". Er führte die Algebra zu einer Höhe, die erst von Descartes wieder erstiegen wurde.

Aber weniger auf seiner Algebra als auf der seiner Vorgänger baute die europäische Algebra auf. Leonardo von Pisa war vornehmlich Abu Kamil verpflichtet. Die Schule der „Algorithmiker" knüpfte Namen und Lehre an al-Chwarismi. Der deutsche Graf von Eberstein und Ordensgeneral der Dominikaner, der während des 13. Jahrhunderts unter dem Namen Jordanus Nemorarius (das heißt, der aus den Wäldern des Eggegebirges) das Abendland die Arithmetik und Algebra der Araber lehrte, fußte in seinen „zwei äußerst nützlichen Büchern" De Ponderi und De lineis datis auf arabischen Werken, wie er auch seine Geometrie auf dem Liber trium fratrum, der Geometrie der Benu Mußa, und derjenigen Thabits ben Qurra aufbaute, den man den „Euklid der Araber" genannt hat.

Der Stil der Mathematik, die das Abendland jetzt kennenlernte, war in der Tat eine Neuschöpfung. Das geometrische Gewand, in das die Griechen sie völlig eingehüllt hatten, haben die Araber ihr genommen und durch ein algebraisch-arithmetisches ersetzt. Die Anschauung geometrischer Figuren lag ihnen weniger am Herzen, als die geometrische Beziehung sogleich in Zahl und Rechnung auszudrücken: Aufgaben wie die

Lösung einer quadratischen Gleichung, die Dreiteilung eines Winkels oder die Fünfteilung eines Kreises, die ein Grieche anschaulich-geometrisch behandelt hätte, setzten sie in die Form algebraischer Gleichungen um und lösten sie dann rein rechnerisch auf. Diese Algebraisierung und Arithmetisierung der Mathematik ist von den Arabern vollzogen und vom Abendland übernommen und bis in die Neuzeit beibehalten worden!

Von Arabern ist auch das Rechnen mit Dezimalbrüchen „hinter dem Komma" erfunden worden. Der Astronom al-Kaschi gab dem Stellenwertsystem die letzte Vollkommenheit, indem er als erster Brüche in Stellenschrift umsetzte, also $2^{10}/_{125}$ als $2\ ^{8}/_{100}$ in 2,08 umwandelte – eine Leistung, ohne die heute weder die Eierfrau und der Milchmann noch die komplizierten Rechenoperationen auskommen und schon das Logarithmenrechnen unmöglich wäre.

Und noch heute trägt das Gesicht unserer Algebra ein arabisches Muttermal: das x für die Unbekannte einer Gleichung. Dies Zeichen, dem man um der lieben alphabetischen Ordnung willen ein y für die zweite Unbekannte und ein z für die dritte zugesellt, hat sich unter einer Maske bei uns eingeschlichen. Es etwa als ein arabisches identifizieren zu wollen, scheint um so unmöglicher, als es einen Buchstaben x im arabischen Alphabet nicht gibt. Und doch ist es so. Das „Ding" nannten die Araber die gesuchte, namenlose Unbekannte: „schai", abgekürzt: „sch". Dem sch-Laut entspricht aber im Altspanischen das x-Zeichen. Und darum lernen wir alle noch heute spätestens im siebten Schuljahr mit dem spanisch verkleideten arabischen „Ding" umzugehen.

Die Araber wurden auch die Begründer der ebenen und der sphärischen Trigonometrie, ein Gebiet, das im strengen Sinn bei den Griechen noch nicht existierte. Angeregt wurde diese äußerst fruchtbringende Entwicklung durch den Transversalensatz des Menelaos. Die Araber setzten an seine Stelle die Sinus- und Tangenssätze und die Fundamentalformen der Dreieckslehre. Damit machten sie ein weites, bisher unbeackertes Feld urbar, das für die Astronomie, für die Navigation und für die Landvermessung von größter Bedeutung wurde.

Durch die Übersetzungen des von seinen Landsleuten ebenso wie von abendländischen Gelehrten gepriesenen Hauptwerkes al-Battanis De motu oder De scientia stellarum ist das Wort „Sinus" in die Mathematik aller Völker gedrungen. Auch dies ein verkleidetes arabisches Wort. Es ist die lateinische Übersetzung von „dschaib", das den Arabern „Tasche, Bausch, Busen" hieß. An Stelle der Sehnen von Bögen des vollständigen sphärischen Vierecks verwendeten sie den Sinus von Seiten und Winkeln des sphärischen Dreiecks. Sie stellten die Funktionen Cosinus, Tangens und Cotangens auf und berechneten Sinus- und Tangententabellen. Der gebürtige Perser Abu 'l-Wafa führte al-Battanis Werk ganz beträchtlich fort und erfand neue Berechnungsverfahren für Sinustafeln, die es ihm erlaubten, bis zu drei Stellen der zehnten Dezimale zu errechnen. Ihre höchste Stufe erreichte die Entwicklung ebenfalls durch einen gebürtigen Perser, Hulagus Finanzminister Nassir ad-Din at-Tußi – eine Entwicklungsstufe, die vom Abendland erst nach Jahrhunderten erklommen und überschritten wurde.

Und wieder spielte sich das gleiche ab wie in der Geschichte der Algebra: Die Hochleistungen der Perser, die den arabischen Schöpfungen die endgültige Form gaben, drangen zu ihrer Zeit nicht in den Westen und über die arabische Welt hinaus. Und nicht auf ihren Werken, sondern vorwiegend auf denen ihrer Vorgänger und Schrittmacher baute das Abendland weiter.

Von den arabischen Astronomen übernahm das Abendland auch die Sexagesimalrechnung und die Sechzigerteilung des Kreises. Die von den Babyloniern entwickelte, aber noch unvollkommene sechzigteilige Rechnung, die von den Griechen mit dekadischen, zehnteiligen Zahlen durchmischt worden war, wurde erst durch die Araber zur reinen Sexagesimalrechnung vervollkommnet und damit zur „Rechnung der Astronomen".

Arabische Gelehrte durchdachten auch bereits siebenhundert Jahre, bevor ein Engländer und ein Deutscher die Differentialrechnung schufen, ihre Grundfragen: der ebenso als Arzt wie als Philosoph hervorragende Ibn Sina (980–1037), einer der genialsten Köpfe unter den Arabern und als „Avicenna" einflußreichsten Lehrer der Scholastik, und der orthodoxe Theologe al-Ghasali (1053–1111), Algazel genannt; beide übrigens gebürtige Perser. Ibn Sina, der mit zehn Jahren bei einem Kohlhändler das indische Rechnen gelernt hatte, entfaltete auch als Mathematiker und Astronom eine vielseitige und schöpferische Tätigkeit. Er bereicherte alle Zweige der Naturwissenschaft durch Zusätze, „auf die niemand vor ihm gekommen war". Dabei erörterte er die Probleme der unendlich kleinen Größen sowohl im religiösen Bereich wie in der Physik und Mathematik, Fragen, die im 17. Jahrhundert zur Erfindung der Infinitesimalrechnung durch Newton und Leibniz führten.

Al-Farabi (870–950), der als „der zweite Meister nach Aristoteles" galt, war ein bedeutender Philosoph und Mathematiker und ein ausgezeichneter Musiker dazu. Er war bekannt für die geistreichen und für ihn stets erfolgreichen Disputationen mit den Hofgelehrten von Damaskus, mit denen er den Sultan und die Hofgesellschaft unterhielt, und für seine musikalischen Vorträge zur Canūn, einer von ihm erfundenen Harfe, mit

denen er die im Wortgefecht erhitzten Gemüter seiner Gegner zu besänftigen und die überanspruchten Zuhörer wiederaufzurichten liebte. Seine Beschäftigung mit Musiktheorie, mit Akkorden und Intervallen brachte ihn bis auf Haaresbreite an die Idee des Logarithmus heran, die keimhaft in seinen „Elementen der musikalischen Künste“ vorgebildet ist. Daß sich von ihr oder von Avicennas Theorie von den unendlich kleinen Größen unmittelbare Fäden zu den abendländischen Gelehrten spannen, die jene Gedanken Jahrhunderte später systematisch durchdachten und gültig aussprachen, ist freilich unwahrscheinlich.
Aber selbst wenn viele Funken arabischen Geistes nicht übersprangen, blieb das Licht, das sich in das aufdämmernde Abendland ergoß, überwältigend. Erst durch die Araber wurde Europa mit den wichtigsten Werken der Antike bekannt. Mit ihren Übersetzungen griechischer Schriften, mit ihren Kommentaren und mit ihren eigenen Werken haben sie den Geist wissenschaftlichen Denkens und Forschens in der germanischen Welt angefacht, der nur geweckt und genährt zu werden brauchte. Mit ihren Ziffern, mit den von ihnen vervollkommneten Instrumenten, mit ihrer Arithmetik, Algebra und sphärischen Dreieckslehre und mit ihrer Optik haben sie das Abendland in den Stand gesetzt, auf Grund eigener Entdeckungen und Erfindungen von jetzt an die Führung im Bereich der Naturwissenschaften zu übernehmen.

HALBSCHWESTER ASTROLOGIE

Das Mittelalter hatte seinem ganz anders gerichteten Erkenntnisziel entsprechend kein Interesse an einer Naturerkenntnis oder gar an einer Himmelsforschung. All sein Erkennen blickte auf Gott und nach drinnen auf die gläubige Seele. Ein paar einfache Kenntnisse genügten, um jedes Jahr die Daten der beweglichen Kirchenfeste auszurechnen, aber mit Sonne, Mond, mit Venus, Jupiter und den anderen Sterngötzen umzugehen, war nicht ohne die Gefahr, auf heidnische Abwege zu geraten. Der geistliche Nachwuchs nährte sich an den kirchlichen Schulen von den spärlichen Überbleibseln der unausgereiften spätrömischen Bildung. Und ein Jordanus Nemorarius, der seine Dominikaner mit seiner Anleihe in der Mathematik der Benu Mußa und anderer arabischer Gelehrter schockiert hatte, bedurfte einer nachträglichen Sondergenehmigung. Speziell für ihren Ordensgeneral drückten sie ein Auge zu, als sie in ihren Satzungen 1228 jede Berührung mit den noch so hochstehenden Kulturen jeglicher „Heidenschaft“ verboten: „Die Ordensmitglieder sollen die heidnischen Philosophen nicht studieren . . ., sie sollen auch die sogenannten freien

Künste nicht erlernen“ (also auch nicht die elementaren Fertigkeiten wie Zählen, Rechnen und „computus“, d. h. das Berechnen der kirchlichen Feiertage), „es sei denn, daß für einzelne Persönlichkeiten besondere Erlaubnis erteilt worden sei.“

So verpönt solche Anleihen bei den „Heiden“ waren, immer kam man nicht um sie herum. Und als die Zuständigen einmal versäumt hatten, den Aufgang des Frühjahrsvollmondes zu beobachten, geriet der Heilige Vater in die peinliche Lage, eine Gesandtschaft zu den Arabern in Spanien entsenden und sich bei den „Teufelsanbetern“ nach den Daten der Karwoche und des Osterfestes erkundigen zu müssen.

Wie gering die Neigung war, sich um die Sterne am Himmel zu kümmern, ja mit welchem Mißtrauen man die betrachtete, die sich mit ihnen ganz ernsthaft beschäftigten, zeigen die Verunglimpfungen, denen der Forscher und Wissenschaftler ausgesetzt war, den freilich seine Treue zu Kaiser und Reich zum Haupt der Christenheit emporgetragen hatte: Gerbert von Aurillac. Mit Staunen und Rührung betrachten wir das in Florenz aufbewahrte arabische Astrolabium, mit dem er als Papst Silvester II. in Rom die Höhe der Sonne und die Tages- und Nachtbogen bestimmt hat. Und das ihn in den Ruf brachte, sein zu jener Zeit einmaliges Wissen vom Teufel in Cordoba erworben zu haben. Für einen Papst wie für die Wissenschaft von den Sternen das Verdammungsurteil!

Dabei hatte die Kirche Grund zum Mißtrauen und zur Besorgnis. Gewisse Stellen in den heiligen Schriften ließen einen Einfluß der Gestirne auf irdische Vorgänge annehmen. Die Kirchenväter hatten solche Einwirkung auf das Wachstum von Tieren und Pflanzen zu beschränken gesucht. Es gab aber auch Weitherzigere unter ihnen, die Kometen, Finsternisse und andere außergewöhnliche Himmelserscheinungen für Krankheiten, Kriege und Katastrophen aller Art verantwortlich machten. Offiziell mußte die Kirche jeglichen Einfluß auf die Menschen ablehnen und sie allein der Allmacht Gottes anheimgeben. Aber sie war darin nicht sehr erfolgreich gewesen. Bei der schwankenden Haltung ihrer Vertreter mogelte die Sterndeutung sich mit ein und fand in der labilen, noch schwimmenden Atmosphäre einen günstigen Boden bei den Bekehrten, der für mystische Spekulationen aufnahmebereit war und für Erklärungen von Unverständlichem und Beunruhigendem durch sichtbare Zeichen.

Kein Wunder, daß Übersetzungen astrologischer Tabellen und Jahrbücher, die gleichzeitig mit den astronomischen Werken über die Pyrenäen kamen, höchst erwünscht waren.

Weniger anfällig für die Sterndeutung zeigte sich der Islam. An die

Stelle der göttlich verehrten Gestirne hatte der Prophet den einen einzigen Gott, den Herrn der Welten und Schöpfer des Himmels und der Erde gesetzt. „Gemißbilligt" ist jetzt „der Glaube an einen Einfluß der Gestirne wegen ihrer Natur, verboten der Glaube an die unabhängige Wirkung der Sterne und ihre Anbetung".
Aber „notwendig das Studium der Sternkunde". Allah selbst hatte die Menschen auf die Betrachtung des Himmels hingewiesen. Im Namen Gottes wurden die Bewegungen der Sterne studiert. In Seinem Namen wurde jede wissenschaftliche Schrift begonnen. Und das war es, was die Araber der abendländischen Christenheit voraus hatten: den hohen Grad ihrer wissenschaftlichen Bildung, die – wie sich zeigen sollte – sie vor einem Versinken in dem Sumpf eines schwülen Mystizismus bewahrte. Deshalb hat die Kunst der Stern- und Schicksalsdeutung für die nüchternen, realistischen Araber auch nicht die verführerische Magie besessen, die man bei ihnen nach der Wirkung ihrer astrologischen Schriften im Abendland vermuten könnte. Die „arabische Astrologie" ist im Grunde und mehr als jede andere Frucht der muslimischen Kultur die Schöpfung und das Hätschelkind der Perser gewesen, und von Persern ist die Kunst der Sterndeutung in die muslimische Welt getragen worden.
Auch der Lehrer der Benu Mußa von ihrer Kindheit an, Jachja ben Abi Manßur, war von Geburt ein Perser und wie fast alle seine Landsleute, die sich dem Studium der Gestirne widmeten, auch Astrolog. Bezeichnenderweise haben die drei Söhne Mußas von diesem Steckenpferd ihres Ziehvaters keinen Gebrauch gemacht. Dazu waren sie zu leidenschaftliche Tatsachenmenschen und zu kritische Wissenschaftler.

Den Persern war der Gedanke guter und böser Einflüsse der Gestirne von Zarathustra in die Wiege gelegt worden. Die Planeten, die bösen Gestirne und Sternschnuppen waren die Geschöpfe Ahrimans, des bösen Prinzips. Mit seinen Kreaturen versucht Ahriman die Weltordnung zu zerstören. Durch die sieben Planeten wirkt die üble Macht in der Natur, indem sie Verderben über die Menschen bringen.
Was Babylon mit seiner naiven Sterndeutung aus der an den Himmel getuschten Bilderschrift im frommen Glauben an den Sterncharakter ihrer Götter begonnen und der Hellenismus mit seiner Leidenschaft für geometrische Regeln in ein ebenso starres wie von aller Erfahrung losgelöstes Schema gefaßt und zu einem unerschütterlichen Lehrsystem gefügt hatte – diese „wissenschaftliche Theologie des sinkenden Heidentums" hatte in den Persern ihre gläubigen Bewahrer und Apostel gefunden.
Mit solch buntgewürfeltem Gepäck beladen zog um 760 der persische

Astrologe Naubacht (gest. ca. 777) zum Hoflager des arabischen Kalifen al-Manßur. Durch die Machtergreifung des Abbassiden hatte sich der politische Schwerpunkt des Reiches von Damaskus, der von der Wüste belagerten Residenz der ausgerotteten Omaijadendynastie, fort nach dem Osten verlagert. Dort, wo er am reichsten und fruchtbarsten war, an den Ufern des Tigris, sollte die neue Hauptstadt errichtet werden. Doch bevor man sich an ihren Bau mache, so ließ Naubacht den Kalifen wissen, gelte es, die Stellung der Sterne zu erforschen, ungünstige Einflüsse auszuschalten und die glücklichste Stunde für ihre Gründung zu berechnen. Zusammen mit dem persischen Juden Manasse, der, zum Islam übergetreten, den Namen Maschallah, d. h. „Wie Gott will", angenommen hatte, erhielt Naubacht von dem Beherrscher der Gläubigen den Auftrag, die Sterne nach dem segensreichsten Zeitpunkt für ihre „Geburt" zu befragen und zugleich die Vermessungen für ihre Grundlegung zu leiten. Das Kind, das unter so günstigen Umständen geboren wurde, erhielt den Namen Bagdad, die „Stadt des Heils".
Als „an-Nubacht" wurde der verdienstvolle Perser der einflußreiche Hofastrologe des Kalifen und der Stammvater einer Reihe von Sterndeutern, die sich als Berater auch der folgenden Herrscher unentbehrlich zu machen wußten.
So werden von Persern die verschiedensten Quellen antiker Astrologie, ferner auch die ihnen bekannten indischen, dazu echte Bruchstücke der babylonischen Astrologie des Teukros und Bethen und Übersetzungen chaldäischer Sterndeutung gesammelt und an die arabischen Fürstenhöfe geleitet. Ihr machtvoller Verkünder aber wird Maschallah, der sich später im Abendland eine dankbare Gemeinde erwirbt.

Zu ihrer höchsten Blüte gelangt die Astrologie bei den Arabern in der Zeit, in der ihre wissenschaftliche Schwester erst allmählich den Kinderschuhen entwächst. Und wieder sind es – bis auf eine Ausnahme – Perser und Juden, die sich ihrer Pflege mit Haut und Haar verschreiben und später Einfluß auf das Abendland gewinnen: die Perser Abu Bekr ben al-Chasib und Abd al-Asis al-Kabis als Albubather und Alcabitius, der Jude Sahl ben Bischr als Zahel, Maschallahs Schüler Albohali und, alle seine Vorgänger überragend, der persische Jude Abu Maschar (gest. 886), der unter dem Namen Albumassar als der „größte Astrologe der Araber" gepriesen werden wird.
Keiner seiner Vorläufer hatte sich an ein einziges der nach Herkunft und Methode so ungleichartigen Lehrsysteme gehalten. Abu Maschar jedoch wirft jetzt alles ihm Erreichbare und noch so Unvereinbare in einen Kessel und rührt es zu einem wüsten Mischmasch durcheinander. Dabei

scheut er sich durchaus nicht, seine Finger auch nach dem geistigen Eigentum seiner Kollegen auszustrecken und Werke seines ehemaligen Glaubensgenossen Sanad ben Ali als seine eigenen auszugeben. Auf diese Weise bringt er bis in sein biblisches Alter von hundert Jahren ein stattliches Lebenswerk zustande, von dem Einzelhandschriften in fast allen großen Bibliotheken Europas erhalten sind und das wie kein anderes Werk der Astrologie im christlichen Abendland verbreitet und ob seines abstrusen Inhalts besonderer Hochachtung sicher war.
In dieser Hochkonjunktur der Astrologie ist es allein ein Araber, der Philosoph al-Kindi, der sich vor allem durch sein Buch über Wettervorhersagen – das Gebiet, auf dem auch in vorislamischer Zeit die Wüstenaraber ihre Prognosen gestellt hatten – auch als Astrolog einen Namen macht. Auf diesen großen Gelehrten, Abkömmling des südarabischen Stammes der „königlichen" Kinda und Angehörigen des ehemaligen Fürstenhauses von Bahrein, müssen sich in auffälliger Weise Haß und Feindschaft seiner Zeitgenossen konzentriert haben.

Ob es Ehrgeiz und Eifersucht waren, die auch die Benu Mußa gegen al-Kindi einnahmen? Auch sie haßten den Mann, und ihre Abneigung verführte sie zu einem bösen Streich, der ihnen um ein Haar selbst übel bekommen wäre. Im Zuge der orthodoxeren Strömung, die nach dem Tode des freigeistigen al-Mamun einsetzte, ließen die Benu Mußa al-Kindis sämtliche Werke aus seinem Hause fortnehmen und in einer Bibliothek gesondert aufstellen. Zu dieser Zeit hatte der Kalif al-Mutawakkil Muhammed und Achmed ben Mußa befohlen, einen Tigris-Kanal zu bauen. Die Brüder beauftragten mit der Durchführung al-Farghani – unseren Alfraganus –, der sich eben in Ägypten bei dem Bau des neuen Nilmessers ausgezeichnet hatte. Aber der bewährte Konstrukteur beging hier einen folgenschweren Irrtum. Er ließ den Kanal höher als seine Mündung in den Tigris anlegen, so daß bei niedrigem Wasserstand das Wasser nicht hineinfloß. Die Vorstellungen der Benu Mußa konnten daran nichts mehr ändern, und der Zorn des Kalifen, der ein Vermögen in die Anlagen gesteckt hatte, entlud sich über ihr Haupt. Er ließ sie vor sich kommen und beauftragte den jüdischen Astronomen und Sterndeuter Sanad ben Ali, den Fehler zu untersuchen: wenn die Brüder daran die Schuld trügen, werde er sie am Ufer des Kanals kreuzigen lassen.
Ihre Lage war verzweifelt. Denn Sanad ben Ali, jener Gelehrte, dessen astrologische Werke Abu Maschar plagiiert hatte – war ihr Feind, wie er auch ein erklärter Feind al-Kindis war. Und von seinem Urteil hing jetzt ihr Leben ab!
In ihrer Not beschworen sie den verhaßten Sanad, ihnen ihre Feindselig-

keiten zu vergeben und ihr Leben zu retten. Sanad nun war ein gerechter Mann. Er ließ sich erweichen und knüpfte diese Bedingung an seine Hilfe: erst wenn sie al-Kindi seine Bücher zurückgebracht hätten, könne er etwas für sie tun. So mußte Muhammed zum zweitenmal an diesem Unglückstage seinen Stolz beugen und zu Kreuze kriechen. Mit einer Notiz von al-Kindis Hand, die besagte, daß die Sache zu seiner Zufriedenheit erledigt sei, kehrte er zurück. Und der listige Sanad entwickelte den Brüdern seinen inzwischen ausgeklügelten Plan. „Ich hatte die Pflicht, euch zu veranlassen, die Bücher dieses Mannes zurückzugeben; nun habt ihr Anspruch darauf, daß ich euch etwas mitteile, was ihr nicht beachtet habt. Der Fehler in der Anlage des Kanals ist während der nächsten vier Monate nicht sichtbar, weil er durch das Steigen des Tigris verdeckt wird. Die Berechnung der Astrologen ergibt aber, daß der Beherrscher der Gläubigen nicht bis dahin leben wird. Um euer Leben zu schonen, werde ich ihm berichten, daß ihr beide keinen Fehler begangen habt. Haben die Astrologen Recht, so entkommen wir alle drei; haben sie aber gelogen und wird die Zeit überschritten, zu der der Tigris abnimmt und seine Gewässer sich entleeren, so bringt uns dies alle drei zu Fall."
Sanad meldete al-Mutawakkil, kein Fehler sei am Kanal gefunden worden. Der Tigris stieg, und das Wasser verbarg gnädig die fehlerhafte Anlage. Nach zwei Monaten wurde der Kalif ermordet, und die Benu Mußa und ihr Mitverschworener waren gerettet.

Wie denn: traute Sanad, selber Astrologe, astrologischen Prophezeiungen nicht?
In diesem Fall konnten die Sterndeuter von Glück sagen. Der Mörder hatte die Wahrheit ihrer Voraussage bestätigt. Aber zu häufig verrechneten sie sich und riefen den Spott der Wissenschaftler hervor. Weder das schwere Unheil, das die Zusammenkunft aller Planeten im Zeichen der Waage für das Jahr 1186 anzeigte, traf ein, noch pflegten die prophezeiten Revolutionen, Kriege und Unwetter auszubrechen. Bei plötzlichen Sterbefällen, insbesondere Mord, war es schon eine andere Sache . . .
Der Schaden, den die ernsthafte Wissenschaft durch die sich wissenschaftlich gebärdenden Glücksspieler mit Schicksalslosen davontrug, brachte die Gelehrten in Harnisch. Mit harten Worten geißelte al-Biruni die besonders „von Abu Maschar begangenen Torheiten" und das unwissenschaftliche Verfahren, das sich „diese Leute" zuschulden kommen ließen; und er fuhr fort: „Es sind die nämlichen Leute, die gegen die Sternkundigen und Mathematiker Verdacht erregen und sie in Mißkredit bringen, indem sie sich zu ihnen rechnen, obwohl sie auch nicht den geringsten Eindruck

auf jemand machen können, der nur eine Spur wissenschaftlicher Schulung hat.“ As-Sarkali bekämpfte die Astrologen erbittert, der Dichter as-Saimari schrieb ein „Buch der Widerlegung der Astrologen“, Jussuf al-Herawi „Über astrologische Betrügereien“. Ibn Sina, ein enger Freund al-Birunis, selbst gebürtiger Perser und ihr umfassendster Wissenschaftler und Philosoph, verlangte, daß die Sterndeuterei abgeschafft werde.
Und wirklich schwinden die großen Astrologen, die die Kunst der Sterndeutung noch hauptamtlich betreiben – auch ohne Verdikt und Verbot. Sie verschwinden in dem gleichen Maße, in dem die Astronomie sich mächtig entfaltet und die arabischen Astronomen sich auf die eigenen Füße stellen. Die Astrologie wandert im härenen, mit ihrem magischen Flitter behängten Gewand mit den Händlern auf die Straße oder liefert doch wenigstens den begeisterten Rechnern die willkommene Gelegenheit, einmal wieder in Zahlen zu schwelgen und die zahllosen Tafeln und Jahresbücher zu berechnen, die für eine vertrauenerweckende Prophezeiung so unerläßlich sind.
Auf Grund des hohen Standes ihrer mathematischen Rechnungsverfahren, insbesondere der sphärischen Trigonometrie, und ihrer feinste Einzelheiten beachtenden Sorgfalt der Berechnungen stellte die arabische Astronomie mit solchen Tafeln der Astrologie ein Rüstzeug zur Verfügung, an Hand dessen sie der auf Genauigkeit großzügig verzichtenden Astrologie der Babylonier, Inder und Griechen weit überlegen war. Und dies war ihr einziger tatsächlicher Fortschritt auf arabischem Boden; falls man nicht geneigt ist, in dem fleißigen Zusammenklauben, Vermengen und Weiterreichen aller abgestandenen und destillierten Glaubensreste versunkener Sternreligionen ein Verdienst zu sehen.

Durch beides hat sie das Abendland tief beeindruckt. Sie konnte das um so eher, als die Unwissenheit der kirchlichen Lehrer und Mönche, in deren Händen allein die damalige Wissenschaft lag, der faszinierenden Lehre nichts entgegensetzen konnte. Anstatt kritisch zu prüfen oder die wissenschaftlichen Gegenargumente zu liefern, wurde die Sternforschung im Abendland die Magd der Sterndeutung. Und erst durch die Astrologie gewann die Astronomie an Interesse. Noch die in ihrer Zeit einmaligen Beobachtungsinstrumente, die der dänische Astronom Tycho Brahe (1546–1601) in seiner Sternwarte aufstellte, verdanken ihre Vervollkommnung der Absicht, seinem König mit noch präziseren Horoskopen und politischen Prognosen aufwarten zu können, um „von seinem Reiche Schaden fernzuhalten“.
Aber nicht nur Fürsten, sogar Päpste schlug die Astrologie in ihren Bann. Leo X. errichtete einen Lehrstuhl für Sterndeutung an der römi-

schen Universität. Päpstliche Astrologen bestimmten für Julius II. den Tag seiner Papstkrönung und die günstigste Stunde für die Konsistorien Pauls IV. Noch lange Zeit ging die Astronomie mit der Astrologie Arm in Arm. Melanchthon übersetzte die astrologischen Schriften des Ptolemäus und hielt in Wittenberg Vorlesungen über Sterndeutung. Die Antrittsrede Tycho Brahes an der Universität Kopenhagen wurde zu einem flammenden Bekenntnis zur Astrologie. Noch Galilei (1564–1642) und Kepler (1571–1630) verdienten sich ihr tägliches Brot mit der Befragung der Sterne, obwohl sie wußten, daß, „wer die Antworten auf solche Fragen allein aus den Sternen haben will, ohne Charakter und Willkür des Menschen in Rechnung zu stellen, die Kerze der Vernunft, die ihm Gott angezündet, noch nicht recht geputzt hat". Aber wie ihre Kollegen mußten sie, wenn sie leben und forschen wollten, „der unwissenden Neugier zu Willen sein". „Die Astrologia ist wohl ein närrisches Töchterlin", stöhnte Kepler, „aber du lieber Gott, wo wollte ihre Mutter, die hochvernünftige Astronomia, bleiben, wenn sie diese ihre närrische Tochter nicht hätte? Ist doch die Welt noch viel närrischer und so närrisch, daß deroselben zu ihrem Frommen diese alte verständige Mutter durch der Tochter Narrenspiel eingeschwatzt und eingelogen werden muß. Und seind der Astronomen Gehälter so gering, daß die Mutter gewißlich Hunger leiden müßte, wenn die Tochter nichts erwürbe."

Mit derselben Begründung wie al-Biruni und Ibn Sina ging Luther gegen die „subtile Narretei" an und gegen die „schäbichte Kunst der Astrologen", die „gar keine Wissenschaft ist, denn sie hat keine Handlungen und Beweise, darauf man gewiß, ohne Wanken fußen und Grund fassen könnte".

Die Entthronung der Erde durch den schließlichen Sieg des Kopernikanischen Weltbildes trennte endlich die hochvernünftige Mutter von ihrem närrischen Töchterlin. Die moderne Wissenschaft schickte die Astrologie wieder auf die Straße, wo sie auf ihr hohes Alter und ihre uralte Weisheit pochend in demselben abgeschabten, vertragenen Mäntelchen ihrem Gewerbe nachgeht. Sie führte die Astronomie, die ewig junge, ewig sich verjüngende, einem Aufstieg ohnegleichen zu. Dabei sind die eine wie die andere nicht zu denken ohne das, was die arabische Welt ihnen mitgegeben hat.

Viertes Buch

HEILENDE HÄNDE

Daher sind des Avicenna, Rhasis und Averroes Bücher eben mit der gleichen Autorität als des Hippocratis und Galeni aufgenommen worden und haben so viel Kredit erlanget, daß, wer ohne dieselben zu kurieren sich unterstanden, von dem hat leicht gesagt werden können, er ruiniere die allgemeine Wohlfahrt. Agrippa von Nettesheim

DIE „WUNDERBARE HEILKUNST DER FRANKEN"

Schon nach zehn Tagen stand Thabit wieder vor meinem Onkel. Und wir hatten geglaubt, er kuriere im Libanon fränkische Wunden! Die Herren Kreuzfahrer nämlich hatten verdammt wenig Zutrauen zu der Heilkunst ihrer eigenen Leute und zogen es vor, hier im „Heiligen Lande" ihre Hautausschläge, Koliken und Durchfälle von unseren Ärzten behandeln zu lassen. Und wie recht sie taten (Allah verfluche sie)! Mein Onkel, der Emir von Schaisar, hatte unserem fränkischen Nachbarn auf der Burg Munaitira den Gefallen getan und ihm auf sein Drängen für einige Zeit unseren tüchtigen Thabit überlassen, auf daß er an seinen kranken Freunden verschiedene Kuren durchführe. Aber Thabit war aus der fränkischen Garnison schon wieder zurückgekehrt.

„Wie hast du nur so schnell die Kranken geheilt?" fragten wir ihn erstaunt.

„Man brachte mir einen Reiter, an dessen Bein sich ein Geschwür gebildet hatte", erwiderte der Arzt, „und eine Frau, die von einem zehrenden Fieber befallen war. Dem Reiter habe ich ein Zugpflaster aufgelegt. Das Geschwür brach auf und nahm einen gutartigen Verlauf. Der Frau verordnete ich Diät und besserte ihr körperliches Befinden durch Darreichung von pflanzlicher Nahrung. Da kam ein fränkischer Arzt hinzu und sagte: ‚Der versteht nicht, sie zu heilen.' Darauf wandte er sich an den Reiter mit der Frage: ‚Was ist dir lieber: zu leben mit *einem* Bein oder zu sterben mit zwei Beinen?' Der antwortete: ‚Leben mit einem Bein.' Dann sagte der fränkische Arzt: ‚Holt mir einen starken Reiter mit einem scharfen Beil!' Der Reiter mit dem Beil erschien. Ich war noch zugegen. Nun legte der Arzt das Bein des Patienten auf einen hölzernen Hauklotz und befahl dem Reiter: ‚Schlag ihm das Bein mit einem einzigen Axthieb ab!‘ Der Reiter versetzte ihm einen Hieb, während ich zusah. Aber das Bein war damit noch nicht abgetrennt. Er schlug zum zweitenmal zu. Da floß das Mark des Beines aus, und der Unglückliche starb zur Stunde. Darauf untersuchte der Arzt die Frau und sagte: ‚Dieses Weib hat einen Teufel im Kopf, der in sie verliebt ist. Schneidet ihr die Haare ab!‘ Man schnitt sie ihr ab, und sie aß wieder die Speisen ihrer Landsleute, Knoblauch und Senf. Das Fieber stieg bei ihr. Der Arzt sprach: ‚Der Teufel ist ihr in den Kopf gestiegen.‘ Mit diesen Worten ergriff er das Rasiermesser, machte ihr kreuzweis einen Schnitt in den Kopf und zog ihr die mittlere Kopfhaut ab, bis der Schädelknochen bloßgelegt war, den er nun mit Salz rieb. Die Frau starb zur selbigen Stunde. Ich fragte die Leute: ‚Habt ihr noch eine nötige Verrichtung für mich?‘ Sie antworteten: ‚Nein‘, und so ging ich, nachdem ich von ihrer Heilkunst gelernt hatte, was mir bis dahin unbekannt geblieben war.“

Es ist der Neffe des Herrschers von Scheisar, der Emir Ußama ibn Munkidh (1095–1188), der mit ironischem Schmunzeln das kleine schauerliche Erlebnis aus seiner Jugend zum besten gibt als „ein Beispiel von der wunderbaren Heilkunst der Franken“.

Das ist keine Feindpropaganda, wie man denken könnte. Es ist auch nicht die unabsichtliche Herabsetzung eines zwar durchaus geachteten Gegners, aber letzten Endes doch eines Feindes der Araber. Noch fast hundert Jahre später mußte, einem glaubwürdigen Chronisten zufolge, der kleine, dicke und kurzatmige Markgraf Dedo II. von Rochlitz und Goiz eines schnellen und schmerzhaften Todes sterben, weil er, als Begleiter Kaiser Heinrichs VI. bei dessen Brautfahrt nach Apulien ausersehen, sich ob seiner Fettleibigkeit vor den Anstrengungen der Reise und der italienischen Hitze fürchtete. Der Arzt, den er deshalb konsultierte, schnitt dem armen, kleinen Markgrafen einfach den Bauch auf und das lästige Fett heraus – ein Verfahren, das ebenso radikal wie unbekömmlich war gleich jenem des „fränkischen“ Arztes im Heiligen Lande.

Nein, nach allem, was der welterfahrene arabische Emir Ußama von der Behandlung Kranker bei den Kreuzrittern gehört und gesehen hat, hält er nicht viel von ihren Leistungen auf diesem Gebiet.

Und mit Recht! Denn wo auf der Welt gibt es einen qualifizierten Ärztestand wie bei den Arabern? Wo blüht eine medizinische Wissenschaft von dem Umfang und der Reife der muslimischen, wo ein derart ausgebildetes Sanitäts- und Apothekenwesen? Haben die modernen Krankenhäuser der arabischen Städte irgendwo auf der Erde ihresgleichen? Ihre Behandlungsmethoden entsprechen dem Hochstande ihrer For-

schung, ihre Hygiene ist beispielgebend. Ist es da noch ein Wunder, daß die Franken bei ihnen ärztliche Hilfe erbitten?
Oder was soll man von der Geschichte denken, die Ußama mit eigenen Ohren aus dem Munde Herrn Wilhelms von Büren gehört hat? Auf ihrem gemeinsamen Ritt mit Mu'in ad-Din, dem Machthaber von Damaskus und Freund Ußamas, an den See Genezareth hat Herr Wilhelm sie seinen staunenden Reisegefährten selbst erzählt: „Bei uns in unserem Lande gab es einen sehr mächtigen Ritter. Er war krank und kam dem Tode nahe. Wir wandten uns an einen unserer angesehensten Priester und baten ihn: ‚Komm mit uns, um nach dem Ritter Soundso zu sehen!' Er sagte: ‚Recht gern', und ging mit uns. Wir waren überzeugt, daß er den Kranken durch bloßes Auflegen seiner Hände retten könne. Als er ihn gesehen hatte, sagte er: ‚Bringt mir Wachs!' Wir schafften ihm ein wenig Wachs herbei. Er erweichte es und machte daraus eine Art Fingergelenke, von welchen er je eines dem Patienten in eines seiner Nasenlöcher stopfte. Der Ritter starb. Als wir dem Priester meldeten: ‚Er ist gestorben', erwiderte er: ‚Ja, er mußte große Schmerzen ausstehen, da habe ich ihm die Nase verstopft, damit er stürbe und Ruhe bekäme ...'"

Handauflegen, Teufelaustreiben, Gebet – das waren die vornehmsten Heilverfahren, mit denen die abendländischen Ärzte im Priester- und Mönchsgewand die kranke Menschheit von ihren leiblichen Nöten zu erlösen trachteten.
„Ist jemand unter euch erkrankt, so rufe man die Ältesten der Gemeinde, und sie sollen über ihn beten, nachdem sie ihn im Namen Christi mit Öl gesalbt, und das Gebet des Glaubens wird den Kranken heilen", hatte Jakobus, der Apostel des Herrn, gelehrt. Jesus selber aber, der Arzt des Leibes wie der Seele, hatte seinen Jüngern und denen, die ihm dienen wollten, die Heilung Kranker durch Auflegen der Hände und durch Austreibung der Teufel vielfältig vorgelebt. Nerven- und Geisteskrankheiten, Lepra und Ruhr, Wassersucht und jahrelange Blutungen verschwanden. Aber der Heiland hatte nicht nur wunderbare Heilungen vollbracht, er hatte die göttliche Gnadengabe auch seinen Jüngern mitgeteilt. Er hatte ihnen „Macht gegeben über die unsauberen Geister, daß sie dieselben austrieben und heileten allerlei Seuche und allerlei Krankheit". Er hatte ihnen aufgetragen: „Machet die Kranken gesund, reiniget die Aussätzigen, wecket die Toten auf, treibet die Teufel aus."
Es bedurfte nur der ganzen Kraft des Glaubens. Der Glaube war das Ferment der Heilung. Wer glaubte, dem sollte geholfen werden, so

lehrte die Kirche. Und sie wußte sich allein eingesetzt in die Sorge für das Heil der Seele und des Leibes.

Auf „weltliche" Arzneien, „auf Kräuter und Wurzeln zu vertrauen" – bewies es nicht mangelndes Vertrauen in den Allmächtigen? Nur Dämonen und böse Geister, die den Menschen von Gott abspenstig machen wollten, verleiteten die Törichten, die Schwachen im Glauben, zu solchen Mitteln Zuflucht zu nehmen. „Die Arzneikunde in allen Formen stammt aus derselben betrügerischen Kunst", prangerte der Kirchenlehrer Tatian solche heidnischen Griffe in die Apotheken der Natur an, „denn wenn jemand von der Materie geheilt wird, indem er ihr vertraut, um wieviel mehr wird er, wenn er sich auf die Kraft Gottes verläßt, geheilt werden. Warum gehst du dann nicht zu dem mächtigeren Herrn? Stattdessen ziehst du es vor, dich zu heilen wie ein Hund durch Kräuter, der Hirsch durch Schlangen, das Schwein durch Flußkrebse, der Löwe durch Affen? Warum vergöttlichst du irdische Dinge?"

Andere Heilmittel als die der Kirche, als die Arzneien des Geistes zu gebrauchen, sich als Arzt gar manuell zu betätigen und ganz handgreiflich mit Instrumenten zu operieren, war unter der Würde des geistlichen Standes. „Inhonestum magistrum in medicina manu operari." Das galt für noch viele, viele Generationen bereits studierter Ärzte: Schimpflich ist es für einen Magister der Medizin, mit der Hand zu arbeiten. Schon der Aderlaß war eine schandvolle Sache. Kurzum, die Kirche hatte dem Klerus die Ausübung der Chirurgie überhaupt verboten. Sie überließ das blutige und „unehrliche" Handwerk der Chirurgen und Wundärzte den mehr oder weniger geschickten und an der Erfahrung geschulten Händen der verachteten Praktiker. Oft stammten sie aus traditionsreichen Wundarztfamilien, in denen die Kunst vom Vater an den Sohn weitergegeben wurde. Dem Volke galten sie als die Ärzte schlechthin. Waren nicht oft sie die einzigen, die, so Gott wollte, wirklich praktische Hilfe leisten konnten?

Die Kirche mißtraute solchen Leuten tief wie aller außerkirchlichen Medizin. Wer nicht in erster Linie Schmerzen linderte, sondern gar noch Schmerzen verursachte, indem er das Übel selbst ganz handsam anging, der versündigte sich an dem Kranken. Für die Kunst solcher Laienärzte, die zudem mit so gefährlichen scharfen Messern und Nadeln hantierten, hatte Gregor von Tours (540–594), der Bischof der Franken, nur steife Verachtung. „Was vermögen die Ärzte mit ihren Instrumenten? Es ist mehr ihres Amtes, Schmerz hervorzubringen, als ihn zu mildern. Wenn sie das Auge aufsperren und mit ihren spitzigen Lanzetten hineinschneiden, so lassen sie jedenfalls die Qualen des Todes vor Augen treten, ehe sie wieder zum Sehen verhelfen, und sobald nicht alle Vorsichtsmaßregeln

Zeitgenössische Wiedergabe der Kunstuhr des Dschasari (um 1200) mit beweglichem Tierkreis, wanderndem Stundenmännchen und Falken, die alle Stunde Ringe in den Becher werfen, während die Trommler und Bläser ihre Instrumente spielen

genau befolgt werden, ist es überhaupt mit dem Sehen vorbei. Unser lieber Heiliger dagegen hat nur ein Stahlinstrument, das ist sein Wille, nur eine Salbe, das ist seine Heilkraft."

Aus dem ostgotischen Italien schien ein frischer Wind die schwüle Atmosphäre üppig wuchernden Wunderglaubens vertreiben zu wollen, aus Italien, wo noch aus römischer Zeit ein ärztlicher Laienstand sich gehalten hatte und sich durch germanische Ärzte, durch Langobarden, fortsetzen sollte. Unter Theoderich dem Großen und seinem Kanzler Cassiodor blühten die alten Schulen wieder auf, und Amalaswintha und Athalarich widmeten den Lehranstalten und Wissenschaften ihre Fürsorge. In dem weltgeschichtlichen Augenblick, als im Osten Justinian das letzte Asyl griechischen Geistes, die Akademie von Athen, schloß, gründete Benedikt von Nursia in den Bergen über Neapel das Stammkloster seines Ordens, Monte Cassino, dem Wunder freilich noch mehr zugetan als gelehrter Bildung; aber Cassiodor, des Gotenkönigs oberster Minister, der sich um die Gründung von Akademien in Rom und Süditalien bemühte, machte es zur Pflegestätte jener bescheidenen Pflänzchen spätrömischer Popularwissenschaft, die aus dem großen Untergang der Antike übriggeblieben waren und nun den Klöstern des Abendlandes auf Jahrhunderte hin zur Zierde und Bildung der Ihrigen dienen mußten.
Auf dem klösterlichen Lehrplan stand die Medizin ziemlich weit unten. Und um den medizinischen Lehrstoff war es noch kläglicher bestellt als um den mathematischen und naturwissenschaftlichen, und sie in der Tat waren dürftig genug. Aus sich heraus hatte das römische Volk keine Kulturmedizin geschaffen. Was jetzt in die guten Stuben des Abendlandes gestellt wurde, bestand aus recht mangelhaften Übersetzungen und geistig nicht bewältigten Überarbeitungen griechischer und frühbyzantinischer Vorlagen und aus kaum verwertbaren Rezeptsammlungen. Für die wertvollen Überbleibsel aus der Antike, die auch noch da waren und zwei-, dreihundert Jahre später bei den Arabern eine ungeahnte Blüte hervortrieben, fehlte es zwar nicht an Sprachkundigen, aber am Verständnis. Das einzig Bedeutsame hingegen, das von Römern geschaffen war und das für den Klosterinsassen sprachlich unmittelbar zugänglich gewesen wäre, die Enzyklopädie des Celsus, blieb unbeachtet.
So war die Ausbeute hier im Felde der Medizin noch kärglicher als in den anderen Disziplinen. Und da Wissenschaft, auch die heilkundliche, in den Klöstern nicht etwa um ihrer selbst willen betrieben wurde, sondern nur eine untergeordnete, den Zwecken des Glaubens dienende Rolle spielen durfte, war kaum das spärlichste Weiterwachsen und Frucht-

tragen zu erwarten. Die „wissenschaftliche“ Tätigkeit genügte sich im Abschreiben, im Kopieren, Kompilieren und Kombinieren.

Zunehmende Weltverneinung und Abkehr vom Irdischen begünstigten die Zuflucht zu den kirchlichen Wundermitteln und die Verachtung „irdischer Heilmethoden“. Der heilige Nilus von Rossano ließ den Juden Donnolo (910–1005), der in Süditalien bei einem Araber medizinischen Unterricht erhalten hatte und dem heiligen Mann voller Stolz seine ärztliche Hilfe darbot, ungerührt abfahren: „Einer von deinen Juden hat gesagt: es ist besser auf Gott zu vertrauen, als sich auf Menschen zu verlassen. Indem ich auf Gott vertraue und unseren Herrn Jesus Christus, brauche ich deine Medizinen nicht.“

Der große Kreuzzugsprediger Bernhard von Clairvaux (1090–1153), ein Zeitgenosse des arabischen Emirs Ußama ibn Munkidh, nahm als Abt der Zisterzienser selbst viele Wunderheilungen vor. Seinen Mönchen aber, die in dem ungesunden Klima häufig erkrankten, verbot er ausdrücklich, Ärzte in Anspruch zu nehmen und Arzneien zu gebrauchen, da ihnen „nicht zieme, ihr Seelenheil durch den Gebrauch irdischer Hilfe in Gefahr zu bringen“.

Das war nicht privater Glaubensartikel einzelner Fanatiker, sondern tief im religiösen Bewußtsein der Zeit verankert, in Dekreten und Digesten der Kirche begründet und von theologischen Kreisen eifrig diskutiert: Die Gesundheit des Körpers zu erhalten, ist göttliches Gebot, weil Krankheit ihn dem Dienst Gottes entzieht – aber noch wichtiger als für den Körper zu sorgen, ist es, das Heil der Seele zu retten.

Darum darf auch der in Fieberdelirien sich wälzende Kranke nicht ärztliche Hilfe erhalten, bevor er nicht gebeichtet hat. 895 war es auf der Synode in Nantes entschieden: Der Priester soll sich, sobald er von einer Erkrankung in seiner Gemeinde erfährt, zu dem Kranken begeben, ihn mit Weihwasser besprengen, mit ihm beten, nach Entfernung der Familie ihm die Beichte abnehmen und ihn dazu anhalten, seine religiösen und irdischen Angelegenheiten ins reine zu bringen. Ohne Beichte keine Behandlung. Was mehr oder weniger streng genommene Gewohnheit geworden war, wird 1215 von Papst Innozenz III. auf dem Laterankonzil zu striktester Pflicht erhoben: Bei Strafe des Ausschlusses aus der Kirche ist dem Arzt verboten, den Kranken zu behandeln, der nicht zuvor gebeichtet hat! Denn die Krankheit rührt von der Sünde her, wie Jesus selbst bezeugt hat, als er zu dem Geheilten sprach: „Siehe, du bist gesund geworden; sündige hinfort nicht mehr, damit dir nicht Ärgeres widerfahre.“ (Joh. 5, 14.) Schon der heilige Chrysostomus hatte nach den Worten des Herrn den Keim der Krankheit in der Sünde des Menschen erkannt. Wenn der Kranke die Krankheitsursache entfernt und in der Beichte seine Sündenlast von sich wirft, dann wird – „cessante causa cessat effectus“ – mit dem Aufhören der Ursache auch die Wirkung aufhören und das körperliche Leiden verschwinden. Weigert der Patient sich zu beichten und legt der folgsame Arzt die Behandlung nieder, so kann der Kranke sehen, ob er jemand findet, der ihm hilft. Wer es sich einfallen lassen sollte, sich von einem nichtchristlichen Arzt, einem Juden oder gar einem Sarazenen, behandeln zu lassen, der wird mit dem Bann bestraft, denn hier ist das Seelenheil unmittelbar bedroht. Wie brennend in solchen Fragen die Gewissensnöte werden können, erzählt ein Brief Bernhards von Clairvaux: ein Mönch hatte zu ihm seine Zuflucht genommen, nachdem er voller Empörung sein Kloster verlassen hatte; mit bewegten Worten hatte er sich über seinen Abt beklagt, der ihm zugemutet hatte, „Tyrannen, Räubern und Exkommunizierten ärztliche Hilfe zu leisten“ . . .

Ja, so waren die Franken. Ein „Sarazene“ hätte das gewiß nicht verstanden. Wie hatte Ibn Ridwan, Mitte des 11. Jahrhunderts Vorsteher der Ärzteschaft in Kairo, den sie das Teufelskrokodil nannten, von den Pflichten des Arztes gesagt? „Er soll seine Feinde in demselben Geist, mit derselben Anteilnahme und Bereitschaft behandeln, mit denen er die behandelt, die er liebt.“

Aber die „Sarazenen“ in Jerusalem und Damaskus verstanden ebensowenig, was in dem Hospital vorging, das die fränkischen Ritter vom Orden der Johanniter in Jerusalem eingerichtet hatten. Die Schwerverwundeten, die sie dort einlieferten, mußten angeblich zuerst all ihre Untaten berichten und alles Böse, was sie getan hatten, und von dem Brot essen, das sie den „Leib des Herrn“ nannten, erst dann, so hieß es, gab man ihnen ein Lager und eine erste Hilfe . . .

In der Heimat war die Fürsorge für die Kranken den Benediktinern anvertraut und von ihnen in die abendländischen Klöster getragen worden[8]. Christliche Liebestätigkeit, von der Sorge um das eigene Seelenheil großzügig gefördert, hatte hier und dort Hospize errichtet – dazumal Herbergen, die Reisenden und Pilgern, Findelkindern und Waisen, Gebrechlichen und Armen und natürlich auch Kranken Unterkunft gaben. Häuser aber, in denen nur Kranke Aufnahme fanden, gab es im Abendland nicht vor dem Ausgang des 12. Jahrhunderts. Erst mit den Kreuzzügen wurden nach den Vorbildern arabischer Krankenhäuser Pflegestätten eingerichtet, die ausschließlich Kranken und ihrer Wartung dienten, wenn auf lange Zeit hinaus auch noch keiner ärztlichen Behandlung. Schmerzen zu lindern war auch der Sinn der kirchlichen Krankenpflege, eher als eigentlich zu heilen.

Eines der ersten und, nach dem Urteil der Zeitgenossen, eines der besten Hospitäler war das Hôtel-Dieu in Paris, die „Herberge Gottes".
„Auf dem ziegelgepflasterten Boden lag Stroh aufgeschichtet, und auf dieser Streu drängten sich die Kranken . . ., die Füße der einen neben den Köpfen der anderen, Kinder neben Greisen, ja sogar, unglaublich aber wahr, Männer und Weiber untermischt . . . Individuen, die mit ansteckenden Krankheiten behaftet waren, neben solchen, die nur an einem leichten Unwohlsein litten; Leib an Leib gepreßt ächzte eine Gebärende in Kindeswehen, wand sich ein Säugling in Konvulsionen, glühte ein Typhuskranker in seinem Fieberdelirium, hustete ein Schwindsüchtiger und zerriß sich ein Hautkranker mit wütenden Nägeln die höllisch juckende Haut . . . Den Kranken fehlte es oft am Notwendigsten; man gab ihnen die elendesten Nahrungsmittel in ungenügenden Quantitäten und unregelmäßigen Zwischenräumen, . . . mit einiger Reichlichkeit nur dann, wenn wohltätige Bürger aus der Stadt sie ihnen brachten. Zu diesem Zwecke standen die Tore des Spitals Tag und Nacht offen, jeder konnte eintreten, jeder konnte bringen, was er wollte, und wenn die Kranken an einem Tag halb verhungerten, konnten sie vielleicht an einem anderen Tage sich in unmäßigem Suff berauschen und durch Überanstrengung des Magens töten. Das ganze Gebäude wimmelte förmlich von scheußlichstem Ungeziefer, und die Luft war am Morgen in den Krankensälen so pestilenzialisch, daß Aufseher und Wärter nur mit einem Essigschwamm vor dem Munde einzutreten wagten. Die Leichen blieben gewöhnlich vierundzwanzig Stunden und oft noch länger auf dem Sterbelager, ehe sie entfernt wurden, und die übrigen Kranken hatten während dieser Zeit das Lager mit dem starren Körper zu teilen, der in der infernalischen Atmosphäre bald zu riechen begann und um den die grünen Aasfliegen schwärmten . . .[9]"

KRANKENHÄUSER UND ÄRZTE, WIE SIE DIE WELT NOCH NICHT SAH

„Lieber Vater! Du fragst, ob Du mir Geld bringen sollst. Wenn ich entlassen werde, bekomme ich vom Krankenhaus einen neuen Anzug und fünf Goldstücke für die erste Zeit, damit ich nicht sofort wieder arbeiten muß. Du brauchst also von Deiner Herde kein Tier zu verkaufen. Du mußt aber bald kommen, wenn Du mich hier noch finden willst. Ich liege auf der orthopädischen Station neben dem Operationssaal. Wenn Du durch das Hauptportal kommst, gehst Du an der südlichen Außenhalle vorbei. Das ist die Poliklinik, wohin sie mich nach meinem Sturz ge-

bracht hatten. Dort wird jeder Kranke zuerst von den Assistenzärzten und Studenten untersucht, und wer nicht unbedingt Krankenhausbehandlung braucht, bekommt dort sein Rezept, das er sich nebenan in der Krankenhausapotheke anfertigen lassen kann. Ich wurde nach der Untersuchung dort registriert und dem Oberarzt vorgeführt, ein Wärter trug mich in die Männerstation, machte mir ein Bad und steckte mich in saubere Krankenhauskleidung.
Aber Du läßt linker Hand auch die Bibliothek und den großen Hörsaal, wo der Chefarzt die Studenten unterrichtet, hinter Dir. Der Gang links vom Hof führt zur Frauenstation, Du mußt Dich also rechts halten und an der Inneren Abteilung und der Chirurgischen vorbeigehen . . . Wenn Du Musik oder Gesang aus einem Raum vernimmst, sieh hinein. Vielleicht bin ich dann schon in dem Tagesraum für die Genesenden, wo wir Musik und Bücher zu unserer Unterhaltung haben.
Als der Chefarzt heute morgen mit seinen Assistenten und Wärtern auf Visite war und mich untersuchte, diktierte er dem Stationsarzt etwas, was ich nicht verstand. Der erklärte mir hinterher, daß ich morgen aufstehen darf und bald entlassen werde. Dabei mag ich gar nicht fort. Alles ist so hell und sauber hier. Die Betten sind weich, die Laken aus weißem Damast und die Decken flaumig und fein wie Samt. In jedem Zimmer ist fließendes Wasser, und jedes wird geheizt, wenn die kalten Nächte kommen. Fast täglich gibt es Geflügel oder Hammelbraten für den, dessen Magen es verträgt. Mein Nachbar hatte sich schon eine ganze Woche lang kränker gestellt, als er war, nur um die zarten Hühnerbrüstchen noch ein paar Tage länger genießen zu können. Der Chefarzt hat aber Verdacht geschöpft und ihn gestern nach Hause geschickt, nachdem er zum Beweis seiner Gesundheit noch einen Laib Brot und ein ganzes Huhn verzehren durfte.
Also komm, bevor mir mein letztes Huhn gebraten wird!"
Die Verhältnisse, von denen der Brief spricht, würden wir ohne weiteres unserem gelobten 20. Jahrhundert zutrauen.
Tatsächlich schildert er eines der Krankenhäuser, wie sie vor tausend Jahren in jeder größeren arabischen Stadt zwischen dem Himalaja und den Pyrenäen zu den unerläßlichen Einrichtungen gehörten. Cordoba besaß in der Mitte des 10. Jahrhunderts allein fünfzig Krankenhäuser. Es scheint damit sogar das allseitige Vorbild übertroffen zu haben – Bagdad mit seinen berühmten Hospitälern noch aus der Zeit Harun ar-Raschids.
Ihre Lage war sorgfältig und nach hygienischen Gesichtspunkten ausgewählt. Denn fließendes Wasser für die Bäder und täglichen Waschungen, aus dem Tigris in alle Räume geleitet, verstand sich von selbst. Als

Sultan Adud ad-Daula in Bagdad ein neues, modernes Krankenhaus einrichten wollte, wurde der Arzt ar-Rasi beauftragt, den günstigsten Platz ausfindig zu machen. Ar-Rasi ließ durch seine Diener in allen Teilen Bagdads die Schulterstücke und Bauchlappen, Rippchen und Filets soeben geschlachteter, gleichaltriger Hammel aufhängen. Und wo das Fleisch nach vierundzwanzig Stunden am frischesten war und am wenigsten verwest, dort wurde das Adudi-Hospital errichtet. Als in Kairo Sultan Salach ad-Din einen seiner Paläste in eine Klinik, das Nassiri-Hospital, umzuwandeln wünschte, wählte er den unter ihnen aus, durch dessen Säle und Vorratskammern nicht die überallgegenwärtigen Ameisen ihre wimmelnden Heerstraßen zu ziehen pflegten.

Und mit dem Luxus der königlichen Paläste waren auch die wohltätigen Schöpfungen der Kalifen und Sultane ausgestattet. Jeglicher Komfort, der die Schlaf- und Wohngemächer der Höchstgestellten des Reiches schmückte, war in den Einrichtungen der Krankenräume, in Betten und Bädern aufgeboten – in Krankenhäusern, die dem ganzen Volke offenstanden. Als das Manßuri-Krankenhaus in Kairo vollendet war, ließ Sultan al-Manßur Qalawun einen Becher mit Wein aus dem Hospital bringen, trank daraus und sprach: „Dieses habe ich gestiftet für meines Gleichen und Geringere, ich habe es bestimmt für den Herrscher und den Diener, den Soldaten und den Emir, den Großen und den Kleinen, den Freien und den Sklaven, für Männer und für Frauen."

Der komfortablen Unterbringung entsprach die fürstliche Verpflegung. Unter den Ärzten in Damaskus erzählte man sich lachend von dem persischen Edelmann mit dem mächtigen und leicht erregbaren Appetit. Bei einem Besuch im Nuri-Krankenhaus hatte der Duft eines saftigen Hähnchens allzu verführerisch seine Nase umschmeichelt, und er hatte beschlossen, kurzerhand krank zu werden. Stöhnend betrat er abermals das Hospital. Der diensthabende Arzt untersuchte ihn lange vergeblich, bis ein paar hoffnungsvolle Fragen des heimlichen Gourmands ihm über die wahre Wurzel des Übels die Augen öffneten. Der Gentleman im Arztmantel verlor darüber kein Wort. Er wies seinen „Patienten" in die Innere Station ein und verordnete dem stumm Entzückten zweimal täglich Honigblätterteigpasteten mit Geflügelleber, bardierten Kapaun, Kompott, Sorbett und allerlei Arten leckerer Bissen. Nach drei Tagen, welche die Widerstandskraft des „Kranken" nahezu gebrochen und seinen Magen in Gefahr gebracht hatten, ernstlich zu erkranken, sprach der Arzt: „Drei Tage arabischer Gastfreundschaft sind zu Ende. Gehe hin im Frieden Gottes! Und das Heil mit dir!"

Das weitläufig in vielen Pavillons angelegte Adudi-Krankenhaus in Bagdad, das gleichfalls über eigene Gebäude für jede Abteilung verfügende

Nuri-Krankenhaus in Damaskus und die Perle aller Hospitäler, das Manßuri-Krankenhaus in Kairo, waren die berühmtesten Anstalten und medizinische Zentren der arabischen Welt. Das „Nuri" hatte der humane, um das Wohl seiner Untertanen sehr besorgte Sultan Nur ad-Din Sengi (1146–1174) aus dem Lösegeld eines der fränkischen Könige gebaut, die er aus der Gefangenschaft entlassen hatte. Von hier wiederum holte man für al-Manßur Qalawun, den jungen ägyptischen Heerführer, die Medikamente, als er in der Nähe von Damaskus an Gallenkoliken schwer erkrankt war. Nach seiner Genesung ritt al-Manßur zum Krankenhaus, und seither begleiteten ihn das Bild der Oase des Friedens inmitten der Kämpfe, die Erinnerung an die kühlen und freundlichen Säle mit den Kranken, die hier in weichen Betten liegen durften, und das Gelübde, wenn Gott ihm die Regierung gäbe, einmal genau so ein Haus für die Kranken zu bauen. Als er Sultan geworden war, löste er sein Gelöbnis mit der ihm eigenen herrscherlichen Großzügigkeit ein. Unter ungeheurem Kostenaufwand entstand an der Straße zwischen den beiden Burgen Kairos das Manßuri-Hospital, wahrhaftig ein Palast, ausgestattet mit dem Besten vom Besten, das reichste und fortschrittlichste Krankenhaus der Erde.
Nicht nur Kalifen und Sultane oder vermögende Privatleute, auch Ärzte wie Sinan ben Thabit und Thabit ben Sinan, Sohn und Enkel des berühmten Astronomen Thabit ben Qurra, gründeten Krankenhäuser neben ambulanten Sanitätsstationen, die durch die Dörfer zogen, und Gefängnislazaretten. 923 errichtete der Wesir Ibn al-Furat in Bagdad von seinem Einkommen eine Poliklinik eigens für seine Angestellten, in der sein Personal sich ständig kostenlos ärztlich beraten und behandeln lassen konnte. In Miafarqin rang das Töchterchen des Gouverneurs mit dem Tode. Der unglückliche Vater versprach dem Arzt, der seinen Liebling retten würde, ihm ihr Gewicht in Gold aufzuwiegen. Der Arzt Sahid al-Ulama heilte das Mädchen. Von dem Gold aber solle er ein Krankenhaus bauen, riet er dem Gouverneur, und der dankbare Nassir ad-Din stiftete eine Unsumme Geldes und eine dauernde Rente in Ländereien, aus deren Erträgnissen die Anstalt unterhalten wurde.
Denn die Patienten, arm wie reich, wurden umsonst gepflegt. Die ärztliche Behandlung kostete sie keinen Dirhem. Und gratis erhielten sie Unterkunft, Verpflegung, Arzneien, ja sie bekamen noch Kleidung und Zehrgeld für einen Monat bei ihrer Entlassung dazu.
Woher wurde das alles bezahlt? Mußte die Unterhaltung so großzügig geleiteter Anstalten nicht ins Ungemessene gehen? Das „Manßuri" verschlang jährlich eine Million Dirhem. Sie wurde aus dem stattlichen Grundbesitz bestritten, mit dem die Krankenhäuser bei ihrer Gründung reich versehen wurden.

Die Verwaltung der Landgüter lag in den Händen hoher Würdenträger, auf die der Staat jederzeit ein waches Auge hatte. Und ein Fürst oder Adliger führte als Direktor die Oberaufsicht über die Verwaltung des Hospitals. Der Sultan selbst aber „hielt sich wohlinformiert durch Besichtigungen, Untersuchungen und Befragungen und bestand auf sorgfältiger und beständiger Aufsicht".

Als der Leiter des Adudi-Krankenhauses in Bagdad eines Tages feststellen mußte, daß die regelmäßigen Einkünfte aus den Renten schmal und schmäler geworden waren, schickte der Chefarzt der Anstalt Thabit ben Sinan ben Thabit ben Qurra dem zuständigen Wesir Ali ben Ißa einen schriftlichen Bericht. In diesem Brief stand mit dürren Worten zu lesen, wie hart die Patienten unter der Kürzung von Kohle, Bettdecken, Verpflegung und Arzneien zu leiden hätten. Der menschenfreundliche Wesir und freigebige Gründer eines nach ihm benannten Bagdader Krankenhauses drehte energisch den Briefbogen herum und schrieb auf die Rückseite seinen unverblümten Begleittext an den Rentenverwalter Abu as-Saqr: „Du (Allah sei Dir gnädig!) willst bitte lesen, was in diesem Brief steht, und er ist recht beachtlich. Unter allen Umständen hast Du dem Hospital seinen vollen Anteil zu geben. Schließlich geht es hier um ein Haus für Kranke, die dort Hilfe erwarten, und um die Wohltaten, die von ihm ausgehen sollten. Teile mir mit (Allah sei Dir gnädig!), was der Scherz von der Kürzung des Geldes und dem Rückgang der Lieferungen während der letzten Monate bedeuten soll, besonders jetzt während des Winters bei zunehmender Kälte! Tu alles, was Du kannst, um die Zahlung des Hospitalanteils zu beschleunigen, damit die Patienten mit Dekken, Kleidung und Kohle gewärmt werden und ordentliche Verpflegung, Bedienung und ärztliche Behandlung bekommen können! Laß mich alles wissen, was Du in dieser Sache unternimmst!"

Denn auch die Gehälter der Ärzte, Assistenten, des Pflegepersonals, der Bettmacher und Bettmacherinnen und der Dienerschaft wurden aus den Renten gezahlt. Die Direktoren der Krankenhäuser führten regelrechte Register, die eine Aufstellung aller laufenden Ausgaben enthielten. Aus ihnen kennen wir nicht nur ihre Budgets, wir kennen auch die Höhe ihrer Arztgehälter und der Unkosten für ihre Arzneien und Instrumente.

Aber die ärztliche Oberaufsicht führte der Chefarzt. Er wurde nach gründlicher Prüfung seiner Fähigkeiten unter seinen Arztkollegen ausgewählt. Ehe ar-Rasi seine Chefarztstelle übertragen wurde, hatte er seine Überlegenheit über hundert Mitbewerber beweisen müssen. Jetzt verfügte er über einen Stab von vierundzwanzig Fachärzten – Internisten, Nervenärzten, Chirurgen, Orthopäden und Augenärzten –, die den Stationen vorstanden und sich im Dienst turnusmäßig abwechselten. Aus der Feder des Arztes und Dichters Ußaibiah, der in seiner Vaterstadt Damaskus Medizin studierte, besitzen wir von der täglichen Routine eines Chefarztes einen Augenzeugenbericht, der in unseren Tagen geschrieben sein könnte:

„Abu al-Hakam, der Chefarzt des Nuri-Hospitals von Damaskus, pflegte jeden Morgen seine Visite bei den Patienten zu machen, sich über ihr Befinden zu unterrichten und ihre Wünsche anzuhören. Er wurde von seinen Assistenzärzten und Wärtern begleitet, und alles, was er als Verordnung an Medikamenten und Diät für die Patienten niederschrieb, wurde pünktlich und ohne Verzug ausgeführt. Nachdem er seine Runde beendet hatte, ging er auf die Kasbah, um die unter den höchsten Herrschaften und unter den Regierungsbeamten Erkrankten zu behandeln. Danach kehrte er zum Krankenhaus zurück und pflegte im großen Hörsaal zu sitzen, in den Büchern zu lesen und sich auf seine Vorlesungen vorzubereiten. Nur ad-Din (Gott sei seiner Seele gnädig!) hatte in diesem Hospital eine umfangreiche Bibliothek eingerichtet mit einer großen Sammlung von Büchern und Manuskripten, die in hohen Bücherschränken in der Haupthalle aufgestellt waren. Ärzte und viele Studenten kamen hierher und saßen zu seinen Füßen. Abu al-Hakam unterrichtete die Studenten und diskutierte mit den Ärzten medizinische Themen und interessante Fälle aus seiner Praxis."

Die großen Krankenhäuser waren zugleich die hohen Schulen der Medizin. Was Hippokrates und Galen, was ihre eigenen großen Mediziner gelehrt hatten, das hörten die angehenden Ärzte in den öffentlichen Vorlesungen in den Bogengängen der Moscheen, in privaten, von Ärzten geleiteten Medizinschulen und vor allem in den weiten Kranken- und Hörsälen der Kliniken.

Während die sich selbst genügende Gelehrsamkeit in abendländischen Klosterschulen sich im künstlichen Licht der Studierlampe an schalem Bücherwissen sättigte, wurde hier Wissenschaft von Praktikern vorgetragen. Und nicht – woran die Heilkunst der gebildeten christlichen Kleriker krankte – sterile, knochentrockene Theorie, die im asketischen Dünkel die Berührung mit der blutwarmen Kreatur meiden zu müssen meinte. An den Krankenbetten der arabischen Krankenhäuser konnte Theorie sich ständig prall mit Anschauung, mit Erfahrung füllen, konnte Medizin am menschlichen Körper sinnfällig demonstriert und studiert und konnten die schwierigsten Fälle und ihre Therapie erörtert werden.

Ußaibiah erzählt aus seiner Studienzeit in Damaskus, wie sie als Studenten den Chef bei seiner Krankenvisite begleiteten, wie sie zuzusehen pflegten, wenn er in seiner Sprechstunde in der Klinik die Kranken untersuchte, behandelte und Rezepte ausschrieb, und wie oft sie zuhörten, wenn er sich mit einem berühmten Kollegen beriet, „so daß der Besuch des Krankenhauses für uns von doppeltem Wert war, wenn diese beiden die verschiedenen Fälle und ihre Behandlung in unserer Gegenwart diskutierten“.

An den Krankenbetten wurden die Studenten von Anfang an durch die tägliche klinische Erfahrung mit der ärztlichen Praxis vertraut. So wurde ein Ärztestand herangebildet, wie ihn die Welt noch nie gesehen hatte – und erst in der Neuzeit wiedersehen sollte.

Dieser Ruf wurde durch eine strenge Auslese verteidigt.

Sich als bartloser Jüngling vom Studium Hals über Kopf in die ärztliche Praxis zu stürzen oder gar ohne eine entsprechende Ausbildung Kranke zu behandeln, war Hochstapelei und mit der hohen Aufgabe des Arztes unvereinbar. Die Dozenten pflegten den Studierenden zwar schriftliche Testate über den Besuch ihrer Vorlesungen auszustellen und die venia legendi, die Erlaubnis zum Unterrichten, durch besondere Lizenz zu erteilen. Aber um in der Praxis alle Art von Kurpfuscherei oder billigem Halbwissen auszuschließen, mußte der Arzt, der sich niederlassen wollte, einen amtlichen Befähigungsnachweis erbringen. Das war kalifisches Gesetz im Osten des Reiches wie allerhöchste Verordnung der Herrscher in Spanien. In Bagdad hatte es begonnen.

Im Jahre 931 hatte der Kalif al-Muktadir erfahren, es sei durch einen Bagdader Arzt ein Kunstfehler gemacht worden, der den Tod des Patienten zur Folge hatte. Er befahl, daß hinfort alle Ärzte, ausgenommen diejenigen, die im Dienste der Regierung standen, geprüft und durch einen Praktizierschein approbiert werden sollten. Er setzte eine Ärztekammer ein, ernannte Sinan ben Thabit zu ihrem Vorsitzenden und befahl ihm, jeden einzelnen Arzt nur zur Ausübung jenes Zweiges der Heilkunde zuzulassen, den er verstand und beherrschte. Die Zahl der Ärzte in Bagdad allein betrug damals 860, die beamteten Regierungsärzte nicht mitgerechnet – zur gleichen Zeit, als im ganzen Rheingau nicht ein einziger Arzt gefunden wurde!

Zweihundert Jahre nach Sinan, im 12. Jahrhundert, war Ibn at-Talmith (gest. 1164) Vorsteher der Ärzte von Bagdad. Und ihm passierte bei seinen Prüfungen folgende köstliche Geschichte, die mit einigen Variationen auch von Sinan erzählt wird.

Unter denen, die sich zur Prüfung einfanden, war auch ein weißhaariger, würdiger alter Scheich, der nur geringe praktische Kenntnisse in den einfachen Behandlungsarten besaß, aber kein wirklich medizinisches Wissen. Jemand hatte ihn auf dem Lande entdeckt und, daß er noch keine Zulassung besaß. Als die Reihe an ihn kam, fragte Ibn at-Talmith: „Warum beteiligt sich der ehrwürdige Scheich nicht an der Diskussion, damit wir erfahren können, über was für medizinische Kenntnisse er verfügt?"

„Wie?" fragte der Scheich und wölbte die Hand hinter dem Ohr. „Hat da jemand was gesagt, was ich nicht verstanden habe, wie mir das schon öfter gegangen ist?"

„Wer war dein Lehrer in dieser Kunst?" fragte Ibn at-Talmith jetzt mit erhobener Stimme.

„Wenn ein Mann mein Alter erreicht, mein Herr, ist es höflich, ihn zu fragen: Wieviel Studenten hast du und wer ist der berühmteste unter ihnen? Meine Lehrer sind schon alle lange tot."

„Es ist leider so üblich, diese Frage zu stellen, und wir haben uns dabei nichts Böses gedacht", entschuldigte sich Ibn at-Talmith zuvorkommend. „Jedoch sage mir, o verehrungswürdiger Scheich, welche medizinischen Bücher und Manuskripte hast du gelesen?"

„Gelobt sei der Allmächtige! Wir sind auf die kindische Stufe gekommen, wo man einen Mann wie mich fragt: welche Bücher hast du gelesen?! Es wäre passender, mein Herr, in meinem Alter zu fragen: welche Bücher und welche Artikel hast du geschrieben?! Ich sehe, daß ich mich bei dir erst einmal einführen muß." Damit trat er an Ibn at-Talmith heran und flüsterte ihm zu: „Ich bin ein alter Mann mit einer großen Familie und bin immer als Arzt bekannt gewesen. Alles, was ich kenne, sind ein paar einfache und praktische Mittel, durch die ich den Lebensunterhalt für meine Familie verdiene. Bitte, stell mich vor diesen Leuten nicht bloß!"

Ibn at-Talmith flüsterte zurück:

„Unter der einen Bedingung, daß du nicht einen Fall behandelst, von dem du nichts verstehst, und daß du nicht zum Abführen oder zu einem Aderlaß rätst außer in einfachen Fällen."

„Das ist mein Prinzip schon immer gewesen!" beteuerte der Scheich eifrig. „Mein Lebtag bin ich über Zuckerkand und Rosenwasser nicht hinausgegangen."

Da sagte Ibn at-Talmith so, daß alle es hören konnten:

„Entschuldige uns, o Scheich, jetzt kennen wir dich gut. Du kannst in deiner Praxis fortfahren." Er wandte sich ab und, während der Alte davonschritt, dem nächsten der wartenden Kandidaten zu:

„Wer war dein Lehrer?"

„Der Scheich, den ihr eben geprüft habt, mein Herr", antwortete der Kandidat.

Ibn at-Talmith lachte, daß ihm das Wasser in die Augen trat. „Ein wakkerer Scheich", sagte er, als er sich beruhigt hatte. „Und du befolgst seine Methode?"

Der Kandidat bejahte. Da sagte Ibn at-Talmith:
„Überschreite sie niemals!“ und fuhr in seiner Prüfung fort.

Die eigenen Grenzen abzustecken und das Feld nicht zu überschreiten, hieß die Forderung, aus der die ersten Facharztprüfungen entstanden. So wurde ein Chirurg geprüft, ob er die Anatomie und Chirurgie des Paulus von Aegina oder die des Ali ben al-Abbas studiert und sich in der Behandlung von Brüchen und Verrenkungen, in der Beseitigung von Steinen und Mandeln, im Stechen des Stars, in der Öffnung von Geschwüren, im Amputieren und Trepanieren auskenne.
Und dies ist das Diplom eines arabischen Facharztes für die kleine Chirurgie: „... nach der Bitte um Gottes Führung wollen wir ihn ermächtigen, auszuüben, was er von der Kunst der Chirurgie beherrscht, um erfolgreich und glücklich in seiner Arbeit zu sein. Er kann daher Wunden behandeln, bis sie heilen, zur Ader lassen, Hämorrhoiden schneiden, Zähne ziehen, Wunden nähen und Säuglinge beschneiden ... Weiterhin soll er aber mit den Vorgesetzten beraten und mit seinen erfahrenen und geübten Lehrern.“
Die Konsilien der Ärzte, die bei komplizierten Fällen abgehalten wurden, waren ein weiteres Ventil, um Kunstfehler möglichst zu verhüten und die Zuverlässigkeit der Diagnose und Therapie hinaufzuschrauben. Der älteste fachärztliche Berater führte als Sprecher den Vorsitz, der jüngste das Protokoll.

Auch bei größeren Operationen assistiert ein Arzt dem anderen wie heutigentags bei uns. Einer befeuchtet den mit Haschisch, Bilsenkraut und Wicken imprägnierten Narkoseschwamm und hält ihn vor die Nase des Patienten. Einer beobachtet den Puls. Der dritte nimmt den Eingriff vor. Mit äußerster Behutsamkeit wird der Schnitt geführt, nicht zu groß, nicht zu tief. Ein Assistent hält mit feinen Haken die Haut zurück. „Jetzt schneide langsam und sanft, um die Geschwulst vom umgebenden Gewebe zu lösen. Achte darauf, daß du nicht ein Gefäß verletzt oder einen Nerv durchtrennst. Wenn eine Ader getroffen ist, binde sie sorgfältig ab, daß nicht die Blutung das Operationsfeld verberge und dich hindere, genau und sorgfältig zu arbeiten. Wenn die Geschwulst herausgeschält ist, lege den Finger hinein und fühle, ob noch kleine Teile zurückgeblieben sind. Dann entferne sie vorsichtig. Ist die ganze Geschwulst herausgenommen, so füge die Haut zusammen (überflüssige Haut kürze ein wenig) und lege die Naht mit den Sehnen einer Katze.“ So lehrt Ali ben al-Abbas.
Bei Krebs aber – „Medizinen helfen hier selten“ – „mußt du das ganze

Gewächs aus dem Organ entfernen, indem du in einigem Abstand um die Krebsgeschwulst herumschneidest, so daß keine seiner Wurzeln zurückbleiben kann". Ein weingetränktes Tuch soll die frische Wunde verschließen, damit eine Sepsis verhütet werde.

Peinliche Sorgfalt muß natürlich schon bei der Untersuchung beginnen. Dabei wird nicht das schmerzende Organ allein, dabei wird der ganze Mensch in Augenschein genommen. Welche Beschwerden hast du, wie lebst du, was sind deine Gewohnheiten, was für Krankheiten hast du früher gehabt und welche Leiden gibt es in deiner Familie? All dies wird aufgezeichnet.

Fragen über Fragen, die ganz modern anmuten, stellt der Arzt dem Patienten, während er ihn sich näher betrachtet, das Gesicht, die Farbe und den Zustand der Haut, der Haare, die Tiefe des Atems und sich ein Bild von der Persönlichkeit des Kranken macht, von seiner Konstitution, seinem Temperament. „Erkunde die geistige Verfassung des Patienten. Frage ihn nach verschiedenen Dingen und finde heraus, ob er verständig antwortet oder nicht. Befiehl ihm, bestimmte Dinge zu tun, um seine geistige Kapazität und seinen Gehorsam zu prüfen (und ob du dich auf Einhaltung deiner Verordnungen verlassen kannst). Finde heraus, in welche Richtung sein Charakter tendiert, sieh, was ihn anreizt, was ihn niederdrückt." Sehr viel individueller, sehr viel „ganzheitlicher" als Ibn Ridwan, der wegen seiner Häßlichkeit berühmte Vorsteher der Kairiner Ärzteschaft, wird auch heute ein Arzt kaum seinen Patienten erforschen. „Prüfe, indem du aus einiger Entfernung flüsterst, den Zustand der Ohren, indem du den Patienten auf entfernte und nahe Gegenstände blicken läßt, den Zustand der Augen; prüfe die Zunge. Prüfe die Kraft des Patienten, indem du ihn Gewichte tragen und ihn Gegenstände greifen und zusammenpressen läßt. Beobachte seine Bewegungen, indem du ihn veranlaßt, hin und her zu gehen. Finde den Zustand seines Herzens heraus, indem du sorgfältig den Puls beobachtest. Laß den Patienten sich auf den Rücken legen und Arme und Beine ausstrecken, um dich von der Verfassung seiner Muskeln zu überzeugen. Stelle den Zustand der Leber und Nieren durch Betasten fest und durch sorgfältige Untersuchung des Urins und des Stuhls."

Es ist erstaunlich, was alles arabische Ärzte am Puls beobachteten und was ihnen der Urin „von den geheimsten Dingen" verriet.

„Hat wohl der Kranke außer Ibn Qurra einen Arzt nächst Gott?" begann der Dichter Abu 'l-Hassan as-Seri ar-Rassa sein Preisgedicht auf Ibrahim ben Thabit ben Qurra, einen der reichbegabten Söhne des Astronomen und ausgezeichneten Arzt, der ihn von einer Herzbeutelentzündung geheilt hatte:

„Er wußte sogleich, als ich ihm mein Uringlas gereicht,
Was sich zwischen Rippen und Pericardium verbirgt.
Ihm erscheint die verborgene Krankheit, wie dem Auge sich zeigt
Ein falsches Rot, in den bunten Teppich gewirkt."

Empfindlichste Sorgfalt auch hier. „Wir sollten den Hinweisen nicht trauen", rät Ibn Sina, „die wir durch die Untersuchung des Urins erhalten, es sei denn unter ganz bestimmten Bedingungen: der Urin muß der erste Urin am Morgen sein und sollte nicht längere Zeit gestanden haben oder gar während der Nacht. Der Patient sollte nicht so viel Wasser getrunken haben, noch etwas gegessen, was einen färbenden Stoff enthält wie Safran oder Granatäpfel . . . er sollte nicht Bewegungen oder Handlungen ausführen, die außerhalb seiner üblichen Lebensweise liegen wie Fasten, Spätaufstehen, übermäßige körperliche Anstregung, weil sie wie übrigens auch Hunger und Ärger den Urin beeinflussen können. Geschlechtlicher Verkehr trübt den Urin, und Übelkeit und Erbrechen können seine Farbe und Beschaffenheit verfälschen . . . Die Indikationen aber, die man aus dem Urin erhält, hängen von seiner Farbe ab, von seiner Konsistenz, seiner Klarheit oder Trübung, von seinem Bodensatz, seiner Menge, von seinem Geruch und Schaum."

Die geringste Abweichung vom Normalen, die kleinste Veränderung im Befund wurde beachtet – und notiert. Denn das flüchtige Gespräch, die brüchige Kette der Beobachtungen schwarz auf weiß verfestigt und zu den Akten genommen, daran war später nicht zu deuteln. In den Krankenhäusern führte man sorgfältig Protokoll: über die Untersuchung, die Diagnose, die einzelnen Verordnungen und ihre Wirkung, über die Entwicklung des ganzen Falls, kurz – regelrechte Krankengeschichten.

Aus solchen Protokollen, den Krankengeschichten von Patienten der großen Krankenhäuser Bagdads und des in den Bergen gelegenen Raj aus dem ersten Viertel des zehnten Jahrhunderts, entstand ein medizinisches Kolossalwerk, das durch Hunderte von Jahren der europäischen Ärzteschaft als Lehrbuch diente – ein Archiv gebündelter Erfahrung, für den eigenen Gebrauch und den Unterricht seiner Studenten angelegt von „dem größten Arzt des Mittelalters" und „einem der größten Ärzte aller Zeiten".

EINER DER GRÖSSTEN ÄRZTE ALLER ZEITEN

Vor sechshundert Jahren besaß die Pariser Medizinische Fakultät die kleinste Bibliothek der Welt. Sie bestand aus einem Titel. Und diese Schrift war das Werk eines Arabers.

Es war so kostbar, daß noch Seine Allerchristlichste Majestät König Ludwig XI. zwölf Mark in Silber und hundert Taler in Gold hinterlegen mußte, als er sich diesen Schatz auslieh, damit seine Leibärzte jederzeit eine Kopie als Nachschlagewerk bei möglichen Attacken auf die Allerhöchste Gesundheit zu Rate zu ziehen vermöchten.

Dieses Werk, das den ganzen Bestand der Bibliothek ausmachte, umfaßte aber auch die Fülle des gesamten medizinischen Wissens seit den frühesten Griechen – bis zum Jahre 925 n. Chr. Und da die folgenden vierhundert Jahre hierzuland so gut wie nichts dazu beigetragen hatten, wog dieser eine mächtige, strotzende Gigant aus der Feder des Arabers tausendfach die bescheidenen, dünnbrüstigen Schriften sämtlicher klösterlichen Bibliotheken auf.

Wie sehr die Pariser ihren Schatz zu würdigen wußten, beweist das Denkmal, das sie dem Andenken seines Autors im Auditorium maximum ihrer Medizinschule gewidmet haben. Heute haben die Studenten der École de Médecine täglich sein Bild und das eines anderen Arabers vor Augen, wenn sie sich in dem großen Hörsaal am Boulevard St. Germain des Prés versammeln.

Rhases nannte ihn das Abendland. Die Araber nannten ihn ar-Rasi. Sein eigentlicher Name war Abu Bekr Muhammed ben Sakerija. In der Mitte des neunten Jahrhunderts, als im Abendland die Enkel Karls des Großen das Karolingische Reich aufteilen, wurde er zu Raj in Choraßan, ein wenig östlich vom heutigen Teheran, geboren. Blondhaarige Skythen lebten in der Bergfeste. Die „Rotfüchse von Raj" hießen sie bei den Arabern. Und ein großer, blonder Skythe war auch ar-Rasi.

Als Knabe ragte er nicht über andere begabte Altersgenossen hinaus. Er beschäftigte sich wie sie mit philologischen, philosophischen und mathematischen Studien, und nichts deutete daraufhin, daß er zu Größerem geboren war. In der Musik allenfalls entwickelte er einige Begabung. Als Sänger und Zitherspieler brachte er es zu bescheidenem, lokalem Ruhm, während er durch Wechselgeschäfte seinen Unterhalt verdiente. Dies Leben hielt er bis zu seinem dreißigsten Lebensjahr aus. Unbefriedigt von dem ständigen Leerlauf und hungernd nach einer ehrenvolleren Erfüllung kehrte er Wechselstube und Vaterstadt den Rücken und machte sich wie so viele vor ihm auf nach der Stadt des Heils, Bagdad, der Schicksalsstadt aller Glückssucher. Sie wurde auch ihm zum Schicksal.

Mit seinem unverbrauchten Eifer stürzt er sich in das Studium der Medizin. Bei einem Schüler Hunains ben Ischaq, des Chefübersetzers der Benu Mußa und mehrerer Kalifen, lernt er die griechische, persische und indische und die junge arabische Heilkunde kennen. Nach gründlicher Ausbildung und mit vorzüglichen Kenntnissen ausgestattet kehrt er nach

Raj zurück als Direktor des dortigen Krankenhauses. Aber nicht für lange, dann bewirbt er sich um die Stelle des Chefarztes am großen Krankenhaus in der Anderthalbmillionen-Hauptstadt. Unter hundert Anwärtern fällt die Wahl auf ihn. Dazu öffnen sich ihm als Leibarzt die Tore des Kalifenpalastes.

Ein ungewöhnlicher Ruf als Arzt und Lehrer zieht Schüler aus allen Ecken des Reiches an. Ein Schweif von Studenten und Ärzten, die von seinen vielseitigen Kenntnissen und Erfahrungen hinzuzulernen hoffen, folgt ihm, wenn er seine tägliche Runde durchs Krankenhaus macht. Seine Vorlesungen und Kliniken sind übervölkert „mit seinen Studenten, deren Studenten und anderen". Noch nie hat es so etwas gegeben. Er ist die höchste Autorität in allen Zweifelsfällen und die letzte Hoffnung in ausweglosen Leiden. Er wird von weither gesucht als unfehlbarer Diagnostiker.

So erzählt man sich noch zweihundert Jahre später zu Ußaibiahs Zeiten: In größter Erregung kommt eines Tages zu ar-Rasi ein Jüngling, der auf seiner Reise angefangen hat, Blut zu spucken. Vertrauensvoll, wenn auch tief beunruhigt weist er dem Arzt den Auswurf vor und schildert ihm seine Symptome. Ar-Rasi untersucht ihn gründlich. Aber er kann kein Anzeichen dafür finden, daß etwa eine Lungenschwindsucht oder gar ein Krebsgeschwür im Spiel sein könne; aber ein anderer Befund liegt auch nicht vor. Ar-Rasi bittet den jungen Mann, sich etwas zu gedulden, damit er den ganzen Fall noch einmal in Ruhe überdenken könne. Da fängt der Patient zu schreien an und zu jammern. „Wenn der tüchtigste Arzt der Welt nicht feststellen kann, was mir fehlt, dann werden bald die Klageweiber an mir verdienen können!"

Ar-Rasi wendet den Fall hin und her. „Was für Wasser hast du auf deiner Reise getrunken?" fragt er schließlich. „Ich habe hier und dort Wasser aus Brunnen oder aus Sümpfen geschöpft." „Dann wirst du einen Blutegel verschluckt haben, der sich in deinem Magen festgesaugt hat. Komm morgen wieder, damit ich die notwendige Kur durchführen kann, aber befiehl deinen Dienern, daß sie sich nach meinen Anordnungen richten."

Am nächsten Morgen bringen die Diener dem Arzt einen großen Haufen Moos, und ar-Rasi nötigt seinen noch nüchternen Patienten, nur immer munter zuzugreifen. So lange fährt er fort, seinen Gast mit der grünen Kost zu füttern, bis der es schon im Halse zu spüren meint; dann läßt er ihn alles wieder erbrechen. Mit dem verspeisten Moos kommt auch ein Blutegel ans Tageslicht. Solcherweise erleichtert und, weil kein Klageweib sein frühes Ende zu beweinen braucht, preist er überschwänglich, wohin er kommt, die diagnostische Treffsicherheit des „Fürsten der Ärzte", des „Hippokrates der Araber", des „Heilers der Gläubigen".

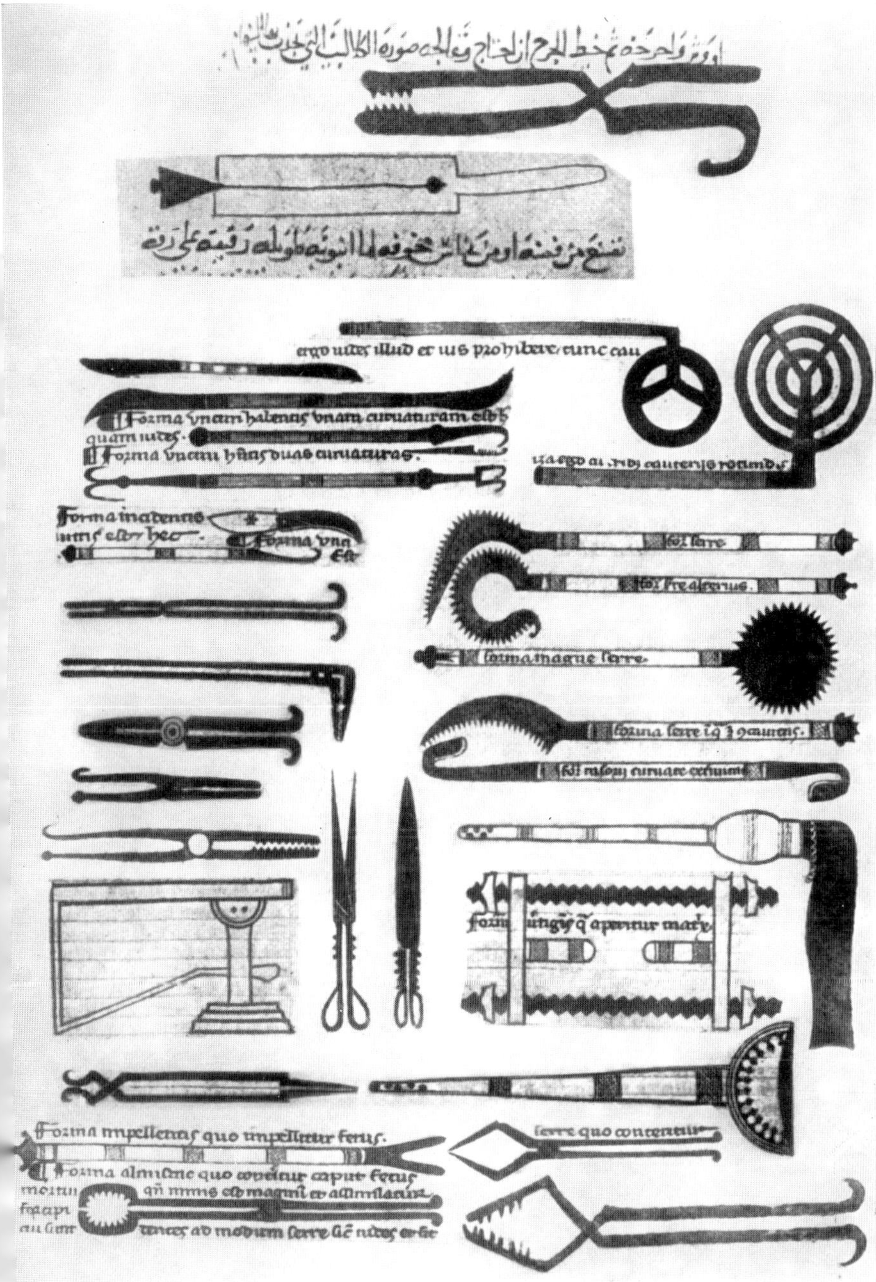

Der Stern der arabischen Chirurgie Abulkasis gab den abendländischen Chirurgen die so dringend benötigten Operationsbestecke

Ar-Rasi besitzt ein medizinisches Wissen wie kein Arzt seit den Tagen des Galenos. Unermüdlich erweitert er seine Kenntnisse. Nicht nur am Krankenbett und in den Nächten, über Bücher und chemische Experimente gebeugt, wenn seine Kranken schlafen. Er unternimmt weite Reisen zu Studienzwecken. Er tritt zu den ersten Gelehrten seiner Zeit in Beziehung. Er pflanzt seinen Schülern eine hohe ethische Auffassung vom Beruf des Arztes ein und kämpft gegen alle Scharlatanerie in Schrift und Wort. Aus dem Jüngling, der in der Musik und in Wechselgeschäften zu Hause gewesen war, ist ein begnadeter Arzt geworden, der hochgeachtete Günstling der Fürsten, der Liebling des Volkes und der Abgott der Armen, die er nach der Heilung mit seinem Geld zu unterstützen pflegt, während er selbst anspruchslos, beinahe dürftig lebt.
Doch völlig verarmt ist er 925 gestorben. Seine schrankenlose Freigebigkeit hat schließlich ihn selbst an den Bettelstab geliefert. Und die Rachsucht neiderfüllter Kollegen, die kaum nach einem Vorwand gegen den religiös und politisch freidenkerischen Philosophen zu suchen brauchten, hatte ihn längst aus Bagdad und schließlich auch in Raj aus allen Stellungen vertrieben.
Chadidscha, die Schwester, nimmt den völlig Mittellosen und Hilflosen zu sich in ihr Haus. So reich, so glanzvoll der Mittag seines Lebens gewesen ist, so düster und trostlos neigt sich sein Lebensabend: ar-Rasi, der Tausenden geholfen hat, erblindet. Der Peitschenschlag, mit dem ihm der jähzornige und grausame Beherrscher von Choraßan, al-Manßur ibn Ischaq, die mißlungene Vorführung chemischer Experimente gelohnt hat, löscht langsam sein Augenlicht aus.
„Wieviel Häute hat das Auge?“ examiniert ar-Rasi den Augenarzt, der ihn operieren soll. Der stottert verlegen. „Wer das nicht weiß, soll auch kein Instrument an meine Augen bringen.“ Trotz aller Vorstellungen, daß die Operation ihm die Sehkraft wiedergeben könne, verharrt er in seiner Ablehnung. „Ich habe so viel von der Welt gesehen, daß ich ihrer überdrüssig bin.“
Schon eilt sein Geist der Seele voraus, und die toten Augen schauen, was seine Feder zu Papier bringt:

Ein Tag wird sein,
an dem ich nicht mehr bin,
da aus dem Lehm empor
sich meine Seele schwingt.
Zu welchen Himmeln,
welchen Küsten hin?
Wo ist – o Seele, sag –
die Heimstatt, die dir winkt?

Die Ernte dieses von unermüdlicher Arbeit erfüllten Lebens ist gewaltig. Chadidscha zählt nicht weniger als zweihundertdreißig größere Werke, Monographien und kleinere Abhandlungen. Werke nicht nur medizinischen oder chemischen Inhalts – fast die Hälfte handelt von theologischen, philosophischen, astronomischen, physikalischen und mathematischen Themen.

Da gibt es Titel wie „Die Ursache, weshalb ein Magnet Eisen anzieht" mit einer Abhandlung über den leeren Raum; ein „Buch über die Gestalt der Welt" mit dem Beweis, daß die Erde sich um zwei Achsen drehe und die Sonne größer, der Mond kleiner als die Erde sei; eine „Kritik der Religionen" und die „Göttliche Wissenschaft", in der ar-Rasi ein Kabinett von fünf göttlichen Prinzipien als Lenker der Welt annimmt – welche Häresie gegenüber dem Islam! – und ein Werk, das eine religionsfreie Moral verkündet und lehrt, das Leben mutig zu bestehen und sich weder durch Versprechungen auf ein Jenseits noch durch Drohungen beirren zu lassen, denn wie die Vernunft und die Wissenschaft beweisen, gebe es ein Leben nach dem Tode nicht. Da finden sich Koch- und Einmachbücher und lyrische Gedichte.

Und neben diesen Bergen von Handschriften steht eine Truhe, bis zum Rand mit Bündeln von Notizen gefüllt.

Die Frau nimmt einen Zettel heraus. „Abdallah ibn Sawadah", liest sie, „litt an Anfällen von Wechselfieber, die sich manchmal alle sechs Tage einstellten, manchmal jeden zweiten Tag, manchmal jeden vierten und manchmal jeden Tag. Diese Anfälle waren von einem leichten Schüttelfrost begleitet, und er pflegte häufig zu urinieren. Ich äußerte die Meinung, daß seine Unpäßlichkeit entweder von einer Malaria herrühre oder daß sich ein Abszeß an der Niere gebildet haben müsse. Nach einiger Zeit fand sich Eiter im Urin des Patienten. Darauf erklärte ich ihm, das Fieber werde nicht wiederkehren, und so war es. Was mich anfangs gehindert hatte, mit Bestimmtheit einen Nierenabszeß zu diagnostizieren, war, daß der Patient vorher an diesem Wechselfieber gelitten hatte. Dadurch war meine Meinung, daß dieses gemischte Fieber durch entzündliche Prozesse verursacht sein könne, gut begründet. Außerdem klagte der Kranke mir gegenüber nicht über ein Schweregefühl in den Lenden beim Stehen, als hinge ein Gewicht daran, und ich hatte versäumt ihn danach zu fragen. Die Häufigkeit des Urinierens würde meinen Verdacht auf einen Nierenabszeß bestärkt haben, wenn ich darüber unterrichtet gewesen wäre, daß schon sein Vater an Blasenschwäche litt und diesen Beschwerden unterworfen war und daß der Patient selbst schon in gesunden Tagen damit zu tun hatte. Es ist daher unsere Pflicht, jeden Mangel an Sorgfalt mit der höchstmöglichen Vorsicht zu vermeiden – so

Allah will! Als der Patient den Eiter im Urin entleerte, verordnete ich ihm Diuretica, bis der Harn frei von Eiter war. Danach verschrieb ich ihm Tonerde, Weihrauch und ..."
Hier endet der Zettel. Chadidscha greift nach dem nächsten. „Abu Bekr ben Hilal klagte über Schmerzen in der Magengegend ..." – „Muhammed ben Ißa wurde mit einer Hüftgelenkentzündung eingeliefert ..." Sinnlos, das durchzusehen oder gar ordnen zu wollen.
Lange Jahre bleibt die Truhe geschlossen. Dann kommt Ibn al-Amid, der Wesir des Sultans, nach Raj und in das Haus, in dem der berühmte Arzt gestorben ist. Er zählt Chadidscha eine hohe Summe Geldes in die Hand und nimmt die ganze Truhe mit. Er versammelt die Ärzte der Stadt, die ar-Rasis Schüler gewesen sind. Ihnen erteilt er den Auftrag, die Papierbündel zu sichten und, zu einem brauchbaren Handbuch geordnet, herauszugeben.
Das Ergebnis nennen sie „al-Hawi", das „Behältnis der Medizin"; im Abendland „Continens" genannt. Es ist ein Werk aus dreißig Bänden geworden, eine vollständige Enzyklopädie der Heilkunde von Hippokrates bis zur Gegenwart. Welch unheimliches Wissen hat dieser Mann besessen! Alle heilkundlichen Werke, die ihm erreichbar waren, hat ar-Rasi gelesen und wörtliche Auszüge aus der griechischen, hellenistischen, indischen, persischen, syrischen und arabischen Literatur mit genauesten Quellenangaben zu jedem einzelnen Krankheitsfall angelegt, der ihn in seiner Praxis beschäftigt hat. Über jeden von ihnen aber hat er außerdem seine eigenen Ansichten und seine eigenen Erfahrungen aufgezeichnet, in der Absicht, an Hand dieser Exzerpte und Konzepte das umfassende Buch der Medizin zu schreiben, das sein Lebenswerk krönen sollte. Und nur sein Erblinden und der Tod haben ihn an der Ausführung gehindert.
Unter den Händen seiner Schüler aber ist ein unebenmäßig bearbeiteter, ungefüger Koloß entstanden, nicht vergleichbar der feinen Architektonik und logischen Bündigkeit der anderen Werke des Meisters.
Noch verbreiteter, noch häufiger übersetzt und gedruckt als dieser Gigant wurden daher seine zwei anderen Handbücher der Medizin, systematische Beschreibungen der Krankheiten von Kopf bis Fuß, ihrer Symptome, ihres klinischen Verlaufs und ihrer Therapie: der dem Statthalter von Choraßan in glücklichen Zeiten gewidmete Liber medicinalis ad Almansorem, kurz Liber Almansoris genannt, und der Liber pretiosus.
Beliebt auch seine „Heilungen in einer Stunde", auf Ersuchen des Wesirs Abu 'l-Qasim ibn Abdallah nach einer Diskussion über die Dauer von Krankenbehandlungen niedergeschrieben. „Einige der anwesenden Ärzte erklärten, die Behandlung einer Krankheit bedürfe so langer Zeit wie ihre Entstehung", erzählt ar-Rasi von der Versammlung. „Das taten sie

nur in der Absicht dem Patienten möglichst viel Besuche anzurechnen und höhere Honorare fordern zu können. Der Wesir war überrascht, von mir zu hören, daß einige Krankheiten in einer Stunde geheilt werden können, und bat mich, ein Buch darüber zu schreiben. Hier ist das Buch."

Sehr populär wird auch sein „Buch für jene, die keinen Arzt in der Nähe haben" – das erste Gesundheitslexikon für den Hausgebrauch, das die einzelnen Krankheiten genau beschreibt und ihre Behandlung durch Mittel nennt, die allerorts zu haben sind, und solche, die sich in jeder Küche und jedem Haushalt finden.

Dauernden Ruhm aber erwirbt sich seine auch formal vorbildliche Monographie „Über die Blattern und Masern". Hier war Neuland. Hier konnte der Kliniker sich erproben, konnte ar-Rasi im Buch der Natur selbst forschen und unbefangen von dogmatischen Vorurteilen und theoretischen Spekulationen sich seinem eigenen Blick und seinen Erfahrungen vertrauen. Seit vielen Jahrhunderten hatte es so etwas nicht mehr gegeben: das ganz selbständig und blitzsauber der Natur abgezeichnete Krankheitsbild samt den allein aus ihm abgeleiteten therapeutischen Maßnahmen. Ein kleines Meisterwerk seiner Art, vom Abendland zwischen 1498 und 1866 allein über vierzigmal gedruckt. Ihm schließen sich rühmlich weitere Spezialuntersuchungen an, über Gelenkrheumatismus, Stein-, Blasen- und Nierenleiden und über Kinderkrankheiten.

Dabei achtet ar-Rasi auf die Wärme-, Wind- und Feuchtigkeitsverhältnisse der Landesgegend, auf die hygienische Einrichtung der Wohnhäuser, ihre Ausstattung mit Bädern. Er sorgt für gesunde Luft durch Ausräuchern schlechter Gerüche und für die Lüftung der Krankenzimmer, für die angemessene Temperatur, für einwandfreies Trinkwasser und häufige Waschungen – ein in den Augen der Kirchenväter höchst verwerfliches Laster und darum im christlichen Mittelalter vor den Kreuzzügen als Ausschweifung und Unkeuschheit ebenso verpönt wie Leibesübungen und Gymnastik. Und er fahndet durch seine Diener nach der gesündesten Lage für die Unterbringung Kranker.

Er bevorzugt stets die pflanzlichen Heilmittel, wie die Natur sie liefert, bevor er nach chemischen Drogen greift. Er verfaßt Diät- und Kochbücher. Er gibt Ratschläge für die gesündeste Zubereitung von Speisen. Vor dem Kochen getrockneter Bohnen soll man das Quellwasser wieder abschütten, damit das Gericht nicht Blähungen hervorrufe. Er gibt Kochrezepte und Anleitungen zum Einmachen von Spargeln, Auberginen, Zwiebeln, Gürkchen und spanischem Pfeffer in Essig. Er erteilt ausgiebige Ratschläge, wie Orangen-, Mirabellen-, Rosen-, Zedrat- und Aprikosenmarmelade am besten einzukochen sei. „Wo du durch Nahrungsmittel heilen kannst", rät er dem angehenden Arzt, „da verordne keine Arzneien, und wo einfache Mittel ausreichen, da nimm keine zusammengesetzten."

Wo er aber neue Medikamente verschreibt, da erprobt er sie zuvor: am Tierexperiment studiert er die Wirkung chemischer Stoffe auf den Organismus. „Was reines Quecksilber betrifft, so glaube ich nicht, daß es sehr schädlich ist", verharmlost er zwar zu Unrecht. „Es ruft heftige Schmerzen im Unterleib und in den Eingeweiden hervor, aber hinterher verläßt es den Körper, wie es hineingekommen ist, besonders wenn die Versuchsperson sich Bewegung macht. Ich gab es einem Affen, den ich in meinem Hause hatte, und es kam, wie ich beschrieben habe. Ich stellte fest, daß er sich hin und her drehte, seine Zähne fletschte und die Hände auf den Leib preßte. Kalomel (Quecksilberchlorür) und besonders Sublimat (Quecksilberchlorid) dagegen sind sehr gefährliche und sehr aktive Gifte. Sie verursachen sehr scharfe Unterleibsschmerzen, Koliken und blutigen Stuhl. Der Quecksilberdampf ruft sogar Lähmungen hervor ..."

Ar-Rasi war nicht nur ein großer Arzt, er war auch einer der ersten wirklichen Chemiker. Er war der nüchterne Wissenschaftler, der das mystische Brimborium der Alchemisten, die Goldmacherkunst, in den Tiegel warf und mit Hilfe des echten, methodisch veranstalteten Experiments die Chemie, die von mystischen Elementen gereinigte Naturwissenschaft von den Grundstoffen und ihren Verbindungen, herausdestillierte. Er war aber auch der erste, der die Chemie in den Dienst der Medizin gestellt hat.

Im Volke aber, das die Geldzuwendungen und reichen Unterstützungen von dem gütigen, hilfreichen Mann empfing, ging die Sage, er habe den Stein der Weisen gefunden, mit dem er aus einfachen Metallen Gold machen könne. Seine Teller, Töpfe und Pfannen seien aus reinem Golde, so daß sein Essen in goldenen Schüsseln gekocht und auf goldenen Platten gereicht werde.

Als Arzt aus innerer Berufung, der er war, hat er sich auch für die Ethik des Ärztestandes verantwortlich gefühlt. Prüfungen und staatliche Approbationen wurden erst sechs Jahre nach seinem Tode eingeführt. Aber nicht am wenigsten sein Aufklärungsfeldzug gegen die Pfuscher und Scharlatane in der Medizin hat die Dringlichkeit einer reinlichen Scheidung zwischen kurpfuschenden Geschäftemachern und wahrhaften Ärzten vor aller Augen geführt und die Anforderungen an die Ausbildung des Nachwuchses verschärft.

Hatte er nicht schon von jeher seine Studenten vor einer Überschätzung der ärztlichen Prognose durch die aus den Zeiten der Griechen übliche und beliebte Harnschau gewarnt? Hier kämpft er mit dem vollen Einsatz psychologischer Argumente gegen die gewerbsmäßigen Betrüger, gegen die, die behaupten, allein aus dem Uringlas des Patienten gesamte Vergangenheit und Zukunft erkennen zu können. Gegen diese Burschen, die die Unverfrorenheit besaßen, für ihre Zwecke sogar Spione zu mieten, die vorher die Verhältnisse des Kranken auszukundschaften und ihrem Auftraggeber heimlich ihre Berichte zuzustecken hatten. Je weniger Fragen so ein Gauner bei seiner „Untersuchung" stellt, desto größer pflegt das Vertrauen der dummgläubigen Masse in seine übernatürlichen Fähigkeiten zu sein.

„Als ich die Heilkunst auszuüben begann", erzählt ar-Rasi sehr amüsant, „hatte ich mir vorgenommen, nichts zu fragen, nachdem man mir den Urin gegeben hatte, und ich war sehr geehrt. Später, als man sah, daß ich ausführlich Fragen stellte, sank mein Ansehen merklich. Man gab mir das unumwunden zu verstehen: ‚Wir denken, wenn du den Urin siehst, wirst du uns alles verkünden, was uns treffen wird. Wir merken aber das Gegenteil.' Umsonst bedeutete ich ihnen, daß dies außerhalb der Möglichkeiten der Arzneikunst liege und sie offenbar durch das Geschwätz der Scharlatane bereits verführt seien. Wenn auch der Arzt aus den Symptomen vieles erkennen kann, was ihm der Kranke nicht mitteilt, so wird er es doch niemals so weit treiben wie jene, die sagen: ‚Wer diesen Urin gelassen, schlief gestern bei einer alten Frau' oder: ‚der hat auf der rechten Seite gelegen, und zwar so und so viel Stunden der Nacht' und dergleichen Blödsinn ... – Das Publikum verlangt auch, daß der Arzt im Augenblick wie ein Zauberer heile, denn nur die sichtbare und plötzliche Wirkung macht Eindruck, und wenig hält es von denen, die sich ein Gewissen aus jeder ärztlichen Handlung machen. Die Leute erheben ein groß Geschrei von wunderbaren Kuren, vergessen oder verheimlichen aber, wenn nichts dabei herausgekommen ist."

Dieser Arzt mit dem kühl prüfenden, nüchternen Blick war auch ein großer Mensch und – was nicht unbedingt dasselbe ist – ein sehr menschlicher Arzt. So hoch sich die Antike in ihrer ethischen Forderung an die Ärzte emporgeschwungen hatte – im „Hippokratischen Eid", den der Jünger der Heilkunst „bei Apollon dem Arzt, bei Asklepios, Hygieia und Panakeia und bei allen Göttern und Göttinnen" schwören mußte, schwur er, „in alle Häuser, in die ich auch gehen mag, zu Nutz und Frommen der Kranken zu kommen" – aber auch dem unheilbar Kranken zu helfen, schwur er nicht. Im Gegenteil – Pflicht war, dem Unheilbaren die Hilfe zu versagen. „Medizin", sagt die Hippokratische Schrift, „ist die Kunst, die Kranken von ihren Leiden gänzlich zu befreien, die schweren Anfälle der Krankheiten zu lindern und sich von der Behandlung derjenigen Personen fernzuhalten, die von der Krankheit schon überwältigt sind, da man wohl weiß, daß hier die ärztliche Kunst nichts mehr vermag."

Erst ein Muslim war es, der dem Arzt die Fürsorge auch für den unheilbar Kranken ans Herz legte. Ar-Rasi erkannte, daß hier eine echte Aufgabe an den wirklichen Arzt gestellt ist, und forderte: „Ein Arzt sollte immer seine Patienten glauben machen, daß es ihm besser gehen wird, und ihm Hoffnung auf Heilung geben, wenn er auch selbst nicht so sicher über den Ausgang ist – ebenso wie der Körper der Prägekraft des Geistes gehorcht", so soll der Arzt auch den, den der Tod schon gezeichnet, ermutigen und ihm neue Lebenskraft mitteilen.

„Welch unsittliches Unterfangen!" ruft dagegen Geyler von Kaisersberg. „Der Arzt, der den Kranken nicht auf seinen bevorstehenden Tod aufmerksam macht, sondern ihm im Gegenteil noch Genesung in Aussicht stellt, verhindert, daß er sich noch rechtzeitig zu Gott bekehrt!"

Wie anders der Muslim! Der Arzt darf niemals auch nur den Anschein erwecken, daß er den Patienten aufgegeben hat und keine Hoffnung mehr hegt, erklärt ar-Rasis Landsmann Ibn Sina. In der seelischen Behandlung Kranker, Unheilbarer und Geisteskranker, in wahrer Humanität ist Rhases und sind seine arabischen Kollegen dem Abendland als ein leuchtendes Vorbild vorangegangen.

Und kaum zur Kenntnis genommen worden.

Hier hat eine verhängnisvolle Saat eine gräßliche Ernte hervorgebracht. Der unheilbar Kranke und besonders der Geisteskranke sind durch das ganze Mittelalter bis tief ins 18. Jahrhundert hinein das bedauernswerte Objekt jener unheilvollen These von der göttlichen Strafe für die Sünde und der Teufelsbesessenheit des Kranken gewesen.

Seelische oder geistige Störungen heilen, das hieß hier, die bösen Geister austreiben, die den Kranken „besitzen". Harmlose Irre – soweit männlichen Geschlechts – in buntgefleckter Kleidung und mit Schelle und Keule jedem Gassenbuben kenntlich gemacht, ließ man frei laufen, dem Spott in die Arme. Aber wer entschied über die Schwere des Falles und, ob er noch harmlos war? Noch im Jahr 1498 ersuchte der Rat von Frankfurt das Kloster St. Anstatt um Hersendung eines Priesters, der untersuchen sollte, ob der Zustand des irredenden Patriziers und Schöffen Jakob Geuch von einem bösen Geist herrühre, und sorgte dafür daß der Kranke in das Kloster gebracht wurde, damit ihm dort dieser böse Geist ausgetrieben würde.

Ernsthafte Fälle von „Besessenheit", bei denen die Teufelaustreibung sich nicht bewährt hatte, wurden gefesselt und im Gefängnis oder dem angeschlossenen „Tollhaus", „Kastenhospital", „Narrenturm" oder in Hamburg in der „Tollkiste" den brutalen Händen und Schlägen roher „Narrenknechte" lebenslänglich anvertraut. „Mit ruden außhauwen" ließ man sie nicht nur, um ihre Widersetzlichkeit zu brechen. 1451 wurde in Frankfurt ein Irrer, der dem heiligen Sakrament geflucht hatte, nicht anders als ein geistig Zurechnungsfähiger gestraft, 1490 der geisteskranke Contz Fogel, der außerdem auch noch am Aussatz litt, zur Strafe für seine gotteslästerlichen Flüche gefoltert.

Der Geisteskranke, der bei den Griechen zur Absperrung und Unschädlichmachung der eigenen Familie übergeben worden war, der in den arabischen Ländern in den Nervenabteilungen der Krankenhäuser – oder wie in Bagdad und Kairo, in besonderen Nervenkliniken unter der persönlichen Oberaufsicht und allwöchentlichen Kontrolle des Sultans – behutsame und sachgemäße Behandlung durch spezielle Nervenärzte erfuhr, wurde bis ins 19. Jahrhundert hinein in abendländischen Verliesen polizeilich verwahrt und gleich Verbrechern mißhandelt. Allein in Spanien gab es aus der Araberzeit Krankenhäuser für die „Innocentes". England tat 1751 den ersten, zögernden Schritt in die Richtung der arabischen Pflege der Geisteskranken. Ende des 18. Jahrhunderts rang in Frankreich der Arzt Pinel dem Convent die Erlaubnis ab, die gefesselten Irren aus den Gefängnissen zu befreien und in ärztliche Hände zu übergeben.

Nicht etwa nur Seelen- und Geisteserkrankungen, auch andere teils noch unerforschte und darum mit Sicherheit „dämonisch verursachte" Krankheiten waren nur durch gewaltsame „Austreibung des Teufels" heilbar. Ja, noch im 19. Jahrhundert spitzten der Weinsberger Dichterarzt und Freund Goethes, Justinus Kerner, die Münchener Professoren Schubert, Baader und von Ringseis, der Tübinger Eschenmayer, der Leipziger Professor Heinroth ihre Feder erneut für die Lehre von der Besessenheit, ja Sündigkeit des Kranken und der Heilung durch Teufelsaustreibung, Gebet und Anrufung der Heiligen. Diese neue Ehe zwischen Medizin und christlicher Theologie stiftete 1824 der Leipziger Professor Windischmann mit den denkwürdigen Worten: „Die Krankheit hat ihren eigentlichen und innersten Sitz in der durch Lust und Begierde zunächst entzündeten und wild gewordenen Seele, und der Arzt, der das Wesen und die Kräfte des Exorcismus (der Austreibung böser Geister) nicht kennt, entbehrt das wichtigste Heilmittel. Daher bedarf es einer christlichen Heilkunde."

Ein arabisches Wort sagte: „Wer sich mit der Bearbeitung von Perlen beschäftigt, muß Sorge tragen, daß er ihre Schönheit nicht zerstöre. Ebenso ziemt es dem, der menschliche Leiber, die edelste Schöpfung der irdischen Welt, heilen will, daß er behutsam und liebevoll mit ihnen umgehe ..."

In der mächtigen Arztpersönlichkeit des Rasi spiegelt sich all das, was Eigenart und Leistung der arabischen Medizin ausmacht: er ist der von seiner Berufung und Verantwortung tief erfüllte Arzt, der Helfer aller Hilflosen, der Lehrer und Erzieher einer gutausgebildeten Ärztegeneration, er ist der Enzyklopädist, der das vielseitige Heilwissen seiner Vorgänger aufnimmt und verarbeitet, der nüchterne *Kliniker*, der denkende *Beobachter* und selbständige chemische *Forscher* und Experimentator, schließlich der *Systematiker*, der Ordnung und Klarheit in den gesamten medizinischen Wissensstoff seiner Zeit bringt.

DIE FESSELN DER ANTIKE

Die chronische Verdauungsstörung des Kalifen al-Manßur und zwanzig Jahre später die heftigen Migräneanfälle des Harun ar-Raschid hatten den Stein ins Rollen gebracht. Zweimal waren die Kurierpferde vom Kalifenpalast in Bagdad die fünfhundert Kilometer tigrisabwärts und weiter östlich durch die Steppe nach Gundischapur, nicht weit vom Persischen Golf, gelaufen und hatten den gerade amtierenden Leiter der altberühmten, einst sassanidischen Medizinschule geholt: Vater und Sohn Bachtischu, aus jener Ärztefamilie, die bis ins vierte und fünfte Glied die Leibärzte der Kalifen stellen sollte. Mit ihnen kam das in Gundischapur bewahrte und gepflegte Griechenerbe, mit dem indischen Arzt Mankah und seinem Landsmann Salih ben Bahleh, der den scheintoten Onkel Harun ar-Raschids ins Leben zurückbrachte, kamen indische Werke und indische Medizin an den Kalifenhof.
Ein Jahrhundert war seitdem vergangen. Die Araber hatten sich mit dem gesamten, ihnen zugänglichen Wissen der Griechen, Inder, Syrer und Perser vertraut gemacht. Und als ar-Rasi um 880 zum erstenmal nach Bagdad zog, lagen bereits alle heilkundlichen Werke der Antike in mehrfach verbesserten, ausgezeichneten arabischen Übersetzungen vor. Daneben hatten arabische Ärzte wie al-Kindi, al-Kinani, Jachja ben Masaweih, die Familien Thabits ben Qurra und Hunains ben Ischaq erste Schritte im Felde der Medizin getan. Die arabische Heilkunde fing an, die Kinderschuhe auszutreten. Da fand sich in ar-Rasi der Mann, der sie mündig machte. Wie Hippokrates auf der Schwelle der griechischen, steht er auf der Schwelle der arabischen Medizin. Sie beide haben mehr als dies gemein.

Die griechische Heilkunde hatte das Erfahrungs- und Wissensgut des alten Orients und Ägyptens in sich aufgenommen, um dann ganz eigene und sehr selbständige Wege zu gehen. Auch Hippokrates, den die Nachwelt dankbar den „Vater der Medizin“ nannte, war in Hellas nicht Anfang, sondern schon Glied einer starken Kette. Nicht medizinische Neuerungen hatten ihn unter den Ärzten seiner schon reiche medizinische Erkenntnisse besitzenden Zeit zu dem gemacht, nicht neue Tatsachen. Die später in Alexandrien unter seinem Namen zusammengefaßten „Hippokratischen Schriften“ enthielten Altüberliefertes. Aber grundlegend wurden sie durch die neue Haltung, die sie den Arzt gegenüber dem Patienten und gegenüber dem Krankheitsfall lehrten.

Auch hier die Klage über unberufene, verantwortungslose Elemente und ärztliches Pfuschertum. Ihnen entgegen erhob Hippokrates die neue Idealgestalt des freien, nichtpriesterlichen Arztes und seiner hochgesteckten Standespflichten, die für die Ärzte aller Völker und Zeiten bindend geworden sind.

Aber noch in einem zweiten Hinblick ist er zeitloses Vorbild geworden. An seinen Namen knüpft sich eine bestimmte Auffassung der Krankheit und der Krankenbehandlung. Der Gegensatz zweier Richtungen, der sich durch die gesamte Medizingeschichte zieht und in der Scholastik ihre heftigste Schärfe gewinnt, ist schon hier offenkundig in dem Gegensatz der Asklepiadenschulen von Knidos und von Kos, deren Exponent Hippokrates war.

Der Weise von Kos hatte die im griechischen Wesen liegende Eigenart, die den exakten, mathematischen Wissenschaften zugute kam, nicht aber einer Erfahrungswissenschaft wie der Heilkunde, als Gefahr erkannt: von mitgebrachten philosophischen Theorien, Phantasien, Willkürlichkeiten das Erfahrungsbild färben zu lassen, von einem Ganzheitlichen, zuvor festgelegten Allgemeinen deduktiv auf die einzelnen Erscheinungen vorzudringen, wie die Naturphilosophen und im Verein mit ihnen die meisten griechischen Ärzte es zu tun pflegten. Dies konnte in den Augen des Hippokrates nicht der richtige Weg einer Heilkunde sein. Nicht der ungehemmte, schwerelose Flug der Spekulation brachte den Arzt an sein Ziel heran, sondern der ganz gediegene Barfußgang der Erfahrung, die Beobachtung am Krankenbett. Nicht starre Schemata rein philosophisch erdachter Krankheitstypen und Krankheitsverläufe, sondern der individuelle Krankheitsfall im Zusammenhang mit seiner jeweiligen individuellen Umwelt hatten ihn zu leiten.

Dennoch hat Hippokrates seinem Teufel den kleinen Finger gereicht und die Vierelementenlehre von Empedokles übernommen: In jedem gesunden Menschen sind die vier Kardinalsäfte Blut, Schleim, gelbe Galle und schwarze Galle, und ihre verschiedenen Eigenschaften wenn auch zu verschiedenen Teilen gemischt. Krankheit ist Störung ihres harmonischen Mischungsverhältnisses. Mit diesem Zugeständnis an die Lust am geistvollen Spiel mit Bildern und Begriffen, den „Abbildern des Weltganzen", hatte er der griechischen Philosophie seine Reverenz erwiesen – und späterer Spekulation das Feld freigegeben.

Sie ließ nicht lange auf sich warten. Schon unter den Schülern und Enkelschülern erstickte Theorie die Praxis und versteifte sich durch die dogmatische Formulierung der Säftelehre. Mit den großen Philosophen, mit Platon, vollends mit Aristoteles siegte die Deduktion wieder über die vorurteilslose klinische Erfahrung. Sie verlieh der Medizin das glatte, elegante Aussehen eines wissenschaftlichen Systems, führte sie aber gleichzeitig, gestärkt durch die gewichtige Autorität der größten Philosophen der Antike, auf Irrwege, in die anderthalb Jahrtausende bereitwillig hineingetappt sind.

Es war Galen (130–201 n. Chr.), der das hohe Ziel verwirklichte: mit großartiger Folgerichtigkeit und mathematischer Logik ein in sich geschlossenes Wissenschaftsgebäude gleichsam nach geometrischer Methode aufzuführen, in dem alle Bausteine der vorausgegangenen Epochen durch den genialen Bauwillen eines Mannes unter dem Dach einer Weltanschauung ineinandergefügt, ineinandergezwungen waren, wenn nötig mit dialektischen Tricks.

Dieser Monumentalbau der antiken Medizin übte auf die Nachwelt die gleiche Faszination aus wie der Bau der antiken Astronomie, der Almagest des Ptolemäus. Daß er auf schwanken philosophischen Theorien errichtet war anstatt auf dem sicheren Boden handfester klinischer Erfahrungen, wen ernüchterte das unter dem Eindruck dieses zwingenden, suggestiven Geistes? Daß Galen noch offene Fugen teils durch selbständige und kühne Versuche abgedichtet, großenteils aber mit porösen Phantasiegebilden ausgestopft hatte, wen störte es schon? Ehrfürchtig neigten sich eineinhalb Jahrtausende vor dem virtuosen Baukünstler im Reich dialektischer Beweisführung.

Galens alles beherrschender Einfluß schwand erst, und das hieß in diesem Fall zugleich: die moderne Medizin als eine von Spekulationen freie, vorurteilslose Wissenschaft begann erst im Anfang des 17. Jahrhunderts mit der Entdeckung des großen Blutkreislaufs durch den Engländer Harvey.

Galen war die Idee eines Kreislaufs des Blutes in der Tat nicht gekommen. Seinen Pneuma-Theorien hingegeben, hatte er sich seine Untersuchungen so zurechtgedeutet:

In der Leber wird mit Hilfe der eingepflanzten Wärme die Nahrung zu

Blut umgewandelt. Ein Teil fließt durch die Venen geradenwegs in alle Organe und Glieder, ein Teil aber durch die Venae hepaticae und die aufsteigende Hohlvene in die rechte Herzkammer. Hier wird es durch die eingepflanzte Wärme, das Pneuma, gekocht und gereinigt, wobei die Rückstände als Ruß durch die Lungenvene und die Lunge mit der Ausatmung entweichen. Aus der rechten Herzkammer rinnt ein Teil des gereinigten Blutes durch die Lungenarterie in die Lunge zum Zweck ihrer Ernährung. Der Rest endlich tritt durch Poren der Herzscheidewand in das linke Herz, wo es sich mit der durch die Lungenvene herbeförderten, eingeatmeten Luft vermischt, sich durch die eingepflanzte Wärme begeistigt und nun als Lebensgeist durch die Arterien in alle Teile des Körpers dringt.
Das war das „Herzstück" der Galenischen Physiologie. Erst William Harvey zertrümmerte die aus Irrtümern und Unmöglichkeiten zusammengenagelte Konstruktion im Jahre 1616 endgültig, nachdem dreiundsechzig Jahre vor ihm – im Jahre 1553 – der Spanier Michael Servet zum erstenmal den Gedanken eines Kreislaufs ausgesprochen und den sogenannten „kleinen Blutkreislauf" oder „Lungenkreislauf" beschrieben hatte und kurz darauf die Italiener Colombo und Cesalpino weitere, entscheidende Korrekturen an dem mißglückten Modell Galens angebracht hatten. – So jedenfalls steht, oder vielmehr: stand es in der Geschichte der Medizin bis zum Jahre 1924.

In diesem Jahr aber hat ein junger Araber der Medizinischen Fakultät in Freiburg im Breisgau eine erstaunliche Dissertation in deutscher Sprache vorgelegt. Kein Zweifel, wenn die Schlußfolgerungen des jungen arabischen Mediziners sich bestätigen, dann wird dieses Kapitel Wissenschaftsgeschichte umgeschrieben werden müssen.
Zunächst sind es nur ein paar deutsche Professoren, die aufhorchen, in der Staatsbibliothek alte Handschriften ausgraben, die prüfen, vergleichen und schließlich feststellen müssen, der Dr. at-Tatawi aus Ägypten hat recht: Ein Araber des 13. Jahrhunderts hatte längst das Flickwerk Galens bemerkt und auf geniale Weise ausgebessert. Der Arzt Ibn an-Nafis war der erste, der den Gedanken des Blutkreislaufs gedacht und vierhundert Jahre vor Harvey, reichlich dreihundert Jahre vor Servet nachgewiesen hat, ein Mann, dem jemand den Nachruf gewidmet hatte: „Auf der ganzen Erde gab es seinesgleichen nicht, und seit Ibn Sina war seinesgleichen nicht gewesen."
Ußaibiah (1202–1270), der Arzt und Historiker der arabischen Medizin, Sohn eines Augenarztes und Neffe des Direktors der Augenklinik in Damaskus, hat uns die Namen und Lebensläufe von dreihundertneun-

undneunzig berühmten arabischen Ärzten überliefert. Was ihn bewogen haben mag, den Namen jenes Großen im Reich der Heilwissenschaft zu unterschlagen, bleibt sein Geheimnis. Ein um so merkwürdigeres, als Ibn an-Nafis ein Zeitgenosse und ein Landsmann Ußaibiahs war, mehr: sein Kommilitone auf der Medizinschule und später sein Kollege am selben Krankenhaus ...

Beide waren in Damaskus geboren und aufgewachsen. Als Ibn an-Nafis 1210 zur Welt kam, war Ußaibiah sieben Jahre alt. Beide studierten Medizin. Ihr gemeinsamer Lehrer war Ibn ad-Dachwar, Chefarzt des Nuri-Krankenhauses und ebenso berühmt durch seine brillanten, vielbesuchten Vorlesungen und seinen Unterricht an den Krankenbetten des Hospitals wie durch seinen sagenhaften Reichtum, der es dem Kinderlosen erlaubte, sein riesiges Haus für die Gründung einer Medizinschule mit angeschlossener Privatklinik zu stiften und sie mit den Renten aus seinen Dörfern und anderen Besitzungen zu begaben. Unter ad-Dachwar studierten Ußaibiah und Ibn an-Nafis die Werke des Rasi und Ibn Sina und natürlich die seines vergötterten Galen. „Wenn er nur etwas von den Aussprüchen Galens hörte", mokiert sich Ußaibiah über seinen Lehrer, „so rief er aus: ‚*Das* ist Medizin!'"

Bald treffen wir die beiden jungen Ärzte in Kairo am Nassiri-Krankenhaus wieder, das Sultan Salach ad-Din gegründet hatte. Aber schon nach kurzer Zeit verläßt Ußaibiah die Fleischtöpfe Ägyptens und begibt sich an den Rand der Syrischen Wüste in den Dienst eines syrischen Emirs. Und damit verliert er seinen jüngeren und erfolgreicheren Kollegen aus den Augen und aus dem Gedächtnis.

Der glücklichere Ibn an-Nafis indes wird der langjährige Chefarzt des Nassiri-Krankenhauses. Durch Jahrzehnte übt er das Amt des „Chefs der Ärzte" von Kairo aus und hält Vorlesungen über Galen und über Ibn Sina „ohne Vorbereitung" ab und „in freier Rede". Leute, die ihn beim Abfassen medizinischer Schriften gesehen haben, berichten, er habe frei aus dem Kopfe geschrieben „wie ein herabstürzender Gießbach und ohne bei der Niederschrift irgendein Buch zu Rate zu ziehen". Als er einmal in einem der zwölfhundert heißen Bäder Kairos eben dabei war, sich mit der feinen Olivenölseife einzureiben, kletterte er plötzlich wieder aus dem Badebecken und stieg in den Vorraum des Bades hinauf. Dort ließ er sich Papier, Feder und Tinte geben und fing an, eine Abhandlung über den Puls zu schreiben; erst als er sie beendet hatte, kehrte er in den Baderaum zurück und fuhr mit dem Waschen fort. Er war von hoher, schlanker Gestalt mit einem schmalen und vornehmen Gelehrtenkopf. Neben seinem ärztlichen Beruf befaßte er sich schreibend und lehrend auch mit Jurisprudenz, Grammatik, Logik und Philosophie und las über Rechts- und Traditionswissenschaft an der Juristenschule al-Masrurija, denn der vielseitig Gebildete war außerdem ein Rechtsgelehrter von Ruf.

Und dieser Mann, der die jungen Ärzte Ägyptens in die Werke der anerkannten Meister der Medizin einführte und seinen Galen und Ibn Sina fast auswendig beherrschte, war ein unabhängiger Geist, der sich an die größten und allgemein bewunderten Autoritäten nicht kritiklos hingab. Im Gegensatz zu ad-Dachwar und zu den meisten seiner Kollegen „hielt er nicht viel von der Ausdrucksweise des Galen und warf ihr Schwäche und eine Weitschweifigkeit vor, hinter der nichts stecke". Überlieferte Meinungen und Lehrsätze reichte er seinen Schülern nicht unbesehen weiter, so alt und ehrwürdig sie auch sein mochten. Der gleiche Mut, mit „dem Zwang ehrwürdiger Mutmaßungen des Altertums" zu brechen, der Harvey das Tor zur Freiheit der Forschung aufschlagen ließ, erfüllte diesen Araber mit dem Entschluß zu selbständigem Urteilen: „Um den Gebrauch eines jeden Organs zu beschreiben, stützen wir uns auf eine sorgfältige Beobachtung und ein ehrliches Studium ohne Rücksicht darauf, ob diese zu den Lehren derer passen, die uns vorhergegangen sind, oder nicht." In bester hippokratischer Manier, wie ar-Rasi sie vorgelebt hatte und Harvey sie nicht ernster nehmen konnte, befragte er die Natur selbst.

Da waren Unterschiede im Bau verschiedener Tiere! Wir brauchen eine vergleichende Anatomie, forderte Ibn an-Nafis, und müssen dabei auf die Abweichungen achten.

Und „die Sektion beweist" ihm, dem getreuen Beobachter und – was mindestens ebenso wichtig ist – unbefangenen und vorurteilslosen Deuter:

1. „Die Ernährung des Herzens geschieht (nicht, wie man bisher gemeint hatte, in der rechten Herzkammer, sondern) durch das Blut, das in die Gefäße läuft, die den Körper des Herzens durchdringen" – womit Ibn an-Nafis als erster den Koronarkreislauf erkannt hat;
2. das Blut dringt in die Lunge, um sich dort mit Luft zu sättigen, nicht um die Lunge zu ernähren (was später Harvey betonen wird);
3. es existieren Verbindungen zwischen Lungenarterie und Lungenvene, die den Stromkreis innerhalb der Lunge schließen (was später Colombo als erster entdeckt zu haben für sich in Anspruch nehmen wird);
4. Die Lungenvene ist weder mit Luft noch mit „Ruß" gefüllt (die nach Galens Meinung die Vene sogar noch in entgegengesetzter Richtung passieren), sondern mit Blut;
5. die Wände der Lungenarterie sind dicker als die der Lungenvene und

aus doppelten Schichten. Dies die epochalen Entdeckungen des Ibn an-Nafis, die man bislang Servet zuschrieb, und vor allem diese:
6. Die Herzscheidewand hat keine Poren! Vielmehr vollführt das Blut einen Kreislauf: „Zwischen diesen beiden Herzkammern gibt es keine Durchtrittsstelle, denn dieser Teil des Herzens (die Herzscheidewand) ist geschlossen und hat keine sichtbaren Öffnungen, wie manche glauben, und keine unsichtbaren Öffnungen, wie Galen geglaubt hat. Denn diese Poren des Herzens existieren gar nicht, und seine Substanz ist dort dick. Und es gibt keinen Zweifel, daß dieses Blut, nachdem es verdünnt worden ist, durch die Lungenarterie zur Lunge fließen muß, um sie zu durchdringen und sich mit der Luft zu mischen, damit sein feinster Teil gereinigt werde; und daß dieses Blut dann in die Lungenvene fließt, um in die linke der beiden Herzkammern zu gelangen, nachdem es sich mit der Luft vermischt hat" . . .
Damit ist so klar, so einfach der kleine Blutkreislauf beschrieben. Und mit fast denselben Worten, die später Michael Servet gebrauchen wird! Die einzige Feststellung, durch die der Spanier über Ibn an-Nafis hinausgeht, ist die der helleren Färbung des Blutes in der Lungenvene. Davon abgesehen sind die Übereinstimmungen verblüffend und dies um so mehr, als das Werk, in dem Ibn an-Nafis seine Entdeckung niedergelegt hat – sein „Kommentar zur Anatomie des Canons des Ibn Sina" – vom Abendland nicht gewürdigt worden war, ins Lateinische übersetzt zu werden.

Beruht diese auffallende Ähnlichkeit zwischen dem Araber und dem Spanier auf reinem Zufall? Oder hat der Mann, den jedes Geschichtswerk noch bis vor kurzem als den Entdecker des kleinen Blutkreislaufs zu den Unsterblichen der Heilkunde zählte, hat Michael Servet den Kommentar des Ibn an-Nafis gekannt?
Miguel Servede, wie sein Name spanisch lautet, ist 1509 als Sproß einer adligen Familie in Villanueva in Aragon geboren, achtzehn Jahre nach der Vertreibung der Araber aus Spanien. Und das hieß: zu einer Zeit, als die Auseinandersetzung mit dem eben überwältigten Arabertum in Abstoßung und Anziehung noch auf ihrem Höhepunkt war, als man das entleerte und verwüstete, gehaßte und verlockende Wunderland in Besitz nahm und gezwungen war, sich die zurückgebliebenen Moriscos einzugliedern[10]. Die unendlich wohlklingende Sprache der unliebsamen Nachbarn war bei den Christen seit langem förmlich in Mode. „Ach, alle jungen Christen, die sich durch ihr Talent bemerkbar machen, kennen nur noch die Sprache und Literatur der Araber", beklagte sich der Bischof von Cordoba. Hatte nicht auch Miguels großer Landsmann, der Arzt

Arnald aus Villanueva das Arabische so fließend gesprochen und gelesen, daß er allein und ohne die Assistenz eines Arabers oder Juden eine ganze Reihe arabischer Medizinwerke spielend übersetzt hatte?
Seit drei Jahrhunderten gaben die Schriften der Araber die Textbücher an allen Hochschulen Europas her. Reizte und lockte jetzt nicht erst recht der unvergleichliche geistige Besitz des im Felde unterlegenen und dennoch grenzenlos bewunderten Feindes? Auch dann, wenn allzu enge Teilnahme gefährlich werden konnte?
Das christliche Dogma von der Dreieinigkeit zum Beispiel sieht sich von hier ganz anders an. Schon als fünfundzwanzigjähriger Feuerkopf erklärt Miguel sich gegen die Trinitätslehre. Schwere Drohungen drängen den bald berüchtigten Leugner der kirchlichen Glaubenssätze zur Flucht. Unter dem Schutz eines angenommenen Namens verkriecht er sich in einer Druckerei in Frankreich. Hier findet er den Mann, der seinen weiteren Lebensweg bestimmt und der ihn wiederum in die Auseinandersetzung mit dem Arabertum treibt, einen französischen Arzt und Freidenker, der sich mit der kritischen Vergleichung griechischer und arabischer Medizinschriften befaßt. Villanovanus alias Miguel Servede entschließt sich, in Paris ebenfalls das Heilfach zu studieren, in Wien, in Padua. Einige Zeit darf er sich als medizinischer Autor, durch sein Pseudonym gedeckt, und als praktizierender Arzt und Leibarzt sicherfühlen. Da tritt er 1551 mit der Schrift „Von den Irrtümern über die Trinität“ in die Helle der Öffentlichkeit. Und sofort greift das Schicksal nach ihm.
Calvin denunziert den Verfasser als den berüchtigten Servet, läßt ihn von seinen Häschern greifen und in Genf in den Kerker werfen. Von einem Bruch und Koliken gequält und „anderen körperlichen Armseligkeiten, die auszusprechen ich mich schäme“, von den Flöhen halb aufgefressen, ohne ein Hemd zum Wechseln, in seinen zerrissenen Kleidern vor Kälte schlotternd, fordert er jetzt Calvin selbst heraus im Vertrauen auf seine gerechte Sache. Sie bringt ihn auf den Scheiterhaufen. 1553 wird er in Genf lebendigen Leibes verbrannt. Mit ihm sein soeben erschienenes Buch „Wiederherstellung des Christentums“, jenes Werk, das auch die berühmt gewordene Beschreibung des kleinen Blutkreislaufes enthält.
Servet hatte sich lebhaft mit der unerschüttert herrschenden arabischen Medizin auseinandergesetzt: dabei hatte er die arabischen, „Kochung fördernden“ Sirupe zusammen mit der Galenischen Theorie von der Kochung der Kardinalsäfte einer heftigen Kritik unterworfen. War ihm dabei auch der bewußte Kommentar des Ibn an-Nafis zu Avicennas großem Medizinwerk in die Hände geraten, von dem heute noch eine Abschrift im

Escorial bei Madrid aufbewahrt wird? Hatte auch hier eine arabische Entdeckung die abendländische Wissenschaft unmittelbar beeinflußt?
Denn auch dies ist seltsam. So gezielt Servet sonst seine Hiebe austeilt, kein Angriff gegen Galen zerreißt seine knappe und leidenschaftslose Darstellung; während doch sein Nachfolger Colombo, der erwiesenermaßen Servets Werk nicht gekannt hat, sich noch in dem ersten, frischen Zorn seiner hitzigen, unmittelbar gegen Galen gerichteten Ausfälle ertappen läßt. Michael Servet aber war ein Ketzer aus Natur und Schicksal. Alles scheint darauf hinzudeuten, daß das fertig vorgefundene Gemälde, das der arabische Anatom vom Blutkreislauf entworfen hatte, es dem Spanier ersparte, mit Galen, der ihm so viele Angriffsflächen geboten hätte, die Klingen zu kreuzen.
Obwohl der Kommentar des Ibn an-Nafis bei den Arabern als der beste aller ungezählten Avicenna-Kommentare gilt, hat man ihm nur in Indien die Ehre angetan, ihn zu übersetzen. Seine arabischen Handschriften aber verstaubten mit Hunderten anderer in den Bibliotheken Europas und des Orients, unbeachtet sowohl von den arabischen Gelehrten wie von abendländischen Arabisten, bis zufällig einer, der zu den Sprachkenntnissen auch die nötigen Sachkenntnisse mitbrachte, Vollstrecker jener Vorahnung wurde, die Ibn an-Nafis beseelt haben soll: „Wenn ich nicht wüßte, daß meine Schriften mich um zehntausend Jahre überdauern werden, so hätte ich sie nie verfaßt.“ „Aber die Verantwortung dafür“, setzt der vorsichtige Berichterstatter hinzu, „trägt der, der das von ihm behauptet hat!“
Die Geschichte von der verschollenen und wiedergefundenen Entdeckung eines arabischen Forschers aus dem 13. Jahrhundert zeigt, wie vorläufig und anfechtbar ein abschließendes Werturteil über arabische Wissenschaft und arabische Medizin sein muß und daß die gern wiederholte Feststellung der arabischen Unselbständigkeit und papageienhaften Abhängigkeit von den Griechen voreilig und durchaus zu Unrecht gesprochen ist. Der späte Fund des Tatawi beweist, daß im Gegenteil arabische Gelehrte sich aufgeschlossener und entschiedener als ihre Kollegen im christlichen Mittelalter um kritische Prüfung, sorgfältige Beobachtung und vorurteilsfreie Forschung bemüht haben „ohne Rücksicht darauf, ob diese zu den Lehren derer passen, die uns vorhergegangen sind, oder nicht“.

„Denn – bei unserem größten Respekt für Galen – was wir mit unseren eigenen Augen sehen, ist glaubwürdiger.“

Diesen Satz, der ein Bekenntnis war, sprach der aus Bagdad stammende Arzt und Gelehrte aus dem Kreise Salach ad-Dins, Abd al-Latif (1162–1231), der in allen Hauptstädten des Ostreichs zu Hause war und an fast allen Hochschulen gelehrt hatte. Und überall, wohin sein bewegtes Leben ihn führte, dort nutzte er seine Augen und seinen überaus selbständigen und gesunden Menschenverstand. In Kairo erzählte man ihm von einem Totenhügel weit draußen nordwestlich der Stadt, auf dem sich ein ganzer Berg von Skeletten türme. Das ließ der augenblicks lichterloh entflammte Araber sich nicht zweimal sagen, Skelette waren gerade das, was er gesucht hatte. „Wir fuhren hinaus und sahen Tausende von Knochen und Gebeinen. Wir untersuchten sie aufs genaueste und gewannen einen Haufen Wissen aus diesem Studium, ein Wissen, wie wir es niemals aus dem Studium von Büchern erlangt hätten. Da hatte uns nun Galen gelehrt, der Unterkiefer bestehe aus zwei Knochen, die durch eine Naht verbunden seien. Wir aber untersuchten über zweitausend und sahen nicht einen einzigen Unterkiefer, der aus zwei Knochen bestanden hätte. Er ist *ein* Knochen, ohne jegliche Naht.“ Und siehe da – auch das Kreuzbein besteht in der Regel nur aus einem Knochen, aber nicht aus sechs, wie Galen behauptet hatte – „doch die Beweise, die uns die Sinne liefern, sind viel überzeugender als die, die nur auf Autorität gegründet sind“.

Hatten Hippokrates und seine Nachfolger angenommen, das Kind bewege sich selbsttätig aus dem Mutterleib heraus, so entdeckt Ali ben al-Abbas als erster die Geburtstätigkeit der Gebärmutter, durch deren Zusammenziehung die Leibesfrucht ausgestoßen wird, und schreibt über Geschwüre der Gebärmutter, des Gebärmutterhalses und Unterleibskrebs. Tausend Jahre vor Darwin spricht er von der Entstehung der Arten durch ihre zweckmäßige Anpassung an die Umwelt.

Auch Knochen können sich entzünden, widerspricht Ibn Sina der Meinung der Alten, „die behaupten, daß lockere Gewebe wie das Gehirn und feste Gewebe wie der Knochen . . . unentzündlich sind. Diese Lehre ist falsch“! Als erster unterscheidet er die infektiöse Gehirnhautentzündung von anderen akuten Infektionen und liefert die erste differentialdiagnostische Beschreibung der Genickstarre, der sekundären Gehirnhautentzündung und des Meningismus, so klar und vollständig, wie wir es heute kaum besser machen können.

Durch solche Gesamtbilder teils der Antike bekannter, teils von ihr übersehener Krankheiten geht die arabische Pathologie weit über die grie-

chische hinaus und über Galen, der zwar blendende Analysen gegeben, aber seinen glänzenden Scharfsinn darauf verschwendet hatte, die Fakten, koste es, was es wolle, zur geschlossenen Beweiskette für seine Theorien zurechtzufeilen.
Ar-Rasi hatte die Araber das unbefangene Schauen gelehrt. Mit seiner Schrift über die Masern und Pocken hatte er zum erstenmal nach sorgfältiger Beobachtung ihr vollständiges Krankheitsbild gezeichnet, das noch von Ärzten des 18. Jahrhunderts „eine der besten Arbeiten über die in ihm behandelten Gegenstände“ genannt wird. Er hatte Gicht und Rheumatismus voneinander abgehoben. Ibn Sina liefert als erster die vorzüglichste differentialdiagnostische Unterscheidung von Rippenfellentzündung, Lungenentzündung, Intercostalneuralgie, Leberabszeß und Mittelfellentzündung. Er trennt die Symptome von Darm- und Nierenkoliken und beschreibt Gesichtslähmungen aus zentralen und lokalen Ursachen. Im Banne ihrer Vierelemententheorie hatten die Griechen Lähmungen mit erhitzenden Mitteln behandelt. Ibn Buschr erkennt hierfür den Heilwert des Wassers und feuchter, kühlender Mittel – „er hatte so große Erfolge, daß er im Krankenhaus in kurzer Zeit von der Stellung eines kleinen Wundarztes zum Chef aufstieg und Könige sich an ihn um Behandlung wandten. Er machte Schluß mit allen ‚erhitzenden‘ Mitteln und setzte seine Patienten auf Gerstenwasser und pflanzliche Aufgüsse und vollbrachte Wunder der Heilung“.
Ibn Sina, der große Philosoph, gibt auch die erste klare und vollständige Beschreibung des infektiösen Milzbrandes, von ihm persisches Fieber genannt, ferner der verschiedenen Krankheiten, die Gelbsucht hervorrufen, und des im Unterhautzellengewebe schmarotzenden Guinea- oder Medinawurmes, während der ganz in ar-Rasis Spuren wandelnde Kliniker at-Tabari den Erreger der Krätze, die Krätzmilbe, entdeckt. Gegen sie findet in Spanien Ibn Sochr, Avenzoar genannt, ein rationelles Heilverfahren.
Diesem andalusischen Arzt und Philosophen, ebenfalls dem Rasi geistesverwandt, verdankt die Medizin die erste klar unterscheidende Beschreibung der Mittelfellentzündung, der feuchten und der trockenen Herzbeutelentzündung, die er von den Lungenkrankheiten abhebt, die Entwicklung von Nährklistieren und künstlicher Ernährung bei allen Arten von Speiseröhrenlähmung, die er ausführlich bespricht, und ein ausgezeichnetes Krankheitsbild des Magenkrebses, das er im Gefängnis nach Beobachtungen an seinem kranken Zellengenossen angefertigt hat.
Daß örtlicher Krebs eine allgemeine Krebserkrankung des Organismus anzeigt, beobachtet zuerst Ibn Sina. Er ist es auch, der auf die Übertragbarkeit der Lungenschwindsucht und auf die Gefahr der Sonnenbestrah-

lung für Schwindsüchtige hinweist. Daß bestimmte Infektionskrankheiten wie die schwarzen Pocken eine lebenslängliche Immunität des Körpers hinterlassen, stellt der arabische Arzt und Philosoph Ibn Ruschd aus Cordoba, der große Averroes des Mittelalters, fest, wogegen noch zweihundert Jahre später das wiederholt verkündete Edikt Kaiser Maximilians I. die Pockenepidemie als göttliches Züchtigungsmittel erklärt, „aus dem wir die straffe gottes billich gedenncken", und jene, die solches abstreiten, als Gotteslästerer anprangert. Ja, was sich erst Ende des 18. Jahrhunderts bei uns anbahnt, eine Schutzimpfung gegen die schwarzen Pocken, hatten die Araber schon in vorislamischer Zeit entwickelt. Und ihr lag der gleiche Gedanke zugrunde und die gleiche Technik wie den modernen Impfmethoden: durch abgeschwächte Krankheitserreger den Körper zur Abwehr anzuregen und durch eine künstlich erzeugte Erkrankung immun zu machen. Anders als die Chinesen, die ihren Kindern mit Pockeneiter getränkte Bäuschlein in die Nase steckten, pflegten die Araber einen leichten Einschnitt auf der Innenfläche der Hand zwischen Daumen und Handgelenk anzubringen. Von einem Nachbarn oder Verwandten beschafften sie sich Blatternpusteln von der gutartigen Sorte. Davon brachten sie ein wenig auf die Hautöffnung und rieben es ein.

In der ersten Hälfte des neunten Jahrhunderts zeichnete Masaweih ein umfassendes Krankheitsbild von der Lepra, und zwar nicht als eines Fluchs oder einer Gnade des Himmels, sondern als ansteckender Krankheit, und viele Ärzte beschäftigten sich mit ihr, so Ibn al-Dschessar aus Kairuan, der über ihre Ursachen und Heilung schrieb. Wie denn die Araber die Leprakranken in ärztlich geleiteten Krankenhäusern absonderten und sie als Menschen und als Kranke behandelten und nicht wie Raubtiere oder Wehr- und Friedlose, die aus der Gesellschaft „ausgesetzt" waren und fortan ausschließlich der kirchlichen Gerichtsbarkeit verfallen.

Denn die Ausstoßung aus der Gemeinschaft der Menschen im Abendland war ein kirchlicher Akt. Teils geistlichen, teils weltlichen Behörden oblag die Aussatzschau. In der hiermit einsetzenden Betreuung durch die Geistlichkeit durfte der Kranke sich in all seinem Elend bereits als lebender Leichnam fühlen. In Frankreich gewährte sie dem Leprakranken, bevor sie ihm endgültig die kirchlichen Mitgliedschaftsrechte entzog und damit seine menschliche Existenz auslöschte, noch eine Totenmesse, schickte den Unglücklichen auf den Kirchhof in ein geöffnetes Grab und ließ ihn wie einen Toten durch den Pfarrer dreimal mit Erde bewerfen, womit er aus diesem Leben schied hinweg in das weitab von den Stätten der Menschen gelegene Leprösenhaus. Noch Anfang des 16. Jahrhunderts liegt das Schicksal des Leprakranken nach Geyler von Kaisersbergs Zeugnis weithin in den Händen der Kirche – „als noch hüetbeytag an etlich orten und bistumben gewonheit ist, das allein die priester solliche ding haben zu urteilen“.

Auch die tödlichste Seuche, die immer wieder und in ihrem furchtbarsten Ansturm im 14. Jahrhundert mit beispiellosen Verheerungen über die Kontinente herbrach, die Pest, hatte für die mit den Gefahren der Kontaktinfektion vielfach vertrauten Araber weder metaphysische noch magische Ursachen. Die Grenze zwischen nüchterner Urteilsfähigkeit und Aberglauben verlief – traurig, dies zu sagen – wiederum genau zwischen dem aufgeklärten Arabertum und geistig „unterentwickelt“ gehaltener Christenheit. Das medizinische Gutachten, das ein Professor der Universität Montpellier 1348, in dem Jahre ihres wildesten Wütens, verfaßte, machte für die Verbreitung der Pest den Blick des Kranken verantwortlich und riet dem Arzt oder Priester, er möge zuvor den Patienten auffordern, seine Augen zu schließen oder mit einem Leintuch zu bedecken, sodann könne er ohne Scheu den Pestkranken untersuchen und betasten.

In der Schweiz und in Südfrankreich schob das Volk den Juden die Schuld zu und verbrannte sie zu Hunderten, ein Beispiel, das fürchterlicher als die Seuche selbst den ganzen Erdteil infizierte. In Narbonne und Carcassone stürzte sich die Wut der kopflosen Bevölkerung auf die Engländer, die Feinde des Königreichs, die in ihren Mauern zerstückelt und den Flammen übergeben wurden.

Stinkender Rauch vom Himmel, hieß es oder auch, giftschwangere Dünste, die dem Innern herabgestürzter Meteore entströmten, oder wie Kunrat von Megenberg meinte, bei Erderschütterungen aus den „Erdadern“ hervorquollen, befielen die Menschen als Pest. Die große Konjunktion zwischen Jupiter, Saturn und Mars vom 20. März 1345 mittags 1 Uhr unter dem 14. Grad des Wassermanns ist schuld, klagte der belgische Arzt Simon de Covino, und die, „die unter dem unbeschränkten Einfluß des feindlichsten der Gestirne, des Saturnus, stehen, fallen dem Todesengel vor allem zur Beute!“ Die allgemeinste Ansicht faßte Boccaccio in seinem Bericht über die Pestepidemie dieses Schreckensjahres zusammen, „die durch Einwirkung der Himmelskörper oder um unserer ungerechten Handlungen willen der gerechte Zorn Gottes zur Züchtigung über die Sterblichen verhängt hat“, und weil „weder irgendeine Wissenschaft noch menschliche Vorkehrung etwas vermögen ... darum wurde nicht nur einmal, sondern viele Male in geordneten Prozessionen demütig vor Gott Buße getan“. Und in den Menschenansammlungen der Seuche noch zusätzlich Vorschub geleistet!

Da reißt ein Araber den Blick der verängstigten Menschheit vom Himmel auf die Erde zurück und auf die nächstliegenden und notwendigsten Maßnahmen.

In jenem furchtbarsten aller Pestjahre 1348 führt der andalusische Staatsmann, Historiker und Arzt Ibn al-Chatib (1313–1374), großmächtiger Wesir des Sultans von Granada, die Epidemie in einer klar und logisch durchdachten Abhandlung auf die Infektion durch Berührung mit dem Kranken oder seinen Ausscheidungen zurück. „Die Existenz der Ansteckung steht fest durch die Erfahrung, die Forschung, die Sinneswahrnehmung, die Autopsie und verbürgte Zeugnisse: diese Fakten erbringen den unumstößlichen Beweis. Die Tatsache der Infektion bestätigt sich dem Forscher, der darauf achtet, wie derjenige, der mit den von der Krankheit Betroffenen in Kontakt gerät, ebenfalls krank wird, wohingegen der, der keine Berührung mit ihnen hat, davon frei bleibt; wie ferner die Übertragung der Krankheit in einem Haus oder Quartier durch ein Kleid oder ein Gefäß zustandekommt, so daß selbst ein Ohrring jemandem den Tod bringen kann, der ihn sich anhängt, und dann das ganze Haus ins Verderben zieht; ferner wie sie in einer Stadt in einem einzigen Hause auftritt und dann in jenen aufflammt, die mit dem Kranken zu tun haben, darauf in den Nachbarn und all denen, die das Haus des Kranken besucht haben, so daß sich der Riß immer mehr erweitert . . ., ferner ist erwiesen die Ansteckung durch einen Ankömmling aus einem verseuchten Land in einer Hafenstadt und durch die Immunität isolierter Personen."

Diese Erkenntnis der Infektiosität der Volkskrankheiten ist einer der bedeutsamen Fortschritte, die das Arabertum über die Antike hinausgetan und mit dem es der Menschheit einen unschätzbaren Dienst erwiesen hat.

„Das Ergebnis meiner langjährigen Erfahrung", schreibt etwa gleichzeitig wie der Wesir am Hof in Granada der arabische Arzt Ibn Chatima in Almeria in Spanien, „zeigt, daß, wenn eine Person in Kontakt mit einem Kranken kommt, er sofort von der Krankheit und mit denselben Symptomen befallen wird. Wenn der erste Patient Blut spuckt, wird der zweite es ebenfalls tun . . . Wenn der erste ein Geschwür hat, wird der zweite das gleiche bekommen; und der zweite Patient wird es gleichfalls übertragen."

Und plötzlich, in den achtziger Jahren, als eine neue Gefahr hereingebrochen ist, weiß man es auch im Abendland!

Zwar floh man auch vorher die Nähe und Berührung mit einem Pestkranken, doch aus einer unbestimmten, mystisch-kosmisch begründeten Angst; im übrigen erhoffte man Rettung durch Pestamulette und Talis-

mane, durch Riech- und Räuchermittel, die den Gifthauch der Erde, die „Miasmen“ der Griechen, vertreiben sollten.
Als jetzt, nach der zweiten großen Seuche dieses Jahrhunderts vom Jahr 1382, Chalin de Vinario, Professor an der Universität Montpellier – die wie ein Filter arabischer Wissenschaft an der südwestlichen Öffnung des Abendlandes abfängt, was aus Andalusien kommt – sein Werk über die Pest schreibt, da kennt er nur noch einen einzigen Verantwortlichen für ihre Ausbreitung: – „daß die Krankheit aus keiner anderen Ursache noch irgendwoandersher als durch Ansteckung übergehen kann“.
Jetzt auch ergreift man behördlicherseits zweckmäßige und wirkungsvollere Abwehrmaßnahmen, allen voran die italienischen Städte und Venedig, die aus dem direkten Verkehr mit dem Orient Erfahrung gesammelt und arabische Ärzte für ihre öffentliche Gesundheitspflege nach arabischem Muster eingesetzt haben.
Aber der andalusische Wesir, der nebenher ein Werk über die Entstehung des Embryos hinterläßt, löst auch das ungeklärte Rätsel, weshalb mancher trotz aller Berührung mit Kranken nicht erkrankte. Die Pest flammt je nach Disposition und Krankheitsbereitschaft des Körpers entweder „mit einem Schlage“ oder langsamer, bei jenen heftig, bei „angepaßten“ Personen milder auf – oder gar nicht; und die Krankheitsveranlagung macht, ob ein Kranker dennoch mit dem Leben davonkommt – nicht Gebet oder eine Konjunktion der Planeten.

Oh, es läßt sich von den maurischen Hunden schon einiges Nützliche lernen.
So bereichert der andalusische Chirurg Abu l'-Qasim (gest. 1013) die Medizin durch seine Beschreibung der Bluterkrankheit, von der er mehrere Fälle in einer Familie beobachtet hat. Siebenhundert Jahre vor Percival Pott (1713–1788) beschäftigt er sich mit Gelenkentzündungen und Wirbeltuberkulose, die später nach dem Engländer „Pottsches Übel“, Malum Pottii, genannt werden wird. Zahlreiche Neuerungen führt er nicht nur in der allgemeinen Chirurgie ein, bei der Kauterisation von Wunden, bei der Zertrümmerung von Blasensteinen in der Blase, bei Sektionen und Vivisektionen. Er verhilft der bei den Griechen recht darniederliegenden Frauenheilkunde durch neue Methoden und Instrumente zur Entwicklung. Er erfindet neue geburtshilfliche Griffe und Eingriffe, beim Vorfall einer Hand oder des Knies, bei Fußlage, Querlage oder der zuerst von ihm behandelten Gesichtslage des Kindes. Als erster empfiehlt er die Steißgeburt, die von Soranus und seinen Vorgängern unbedingt vermieden wurde; ferner die heutzutage nach dem Stuttgarter Gynäkologen Walcher (1856–1935) benannte „Walcher Lage“, die Hänge-

lage der Gebärenden bei geburtshilflichen Eingriffen. Er lehrt die vaginale Steinoperation und erfindet einen besonderen Vaginalspiegel und den Kolpeurynter zur künstlichen Erweiterung der Scheide, der in der Geburtshilfe große Bedeutung gewinnt. Er lehrt die Behandlung von Mißbildungen des Mundes und Kiefers. Er verwendet Haken beim Ausziehen von Polypen und führt in erfolgreicher Operation den waagrechten Luftröhrenschnitt bei seinem Diener aus. Und worauf sich vornehmlich der Ruhm des großen französischen Chirurgen Ambroise Paré gründet, die im Jahre 1552 von ihm angeblich zum erstenmal unternommene Unterbindung der großen Blutgefäße, sie hat sechshundert Jahre vor dem genialen Franzosen der Araber Abu 'l-Qasim gelehrt und dadurch seine Amputationen erheblich verbessert.

Er lehrt die angehenden Chirurgen auch die umschlungene Naht, die Kürschnernaht und die Achternaht bei Bauchwunden und eine Naht, bei der zwei Nadeln an einem Faden befestigt werden, dazu die Naht mit Katzendärmen, Catgut, bei Darmwunden. Bei allen Wundnähten aber und operativen Eingriffen unterhalb der Nabelhöhe rät er als erster zur Hochlagerung des Beckens und der Füße: der „Trendelenburgschen Lage", die das Abendland unmittelbar von ihrem arabischen Erfinder dankbar übernommen, gern angewendet und endlich Anfang des 20. Jahrhunderts auch mit einem Namen versehen hat, mit dem des verdienstvollen deutschen Chirurgen Friedrich Trendelenburg (1844–1924). Des verdienstvollen Arabers hat es sich selten erinnert!

Von Abu 'l-Qasim stammt schließlich das Verfahren, bei offenen Brüchen zur Versorgung der Wunde ein Fenster in den *Gips*-Verband zu schneiden, den er im übrigen sorgfältig polsterte. Durch die Vielzahl von Abbildungen zweckdienlicher chirurgischer Instrumente gab er den abendländischen Chirurgen, den Augen-, Zahn- und Wundärzten die so dringend benötigten Operationsbestecke in die noch fast leeren Hände.

Die beträchtlichsten Fortschritte über die Griechen hinaus machten die Araber in der Augenheilkunde. Ihr wandten sie ihre besondere Aufmerksamkeit zu, so daß dieser Zweig der Medizin, aufs glücklichste unterstützt durch die bahnbrechenden Entdeckungen arabischer Physiker auf dem Gebiete der Optik, geradezu als eine arabische Schöpfung gilt. Das erste erhaltene Werk über die Augenheilkunde überhaupt schrieb Hunain ben Ischaq. Zusammen mit den Standardwerken des Ali ben Ißa und des Ammar aus Mossul wurde es die Grundlage der abendländischen Augenheilkunde und blieb es bis Ende des 18. Jahrhunderts. Noch in neuester Zeit liefert das Land der Augenkrankheiten seine erprobten Heilmittel wie die aus der ägyptischen Aschenpflanze gewonnenen Augentropfen gegen Linsentrübung und Migräne.

Vorzügliches leisteten die Araber auch in der Orthopädie. Die von ihnen entwickelte Methode der Schultereinrenkung wird noch heute als arabische Methode bezeichnet. Zu der schon in der Antike geübten Therapie mit heißen und mit kalten Bädern führte Ibn Sina die Behandlung mit Wechselbädern ein. Er erfand die Klistierspritze und den Eisbeutel. Auf ar-Rasi geht die Verwendung des „Haarseils" in der operativen Chirurgie des Mittelalters zurück.

Originell und wahrhaft segenbringend war die arabische Form der Schmerzbetäubung, die hier nicht wie bei Indern, Griechen und Römern durch berauschende Getränke hervorgerufen und nicht nur allgemein zur Schmerzlinderung eingesetzt wurde, sondern zur Vorbereitung der schmerzfreien Operation: die Allgemeinnarkose. Wiederum schrieb man zunächst einem italienischen Arzt, sodann diesmal sogar den Alexandrinern zu, was man von den Arabern gelernt hatte: Schwammstückchen mit einem Saft von Haschisch, Wicken und Bilsenkraut zu tränken, sie an der Sonne zu trocknen und bei Gebrauch anzufeuchten, sie dann dem Patienten in die Nase zu stecken, wo die Schleimhäute die Lösung aufnahmen, so daß er in Tiefschlaf sank und die unerträglichen Schmerzen der Operation nicht spürte. Auf verschiedenen Wegen drang die Kenntnis der Vollnarkose ins Abendland. Aber dies so segensreiche Verfahren überlebte hier nur kurze Zeit, um dann bis zur Erfindung der Inhalationsnarkose um 1844 vollständig in Vergessenheit zu geraten.
Und dies unselige Los teilte die Narkose mit einer anderen arabischen Errungenschaft, mit der Chirurgie und Wundheilung stehen und fallen: der Asepsis, die ebenfalls von den Arabern nach Norditalien kam, ein kurzes, überaus erfolgreiches Gastspiel gab, um jäh und für die Dauer von sechshundert Jahren wieder spurlos zu verschwinden.
Auf der unglücklichen Doktrin der griechischen Viersäftelehre war auch der wunderliche Gedanke gewachsen, die Eiterung der Wunde sei der natürliche, wünschenswerte Reinigungsprozeß, den der Arzt noch künstlich zu unterstützen habe oder sogar hervorzurufen. Über tausend Jahre hatten die Ärzte dem gewaltigen Hippokrates hierin getreulich Gefolgschaft geleistet. Gegen diesen Gedanken setzte Ibn Sina die Lehre von der eiterungslosen Wundbehandlung.
Seine Erfolge grenzten an Wunder. Waren früher Wochen unter brennenden, stechenden Schmerzen, ja Monate vergangen, bis eine Wunde glücklich vernarbt war, so heilte sie jetzt fast über Nacht. Das machte, er verzichtete nicht nur darauf, eine Wundeiterung zu fördern, er vermied jede unnötige mechanische oder chemische Reizung und beugte durch warme Kompressen mit starkem, altem Rotwein der Eiterung vor – ein

Mittel, dessen mächtige keimtötende Wirkung erst der französische Professor Masquelier aus Bordeaux im Jahr 1959 neuentdeckt und als dem Penicillin gleichwertig erkannt hat.

Diese Einstellung entsprach altarabischer Tradition und einer wundpflegerischen Begabung, der wohl niemand Erfindungskraft und Originalität absprechen wird. Für die Behandlung infizierter Wunden nämlich hatten schon die vorislamischen Araber ein Mittel gefunden, das ebenfalls erst das 20. Jahrhundert neuentdeckte, den vorletzten Schrei der Medizin unserer Tage: das Antibiotikum.

Von den Geschirren ihrer Lastesel und Wasserbüffel ernteten sie die Schimmelstoffe des Penicilliums und Aspergillus. Diese verarbeiteten sie zu Salben und behandelten mit ihnen entzündete Wunden. Bei Halsentzündungen pusteten sie den grünlichen Staub verschimmelten Brotes in den Hals des Kranken, wie es heute noch bei den Beduinen üblich ist. Bei derartigen Rezepten hätte es uns noch vor fünfzig Jahren geschüttelt – heute bewundern wir eine so frühe Kenntnis der antibiotischen, entzündunghemmenden Wirkung bestimmter Mikroorganismen, ein Wissen, das für uns einen Gipfel heilkundlicher Weisheit darstellt; so lange bis ein neuer hinter ihm aufragt.

Hochmodern muten auch die Behandlungen von Geisteskrankheiten an. Manien und andere geistige Störungen kurierten die Araber durch Heilschlaf mit Opium wie seit kurzem auch unsere Ärzte. Im übrigen stimmen alle Berichte von Heilungen Geisteskranker in dem Bemühen des Arztes überein, sich in den Zustand des Patienten hineinzuversetzen, auf ihn und seinen Wahn einzugehen, ihn womöglich durch psychische Mittel zu heilen.

Die Psychotherapie spielte bei ihnen eine wichtige Rolle, auch bei körperlichen Leiden. Eine eigene Literatur befaßte sich mit der psychischen Heilbehandlung. „Die Wirkung der Musik auf Mensch und Tier" untersuchte Ibn al-Heitham, der große Physiker, der seine Laufbahn als Arzt begonnen hatte. Psychische Heilmittel sollten die medikamentöse Therapie unterstützen und sie durch Hebung der Abwehrkräfte vervollständigen, forderte Ibn Sina. „Wir müssen bedenken, daß es eine der besten und erfolgreichsten Behandlungen ist, die geistigen und die seelischen Kräfte des Patienten zu stärken, ihn zu ermutigen, besser zu kämpfen, seine Umgebung freundlich und gefällig zu gestalten, ihn guter Musik lauschen zu lassen, ihn mit Leuten zusammenzubringen, die er liebt" ...

Und dennoch ist kaum eine ihrer Pioniertaten vom Abendland als arabisches Copyright zur Kenntnis genommen worden, etwa wie arabische Ziffern, arabische Algebra, arabische Astrolabien. Im Gegenteil, manche arabische Erfindung trägt heute ein englisches, französisches oder deutsches Warenzeichen.

Geschichte dagegen machten ihre Lehrbücher, die, einst für den Unterricht der angehenden Ärzte von Bagdad und Cordoba geschrieben, das Lehrmaterial unzähliger abendländischer Ärztegenerationen wurden in einem Ausmaß, wie der ehrgeizigste seiner Verfasser es sich nicht hätte träumen lassen.

Während sich – gegen Ende des 10. Jahrhunderts – der hochgelehrte Gerbert von Aurillac den privaten geistigen Luxus gestattete, sich einen rein theoretischen heilkundlichen Wissensstoff anzulegen, wird gleichzeitig in den arabischen Ländern stündlich medizinisches Wissen im Kampf gegen Krankheit und Tod praktisch eingesetzt. Hier ist die Krankenpflege ein bedeutender sozialer Faktor. Das Krankenhauswesen steht auf einer Höhe, die in der Welt ihresgleichen sucht. Entsprechend streng sind die Anforderungen an die Ärzte. Denn die Ausbildung muß obrigkeitlicher Prüfung standhalten und womöglich auf die Zulassung zum Krankenhaus vorbereiten und zum Lehren des Nachwuchses berechtigen. Hier wird dringend ein Unterrichtsstoff gebraucht, mit dem die Studierenden auch wirklich etwas anfangen können. Aber was gibt es da?

Einzelne Werke der Griechen werden zum Studium immer unentbehrlich sein. Aber wo soll der Student ansetzen, der sich einen Gesamtüberblick verschaffen muß?

„Ich habe unter den Schriften der alten und modernen Ärzte kein vollständiges Buch gefunden, das alles enthält, was für die Erlernung der Heilkunst nötig ist", beanstandet bei einer kritischen Durchsicht Ali ben al-Abbas, Leibarzt des Sultans Adud ad-Daula und Zeitgenosse Gerberts von Aurillac, die vorhandene medizinische Literatur. „Hippokrates schreibt zu knapp, und viele seiner Redewendungen sind dunkel und brauchten einen Kommentar ... Galen verfaßte mehrere Bücher, von denen jedes nur einen Teil der Heilkunst enthält. Aber seine Schriften sind langatmig und voller Wiederholungen. Ich fand nicht ein einziges Buch von ihm, das vollständig und für den Unterricht des Praktikers geeignet wäre ..." Ein Werk nach dem anderen nimmt er sich vor und legt es kopfschüttelnd beiseite, Oribasius, Paul von Aegina – „... gut erläutert, aber ohne Methode; dem Studenten würde es schwerfallen, darin zu studieren"; schließlich die Modernen, Ahron, Serapion, Masaweih, ar-Rasi – zwar sein „al-Manßuri" läßt keinen Gegenstand aus, ist aber allzu gerafft, dagegen „al-Hawi" so vollständig, wie ein Buch nur sein kann: „Alle Bücher sind im ‚al-Hawi' enthalten." Fast wäre er das ideale Buch, wäre sein Inhalt nicht so „ohne Ordnung und Zusammenhang und ohne die eigentliche Methode eines Lehrbuchs dargeboten. Er hat sein Werk nicht in Abschnitte und Kapitel unterteilt, wie man es von einem Mann der Wissenschaft bei seinem ungeheuren medizinischen Wissen und bei seiner schriftstellerischen Begabung eigentlich erwarten würde", wundert er sich. „Was ich glaube, das mit diesem Buch passiert ist, ist vermutlich eins von beidem: entweder schrieb er, was er schrieb, als Gedächtnisstütze für seine alten Tage, weil er befürchtete, irgendetwas könnte einmal seine Bibliothek vernichten, oder wahrscheinlicher sind diese Notizen geschrieben, um ihm bei der Niederschrift eines vollkommenen, sauber eingeteilten und systematisch geordneten Buches zu helfen, und durch seinen frühen Tod kam er nicht mehr dazu ..." So aber ist durch wahllose Zusammenstellung der Ansichten aller Ärzte zu jedwedem Fall zu viel Überflüssiges mit aufgenommen und das Ganze so umfangreich geworden, daß nur sehr wenig Reiche sich ein so teures Werk leisten können. „Was mich betrifft, so werde ich in meinem Buch all jenes behandeln, was für die Erhaltung der Gesundheit und die Heilung von Krankheiten notwendig ist ... die Dinge, die jeder fähige und gewissenhafte Arzt wissen sollte."

Was Rasi vorgeschwebt hatte, führt Ali ben al-Abbas zu hoher Vollendung. Sein Buch wählt die glückliche Mitte zwischen der Gründlichkeit des „al-Hawi" und der Straffheit des „al-Manßuri". Es ist dem Sultan Adud ad-Daula gewidmet, dem Gründer des großen Krankenhauses von Bagdad und königlichen Förderer der Wissenschaften, für den as-Sufi die Fixsterne zählt. „Das königliche Buch" wird es darum genannt, al-Kitab al-Maliki, und ein königliches Buch ist es, das noch heute unsere Bewunderung verdient.

Ein ausgesprochen wissenschaftlicher Sinn, ein Talent für Klarheit, Gliederung und Zusammenhänge verrät sich in den Handbüchern und Enzyklopädien, den in Frage und Antwort geschriebenen Leitfaden für die Studierenden, in den Grundrissen und Tabellenwerken, in denen das übernommene und neue Wissen mit echtem Verständnis erfaßt, zum erstenmal gesichtet und in vorbildlicher Übersichtlichkeit und Geschlossenheit den Lernenden zugänglich gemacht wird. „Die Araber waren es, die Licht und Ordnung in die oft unklar gefaßte, nur in Bruchstücken vorliegende Überlieferung der Antike brachten", bescheinigt der Medizinhistoriker ihnen seine „einhellige Anerkennung". „Sie haben anstelle der mechanischen Auszüge, der geistlosen Kompilationen, der verwirrenden Sammelschriften der Byzantiner wirkliche umfassende Handbücher mit einheitlichem, alle Spezialfächer organisch verbindendem Grundzug geschaffen, sie haben den Lehrzweck in mannigfachen Formen zu erreichen verstanden und der lebendigen Muttersprache – nicht einem verstorbenen Idiom – eine mustergültige wissenschaftliche Terminologie abgerungen.“ (Neuburger.)

Und darum hat das Abendland zunächst ihnen als seinen Lehrern den Vorzug gegeben und hat sich von ihnen seine medizinischen Kenntnisse geholt, mehr als aus der sie verwirrenden, ungeordneten und unübersichtlichen Literatur der Griechen!

Was eignete sich besser zum Lernen als die Einpaukbücher der arabischen Studenten in der Form von Frage und Antwort, wie Hunain ben Ischaq und Thabit und hundert andere sie verfaßt hatten?

Was führte besser in die Grundlagen des Galenischen, in über hundert Einzelarbeiten versprengten Mammutwerkes ein als Hunains „Isagoge“ oder die Grundrisse des Ibn Ridwan?

Was gab es für den Arzt Einprägsameres als die synoptischen Tafeln des Ibn Dschesslah, in denen er „die Krankheiten ordnete wie in astronomischen Tafeln die Sterne“? Sie gestatteten ihm jeweils auf einer Seite einen Blick aus der Vogelschau auf die Ursachen, Symptome, Prognose und Behandlungsweise – getrennt für Reiche und Arme – von insgesamt dreihundertzweiundfünfzig Krankheiten.

Oder was gab es Nützlicheres als die synoptischen Tafeln von Ibn Botlan über die förderlichen oder schädlichen Einwirkungen von Klima, Nahrung, Affekten, Bewegung oder Ruhe, Schlafen oder Wachen und über die Mittel, diese Schäden zu beheben?

Ibn Botlan praktizierte in Bagdad zur gleichen Zeit, als Ibn Ridwan in Kairo als angesehener Lehrer und Chef der Ärzteschaft wirkte. Beide verband aufs innigste ein überaus hitziger und scharfgewürzter Briefwechsel. Ursprünglich hatte die Gräkomanie des Kairiner Gelehrten den casus belli für den ergötzlichen Federkrieg der beiden Streithähne geschaffen und seine für Araberohren anstößige Behauptung, allein schon das Studium antiker Medizinbücher mache den Arzt. Wobei Ibn Ridwan aus der Not seiner Jugend eine allgemeinverbindliche Tugend machen wollte; denn der ehemalige Werkstudent hatte sich als Sohn eines armen Wasserträgers seine Medizinbücher sauer durch astrologische Prophezeiungen verdient und allein aus ihnen sein ganzes Wissen schöpfen müssen. Doch so weit auseinander auch beider Ansichten liefen, um so näher begegneten sie sich in ihrem poetischen Talent und in ihrem Geschmack an kräftig gepfeffertem Witz. Besonders der streitbare Ibn Ridwan machte sich ein saftiges Vergnügen daraus, seinen Gegner in Bagdad bei jeder ungeeigneten Gelegenheit anzufrozzeln. „Ibn Ridwans Nichtwissen ist Weisheit im Vergleich zu Ibn Botlan", betitelte er hochnäsig eine seiner schriftstellerischen Possen. „Ibn Botlan kann seine eigenen Schriften nicht lesen", „Eine Botschaft an die Ärzte in Kairo über das Neueste von Ibn Botlan", und so ging es munter fort. Der so Gefoppte revanchierte sich durch ein satirisches Gedicht auf das „Teufelskrokodil", wie er seinen abschreckend häßlichen Briefpartner freundschaftlich zu bezeichnen pflegte; darin frozzelte er zurück:

Die Hebammen neigten die Häupter vor Scham,
als sein garstiges Runzelgesicht sie gesehen,
und stöhnten nur: „Uns wäre besser geschehen,
er wäre geblieben, woher er kam!"

Aus der Praxis entstanden und für die Praxis geschrieben war auch das beliebte „Reisehandbuch für Arme", das knapp und verständlich die Ursachen, Symptome und Heilmittel der gängigsten Krankheiten aufzählte, die einen unterwegs überfallen konnten. Und darin hatte der ärztliche Autor seine Erfahrungen. Jedes Jahr, wenn im Sommer die Schiffe aus dem Hafen von Tunis zu ihren Expeditionen gegen die Ungläubigen in See stachen, hängte Ibn al-Dschessar seine Privatpraxis in Kairuan für die heißesten Monate an den Nagel und segelte als Schiffsarzt der Sarazenenflotte zu den Küsten Mittel- oder Norditaliens, Südfrankreichs oder Nordspaniens und vielleicht auch einmal den Tiber aufwärts bis vor Rom und St. Peter. Und was auf solchen Expeditionen erprobt war, bewährte sich mit Zusätzen auch auf der Pilgerfahrt. Das nützliche Buch wurde früh nicht nur ins Lateinische und Hebräische übersetzt, sondern auch ins Griechische, was später die Vermutung beflügelte, die arabische Ausgabe könne natürlich nur die Übersetzung eines griechischen Originals sein.

Doch das wirklich umfassende, das vollkommene Buch zu schaffen, blieb das eigentliche Ziel. Ein Werk, welches das gesamte Heilwissen aller Völker und Zeiten verarbeitete und folgerichtig zum Ganzen fügte. Mit dem „königlichen Buch" hatte Ali ben al-Abbas der Ärztewelt das bisher Unübertroffene geschenkt. Nie hatte die Antike etwas Derartiges besessen.

Jetzt fehlt es nicht an ebenbürtigen Nacheiferern.

Im Westen schreibt Abu 'l-Qasim (936–1013), der Stern der arabischen Chirurgie, am Hofe al-Hakams II. bei Cordoba sein umfangreiches, viele eigene Erfahrungen verwertendes Medizinwerk „at-Tasrif", „Die Gewährung", dessen dritter Teil einmal den Grund der europäischen Chirurgie legen und die hierlands verachtete operative Heilkunst als selbständigen, auf die Anatomie sich stützenden Zweig der Medizin gleichberechtigt neben die anderen Zweige heben wird.

Ebenfalls in Andalus verfaßt der aus alter Sevillaner Arztfamilie stammende Ibn Sochr (1091–1162), der seinen Stammbaum bis in die arabische Heimat zurückverfolgt, sein Hauptwerk „Die Erleichterung durch Behandlung und Diät", „at-Taysir" – ein Vademecum der Medizin, das vor allem den gründlich gebildeten Anatomen und in recht interessanten Krankengeschichten den bedeutenden Kliniker verrät. Unter den arabischen Ärzten steht er neben ar-Rasi dem Hippokrates am nächsten in entschlossener Reinhaltung der Medizin von Philosophie und Religion und in Unvoreingenommenheit und Unabhängigkeit des Beobachtens und Denkens. Sein stolzes Hauptwerk ist seinem noch berühmteren Schüler und Freund Ibn Ruschd (1126–1198) gewidmet, der auf dies Kompliment des Meisters mit seinem scharfdurchgegliederten System der Medizin, „Allgemeine Richtlinien der Heilwissenschaft", „Kullidschat fi 't-Tibb", erwiderte.

Aber sie alle, die Werke der hervorragendsten arabischen Mediziner und selbst das „königliche Buch", ebenso wie die Werke der Größten unter Griechen und Alexandrinern verblassen vor dem „Kanon" des Ibn Sina. Der überwältigende Einfluß, den dieses Werk des „Fürsten der Ärzte" lange Jahrhunderte hindurch im Morgen- und Abendland ausgeübt hat, ist in der Medizingeschichte ohne Beispiel.

Und genial und unerreicht ist es, wie hier der gesamte Umfang der theoretischen und praktischen Medizin mit all ihren Sonderzweigen systematisch bewältigt, mit welch einzigartigem Gliederungsvermögen er zu einem Riesenkunstwerk von strengster und edelster Architektonik und stilistischer Brillanz gestaltet worden ist – „eine Gesamtleistung in einem Guß, die einzig dasteht in der medizinischen Literatur aller Zeiten" (Sudhoff).

Eine Sammlung eigener Beobachtungen und Forschungen, die Ibn Sina dem Kanon anhängen wollte, ist früh verloren gegangen, noch bevor sie veröffentlicht wurde. Die unerhörte formale Meisterschaft, die glänzende Darstellungsweise und Diktion haben die Nachwelt so stark geblendet, daß sie ohnehin über dem Meister der Form und der kristallenen Systematik den Beobachter und empirischen Forscher überhaupt nicht gewertet hat. Sie bewunderte das in ihm, was sie an den Heros der Antike, an Galen, gemahnte: sie feierte in ihm den Vollender des Galenismus.

Dieser Beifall freilich war durchaus begründet. An Systematisierung und

Klassifizierung, an Klarheit, Ordnung und Geschlossenheit übertraf er den „unerträglichen Seichbeutel" bei weitem (wie v. Wilamowitz-Moellendorff den Pergamener in seiner „Verzweiflung über Galens entsetzlich weitschweifige Schreibweise und sein oft so umständliches und dabei völlig steriles und in sich unwahres, endloses Geschwätz über die Humores und dergleichen" genannt hat).

Den Ruhm Galens und der Griechen lange Zeit zu verdunkeln – Ibn Sina ist es gelungen. Der zweite Araber, der neben ar-Rasi von der Wand des Hörsaals der Pariser Medizinschule herabblickt, ist er, Avicenna, der größte medizinische Lehrer des Abendlandes durch siebenhundert Jahre.

ERWECKEN DES ABENDLANDES

Jeder weiß es: unsterblich durch seinen Ruhm ist Salerno,
der den gesamten Erdkreis, den Kranken zum Heile, umfließet.
Ruhm auch gebührt – ich gesteh es – dem Unterricht in Salerno...

versichert der „versgewandte" Sohn eines deutschen Ritters 1162 in Köln dem Kanzler des Reiches Reinald von Dassel, als er dreiundzwanzigjährig und noch erfüllt von seinem Medizinstudium an der Ärzteschule am Golf von Paestum, wenn auch krank an Leib und Beutel, zu seinem fürstlichen Gönner zurückkehrt.

Auf die Ärzte in Salerno im 12. Jahrhundert setzt bei Hartmann von Aue der „arme Heinrich" seine letzte Hoffnung, nachdem er in Montpellier vergeblich Heilung gesucht hat. Nach Salerno zieht Wilhelm der Eroberer, der spätere König von England, um dort eine Kriegsverletzung behandeln zu lassen. Zu den „Ärzten Salernos, deren Ruf durch die ganze Welt geht dank ihrer großen medizinischen Kenntnisse", begeben sich 1101 bei der Rückkehr vom ersten Kreuzzug sein Sohn, der vor Jerusalem verwundete Graf Robert von der Normandie, mit seinen Gefährten und die aus dem Heiligen Lande heimkehrende abendländische Ritterschaft.

Für die Kranken der gesamten Christenheit ist Salerno die einzige Oase inmitten gänzlicher Dürre, für den ärztlichen Nachwuchs der einzige Ort außerhalb der blühenden islamischen Kulturwelt, der eine höhere ärztliche Bildung vermittelt, wenn er sich mit den Schulen in Damaskus oder Cordoba auch nicht entfernt messen kann – hier ist er der Gipfel. Und nicht von ungefähr.

Denn die Ärzteschule von Salerno ist eine rein weltliche Enklave inmitten der alleinherrschenden Klerikermedizin. Ihre Leiter und Lehrer sind verheiratet. Neben den männlichen unterrichten auch weibliche Professoren. Angehörigen jeder Nation und jedes Glaubensbekenntnisses sind ihre Tore geöffnet.

Ihr Ursprung verliert sich im Gestrüpp von Legenden; doch wie jede Legende haben auch sie einen Zipfel Wahrheit eingefangen. Eine alte Chronik nennt vier Gründer der Schule: einen Griechen, einen Lateiner, einen Juden und den Araber „Adala" – was wohl aus Abdallah mißverstanden ist –, der die Sarazenen in der sarazenischen Literatur unterwiesen habe wie jeder von ihnen seine Landsleute in seiner Muttersprache.

Daß ein Araber an der Gründung der berühmten Schule mitgewirkt haben müsse, versteht sich hier in Unteritalien, das durch das ganze 9. Jahrhundert hindurch arabische Besatzungen, ja sogar ein Sultanat erlebt hat, bereits von selbst. Das legen allein schon die Wechselbeziehungen zu dem arabischen Sizilien nahe, die freilich nur hin und wieder sichtbar werden wie bei dem kleinen Juden Donnolo, der als Gefangener der Araber in Palermo ihre Sprache und nach seiner Freilassung in Süditalien die arabische Heilkunst von einem aus Bagdad eingewanderten Arzt erlernte. Für die arabische Ahnschaft gibt es aber noch handgreiflichere Gründe.

Gewiß, schon vor der Jahrhundertwende hatte die frischfröhliche Auswertung des schmalen Römererbes durch Salerns Ärzte die wenig verwöhnten Abendländer in offenes Staunen versetzt. Doch was hier, an diesem einen Punkt und nirgends sonst, urplötzlich in den siebziger und achtziger Jahren des 11. Jahrhunderts zu sprudeln und machtvoll zu strömen beginnt und Salerno jetzt jenen unsterblichen Ruhm einbringt, „der den gesamten Erdkreis umfließet", das ist nicht aus römischen oder etwa antiken Quellen gespeist, das ist arabisches Erbe.

Anderthalb Jahrhunderte, bevor Leonardo von Pisa die Kunst des arabischen Rechnens nach Europa verpflanzt, leitet der Karthager Konstantin von Afrika das heilkundliche Wissen der Araber in kräftigem Strom in das Bachbett Salernos und damit in die Kanäle des Abendlandes.

Daß Konstantin innerhalb der europäischen Geistesgeschichte eine ungleich größere Berühmtheit erlangt hat als Leonardo von Pisa, verdankt er nicht etwa seinem geistigen Format, das sich zu dem des Pisaners verhält wie der Spatz zum Falken. Dieses Plus an Berühmtheit verdankt Konstantin dem Narrenseil, an dem seine Zeit sich willig von ihm hat führen lassen.

Und dies ist seine Geschichte, wie sie sich aus dem mit dekorativen Abenteuern herausgeputzten Bericht seines Chronisten als einigermaßen gesichert herausschält.

In dem Jahr, in dem auch der Mönch Hildebrand, der spätere Papst Gregor VII., das Licht der Welt erblickt – 1020 –, wird Konstantin in Karthago geboren. Ob als Christ oder Muslim, als Freier oder Sklave, der freigelassen später zum Christentum übertritt, und seinen ursprünglichen Namen erfahren wir nicht. Wie Leonardo wächst er an einem Knotenpunkt des Mittelmeer- und Levantehandels auf. Wie Leonardo bereist er den Orient, der den Wissens- und Abenteuerdurstigen über die Hälfte seines Lebens in Bann schlägt. Als Reisender in Drogen und Arzneimitteln kommt er mit der arabischen Heilkunde in ständige, enge Berührung. Eben sind kurz nacheinander Ibn Sina und Ibn al-Heitham gestorben. In Bagdad, später von neuem in Aleppo, Antiochien und Scheisar begegnet er Ibn Botlan, der inzwischen in die Dienste des Emirs von Scheisar getreten ist, des Urgroßvaters von Ußama. In Kairo lehrt zur Zeit Ibn Ridwan, das „Teufelskrokodil".
Als Heilmittelhändler besucht Konstantin vierzigjährig das arabische Sizilien und auch das benachbarte Salerno und betritt damit zum erstenmal das Land der „Franken". In einem Gespräch mit dem Arzt und Bruder des Fürsten von Salerno, das durch arabische Hofleute gedolmetscht werden muß, springt dem orientalischen Gast der himmelweite Abstand zwischen morgen- und abendländischer Heilkunde derart schroff in die Augen, daß er verspricht, das Salernitaner Ärztekollegium statt mit seinen arabischen Drogen das nächstemal mit den geistigen Erzeugnissen der Araber zu versehen.
Konstantin kehrt nach Ägypten zurück. Und wenn er in jüngeren Jahren nur hier und dort mitgenommen hat, was sich ihm an medizinischen Lehren bot, so studiert er als reifer Mann jetzt planmäßig mehrere Jahre an den Medizinschulen des Orients.
Unter dem Arm einen Stapel Bücher, kommt er zum zweitenmal nach Salerno, das jetzt mit ganz Unteritalien unter der Herrschaft des Normannenherzogs Robert Guiskard steht. Nachdem er sich hinreichende Kenntnis der Landes- und Gelehrtensprache zugelegt hat, macht er sich hier an die Arbeit. Eine Schrift nach der anderen fließt aus seiner Feder und erregt maßlose Bewunderung. Dieser Mann muß einer von den ganz Großen sein. Einen so fruchtbaren Schriftsteller hat Salerno noch nicht gesehen. Um ungestört schreiben zu können, zieht er sich in die Stille der Berge zurück. In Monte Cassino schafft er unermüdlich seine wunderbaren medizinischen Werke, und die beiden Mönche Atto und Johannes helfen dem Laienbruder Konstantin, das holperige Latein in einen lesbaren Stil zu bringen.
Nur einmal, kurz vor seinem Tode, unterbricht ein lärmender Reitertrupp, aus blonden Wikingern und dunklen Wüstensöhnen bunt ge-

mischt, die Klosterstille. Der Normannenherzog Robert Guiskard selbst kommt nach Monte Cassino, umgeben von den schlanken, überhohen Gestalten seiner normannischen und sarazenischen Getreuen. Neben sich führt er einen Greis im Mönchsgewand. Alter und schwere Krankheit scheinen die unmenschliche Strenge in dem gnadenlosen Antlitz versteint zu haben. Aber gebeugt haben sie den Rücken des Schwerleidenden nicht, der fest und ohne zur Seite zu blicken über das Hofpflaster geht, wie er eisern und kalt über Ordnungen, die nicht er geschaffen hat, hinweggeschritten ist auf seinem steilen Weg.

Der fröhliche Lärm der Reiter zieht wieder ab, und mit ihm der Herzog. Nur der Alte bleibt, und die Stille, die wiedereinkehrt, ist die des Todes. Konstantin, der Mann der Feder, hat einen Patienten bekommen. Aber der körperliche und geistige Verfall schreiten unaufhaltsam vorwärts. So trägt man den Greis von dem vereisten Berg hinab zu den berühmten Ärzten in das milde, schon frühlingshafte Salerno. Im Mai dieses Jahres 1085 stirbt dort, vom Heiligen Vater gebannt, von der Rache seiner empörten Römer verjagt, von seinem Todfeind, dem Kaiser, vom Gipfel der Macht in Elend und Einsamkeit gestoßen, der Bauernsohn aus der Toscana, der noch kürzlich Gregor VII. hieß – „heiliger Satanas" nennt ihn erschauernd einer aus seinen eigenen Reihen.

Konstantin überlebt Gregor nur um knapp zwei Jahre. Während der Stern des einen in steilem Fall herabstürzt, steigt mit den Werken, die vom Kassineser Berg herunter wie Erleuchtungen zu den Salernitanern kommen, der Ruhm des andern unaufhaltsam.

Freilich sind sie in barbarischem, wenn auch flüssigem Latein geschrieben. Aber welch überlegenes Wissen in seiner Augenheilkunde, seiner Chirurgie, Chemie, Diätik, Harn- und Fieberlehre! Welche Meisterschaft in dem originellen Reisebuch „Viaticum" und seinem glänzend geschriebenen Hauptwerk, das „die ganze Kunst" der Medizin enthält und deshalb „Liber pantegni" heißt! Welch ein Geist!

Genau vierzig Jahre hält dieser Ruhm.

Da ist es heraus, daß der Mann aus Karthago kein Meister war, sondern ein gerissener Händler, der der alten Ware durch andere Verpackung ein frisches Aussehen gegeben hatte. Denn inzwischen hat der erste Kreuzzug neue Kenner des Orients und seiner Sprache herangebildet. Konstantins Spezialistentum ist nicht mehr außer Konkurrenz. In dem Augenblick, in dem in Antiochia der lombardische Arzt Stephan aus Pisa beschließt, von den heilkundlichen Schätzen der Ungläubigen einen der kostbarsten für die Christenheit zu retten, in diesem Augenblick gerät Konstantins Ruhm gefährlich ins Wanken.

Während nämlich Stephan im Jahr 1127 „Das vollständige Buch der Heilkunde, genannt das königliche, von Hali, dem Sohn des Abbas" pedantisch genau in ein leidlich zähes Latein überträgt, kommt ihm das Ganze doch reichlich bekannt vor. So trifft man sich wieder! Da hat er ausgerechnet in der weltberühmten Ärztestadt am Golf von Paestum, in Salerno, die Heilwissenschaften studiert, sich drei Jahre lang in schuldiger Ehrfurcht ausgerechnet den einschlägigen Werken des Meisters Konstantin gewidmet! Jetzt schlägt er mit scharfen Worten dem angeblichen Verfasser des „Liber pantegni" die Maske entzwei.

Doch das ist nur der Anfang.

In Sizilien erkennt der Übersetzer Demetrius in Konstantins „De oculis", Hunains Lehrbuch der Augenheilkunde wieder. Sein interessantes „Viaticum" entpuppt sich als Ibn al-Dschessars „Reisehandbuch für Arme", seine Diätik, Harn- und Fieberlehre als freie Übersetzung von Schriften des Isaak Judaeus. Konstantins Chirurgie stammt in Wirklichkeit aus der Feder des Haly Abbas, wie man jetzt sagt, seine Chemie von Rhases.

Nur bei ein paar Schriften von Hippokrates und Galen, die Konstantin in den arabischen Übersetzungen durch Hunain ben Ischaq und seinen Neffen Hubaisch mit herüber nach Italien gebracht hat, bei den griechischen Schriften konnte er sich eine Maskerade nicht leisten. Die Namen der arabischen Gelehrten dagegen waren hier drüben unbekannt. Konstantin hat sie bedenkenlos beseitigt. Er hat jeden Namen ausgemerzt, durch den die Werke identifiziert werden konnten, oder ihnen seinen eigenen Namen vorangestellt, um – wie er sagt – zu verhindern, daß ein anderer Schreiber die Früchte seiner Arbeit stehle.

Ein geriebener Gauner also, der vorsorglich „Haltet den Dieb!" schreit, während er sich flink die Beute selbst in die Taschen stopft?

Abgesehen von einzelnen, hat seine Zeit ihm seine Täuschungsmanöver, sofern sie überhaupt davon erfuhr, nicht weiter übelgenommen. Seine „Werke" trugen auch weiterhin seinen Namen. Man handhabte Urheberrechte nicht so streng. War nicht Konstantins Gönner, der Erzbischof von Salerno, Alphanus, ihm mit gutem Beispiel im Verschweigen des griechischen Autors vorangegangen, dessen Werk er aus dem Griechischen ins Lateinische übersetzt hatte?

Der große französische Medizinhistoriker Daremberg hat zugleich das härteste und das versöhnlichste Wort über ihn gesprochen. Er hat Konstantin von Afrika um seiner geistigen Einbrüche willen am erbittertsten angegriffen und dennoch sich zu dem offiziellen Vorschlag gedrängt gefühlt, durch ein weithin sichtbares Denkmal auf den Höhen oberhalb von Salerno den Mann zu ehren, der durch seine Übersetzungen als erster die Werke der Araber dem Abendland übergeben und dadurch die Heilkunde aus ihrem totengleichen Schlaf zum Leben erweckt hat.

Zwei Männer hatten Konstantin beim Übersetzen aus dem Arabischen ins Lateinische geholfen: sein Lieblingsschüler, der junge Araber Jachja ben Aflah, den Konstantin „aus Not und Elend gerettet und an sich gezogen" hatte; zum Christentum übergetreten, erhielt er den Namen Johannes Afflatius oder auch Johannes Saracenus. Nach dem Tode seines Meisters wurde er ein angesehener Arzt in Salerno und verwaltete seinen Nachlaß. Sein anderer Schüler, Atto, brachte es zum Leibarzt und Kaplan der Kaiserin Agnes und übertrug für die Herrin die Übersetzungen seines Lehrers in romanische Verse. Ein dritter unmittelbarer Schüler Konstantins, Bartholomäus, knüpfte in seinen Schriften ebenfalls an Konstantins Araber an; früh wurde seine „Practica" ins Hochdeutsche, Niederdeutsche und Dänische übersetzt und durch sie arabisches Heilwissen schon im 13. Jahrhundert unmittelbar an das Volk herangetragen. Bereits 1250 flocht Berthold von Regensburg arabische Namen mit denen Konstantins und des Bartholomäus in seine Wanderpredigten. Dies alles waren freilich nur funkelnde Tropfen in jenem Frühlingsgewitter, das jetzt über dem steinigen Boden niederging.
Seine befruchtende und belebende Wirkung war ungeheuer. Kein Arzt in Salerno, der nicht aus den arabischen Werken kräftigen Nutzen zog. Kein Werk der plötzlich aufsprießenden medizinischen Literatur, das nicht auf ganz erheblich breiterem Grund stand, das aus der Verschmelzung alter Salernitaner Tradition mit dem Neuen nicht gereifter und auf allen Gebieten bereichert hervorging.
Das geschah nicht nur über das Medium des Buches. Das Neue begegnete dem Arzt, der sehen wollte, was es zu sehen gab, auch Auge in Auge.
Schauplatz war wie bei Stephan der Orient, das Ägypten des unglücklichen fünften Kreuzzugs.

1218 trifft im Heiligen Land mit den italienischen Kreuzfahrern der städtische Wundarzt von Bologna ein. Von Amts wegen hat der fast siebzigjährige Hugo aus dem in Lucca ansässigen langobardischen Adelsgeschlecht der Borgognoni für die auf Lebenszeit einmalige Gehaltszahlung von sechshundert Liren nicht nur acht Monate im Jahr in Bologna zu praktizieren und als Sachverständiger dem Gericht zur Verfügung zu stehen. Er hat außerdem dafür das Bologneser Kontingent als Feldscher in den Krieg zu begleiten.
Schon die lange Belagerung von Damiette am Nildelta mit Hungersnot, Kälte und Seuchen gibt ihm alle Hände voll zu tun, um wieviel mehr die verlustreichen Kämpfe um die Festung und schließlich die vernichtende Niederlage, die das verzweifelte Heer des Sultans den Eindringlingen

bereitet. Reichlich drei Jahre flickt Hugo von Lucca die Knochen und Wunden seiner Bologneser wieder zusammen.
Dabei muß er erleben, daß viele von den großen Herren ihm die Kollegen von der anderen Seite vorziehen, was immer auch Priester und Synoden zu solchem Ungehorsam gegen die heilige Kirche sagen mögen. Was hilft es, daß die Geistlichen immer wieder verbieten, warnen, drohen und ihnen ihr sicheres Ende vor Augen halten? „Unter dem Schleier ihrer Medizin, ihrer Wundbehandlung und ihrer Arzneien lauern die Heidenärzte den Christen voller Verschlagenheit auf, um ihnen zu schaden und sie durch Hinterlist zu töten!" Selbst diese Gefahr schreckt sie nicht ab, den feindlichen Heilkünstlern hinterherzulaufen.
Das ist nicht schmeichelhaft für einen in Ehren ergrauten Feldscher und Amtsarzt. In diesen drei Jahren findet Hugo ausreichend Anlaß, den vielgelobten und vielgelästerten muslimischen Chirurgen, wo es geht, auf die Finger zu sehen, und wenn er sich dazu selbst in ihre wunderbar ausgerüsteten Feldlazarette begeben muß, die auf den Rücken von dreißig und vierzig Kamelen ins Feld transportiert werden.
Was Hugo hier an Wundbehandlung zu sehen bekommt, sagt ihm erschreckend deutlich, daß falsch gewesen ist, was er gelernt und seit fünfzig Jahren geübt hat und was vom großen Hippokrates bis zu Meister Roger von Salerno als der Weisheit letzter Schluß gilt: in den Wunden den „guten und löblichen Eiter" hervorzurufen und die Wunden mit Eiweiß und Rosenöl zu schließen, auf dem der Eiter nur so gezüchtet wird. Oft genug hat der gefährliche Brauch schon schwersten Schaden gestiftet. Die ägyptischen Wundärzte dagegen erreichen mit ihren Verbänden voll warmem, stark alkoholhaltigem Wein und dem einfachen Verband, den sie oft fünf bis sechs Tage ruhig liegen lassen, die viel schnellere und gefahrlose Heilung und eine glatte, zarte Vernarbung ohne Wülste und Schrunden, sogar bei Nerven- und Gefäßverletzungen. Zur Heilung von Brüchen benutzen sie nicht so mörderische Foltermaschinen, wie sie daheim in Gebrauch sind. Und noch etwas, was man in Europa immerhin schon vom Hörensagen kennt, sieht er bei ihnen mit eigenen Augen. Wenn sie einem Schwerverwundeten den Arm amputieren, schläfern sie ihn vorher mit Haschisch, Bilsenkraut und Mandragora getränkten Schwämmen ein, auf daß er die unmenschlichen Schmerzen nicht spüre.
Als Hugo 1221 in die Heimat zurückkehrt, kann er seine Kreuzzugserfahrungen noch in den fast dreißig Jahren seiner Amtstätigkeit den Kranken Bolognas zugute kommen lassen und denen, die der Ruf seiner außergewöhnlichen Erfolge herbeigezogen hat. Doch was er von Arabern gelernt hat, das lehrt er jetzt seine Söhne und Enkel: bei Wunden jede Entzündung und den gefährlichen Eiter zu verhindern, er lehrt

die vereinfachte Behandlung von Brüchen und die Narkose bei operativen Eingriffen durch Schlafschwämme, die die Schleimhäute mit betäubenden Drogen netzen. Als er hundertjährig stirbt, hinterläßt er in Bologna eine Chirurgenschule, die in seinem Sinne weiterarbeitet. Sein eigentlicher Nachfolger ist sein Sohn Theoderich.

Theoderich von Borgognoni ist Geistlicher. Und daher bedarf er einer besonderen Erlaubnis, das verbotene Handwerk, das „inhonestum", auszuüben, das seinen Stand bei den in hohen Graden drohenden Mißerfolgen notwendig übler Nachrede aussetzen muß. Aber Theoderich kennt kaum Mißerfolge dank der neuen Wege, die sein Vater ihn gewiesen hat. Und so sehr liebt er seinen Arztberuf, daß er seine vielbesuchte chirurgische Praxis in Bologna fortsetzt sogar, als er zum Bischof in der Nähe Ravennas ernannt wird.

Aber schon ist die neue Ära, die so hoffnungsvoll begonnen hat, zur Episode verurteilt. Das chirurgische Werk des Wilhelm von Saliceto, der einige Zeit lang in Bologna lebt und lehrt und die unendlich segensreiche Tätigkeit des greisen Hugo und dann die seines Sohnes noch mit ansieht, dieses Werk weiß nichts von ihnen. Ob Kollegenneid auch ihm den Mund verschlossen hat? Mit keinem Wort erwähnt er die eiterungslose Wundbehandlung mit Wein und die Narkose durch Schlafschwämme, noch spricht sein großer Schüler Lanfranco davon. Ein einziger, der bei Theoderich selbst die Chirurgie erlernt hat, Heinrich von Mondeville, schildert begeistert dessen aseptische Heilmethoden und wunderbaren Erfolge. Seine Beschreibung ist ein einziges Preislied der schnellen, eiterungsfreien Wundheilung – und zugleich ihr letztes. Und sechshundert Jahre, in denen die heimtückischen Wundkrankheiten das beste ärztliche Wollen um den Erfolg betrogen und sinnlos Opfer für Opfer forderten, blieben für eine Fortentwicklung ungenutzt.

Etwas besser erging es der Narkose. In alte Rezeptsammlungen wie das „Antidotarium Nicolai" haben spätere Bearbeiter die Vorschrift aufgenommen. Hier und dort wird sie noch angewendet, bis wahrscheinlich tödlich ausgehende Mißgriffe in der Dosierung, großenteils jedoch der kirchlich genährte Aberglaube, der die betäubenden Pflanzen als Hexenkram verdächtigte, die Menschheit um die Wohltaten der Schmerzbetäubung brachten.

Und was Hugo von Lucca gelehrt hatte, war weniger als eine ferne Sage. Nur aus der „Chirurgia" seines Sohnes erfuhr man, wie einst „der Herr Hugo" narkotisiert, örtlich betäubt, mit Wein und Werg verbunden, mit weichen Lappen geschient hatte, wie er Galens Kur bei frischen Wunden getadelt, aber mit großem Erfolg „auf dieselbe Weise behandelte wie Avicenna".

Denn inzwischen hat sich ein zweiter Strom arabischer Wissenschaft über das Abendland ergossen. Inzwischen ist hier auch Ibn Sina unter dem Namen „Avicenna“ ein Begriff geworden.
Um die Sternkunde war es Friedrich I. Barbarossa gegangen, als er, bemüht, sich überall das Neue der Zeitmächte dienstbar zu machen, den Langobarden Gerhard aus seiner treuen Stadt Cremona nach Spanien geschickt hatte. Es war um die gleiche Zeit gewesen, als in Köln am Rhein der junge Medizinstudent, der deutsche „Archipoeta“, den Ruhm der unter arabischer Sonne blühenden Schule Salernos gesungen hatte.
Gerhard von Cremona war mit dem kaiserlichen Auftrag fortgereist, aus Toledo den Almagest des Ptolemäus zu holen. Doch fasziniert von den Schätzen, die sich in dieser ehemaligen Hochburg arabischer Weisheit häuften, blieb er fast zwanzig Jahre. Er übertrug nicht nur den Almagest aus dem Arabischen in die Gelehrtensprache des Abendlandes. Eine Ausbeute von mehr als achtzig Übersetzungen brachte er heim, bevor er 1187 in Cremona die Augen schloß, genau einhundert Jahre nach Konstantin.
Es waren die erlesensten und kostbarsten Stücke. Zu dem „königlichen Buch“ und den mehr zweitrangigen Erzeugnissen der arabischen Heilkunde, die sein Vorgänger importiert hatte, übergab jetzt Gerhard von Cremona dem medizinischen Abendland nahezu alle Werke von Hippokrates und Galen, die Hunain ben Ischaq ins Arabische übersetzt hatte, nebst ihren arabischen Kommentaren wie denen des Ibn Ridwan; alles übrige waren arabische Meisterwerke aller Wissenschaftszweige, unter ihnen der Liber Almansoris von Rhases, die Chirurgie des Abulkasis und der Kanon des Avicenna.
Der Fluß der Übersetzungen reißt jetzt nicht ab. Aus Spanien, aus Sizilien strömt es herüber, aus Norditalien. Aus Padua kommt Ibn Ruschd's „Kullidschat“, jetzt als „Colliget“ von „Averroes“ latinisiert. Gleich zweimal hintereinander wird der „Taysir“ des Ibn Sochr, der jetzt „Avenzoar“ heißt, übersetzt. Aus Sizilien kommt endlich 1279 „al-Hawi“, das Kolossalwerk von ar-Rasi, der „Continens Rhasis“, an dessen Übersetzung der in Salerno ausgebildete Jude Faradsch ben Salim die Hälfte seines Lebens gesetzt hat. Das geht bis ins 16. Jahrhundert fort. Neues, noch Unentdecktes kommt hinzu, Altes, bereits Bekanntes wie Avicennas Kanon, das Reisebuch Viaticum und Abhandlungen von Rhases und Averroes werden zu wiederholtem Mal übertragen.
Damit wird eine geistige Bewegung in Gang gesetzt, der sich in den folgenden Jahrhunderten kein Wissenschaftler zu entziehen vermag.

Die Überschwemmung mit neuem, wertvollem Tatsachenmaterial, das nicht wahllos gemengt, vielmehr gründlich durchgearbeitet, vorbildlich geordnet und glänzend dargestellt – wenn auch in kläglich schlechten Übersetzungen[11] – in verschwenderischer Fülle auf sie einströmt, durchtränkt den ausgetrockneten und verelendeten Boden wie einen Schwamm. Nachdem die erste Welle Salerno zu Weltruhm emporgetragen hat, weckt die zweite an der Eingangsschleuse von Spanien ins Abendland Montpellier zu pulsendem Leben, gibt der Chirurgenschule und Universität von Bologna kräftige Antriebe und liefert das begehrte, als vorbildlich geltende Lehrmaterial nach Padua, Paris und Oxford.

An den Lehranstalten Europas gibt es keinen Gelehrten, der nicht begierig nach dem Neuen greift, greifen muß, um die Wissenslücken auszufüllen und auf der Höhe der Zeit zu sein, nicht ein einziges Werk, das nicht aus den arabischen Quellen geschöpft, aus ihnen seine Anregungen empfangen hat und, wenn nicht bereits an seiner arabistischen Terminologie, so schon an seinem Inhalt den arabischen Einfluß verrät. Am häufigsten studiert und zitiert werden die Werke des Avicenna und Abulkasis, des Rhases und Avenzoar, Hunain und Isaak Judaeus.

Wie früher für die Araber die griechische, so wird für die bildungsdurstigen Abendländer die gräko-arabische Literatur das A und O medizinischen Wissens – nur, daß die fremden Blüten hier nicht in dem heimischen Erdreich Wurzeln fassen und weitertreiben dürfen, sondern zwischen enge Blätter gepreßt und als welkes Abbild ihrer selbst konserviert werden.

Das Ergebnis ist daher nicht eine abendländische Heilkunde, wie es über die gräzistische hinaus seit ar-Rasi eine arabische gegeben hatte. Das Ergebnis ist eine arabistische Heilkunde. Und das bleibt sie selbst während des Humanismus und trotz Paracelsus, ja nahe bis an die Schwelle der Neuzeit.

Daß es so spät erst zu einem Eigenwuchs kommt, ist am tiefsten in dem herrschenden Zeitgeist begründet, in jener Weltanschauung und der Ausschließlichkeit ihres Anspruchs an den Menschen. Alles eigenständig Schöpferische stockt hier augenblicklich in der straffen Denkzucht, in der die Kirche die Ihren zur bedingungslosen Unterwerfung unter die Autorität erzogen hat. Denn die hier lehren und lernen, gehören im Gegensatz zu den unabhängigen, mitten im Leben stehenden arabischen Medizinern faktisch oder nominell dem Klerikerstand an, und der gesamte Lehrbetrieb – mit Ausnahme Salernos und der sizilischen Staatsuniversität Neapel – läuft unter kirchlicher Regie. Der Gehorsam gegenüber dem

Dogma, der blinde Glaube an die gesetzte Autorität, fraglos, kritiklos, sind für ihre Diener Pflicht und zur zweiten Natur gewordene Gewohnheit. Also schenkt man sich den Umweg, das Gegebene auch noch zu untersuchen, durch eigene Beobachtung nachzuprüfen, sich an die Natur, den Körper des Menschen, an den Kranken selbst zu wenden und umständlich Erfahrungen zu sammeln. Der Weg des Geistes führt geradenwegs zum Ziel.

Die Methode liefert die im Umgang mit dem wiedererweckten Römischen Recht an der Rechtsschule Bolognas erprobte Jurisprudenz. Die Methode der Auslegung, der Definition und Disputation mit den spitzen Lanzen der Logik nach allen Regeln dialektischer Turnierkunst hat sich seit Anselm von Canterbury und der Versöhnung mit Aristoteles, jenem jetzt durch die Araber bekanntgewordenen Aristoteles, auch in der Theologie bewährt. Warum also nicht auch in der Medizin? Was der Rechtswissenschaft das Corpus iuris, was der Theologie die kirchlichen Glaubenssätze sind, das werden für die Heilwissenschaft die Lehrsätze der Araber, Galens und Aristoteles', das wird mehr als alles andere ihr Orakel, ihr Gesetzesbuch, ihr Evangelium: der Kanon des Avicenna.

Wo anders als in der parfümierten Luft des juristischen Ordensschlosses konnte die scholastische Medizin entstehen? In Bologna übertrug Taddeo Alderotti die juristische Glossier- und Kommentiermethode auf die nunmehr zum unverrückbaren Dogma erhobene Traditionsmasse. Und seine Schüler erwiesen generationenlang den medizinischen Aposteln im Arabergewand ihre Verehrung mit einer breiten, nicht abreißenden Kette aufgetriebener Kommentare besonders zu Avicenna und Rhases, die bis tief ins 17. Jahrhundert reichte. „Anima Avicennae“, „Seele Ibn Sinas“, war jetzt für einen abendländischen Arzt ein Ehrentitel. „Avicennista insignis“, gezeichneter Avicennist, nannte man im 16. Jahrhundert einen Hörigen des großen Rattenfängers. Manches medizinische Werk war möglichst modellgetreu seinem Meisterstück nachgebaut, manches nichts als die Umarbeitung einer arabischen Schrift.

Noch mehr als Taddeo unterlag Pietro aus Abano, Sohn eines langobardischen Juristen, dem Zauber der Dialektik. Der geschworene Anhänger des Avicenna und des Averroes verstand es wie nur einer, rein spekulativ auf den Schienen der Logik Begriffe, Schlüsse und Beweise zu zerreißfesten medizinischen „Wahrheiten“ zusammenzukoppeln, und mochten dabei Wahrheiten herauskommen, die aller Erfahrung hohnsprachen. Mittels der Philosophie entschied er unanfechtbar, daß ein Gerstenheiltrank Fiebernden nicht verabreicht werden dürfe, weil Gerstensaft eine Substanz, Fieber dagegen ein Akzidens, ein Zufälliges sei. Mit Hilfe der Logik stellte er einwandfrei fest, daß Feuer nicht kalt, sondern heiß sei.

Mit seinen dialektischen Spielchen gab er das Beispiel, wie man, ohne die Sinne oder den Geist zu strapazieren, rein mechanisch aus der Medizin den letzten Tropfen Blut auspressen konnte, bis ein strohenes Gehäuse übrigblieb.

Philosophische Spekulation hatte in der Tat die Praxis erdrosselt. Die Diktatur der wirklichkeitsentfremdeten Theorie über die ärztliche Erfahrung verspottete der Volksmund in dem Vers:

> Galien und Meister Hippokras,
> die haben mich gelehret, daß
> wo Wasser ist, da sei es naß,
> stirbt er nicht, so wird er bass (besser).

So sehr auch die logisch und stilistisch geschliffenen Werke wie der Kanon der dialektischen Leidenschaft entgegenkamen, falsch ist es dennoch, die Verantwortung für die scholastischen Abwege der abendländischen Medizin und für ihre syllogistischen Purzelbäume in die Schuhe der Araber zu schieben, wie es geschieht.

Der Arabismus muß keineswegs in der Zwangsjacke der Scholastik enden. Das hat Salerno mit seiner herzhaften Wirklichkeitsnähe, mit seinem unverdorbenen und ungekünstelten Geist echten Arzttums bewiesen. Das beweist die ebenfalls konfessionell tolerante, früh dem Vorbild arabischer Universitäten nacheifernde Medizinschule von Montpellier, die sich auch unter wechselndem geistigem Klima stets ihre gesunde Vorliebe für die vorurteilsfreie Erfahrung bewahrt und den hier von Anbeginn immer lebhaft wehenden arabischen Wind bis zuletzt ohne nennenswerte scholastische Krankheiten übersteht.

Daß es ohne sie abgeht, beweist überzeugender die eigenwillige, faustische Persönlichkeit des Spaniers aus westgotischer Familie, Arnald aus Villanueva (1235–1311). Aus seiner Heimat, in der später Miguel Servede aufstehen wird, bringt er nicht nur die volle Beherrschung der arabischen Sprache, sondern auch die Kenntnis der arabischen Mentalität mit. Durch Tiefe und Umfang seines unmittelbar aus der arabischen Fachliteratur und im Umgang mit arabischen Ärzten erworbenen Wissens überragt er all seine Zeitgenossen turmhoch. Aber weniger als sie alle erliegt er dem Sog der scholastischen Zeitströmung. Seinen kräftig zupackenden Händen gelingt es, dem Boden des Arabismus einige echte Früchte abzuringen. Bezeichnenderweise gilt nicht dem hellglänzenden Stern der Scholastiker, „von dem die Mehrzahl der lateinischen Ärzte verdummt worden ist", seine Liebe, sondern vor Haly Abbas und Avenzoar dem starken, zuverlässigen Leuchten des Rhases, dem Mann, der „berühmt ist durch seine Forschungen, hervorragend in seinen Werken, fortschrittlich in seinem Urteil und auf Grund eigener Erfahrung anerkannt". Und was Arnald an ihm verehrt, das ehrt ihn selbst. Wie ja auch die freiheitlichere Denkweise in Montpellier mit der Vorliebe für den Empiriker Rhases Hand in Hand geht.

Ein ganzer Zweig der Medizin ist es schließlich, der die Araber und den Arabismus von der Verantwortung für die scholastischen Verrenkungen abendländischer Mediziner losspricht: die Chirurgie. Sie hat gerade dem Arabismus ihren überraschenden Aufstieg zu danken aus ihrer verachteten Stellung unter den „unehrlichen" Berufen dicht in der Nähe des Scharfrichters. 1163 ist sie noch durch Konzilsbeschluß von den Schulen der Medizin ausgeschlossen und als aller anständigen Ärzte unwürdig erklärt worden. Den arabischen Anregungen verdankt sie es, daß sie sich zur Würde einer ernstzunehmenden Wissenschaft emporzuarbeiten vermag, ja daß sie der einzige Zweig der Medizin bleibt, dessen robuste, kerngesunde Sinnesfrische und geistige Beweglichkeit nicht angekränkelt ist, der einzige, der mit positiven Leistungen aufwarten kann!

Das fängt bei den Langobarden Roger von Salerno und seinem Schüler Roland, bei Hugo von Borgognoni und seinem Sohn Theoderich an, gipfelt in den beiden Langobarden Wilhelm von Saliceto und seinem ihn noch überragenden Schüler Lanfranco, um mit dem Franzosen Guy de Chauliac auszuklingen. Das Bemerkenswerte dabei ist – und diese Tatsache entlastet sogar den großen Verführer vom Anwurf der Täterschaft: dieser einzigartige Aufschwung geschieht im Zeichen des Abulkasis und ganz betont in dem des Avicenna! Und in *seinem* Namen schließlich geht die Chirurgie ihr für das Abendland schicksalhaftes Bündnis mit der Anatomie ein und bereitet letzten Endes den Weg für die späteren großen Entdeckungen, der die moderne Medizin heraufführt.

Und noch einmal griff das Arabertum rettend ein. Noch einmal, in der Stunde der Not, gelang ihm, die Medizin aus der geistigen Bevormundung der Theologie zu lösen und ihr ein wenig das Tor in die Zukunft aufzuschließen.

Es war die große Prüfungsstunde für die Ärzteschaft, die Heimsuchung durch die Pest des Jahres 1382. In ihrer völligen Hilflosigkeit und Verwirrung war die arabische Erkenntnis von der Infektion als Ursache der Epidemie und die so bitter notwendige Aufklärung von gar nicht zu überschätzender Bedeutung. Die zweite Pestwelle fand das Abendland schon nicht mehr so unvorbereitet. Pestverdächtige Schiffe durften die italienischen Häfen nicht mehr anlaufen. Amtliche Meldepflicht, erste Quarantänestationen, Verbot von Menschenansammlungen, Verbrennen infizierter Gegenstände waren die Zeichen, daß der neue Gedanke Fuß faßte. Die Anregungen für eine systematische Verhütung und Bekämp-

fung wirkten im Prinzipiellen fast unverändert bis in die moderne Seuchengesetzgebung hinein.
Selbstverständlich warfen diese Grundsätze und die guten Erfahrungen, die ihre Richtigkeit bestätigten, die kirchliche Lehre keineswegs um. Die Worte des Alten Testaments vom strafenden Gott und dem Schlag seines Würgeengels[12] jetzt etwa nur noch im übertragenen Sinne zu nehmen, war man weit entfernt. Der Glaube an das Bibelwort verhinderte jahrhundertelang jeden Fortschritt in der Erforschung des Wesens der Infektion.

Da stand er nun neben dem Krankenlager, der hochgebildete Arzt, und verstand es, virtuos zu diskutieren, und war hier am Krankenbett mit seiner Kunst doch so gänzlich fehl am Platz. Als reiner Nachbeter der autoritativen Literatur, als Advokat der verknöcherten Säfte- und Temperamentenlehre hatte er sich von der Anschauung, vom kranken Individuum weit entfernt. Die ärztliche Praxis litt unter der überfütterten und schlechtverdauten fremden Gelehrsamkeit mehr, als sie an Nutzen empfing. Bis zu dem Augenblick, in dem der Licentiat unter Leitung eines Doktors auf die kranke Menschheit losgelassen wurde, hatte seine Anschauung bisher allein in Büchern und auf wenigen Bildern, Kopien alter, für uns heute sehr drolliger Phantasiezeichnungen, geweidet. Eine praktische, klinische Ausbildung wie bei den Arabern gehörte hier nicht zum Lehrplan. Die Hochschule hatte keine Berührung mit dem Hospital, selbst nicht, als nun die heimgekehrten Kreuzfahrer unter dem Eindruck der hochstehenden arabischen Krankenpflege ebenfalls nach regelrechten Anstalten für Kranke verlangten und Papst Innozenz III. den ursprünglichen Laienorden vom Heiligen Geist jetzt mit der Gründung von Hospitälern beauftragte. Doch Aufnahme- und Pflegestätten waren noch keine Behandlungsstätten! Erst 1500 erhielt als erstes das Straßburger Hospital einen angestellten Arzt – achthundert Jahre, nachdem der Omaijadenkalif al-Walid das erste arabische Krankenhaus gegründet und Ärzte dorthin berufen hatte – Leipzig folgte 1517, das Hôtel-Dieu in Paris 1536.
Daß um die Mitte dieses, des 16. Jahrhunderts ein Veroneser Arzt und Avicenna-Kommentator in einem Hospital in Padua klinischen Unterricht erteilte, war eine Sensation. Studierende aus aller Herren Ländern strömten in Padua zusammen, um an den neuartigen Demonstrationen der Avicenna- und Galentexte an den Kranken teilzuhaben. Es fand sich sogar ein Arzt in Ingolstadt, der sein Beispiel nachahmte. Doch dies blieben einzelne Intermezzi, und erst im 18. Jahrhundert führte der erste große Kliniker Hermann Boerhaave aus Leyden die abendländische

Studentenschaft von der rein theoretischen Wissensanhäufung in die zwar noch immer erschreckend primitiven und aller Hygiene spottenden Krankenhäuser und an die Kranken selbst heran und gab damit dem Medizinstudium einen überwältigenden Auftrieb.

Mit der Renaissance, mit dem Bekanntwerden der griechischen Originale hätte dem Arabismus in der Medizin eigentlich das Lebenslicht ausgeblasen werden müssen. Das ist nicht geschehen. Im Gegensatz zu den Künsten und Geisteswissenschaften, vor allem zur Philosophie, konnte die reine Erfahrungswissenschaft aus dem Griechenerbe nichts Wesentliches hinzugewinnen. Das Tatsachenmaterial der Griechen, das die Araber dem Abendland vermittelt hatten, war nicht nur bedeutend umfänglicher gewesen als das, welches in Byzanz die Zeiten überdauert hatte. Es war überdies in einer Weise methodisch geordnet und dargeboten worden, gegenüber der die unmittelbare Bekanntschaft mit den griechischen Autoren nicht unbedingt eine Bereicherung ergab.

Für die kompositorische Glanzleistung eines Haly Abbas oder Avicenna, der das Überkommene schöpferisch verarbeitet und ihm überdies manches Goldkorn hinzugefügt hatte, und für seine prächtige Diktion tauschte man die unerträgliche Geschwätzigkeit Galens ein, für die alte Autoritas eine neue, aber eben wieder eine Autorität. Und das bedeutete neue Versklavung, neue Verzögerung einer unabhängigen Forschung und sich freikämpfenden und zu sich selbst findenden Wissenschaft.

Außerdem waren die neuen Übersetzungen direkt aus dem Griechischen anfangs womöglich noch barbarischer, noch hilfloser als die aus dem Arabischen. Und während man Rufus, Paulos, Celsus ausgrub und übersetzte, die in Details bereits veraltet und überholt waren, wurde gleichzeitig auch der „Kanon" einmal in Damaskus, zum anderen Mal in Italien neu und besser übertragen.

Die bedeutenden Leistungen, zu denen der Humanismus die Ärzte anregte, lagen auf philologischem Gebiet, nicht auf medizinischem. Man schwelgte in kritischen Textuntersuchungen und übersah in seiner Begeisterung, wie notwendig es war, die kritische Betrachtung auch auf den Inhalt auszudehnen.

Allmähliche Abkehr von der Scholastik bedeutet daher nicht etwa die Abkehr von den arabischen Lehrmeistern. Jetzt eigentlich stellt sich heraus, wie sehr die Araber die Griechen ausgestochen hatten. Unter den maßgeblichen Medizinern des 15. Jahrhunderts überwiegen die strammen Arabisten, denen Avicenna, Rhases, Avenzoar, Haly Abbas, Abulkasis immer noch alles bedeuten und die gleichzeitig überraschende Anwandlungen von nüchternem, klinischem Denken überkommen.

Jemand hat sich die Mühe gemacht, die arabischen und griechischen Einflüsse auf diese ersten Kundschafter einer Erfahrungsmedizin statistisch in Zahlen einzufangen. Zu diesem Zweck hat er sich das durch selbständige Beobachtung ausgezeichnete Werk des Grafen Ferrari da Grado, Professors aus Pavia, ausgesucht, dessen Kommentar zum neunten Buch des „Almansoris“ von Rhases im übrigen die erste medizinische Arbeit ist, die gedruckt wurde, nämlich im Jahr 1469. In den Schriften Ferraris wird laut Statistik Avicenna mehr als dreitausendmal zitiert, Rhases und Galen tausendmal und Hippokrates einhundertvierzigmal.

Interessant ist in dieser Hinsicht ein Blick auf die frühesten Wiegendrucke.

Zu den ersten überhaupt gehört, wie könnte es anders sein, Avicennas „Kanon“, erschienen im Februar 1473 zu Mailand; schon nach zwei Jahren wird er zum zweitenmal gedruckt, während gleichzeitig die Avicenna-Kommentare jenes Italieners erscheinen, den man „Seele des Ibn Sina“ nannte. Und sogar ein dritter Neudruck des Kanons erscheint – noch vor dem ersten Schriftchen Galens. Es folgen die Erstdrucke des „Almansoris“ und des „Continens“ von Rhases, des „Colliget“ von Averroes, der „Isagoge“ des Hunain, der jetzt Johannitius heißt, der Diätik von Isaak Judaeus, des „Liber regalis“ von Haly Abbas. Bis zum Jahre 1500 sind bereits sechzehn Ausgaben des „Kanons“ gedruckt – gegenüber einer Galen-Ausgabe in zwei Bänden. Im folgenden Jahrhundert werden es zwanzig sein, und bis in die zweite Hälfte des 17. Jahrhunderts werden sie einander folgen. Damit ist Avicennas Buch das meiststudierte medizinische Werk der Weltgeschichte. Die Drucke seiner Kommentare sind unzählbar.

Erst im 16. Jahrhundert beginnt die abendländische Medizin sich ihrer Ähnlichkeit mit der arabischen zu schämen, von der sie lange genug nichts als ein unvollkommener Abklatsch, eine Karikatur, gewesen ist. Symbolisch für die beginnende Selbstbesinnung ist die „bombastische“ Geste, mit der Paracelsus auf dem Marktplatz von Basel die Werke Galens und Avicennas öffentlich verbrannt haben soll, zum allgemeinen Ärgernis der Bürger.

Damit ist der Arabismus natürlich nicht aus den Gelehrtenköpfen, Bibliotheken und der Medizintasche des Arztes verschwunden. Zwar greift Michael Servet die auf der griechischen Säftedoktrin basierenden arabischen Sirupe an, aber zugleich verbreitet er die arabische Entdeckung des kleinen Blutkreislaufs, ohne sich indes zu seiner arabischen Quelle zu bekennen.

Sein Lehrer in der Anatomie, Sylvius, schreibt noch 1545 einen Rhaseskommentar. Selbst der „Vater der Anatomie und Vater der abendländischen Medizin überhaupt“, der deutschstämmige Andreas Vesalius, erlernt noch die arabische Sprache und unterzieht sich der Mühe, das neunte Buch des Almansorischen Werkes von Rhases noch einmal neu in verbessertem Latein herauszugeben. Von dem riesigen und kostspieligen Hauptwerk des großen Arabers, dem „Continens“, erscheinen zwischen 1486 und 1542 allein fünf vollständige Ausgaben, außerdem das Vielfache von seinen einzelnen Teilen. Seine Arbeit über die Pocken und Masern wird zwischen 1498 und 1866 mehr als vierzigmal gedruckt, womit es der kleinen Schrift gelungen ist, die Beachtung und Gunst eines vollen Jahrtausends zu erringen! Sie gilt noch heute als klassisch.

Beliebt wie ein Taschenlexikon waren natürlich die synoptischen Tafeln von Ibn Dschesslah und Ibn Botlan, mehrfach lateinisch übersetzt und mit kaum wiederzuerkennenden latinisierten Verfassernamen; in einem Band unter dem Titel „Schachtafeln der Gesundheit“ wurden sie ins Deutsche übertragen.

Das „Königliche Buch“ von Haly Abbas ist an den verwandtschaftlichen Beziehungen zwischen zwei Nürnberger Humanisten nicht unschuldig. Um die Weihnachtszeit des Jahres 1493 erhielt Nürnbergs großer Humanist und Arzt Dr. Hartmann Schedel einen Brief aus Padua. Dort studierte sein junger Freund Hieronymus Holzschuher und meldete ihm in seinem Schreiben hocherfreut den gelungenen Ankauf des hochberühmten arabischen Medizinwerkes, das soeben in der lateinischen Übersetzung durch Stephan von Pisa in Venedig gedruckt worden war. Diesen Brief zeigte Schedel seinem Kollegen Dr. Hieronymus Münzer, Stadtarzt von Nürnberg, der auch ein weitgereister Geograph war und mit seiner an den König von Portugal gerichteten Denkschrift gerade den entscheidenden Anstoß für die Suche des Columbus nach dem westlichen Seeweg nach Indien gegeben hatte. Diese beiden Doktoren nun waren begeisterte Sammler der neuen, gedruckten Bücher. Und sein Freund Münzer – so berichtet die Notiz, die Schedel auf dem Briefblatt angebracht hat – war von der Beschaffung des wertvollen Buches und dem Verständnis und Interesse, die der junge Holzschuher damit bewiesen hatte, sehr entzückt und in seinem Entschlusse mitbestimmt, ihm „seine geliebte und einzige Tochter Dorothea mit sehr reicher Mitgift zum Weibe zu geben“. Also stiftete das Werk des Haly Abbas die Ehe des Patriziers, Ratsherrn und Bürgermeisters von Nürnberg, Hieronymus Holzschuher, den Dürer gemalt hat.

Ein durchschlagender Erfolg und ein Liebling der Übersetzer war auch das „Reisehandbuch für Arme“, dessen Nutzen schon Konstantin von Afrika eingeleuchtet hatte. In Paris, in Köln und anderen Universitäten

Den Arabern sind wirkliche und praktische Entdeckungen neuer chemischer Verbindungen und die Erfindungen neuer chemischer Methoden gelungen

Schon vor der Zeit Konstantins von Afrika kommen heilkundliche Anregungen, Arzneimittel und Rezepte aus dem benachbarten Sizilien

war sein Studium jahrhundertelang den Studierenden vorgeschrieben. Zusammen mit der „Isagoge" des Johannitius, dem Almansorischen Buch des Rhases, dem „Taysir" des Avenzoar, dem „Colliget" des Averroes und dem „Kanon" des Avicenna gehörte es gemäß den Statuten noch des 16. Jahrhunderts zum festen Unterrichtsmaterial der abendländischen Universitäten. In Tübingen und Frankfurt an der Oder wurden dem Lehrplan noch Anfang des 17. Jahrhunderts Avicenna und Rhases zugrunde gelegt.

Obwohl die Araber nun endgültig in Ungnade gefallen sind, wirken ihre Schriften, besonders ihre augenheilkundlichen, unter der Oberfläche bis ins 18. Jahrhundert weiter. Viele ihrer wertvollen Erfahrungen, Entdeckungen und Erfindungen jedoch sind, wenn auch ungenannt, fester Bestand der internationalen Heilwissenchaft geworden.

Doch wer kennt sie noch heute? Und wer weiß, welche ganz entscheidenden Anstöße von der arabischen Medizin ausgegangen sind, seit sie mit Konstantin europäischen Boden betrat? Wer weiß noch, was für eine gewaltige Rolle die Araber für die Entwicklung unserer Medizin gespielt haben?

Agrippa von Nettesheim, das enfant terrible unter den Humanisten, der als echt „Kölscher Jung" schlicht Heinrich Cornelis hieß, wußte davon noch ein Lied zu singen. In der Heilkunde seien die Araber, sagt er, „so berühmt geworden, daß man sie für die Erfinder dieser Kunst gehalten hat; und das hätten sie auch leicht behaupten können, wenn sie nicht so viel lateinische und griechische Namen und Wörter gebraucht und sich dadurch verraten hätten. Daher sind des Avicenna, Rhasis und Averroes Bücher eben mit der gleichen Autorität als des Hippocratis und Galeni aufgenommen worden und haben so viel Kredit erlanget, daß, wer ohne dieselben zu kurieren sich unterstanden, von dem hat leicht gesagt werden können, er ruiniere die allgemeine Wohlfahrt".

Ist es da nicht wie ein Omen, daß die Heiligen der christlichen Ärzte und Apotheker, denen Papst Felix IV. Anfang des 6. Jahrhunderts eine antike Basilika auf dem Forum Romanum weihte, nach dem Zeugnis der Allerheiligenlitanei – Araber gewesen sind?

Die Heiligen der Ärzte und der Apotheker?

Es wäre falsch, sich etwa Kosmas als den Arzt und Damian als den Apotheker vorzustellen.

Um das Jahr 300, zur Zeit, in der das arabische Brüderpaar gelebt haben soll, hatten die beiden heilenden Berufe sich noch nicht voneinander getrennt, ebensowenig wie in griechischer Zeit. Der Arzt war im allgemeinen sein eigener Apotheker. Er hatte wohl Gehilfen, die ihm zur Hand gingen oder ihm die Heilstoffe beschafften, die Rhizotomen, die Wurzel- und Kräutersammler; und selbstverständlich gab es Händler, die Arzneistoffe verkauften wie allerlei Würz-, Geruch- und Farbstoffe, die das gewisse i-Tüpfelchen auf das alltägliche Einerlei setzten. Aber aus den Händen des Arztes, der das Heilmittel verordnete, gelangte es ohne Mittler zu dem Patienten.

Eine Arbeitsteilung, eine Sonderung der Berufe, aber wurde notwendig, als die Zahl der Heilstoffe sich unübersehbar vermehrte, als neue Erfindungen von Herstellungstechniken die Zubereitung neuartiger Arzneimittel ermöglichten und neue Arzneiformen einen längeren Arbeitsgang verlangten.

Dies alles zugleich ereignete sich im steigenden Licht der muslimisch-arabischen Medizin.

Das arabische Reich war ja nicht nur das in Geisteskultur und Wissenschaft blühende Land. Es war auch das Zentrum des Welthandels.

Hier lag der Kreuzungs- und Drehpunkt der großen Handelswege, die über Länder und Meere die fernsten, östlichsten und westlichsten Ränder der Welt verbanden, nach Norden und Süden auszogen und auf hochseegängigen Dschunken oder zu Kamel und Maultier die Schätze aus allen Ländern der Erde herbeischafften und umschlugen. Arzneipflanzen und tierische *Drogen,* die kein antiker Arzt in seinen Tonkrügen verschlossen hatte, kamen aus China, Indien, Afrika, Ceylon, Malakka, Sumatra, von der Koromandelküste und von den Küsten der Ostsee hier zusammen.

Freilich, das war an sich nichts Neues. Die Karawanenstraßen waren steinalt. Aber jetzt waren die fachlich geschulten Kräfte da und das Bedürfnis, den Heilwert der exotischen Importe oder auf weiten Studienreisen selbst gesammelten Drogen zu erproben. An den Krankenhäusern stand jedem Arzt die Möglichkeit offen, mit neuen Drogen Versuche anzustellen. Über seine Ergebnisse mußte er in besonderen Büchern referieren, die dann als „Erprobte Heilmittel" veröffentlicht und der medizinischen Welt zugänglich gemacht wurden.

So wurden bisher unbekannte Arzneistoffe, wie Kaffee, Kampfer, Kubeben, Arecannüsse, Astragalusharze, Manna, Gummiarabicum, Muskat, Ambra und viele andere, in den arabischen Heilschatz eingeführt und später in den des Abendlandes. Auch solche, um die man sich bisher nur nicht gekümmert hatte, wurden jetzt zum erstenmal als Medizinaldrogen eingesetzt und andere neue Anwendungsbereiche eröffnet.

So verordneten arabische Ärzte als erste Kaffee als Herzmittel, aber auch in Pulverform gegen Mandelentzündung, Ruhr und schwerheilende Wunden, Kampfer zur Herzbelebung, Kamala als Wurmmittel. An Stelle der seit Jahrhunderten üblichen Drastica, der heftig wirkenden, meist sehr gefährlichen Brech- und Abführmittel der Griechen, verschrieben sie die heute noch beliebten Sennesblätter und Tamarinden, Cassia, Aloe und Rhabarber als milde, eröffnende Mittel. Das war vor allem Masaweihs und ar-Rasis Werk. Muhammed at-Tamini aus Jerusalem hatte sich um die Erfindung eines Universalmittels gegen Vergiftungen verdient gemacht. Mit welch tiefer Berechtigung mochte also dieser treffliche Mann dem von ihm entwickelten, sanften Gleitmittel zur Beförderung der Verdauung den sinnreichen, vielversprechenden Namen „Schlüssel der Freude und Erheiterung der Seele“ geben!

Andere Drogen, die von den Griechen trotz starker, schädigender Nebenwirkungen verabreicht wurden, schwächten die Araber ab durch Zitronen-, Orangensäfte, Veilchenwurz und andere Zusätze. Galens komplizierte Arzneimischungen ersetzte Avicenna vielfach durch einfache, harmlosere. In seinem „Kanon“ gibt er die Heilanzeige von nicht weniger als siebenhundertsechzig Drogen, die samt und sonders in die abendländische Botanik und Pharmazie übergingen. Dabei nahmen viele ihren arabischen Namen mit, wie *Ambra*, *Cinnamomum*, *Safran*, *Sandelholz*, *Senna*, *Kampfer*, *Tamarinde*, *Aloe*, *Haschisch*, *Galgant*, *Muskat*.

Im Osten war zugleich mit den Schriften des Hippokrates und Galen die große Zusammenstellung der antiken Heilmittel durch Dioskurides bekannt geworden. Nach dem Westen jedoch kam das Buch in besonderer diplomatischer Mission. Der byzantinische Kaiser Konstantin VII., der wußte, wie man auf arabische Potentaten Eindruck machen konnte, schickte 948 durch eine Gesandtschaft den reich illustrierten Band an den Beherrscher Andalusiens. Mit dem kostbar ausgestatteten Werk warb er um ein Bündnis mit Abd ar-Rachman III. gegen den Kalifen von Bagdad. In Andalus aber ließ sich niemand auftreiben, der des Griechischen mächtig und das so reizvolle Geschenk zu entziffern in der Lage gewesen wäre. Abd ar-Rachman ließ vom Hof zu Konstantinopel einen Dolmetsch anfordern. 951 traf in Cordoba der Mönch Nikolas ein.

Wenigstens über das Lateinische konnte er sich mit den hiesigen Ärzten verständigen, und gemeinsam übertrug man die Gabe des Kaisers ins Arabische.

Aber in Andalusien war man ebenfalls auf dem Felde der Pflanzen und Arzneimittel nicht eben schlecht bewandert. Der Leibarzt des Kalifen, Ibn Dscholdschol, schrieb ein Buch „Was Dioskurides übersehen hat". Und aus eigenen Beobachtungen und Versuchen wuchs und schwoll das Material, so daß es mehr als tausendvierhundert pflanzliche Drogen wurden, deren Namen, Gebrauchsanweisung, Ersatzmittel und Arzneiverordnung Ibn al-Baitar (1197–1248), d.h. „der Sohn des Tierarztes", der größte Botaniker der Araber, schließlich zusammentragen konnte, ganz abgesehen von den tierischen und mineralischen Stoffen.

Dies Werk enthielt das gesamte pharmakologische Material seiner Zeit. Und es war ein Glanzstück sauberer und gewissenhafter wissenschaftlicher Arbeit. Dabei hatte Ibn al-Baitar sich nicht damit begnügt, die Werke der hundertfünfzig Vorgänger, die er zitierte, durchzuarbeiten. Er hatte von seiner Geburtsstadt Malaga aus ganz Spanien, Marokko, Nordafrika, Ägypten, Syrien und Kleinasien durchwandert und hatte tausendvierhundertmal und unendlich viel mehr sich selbst durch eigenen Augenschein von dem überzeugt, was er schrieb.

Es lohnt sich, Ibn al-Baitar bei seiner Arbeit einmal über die Schulter zu blicken und sich zu erinnern, wie im Abendland wissenschaftlich gearbeitet wurde, und daran, wie Konstantin und wie abendländische Gelehrte mit den von ihnen benutzten Quellen umgingen.

„Beim Abfassen dieses Buches", schreibt Ibn al-Baitar, „hat mich die Absicht geleitet

1. einen vollständigen Überblick über die einfachen Heilmittel und ihre Indikation zu geben. Das Buch enthält alles, was in den fünf Büchern von Dioskurides und in den sechs Büchern Galens zu finden ist, ebenso wie die Lehren der antiken und zeitgenössischen Ärzte. Es umfaßt alle Heilmittel aus dem pflanzlichen, tierischen und mineralischen Reich. Bei jeder Angabe, die ich mache, habe ich auf ihren Urheber verwiesen;
2. in allem, was ich über alte und moderne Autoren bringe, nur das zu geben, was ich durch persönliche Beobachtung und Versuche als korrekt festgestellt habe, und fortzulassen, was ich nicht als zutreffend bestätigen konnte oder was sich als der Wirklichkeit widersprechend herausstellte;
3. Wiederholungen zu vermeiden, ausgenommen dort, wo es für die Klarheit der Beschreibung notwendig war;
4. das Buch alphabetisch einzurichten, um es dem Studenten zu erleichtern, schnell aufzufinden, was er sucht;
5. die Aufmerksamkeit auf jedes Heilmittel zu richten, das bisher falsch

angewendet oder durch antike und moderne Ärzte, die sich allein auf Bücher gestützt haben, falsch beschrieben worden ist;
6. die Namen der verschiedenen Drogen in verschiedenen Sprachen mit genauer Rechtschreibung und Aussprache in jedem Einzelfall aufzuführen, in dem ich mich während meiner Reisen im Lande Rom persönlich vergewissert habe."

Das sind keine leeren Redensarten. Wir haben einen Zeugen dafür, wie genau und zuverlässig der Kopf dieses Mannes arbeitete. Ußaibiah, Kommilitone des Ibn an-Nafis beim Medizinstudium unter ad-Dachwar, war auch ein Schüler des Ibn al-Baitar.

„Meine erste Begegnung mit ihm", erinnert er sich später, „fand in Damaskus im Jahr 633 d. H. (1235) statt. Ich studierte unter ihm und begleitete ihn auf botanischen Exkursionen. Dabei pflegte er zu zitieren, was Dioskurides in seinem Buch gesagt hatte, und zwar in dem exakten und korrekten Griechisch, wie er es sich während seiner Studien im Land der Rumi (Kleinasien) angeeignet hatte. Er zitierte Dioskurides, wenn er das Aussehen, die charakteristischen Merkmale und besondere Wirkung jeder Droge beschrieb; dann führte er an, was Galen dazu gesagt hatte, und schließlich zählte er die Äußerungen der zeitgenössischen Ärzte auf, betonte, wo sie voneinander abwichen, worin sie Fehler begingen und wo Zweifel bestanden. Wenn ich dann nach Hause kam, prüfte ich jedesmal seine Bemerkungen in den verschiedenen Büchern nach und fand stets, daß es sich genau so verhielt, wie er es zitiert hatte. Und das Merkwürdigste von allem – er pflegte genau anzugeben, in welchem Abschnitt und in welchem Zusammenhang jede Droge bei Dioskurides und Galen und den anderen erwähnt wird."

Die arabische Arzneimittelkunde hatte indessen überraschende Unterstützung von ganz anderer Seite erhalten. Überraschend durch die Fülle und Bedeutung des Neuentdeckten. Und überraschend, weil es sich dabei im Grunde um die Abfallprodukte einer gescheiterten, ihr eigentliches Ziel verfehlenden „Wissenschaft" handelte.

Den „Stein der Weisen" zu finden, um unedle Metalle in Gold zu verwandeln, den Wirkstoff, das *Elixier* darzustellen, das Gesundheit und langes Leben zu geben vermag, war einer der uralten Menschheitsträume, seitdem man staunend beim Verschmelzen von Metallen das Wunder ihrer Verwandlung erfahren hatte. Ihn zu verwirklichen, war weder Ägyptern, Griechen, Persern gelungen, noch gelang es den Arabern oder dem heißen Bemühen der abendländischen Alchemisten.

Doch was bislang vorwiegend Spekulation mit übersinnlichen Dingen geblieben war, wurde bei den nüchternen, auf das Verwendbare eingestellten Arabern zur methodischen, praktischen Betätigung. Zwar war der islamische Glaube an den allmächtigen Gott der Feind solches gotteslästerlichen Aberglaubens. Nichtsdestoweniger nistete auch hier die Alchemie in ihrer mystischen, wundersüchtigen Form in grüblerischen Köpfen, in der Masse der Halbgebildeten und auf den Zungen geschäftstüchtiger Schwindler, die – wie Ibn al-Latif spottete – „dreihundert Arten kennen, Dumme zu machen".

Verwandlung der Metalle, Isolierung der Wirkstoffe – das wurde innerhalb der geistigen Oberschicht der aufgeklärten Muslime zur Herausforderung, planmäßig Versuche anzustellen, Stoffe zu analysieren, zu unterscheiden, zu definieren und in ihren Laboratorien etwas zu erfinden, was keinem vor ihnen in den Sinn gekommen war: das chemische Experiment.

Der betrachtende Sinn der Griechen hatte die empirische Erkenntnis durch philosophische Betrachtung zu deuten gesucht, hatte eine theoretische Chemie und Natur*philosophie* hervorgetrieben. Wo im mehr orientalischen und darum mehr praktisch gerichteten Hellenismus beobachtet, Erfahrung bewußt gesammelt und geordnet wurde, war Natur*wissenschaft* im Entstehen. Aber erst die Araber schufen die Methode des planmäßigen Beobachtens unter künstlich hervorgerufenen Bedingungen, die sie jederzeit zu wiederholen, zu variieren und zu kontrollieren in der Lage waren. Sie schufen die Experimental-Chemie im wissenschaftlichen Sinn und „entwickelten sie" – nach dem Urteil des englischen Historikers Custom[13] – „zu einer solchen Höhe, daß die Entdeckungen der modernen organischen und anorganischen Chemie nötig waren, um sie wieder auf den Stand zu bringen, auf den die Araber sie erhoben hatten".

An Stelle einer utopischen Goldgewinnung sind den Arabern wirkliche und praktische Entdeckungen neuer chemischer Verbindungen und die Erfindungen neuer chemischer Methoden gelungen. Schon um die Wende des 9. Jahrhunderts geht mit einem Zeitgenossen ar-Rasis, den wir nur mit seinem Decknamen kennen, der hellglänzende Stern der arabischen Chemie auf. Er muß eine aktive politische Persönlichkeit gewesen sein und einer der führenden Geister der Ismailija, des radikalen, liberalen Flügels des Islams. Unter dem Namen Dschabir schrieb er als politischer Agent propagandistische Werke, eingekleidet in philosophische und wissenschaftliche Abhandlungen von erstaunlicher Selbständigkeit. „Er war ein bedeutender Gelehrter, obwohl er ein Araber war", mußte ein Mann der araberfeindlichen Opposition widerwillig anerkennen.

An Stelle der bisherigen einfachen Schmelzverfahren bei Metallen entwickelte Dschabir Lösungsverfahren mit Hilfe der von ihm gewonnenen

Salpetersäure, Schwefelsäure, Salzsäure und des Königswassers. So war es ihm und seinen Nachfolgern möglich, eine Unzahl von Verbindungen darzustellen, darunter Quecksilberoxyd, Zinnober, Arsenik, Salmiak, Silbernitrat, Alaun, Kupfervitriol, Ätzkali, Kalilauge, Natronlauge, Schwefelmilch, Schwefelleber und viele andere. Sie unterschieden zwischen Säuren und Laugen. Sie beobachteten die Gewichtszunahme der Metalle beim Oxydieren und Sulfurieren. Sie erkannten zuerst, daß Feuer bei Luftabschluß verlischt. Sie entwickelten die fundamentalen chemischen Operationen wie das Evaporieren, Sublimieren, Kristallisieren, Kalzinieren, Filtrieren, Destillieren, wobei sie die direkte Destillation von der durch Wasserbad und durch Sandbad unterschieden.

Hierzu bedienten sie sich der kunstvollen Erzeugnisse der syrischen und ägyptischen Glasmacher. Vor allem aus Aleppo, dessen Glaswaren einen wertvollen arabischen Exportartikel darstellten, wanderten die gläsernen Retorten, Reagenzgläser und Glasröhren in die Laboratorien. In den syrischen Städten entstanden die von den Arabern erfundenen Destillierkolben, der *Alambik* und der sogenannte *Aludel*, wie der obere und untere Teil des Destillierapparates noch heute heißen. Abulkasis verwendete bei der Destillation einen besonders hierfür konstruierten Ofen, dessen Feuerungsmaterial sich automatisch ersetzte, und dichtete die ineinander geschobenen Glasgefäße durch Umwindung mit Leinenstreifen ab.

Durch Destillation wurde Essig gereinigt, Wein gebrannt, aus Dattelpalmwein *Arrak* hergestellt und unreines Wasser veredelt, so daß chemisch reines Wasser in den Handel gelangte und für Heilmittel zur Verfügung stand. Auf diesem Wege stellte als erster ar-Rasi die wichtige Schwefelsäure her und aus stärke- oder zuckerhaltigen, gegorenen Flüssigkeiten reinen Alkohol – was wörtlich „das Zarteste" heißt und ursprünglich das feine Antimonpulver bezeichnete, das die Augenärzte verwendeten; daher führte der berühmte Augenarzt Ali ben Ißa den Beinamen al-Kahhal. In großen, inwendig glasierten Tongefäßen destillierte man alle Arten von Ölen.

Von den großen Leistungen der Araber auf dem Gebiet der Chemie zeugen noch heute ungezählte Fachausdrücke, die aus dem arabischen Wortschatz in die Sprachen aller Völker übergegangen sind und nicht nur von jedem Chemiker, sondern auch von jeder Hausfrau ständig im Munde geführt werden, voran das Wort *Chemie*, *Alchemie*, *Alambik*, *Alaun*, *Aldehyd*, *Alhandal*, *Alizarin*, *Alkali*, *Alkohol*, *Aludel*, *Amalgam*, *Anilin*, *Antimon*, *Arrak*, *Azurblau*, *Bedeguar*, *Benzin*, *Benzoë*, *Bezoar*, *Borax*, *Droge*, *Drogerie*, *Elixier*, *Kali*, *Kalium*, *Kolkothar*, *Lack*, *Lasurstein*, *Markasit*, *Natrium*, *Natron*, *Realgar*, *Schellack*, *Soda*, *Talkum*, *Tintal* u. a.

Fiel bei den Experimenten der Chemiker schon manches ab, was als Heilmittel Verwendung fand, so stellte ar-Rasi als erster bewußt die Chemie in den Dienst der Medizin; was später Paracelsus von neuem tun wird.

Ar-Rasi erkannte, daß er durch Veredelung und künstliche Umformung der Naturstoffe neue Heilmittel schaffen konnte, die in der Natur nicht vorkamen. Damit hob er die medizinische Chemie gleichberechtigt neben die Pflanzenheilkunde. Doch vor ihrer Anwendung prüfte er die auf synthetischem Wege erzeugten Substanzen im Tierversuch. So wurden die Quecksilberverbindungen als Heilmittel entwickelt. Im Tierexperiment wurde die Opium- und Haschischpharmakologie für die Anästhesie vervollständigt. Ein von ihm eingeführtes Heilmittel erhielt in Frankreich den Namen „blanc-Rhasis", woraus die Volksetymologie „blanc raisin", helle Traube, machte.

Der arabischen Chemie verdankt endlich die Medizin eine Reihe neuer Arzneiformen: den *Sirup* aus destillierten Kräuterauszügen mit Manna oder *Zucker*, der überhaupt seine große Rolle zu spielen beginnt; den *Julep*, einen süßen Kühltrank, der weniger dick eingekocht ist als der Sirup; die in Honig oder Zucker eingedickten „*kand*ierten Früchte" oder Pflanzenteile, von arabisch qand = Zucker. *Sief* nennt ar-Rasi pastillenförmige Augenmittel, *Roob* die zu Pillenform eingedampften Pflanzensäfte, die man auch unterwegs bei sich tragen und bequem einnehmen konnte.

Ar-Rasi hatte sich auch darüber Gedanken gemacht, wie er bei empfindlichen Patienten den Widerwillen gegen das Einnehmen von Medikamenten überwinden könne. Schlechtschmeckenden Roob überzog er, ähnlich den heutigen Dragées, mit einem Zuckerguß oder Psylliumschleim. Fruchtsäfte mit Honig, Zucker und anderen Zusätzen, bis zur Fadenkonsistenz eingedickt, verarbeitete man zu Bonbons, indem die Masse auf eine Marmorplatte gegossen, geformt und nach dem Erkalten geschnitten wurde. Die heute noch übliche Sitte, Pillen zu vergolden oder zu versilbern, geht auf Ibn Sina zurück, der Gold und Silber als anregende Herz- und Kreislaufmittel verordnete und zur Umhüllung von Pillen verwendete.

Einfallsreich zeigten sich die Araber auch in der Fülle und Vielseitigkeit ihrer Pflaster, Kataplasmen, Verbände, Salben und Puder. Außer der Reifung und Eröffnung von Furunkeln und Geschwüren, der Behandlung verschiedenster Hautkrankheiten, der Heilung von Wunden dienten sie auch der Schmerzstillung und der Verhütung und Beseitigung von Wundeiterungen, wozu die Araber bekanntlich bereits Antibiotika auf der Grundlage von Penicillium und Aspergillus und den – wie wir seit kurzem wissen – ihnen gleichwertigen Wein benutzen, sowie den vielfach verwendbaren, überstark getoasteten Kaffee; von ihnen brachte ein deutscher Chemiker, dem Araber noch vor dreißig Jahren mit dieser „Kaffeekohle“ – wie er selbst sagt – „das Leben gerettet haben“, ihr Wundermittel mit nach Deutschland, wo es bei einer Unzahl akuter und chronischer entzündlicher Affektionen mit Erfolg eingesetzt wird. Araber stellten auch klebende Salben her, die wie ein Pflaster antrockneten.

Es ist klar, daß ein derartig vielseitig vermehrter Heilschatz und seine laboratoriumsmäßige Herstellung einem einzelnen über den Kopf wachsen mußten. Besondere Kenntnisse, besondere Fertigkeiten waren erforderlich für den, der das verordnete Medikament anfertigte – und die Verantwortung dafür trug.

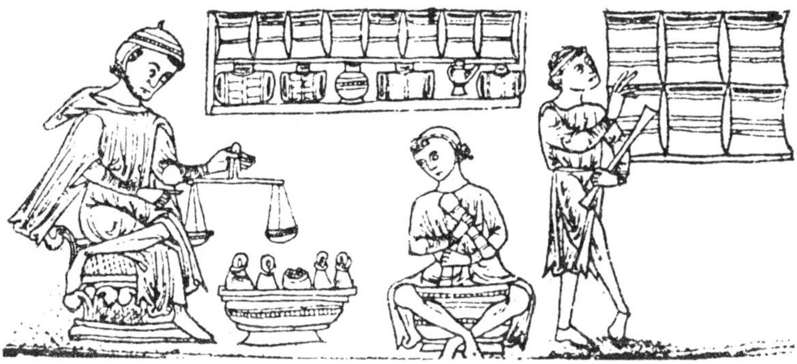

Die Araber sind die eigentlichen Schöpfer des Apothekerstandes, der sich durch seine Kenntnisse und besondere Verantwortlichkeit weit über den Stand der Arzneihändler der Antike erhob.

Die Araber trennten das Arbeitsfeld des Arzneibereiters von dem des Arzneiverordners. Sie schufen den Apotheker, der sich durch seine Schulung und durch seine besondere Verantwortlichkeit weit über den Arzneihändler früherer Zeiten zu hohem Ansehen erhob.
Sie gründeten als erste öffentliche Apotheken – bereits in den achtziger Jahren des 8. Jahrhunderts unter der Regierung al-Manßurs. Daneben versahen sie jedes Krankenhaus mit einer vollständigen Apotheke, einer Einrichtung, die auch in Gundischapur bestanden hatte. Sie schufen besondere Feldapotheken, die mit den Feldlazaretten mitgeführt wurden.

Das gesamte Apothekenwesen einschließlich des Militärsanitätswesens unterstand seit den Tagen al-Mamuns im 9. Jahrhundert staatlicher Aufsicht. Ebenso wie es einen Vorsteher der Ärzte gab, wurde in jeder Stadt ein Dekan der Apothekerschaft bestimmt, der die angehenden Apotheker prüfte und ihnen ihre Lizenz erteilte. So war Ibn al-Baitar längere Zeit Vorsteher der Apotheker in Kairo. Sein Nachfolger, al-Kuhin al-Attar, d. h. „der Apotheker", war der Verfasser eines noch heute im Orient benutzten Werkes über die Pharmazie.

Die Apotheken selbst wurden regelmäßig von den Beamten der Gesundheitspolizei inspiziert. Ihr unterstand außerdem die Lebensmittelprüfstelle, die laufend die Müller, Bäcker, Milchhändler und Lebensmittelgeschäfte auf Sauberkeit der Räume und Behälter, Güte der Ware und Richtigkeit ihrer Maße und Gewichte überwachte und das Fleisch in den außerhalb der Städte gelegenen Schlachthäusern und den Metzgereien beschauen ließ, um Lebensmittelvergiftungen und Seuchen vorzubeugen.

Bei der Anfertigung ihrer Medikamente hatten sich die Apotheker an die offiziellen Vorschriften zu halten. Sie arbeiteten nach behördlich geprüften und erlassenen Herstellungsrichtlinien und Rezeptsammlungen, dem sogenannten „Grabadin" oder „Antidotarium" eines Masaweih, Sabur ben Sahl, al-Antari, Ibn at-Talmith und anderer.

Das arabische Gesundheitswesen wurde unmittelbares Vorbild für das Abendland. Doch in diesem Fall wurden die Anregungen hier ernsthafter und erfolgreicher aufgegriffen als bei der Einrichtung von Hospitälern durch den vom Papst beauftragten Heiligen-Geist-Orden. Das Muster staatlicher Regelung des Arzt- und Apothekerwesens kam in Hände von Menschen, die, aufgeschlossen für die Bedürfnisse der Kranken, unmittelbar den Nutzen der arabischen Errungenschaften einsahen und nicht durch konfessionelle Vorurteile eingeengt waren.

Die entscheidende Begegnung fand in Sizilien statt. In den zweihundertfünfzig Jahren arabischer Herrschaft hatten sich hier die arabischen Einrichtungen und Gesetze als Gewohnheitsrecht eingesessen. Der Normannenkönig Roger II. bekräftigte nur Vorgefundenes, als er 1140 sein Gesetz über die Prüfung der Ärzte erließ, wie einst der Kalif al-Muktadir in Bagdad, „damit in Unserem Lande die Untertanen nicht durch ärztliche Unerfahrenheit gefährdet seien".

1231 und 1240 festigte Kaiser Friedrich II. – von dem es hieß, daß „er sich auf jedes Heilmittel und jede Krankheit versteht" – mit seiner alles bedenkenden Medizinalgesetzgebung die eingebürgerte Ärzte- und Apothekerordnung der Araber für das „Königreich beider Sizilien".

Sie wiederholte zum Teil Wörtliches aus Rogers Vorschriften über die

Prüfung des Arztes durch das Lehrkollegium in Salerno, verschärft durch die Studiendauer von acht Jahren und die Approbation durch Beauftragte des Kaisers und in seiner persönlichen Anwesenheit. Doch auch hier wie im arabischen Reich die grundsätzliche und vollkommene Trennung von Arzt und Apotheker. Auch hier die behördliche Überwachung der Apotheken und Arzneibereitung und die Vorschrift, nach einem offiziellen Arzneibuch zu arbeiten. Daß aber ein solches Buch als Richtschnur eines bereits vorhandenen Apothekerstandes zum Zwecke der Arzneibereitung in bereits bestehenden öffentlichen Apotheken bereits existiert, ist des Gesetzes stillschweigende Voraussetzung.
Für das übrige Abendland waren solche Bestimmungen etwas Unerhörtes. Der Staat und nicht die Kirche hatte das gesamte Gesundheitswesen in eigene und äußerst strenge Verwaltung genommen. Der Kaiser persönlich, wie auch die morgenländischen Kalifen und Sultane seiner Verpflichtung sich bewußt, „für das allgemeine gesundheitliche Wohl Unserer Untertanen zu sorgen", wachte über die Zulassung der Ärzte, die „ehrenwert, gewissenhaft, sowie genügend befähigt" sein mußten. Ihm hatten Ärzte wie Apotheker einen Eid zu schwören. Die Regierung konzessionierte und kontrollierte die Apotheken. Die Geistlichkeit hatte kein Wörtchen mitzureden. Und das war eine Herausforderung. Papst Gregor IX. sah sich in der Tat zu der öffentlichen Ermahnung des Kaisers veranlaßt, von dem ruchlosen Treiben abzulassen.
Dennoch wurden die Gesetzgebungen Friedrichs II. grundlegend für alle späteren Medizinalverordnungen. Sie waren auf abendländischem Boden der erste Schritt neben dem ringsum noch lange andauernden, „dunklen" Mittelalter, ein Schritt auf die Neuzeit zu. Und nur auf jenem Hintergrund muten sie uns Heutige „so modern" an. In Wahrheit war der Brückenkopf, von dem aus sie in die moderne Zeit schreiten, von Arabern des 8. und 9. Jahrhunderts gebaut worden.
Denn mit der Gründung öffentlicher Apotheken und Entstehung eines eigentlichen Apothekerstandes im arabischen und im modernen Sinn hatte es nördlich der Alpen noch einige Weile. Wo in ältesten Urkunden eine „apotheca" erwähnt wird, handelt es sich um die gewöhnlichen Kramläden; erst später wurde das Wort auf eine pharmazeutische Offizin eingeengt.

Aus arabischer Quelle stammte auch das arzneikundliche Gedankengut in den offizinellen Formelsammlungen, den Pharmakopöen, nach denen die Apotheker, zum Teil noch im 17. Jahrhundert, ihre Arzneimittel anfertigten. Auf dem Handelswege, vor allem über Venedig waren seit langem die bei den Arabern gebräuchlichen Arzneistoffe ins Abendland

eingeflossen. Die Nähe des arabisch beherrschten Siziliens und vollends die Übersetzungen arabischer Heilkunde durch Konstantin von Afrika hatten der Arzneimittellehre neue Impulse gegeben. Bis an den Rhein in die Schriften der Hildegard von Bingen strahlten sie aus.
Nach arabischem Muster hatte kurz nach Konstantins Tod der Vorsteher der Schule von Salerno, Nicolaus Praepositus, sein Rezeptbuch verfaßt, das „offizinell" für alle kommenden Apothekergenerationen wurde wie auch das vielbenutzte „Circa instans", das Antidotarium eines anderen Salerners. Sogar über Byzanz, durch die stark arabisch beeinflußten Werke Simeon Seths und des Nikolaos Myrepsos, die in abendländische Apothekerbibliotheken wanderten, wirkte das Arabertum in die Arzneibereitung hinein.
So hoch im Kurs stand zu jenen Zeiten der arabische Name in der Wissenschaft des Abendlandes, daß oberitalienische Ärzte, um ihrem Werk leichteren Eingang in die Fachwelt zu verschaffen, einen Araber, „Masaweih den Jüngeren" aus Bagdad, als Verfasser erfanden, der angeblich ein Schüler des hochberühmten Avicenna gewesen sei. Sie statteten ihr Antidotarium mit dem verheißungsvollen latinisierten Namen „Grabadin Mesues des Jüngeren" aus und konnten hiermit der gewünschten Beachtung ihres Opus unbedingt sicher sein – eines der vielen Zeugnisse der vollkommenen Aneignung arabischer Arzneikunde.
Eine ungleich erfolgreichere, geradezu überwältigende Mystifikation brachte ein unbekannter Chemiker des 13. Jahrhunderts zuwege, indem er seine in der Tat bedeutenden Werke, die übrigens genaueste Kenntnis der gesamten arabischen Fachliteratur voraussetzten, unter dem Namen des berühmtesten arabischen Chemikers, des „Hippokrates der Chemie", Dschabir, lateinisch „Geber", der besonderen Aufmerksamkeit der wissenschaftlichen Welt des Abendlandes empfahl. Der arabische Name war eben eine Versicherung geistig Schaffender gegen alle Risiken, nicht auch das zu erlangen, was einzig galt: Autorität.
Nur natürlich, daß die Popularität des Rhases und erst recht des Avicenna weidlich ausgenützt wurde, um in ihrem Zeichen willkommene Aufnahme bei den autoritätshörigen und araberbegeisterten Zeitgenossen zu finden. Was tat es, daß Avicenna ein erklärter Gegner der Alchemie gewesen war – in seinem Namen alchemistischen Schriften Anhänger zu werben, diese Spekulation war todsicher.
Mit einem arabischen Namen und dem ersten Apothekerbuch im heutigen Sinn führte sich noch im 15. Jahrhundert ein in Salerno lehrender italienischer Arzt in die Pharmakologie ein. Er nannte sich Saladin. Seine Vorliebe und Verehrung für die großen Förderer der Wissenschaft, der er diente, kam auch in seinen Vorschlägen jener Bücher zum Ausdruck,

die nach seiner Meinung jeder Apotheker besitzen müsse: zwei Drittel der von ihm propagierten pharmazeutischen Idealbibliothek waren arabische Werke.

Fest auf den Schultern der Araber standen selbst die fünf Großen im Reich der mittelalterlichen Naturwissenschaften: der Franzose Vincent de Beauvais (gest. 1264), die beiden Spanier Raimundus Lullus (1232 bis 1316), der in den Orient gezogen war, um die Anhänger Muhammeds dem Christentum zuzuführen, und Arnald aus Villanueva (1235–1312), der Deutsche Graf Albert von Bollstädt (1193–1280), genannt Albertus Magnus, und sein Gegenspieler, der Engländer Roger Bacon (1214 bis 1292), die an der Universität Paris die Werke der großen Araber auslegten.

Sie alle blendete der alchemistische Glaube an die golderzeugende Kraft des Steins der Weisen und seine lebenverlängernde Wirkung. Daß hierbei die Araber ihre maßgebenden Gewährsleute waren, konnte gar nicht anders sein. Daß sie als Alchemisten und Chemiker in mystischer Versponnenheit, ja Überspanntheit rein spekulativ wie Ramon Lull oder doch nur scheinbar frei forschend wie Albert dennoch keine neuen und selbständigen Resultate erzielten und erzielen konnten, vielmehr allein die großen arabischen Kapazitäten zu bestätigen suchten, lag an dem verhängnisvollen Autoritätskult des scholastischen Gelehrtentums, das sich bewußt nur als „Dolmetscher“ fühlte.

Nur zwei waren unter ihnen, die nicht auf wissenschaftliche Selbständigkeit und Freiheit der Forschung verzichteten. Nur zwei, die die arabische Pharmakologie und Chemie als lebendige, dem Fluß der Erfahrung unterworfene Wissenschaft aufnahmen und ihren experimentellen Charakter zu retten suchten. Diese Freisinnigsten und in ihrem Ruf nach dem nüchternen Experiment als Grundlage der Naturerkenntnis dem Rhases Verwandte waren der Angelsachse Roger Bacon und Arnald von Villanueva. Freilich in eigener chemischer Erfahrung stand selbst Roger Bacon kaum über seinen zeitgenössischen Kollegen. Den Gedanken des Experimentes übernahm er von den Arabern mehr in der Theorie, ein Wegweiser, der zukünftiger Wissenschaft die Richtung zur Experimentalforschung zeigte.

Dennoch waren Roger und Arnald in ihrer Zeit zwei Lichtpunkte, die aus dem Dunkel des Mittelalters hell hervorstrahlten. Hier war Geist von jenem Geiste, aus dem heraus der arabische Wesir, Arzt und Dichter Ibn al-Chatib aus Granada bekannte: „Es muß immer unser Grundsatz sein, daß ein Beweis, der aus der Überlieferung entnommen ist, eine Änderung zu erdulden hat, wenn er in klarem Gegensatz zur Evidenz unserer Sinneswahrnehmung steht.“

Der unmittelbare arabische Einfluß auf die abendländische Arzneimittelkunde überdauerte den Humanismus und die Renaissance, ja er wirkte sich bis ins 19. Jahrhundert aus. 1758 erschienen Teile der Heilmittellehre des Ibn al-Baitar neu. Noch 1830 wurden arabische Quellen europäischen Pharmakopöen zugrunde gelegt. Noch 1832 erschien eine aus dem 12. Jahrhundert stammende, arabisch-persische Sammelhandschrift des Armeniers Mechithar in Neuauflage.
Damit reißt der literarische Faden.

Aber noch heute sind jedes Krankenhaus mit all seinen Einrichtungen und jedes chemische Laboratorium, jede Apotheke und jede Drogerie ein greifbares Denkmal des arabischen Genius, jede verzuckerte oder versilberte Pille ein kleines, sichtbares Andenken an die zwei größten arabischen Ärzte und Lehrer des Abendlandes.

Fünftes Buch

SCHWERTER DES GEISTES

Wer seinen Herd verläßt auf der Suche nach Wissen, wandelt den Weg Gottes.

Die Tinte des Schülers ist heiliger als das Blut des Märtyrers.

Muhammed

DAS ARABISCHE WUNDER

Man schreibt das Jahr 1000.
Soeben hat in Bagdad der Buchhändler Ibn an-Nadim seinen „Katalog der Wissenschaften" veröffentlicht. Das Werk enthält in zehn Bänden die Titel aller bisher in arabischer Sprache erschienenen Bücher aus Philosophie, Astronomie, Mathematik, Physik, Chemie, Medizin.
Studierende aus allen Gegenden des Orients und selbst aus dem Okzident lockt der Ruf von Cordobas hohen Schulen und von seiner Bibliothek, deren halbe Million Bücher einer der gelehrtesten Männer seiner Zeit, der vor vierundzwanzig Jahren verstorbene Kalif al-Hakam II. durch Dutzende von Aufkäufern gesammelt und größtenteils mit seinen Randbemerkungen versehen hat.
In Kairo betreuen mehrere hundert Bibliothekare in den beiden kalifischen Bibliotheken zusammen zwei Millionen zweihundert Bände; das entspricht dem Zwanzigfachen des Bestandes an Buchrollen der einstigen Bibliothek von Alexandrien.
„Es ist notorisch, daß es in Rom niemand gibt, der so viel Bildung besitzt, daß er sich zum Türsteher eignet. Mit welcher Stirn kann der sich anmaßen zu lehren, der selbst nichts gelernt hat!" stöhnt der Mann, der es am besten wissen muß, Gerbert von Aurillac, der im letzten der tausend Jahre nach Christo – 999 – selber in Rom den Stuhl Petri besteigt.
In diesem Jahr verfaßt Abulkasis das durch Jahrhunderte gültige Standardwerk der Chirurgie, erörtert Albiruni, an universaler Geistigkeit der Aristoteles der Araber, die Drehung der Erde um die Sonne, entdeckt Alhazen die Gesetze des Sehens und experimentiert mit der camera obscura und mit sphärischen, zylindrischen und konischen Spiegeln und Linsen.
In diesem Jahr, in dem die arabische Welt dem Scheitelpunkt ihres golde-

nen Zeitalters entgegeneilt, erwartet das Abendland erschreckt, geängstigt das Ende der Zeiten. Mit dem ekstatischen Ausruf: „Jetzt kommt Christus, mit Feuer das Weltall zu richten!" pilgert der zwanzigjährige Kaiserjüngling Otto III. „wegen begangener Verbrechen der strengen Regel des heiligen Romualdus gehorchend mit nackten Füßen von der Stadt Rom zum Berge Garganus".
Und der junge Avicenna, eben zwanzigjährig wie er, beginnt die Welt mit seinem weithin strahlenden Ruhm zu erfüllen.

Dieser erstaunliche und jähe kulturelle Aufschwung der Wüstensöhne gleichsam aus dem Nichts ist eine der merkwürdigsten Erscheinungen der Geistesgeschichte. Ihr Emporsteigen zu den Herren altehrwürdiger Kulturvölker ist so einzigartig, so atemberaubend und außerhalb jedes Vergleichs, daß wir bei diesem arabischen Wunder einen Augenblick verweilen müssen.
Wie war es möglich, daß ein Volk, das niemals weder politisch noch kulturell eine Rolle gespielt, geschweige denn im geistigen Chor seine Stimme erhoben hatte, in kürzester Zeit es wagen konnte, sich mit den Griechen zu messen? Das hatten doch andere Völker, die viel glücklichere Voraussetzungen dafür mitbrachten, nicht getan!
Byzanz, der steinreiche Erbe sowohl des alten Orients wie der gesamten griechischen Kultur, zu der überdies die griechische Reichssprache den unmittelbarsten Zutritt gewährte, war bis jetzt unfruchtbar geblieben.
Die Syrer, die eigentlichen Schüler der Griechen, hielten das gleiche Wissensgut in Händen wie später die Araber. Sie verfügten durch Übersetzungen griechischer Werke in die syrische Landessprache über ein vorzügliches Lehrmaterial und über die besten Lehrstätten – aber auch sie hatten, was sie übernahmen, nicht zum Blühen gebracht.
Diese Blüte war auch nicht in Persien entstanden, auf jenem Boden, der chinesisches, indisches und griechisches Wissen in sich aufgenommen hatte und wie nur einer voller Verheißungen schien. Auf wirtschaftlich tragfähigem Grunde besaß dies Land durch staatliche Förderung der Wissenschaften und durch Errichtung von Bildungsanstalten das denkbar günstigste Klima für ein neues, starkes Wachstum. Doch wo Persertum geistesgeschichtlich wirksam und schöpferisch wurde, da geschah es in einem anderen Geistesklima und innerhalb einer anders geprägten Kultur.
Nicht Byzanz, nicht Syrien, nicht die Brücke der östlichen und westlichen Hochkulturen, Persien, traten die Nachfolge der großen Antike an. Sondern ein Volk, das eben erst aus der Wüste aufgebrochen war und seine rasch erklommene kulturelle Weltmachtstellung unbestritten für die

Die Saumborte des Krönungsmantels der deutschen Kaiser trägt eine arabische Inschrift

In der Kanzlei des „Königreichs beider Sizilien" wird Arabisch, Griechisch und Latein geurkundet. Und durch zwanzig Jahre ist ein Araber de facto Kanzler Kaiser Friedrichs II.

Dauer von acht Jahrhunderten einnahm – und damit um vieles länger blühte als die Griechen selbst.
Was befähigt ein Volk zu solcher Leistung? Welche geschichtlichen, gesellschaftlichen und geistig-seelischen Konstellationen mußten zusammentreffen, um das arabische Wunder zu vollbringen?

In einem Siegeszug ohnegleichen hatten die Araber sich eine Welt zu Füßen gelegt. Sie bildeten die letzte, mächtigste Welle einer Völkerwanderung, die seit undenklichen Zeiten immer wieder über die Ränder der Wüste hinausgeflutet war in die fruchtbaren Ebenen. Der Bruch des Staudamms von Marib 542 und der Verfall der südarabischen Bewässerungsanlagen hatte die Stämme in Bewegung gebracht. Und immer stärker bedrängt von den beiden miteinander hadernden Großmächten, Ostrom und Persien, war diese Woge höher denn je emporgebrandet und hatte sich in einem unendlichen Schwunge weithin über die Kontinente geworfen.
Nicht als eine zügellose Horde von Räubern und Mordbrennern, wie die gegnerische Geschichtsschreibung den Glaubensfeind sehr unfair geschildert hat.
Aus den um Weideplätze kämpfenden, in Sippen einander befehdenden Beduinenstämmen war in wenigen Jahren eine handlungsfähige Einheit, ein Volk geworden – durchglüht und zusammengeschmiedet von dem einen islamischen Glauben, verbrüdert durch das uralte, jetzt von der Sippe auf die Gemeinschaft aller Gläubigen ausgeweitete Gebot zu gegenseitiger Hilfe, diszipliniert durch die strengen ethischen und religiösen Pflichten und angesichts des dem Glaubenskämpfer im Jenseits verheißenen Lohnes von unbesieglichem Todesmut beseelt. Mit solcher jugendstarken moralischen Kraft, unter der mitreißenden, dabei planvollen Führung gewaltiger Persönlichkeiten und eines hochwertigen, vom Propheten selbst ausgebildeten Führerkorps, das stets der Zentralregierung verantwortlich blieb, waren die arabischen Heere den Gegnern, auf die sie stießen, trotz ihrer äußerst mangelhaften Bewaffnung weit überlegen. Ihre Blitzsiege zeugen davon.
632, als Muhammed stirbt, ist Arabien politisch geeint. Schon 635 wird das byzantinische Heer geschlagen, nur zwei Jahre später, 637, in einer einzigen Schlacht das Reich der Perser zerschmettert. 638 ist Palästina in arabischer Hand, 642 Ägypten erobert. Dann tritt mit dem Tode des großen Feldherrn Omar eine Stockung ein. Das Kriegsglück ist launisch geworden. Aber gegen Ende des Jahrhunderts ist die arabische Herrschaft über Nordafrika bis zum Atlantik aufgerichtet. 711, während die Fahne des Propheten im Osten bis über den Indus vorgetragen wird,

fällt seinen Kriegern das Westgotenreich in Spanien trotz zahlenmäßig starker Unterlegenheit wie eine reife, wurmstichige Frucht in den Schoß: Verrat an dem Thronräuber Roderich, Haß auf den glaubenswütigen, fanatischen Klerus und das Aufbegehren gegen die aus Römertagen fortdauernde Versklavung öffnen den Muslimen alle Tore. Kaum angefochten besetzen sie 720 Narbonne, 725 Carcassone und Nîmes, ziehen rhoneaufwärts und gegen Bordeaux.

Erst 732 stellt Karl Martell sich ihnen tief im Abendland entgegen. Bei Tours und Poitiers kommt es zur Schlacht; doch während der Nacht ziehen sie mit ihrem gefallenen Führer Abd ar-Rachman unbemerkt wieder ab und verschanzen sich in Narbonne. So muß Karl sich fünf und sieben Jahre später bei Avignon und Nîmes erneut mit ihnen herumschlagen, ohne sie indes endgültig aus seinem Reich zu vertreiben. Denn in der Provence, in den Westalpen und in Aquitanien – in den Ländern, in denen Ableger arabischer Kultur später zuerst Wurzel treiben – setzen sie sich für fast hundert Jahre fest. Und noch Mitte des 10. Jahrhunderts dringen sie, vom Lombardenkönig Hugo ins Land gerufen, hoch ins Engadin vor, wo *Pontresina*, die „pons saracena", die „Brücke der Sarazenen", bis heute Spuren der wunderlichen Fremdlinge bewahrt.

Durch zwei Jahrhunderte bedrängen die Araber Italien so stark und erfolgreich, daß es aussieht, als solle die sieche Mutter Roma das schmachvolle Schicksal Spaniens teilen. Nach Sizilien besetzen sie, von Neapel und den Grafen von Benevent herbeigeholt, ganz Apulien und Calabrien und können es wagen, Rom und das starke Venedig zu bedrohen. Bis zum Jahre 915 sind sie mit wechselndem Erfolg die Herren Süditaliens. Aber auch alle Inseln des westlichen Mittelmeers sind indessen arabisches Hoheitsgebiet geworden, das Mittelmeer selbst ein arabisches Meer, bis auf seinen östlichen Teil, in dem Byzanz sich behauptet. Ja, der Rumpf des oströmischen Reiches hat gehalten. Doch seiner wertvollen Provinzen Ägypten und Syrien beraubt, ist es ein kranker, müder Mann.

Dies aber gehört zu dem ganz und gar Überraschenden und bis auf den Perserkönig Kyros Nichtdagewesenen: Die Sieger kommen nicht als Zerstörer. Der ihnen angedichtete Fanatismus ist eine – ebenso wie ihre schrankenlose Wildheit – auf Abschreckung gezielte Legende, ist Feindpropaganda, die von den Beweisen ihrer Toleranz und Menschlichkeit für den Besiegten tausendfältig widerlegt ist. Es gibt wenig Völker in der Weltgeschichte, die sich dem Gegner und dem Andersgläubigen gegenüber so duldsam, so human verhalten haben. Nicht zuletzt auf dieser Haltung beruht ja die tiefe Wirkung auf die unterworfenen Völker und ihre nachhaltige kulturelle Durchdringung, die eingreifender war als die Emaillierung durch den Hellenismus und als der rein äußere Firnis, den die römische Verwaltung zu hinterlassen pflegte. Zwar spaltete sich dies unermeßliche Reich bald in einzelne Länder auf. Und doch wuchs – auch dies gehört zu dem arabischen Wunder – auf den völkisch und geschichtlich so grundverschieden durchpflügten Böden, wie etwa Spanien, Ägypten und der Irak es waren, eine einheitliche Kultur von merkwürdiger Geschlossenheit.

Die einst mächtigen Kulturvölker waren greisenhaft erstarrt. Schon um die Zeitwende war der Zerfall nicht mehr aufzuhalten. Seit dem 3. und 4. Jahrhundert versiegte ihre schöpferische Kraft vollends, der Unwille christlicher Theologen und Priester gegen die Weisheit des Heidentums tat ein übriges, die Funken der alten Kultur zum Erlöschen zu bringen. Und sie wären erloschen, hätten nicht die Söhne der Wüste die gestorbene Glut in kürzester Zeit wieder angefacht zu einer helleuchtenden Flamme. Aber war nördlich des Mittelmeers nicht Ähnliches geschehen, ohne daß hier aus der erkaltenden Asche neue Flammen schlugen, wo im Gegenteil immer tieferes Dunkel sich ausbreitete?

VERDÄMMERNDES ABENDLAND

Die Kultur des Römischen Reiches war seit den Tagen Hannibals zum Sterben verurteilt. Nur scheinbar hielt die Errichtung des Imperiums den Niedergang auf. Der erborgte Schimmer des Hellenismus fiel von dem überalterten Reich wie ein zu weit geschnittener Mantel. Aus einem inneren Rückbildungs- und Auflösungsprozeß heraus versagten die staats- und kulturerhaltenden Kräfte immer mehr, und der germanische Sturm stürzte nur, was moralisch morsch und ohnehin reif zum Fallen war. Nicht nur trug die gesellschaftliche Oberschicht kein Verlangen mehr nach geistiger Schulung. Auch das neue Ziel, welches das Christentum dem Denken gab, entwertete Wissen, Wissenschaft oder gar Forschung, die in Rom freilich nie eine echte Heimstätte gehabt hatte. Der Bildungssturz der kulturtragenden Kreise steuerte auf ein tödliches Vakuum zu. Die Mittelmeerkulturen – erschreckend, dies zu bedenken – wären erloschen, vergangen wie die Inka- und Mayakulturen, hätten nicht die jungen, begabten und bildungsfähigen Völker ihnen neues Leben eingehaucht.

Zweihundert Jahre früher als die Araber erhielt das Abendland die Chance, auf den Trümmern aufzubauen. Und dennoch mußte ein volles Jahrtausend vergehen, bis es sich aus der Reihe der dazumal „unterent-

wickelten" Völker lösen und in Freiheit zu sich selbst und zu schöpferischer Leistung finden durfte, obwohl es so hoffnungsvoll beginnt:
Zum erstenmal wieder in den dreiunddreißig Jahren der weisen und gerechten Herrschaft Theoderichs des Großen wird der unaufhaltsam scheinende Niederbruch in eine Aufwärtsentwicklung umgedreht. Plötzlich steigen kulturelle Werte wieder im Kurs. Gelehrte werden wieder geachtet und staatlich gefördert. Die verwaisten kaiserlichen Palastschulen beleben sich neu und müssen erweitert werden. In öffentlichen Vorlesungen werden die Werke des Hippokrates und Galen gelehrt. Gebildete Goten treten als studierte Ärzte auf, betreiben Physik und Astronomie. Nach des Königs Tod dauert die geistige Regsamkeit fort. „Wenn man Schauspieler unterhält, soll man auch Lehrer unterhalten", rechtfertigt Königsenkel Athalarich sein Eintreten für die Wissenschaft. Eine Zeit der Genesung und des Wachsens scheint ein Versprechen auf die Zukunft, auf das, was hätte werden können, wäre dieser hoffnungsvolle Ansatz nicht noch in der Knospe geknickt und, Ironie des Schicksals, ausgerechnet von griechischen Heeren, die Byzanz geschickt, zerschlagen worden. Nichts als ein dünner, bleicher Ableger lebt über jene kurze, glückliche Epoche hinaus. Allein, dieser Keimling, von des Königs Kanzler Cassiodor der Pflege der Benediktiner in den Klöstern empfohlen, hat in dem sandigen Boden keine Krume zum Wurzeln und Wachsen gefunden. Die segensreiche Ära Theoderichs war ein heller Schein am Vorabend jahrhundertelanger Verelendung. Und er war durchaus nicht der einzige.
Auch die Vandalen hatten schon neben Römern die Schulbänke der Rhetoren- und Grammatikerschulen gedrückt. Ihr Graf Sigisteus war ein Förderer der Dichtkunst und selber ein Poet, ebenso wie der Frankenkönig Chilperich, der Gedichte in lateinischer Sprache schrieb und seinen Vergil und Cicero las gleich den schriftstellernden Königen der Westgoten Wamba, Sisebuth, Chindaswinth und Chinthila. Überall hatten Germanen begonnen, sich literarische Bildung anzueignen. Bei den Westgoten so gut wie bei den Franken gab es in Regierungs- und Verwaltungskreisen, ja sogar im Kaufmannsstand geschulte Laien, denen Schreiben, Lesen, Rechnen und Rechtskenntnisse geläufig waren. Starke wissenschaftliche Bestrebungen regten sich zeitig und in zunehmendem Maße unter den Langobarden, die später die ersten sein sollten, die sich vom Druck des Klerus freimachen und in der frühesten abendländischen Wissenschaft eine tragende Rolle übernehmen.

Überall im Römischen Imperium hatten germanische Fürsten, allen voran Theoderich, versucht, den heidnisch-antiken Geist wieder zu wecken – nicht anders, als bald die arabischen Kalifen es tun werden. Aber das

Imperium Romanum war längst ein Imperium Christianum geworden. Augustin hatte den absoluten Primat der geistlichen Gewalt verkündet. Das geistliche Rom gab fortan die Richtung an überall, wohin es seine Missionare entsandt hatte. In Gallien und Britannien verblaßten nach dem Eintreffen der römischen Sendboten hellenische Bildung und griechische Sprache. Das geistliche Rom suchte gerade die heidnisch-antiken Elemente zu überwinden, auch jene, die es bereits in sich aufgenommen hatte. Der heilige Hieronymus hielt das griechische Denken für einen Fluch für die Menschheit und übertrug die Bibel ins Lateinische, auf daß die „Vulgata" Homer und Vergil aus den Köpfen vertreibe. Auf ganz andere Ziele als der hellenische Geist mußte sich die geistige Erkenntnis des Christentums seinem Wesen entsprechend richten.

Nicht menschliche Vernunft, die göttliche Offenbarung allein vermochte jetzt die Seele zu erleuchten. Es hieß die Kräfte des Geistes mißbrauchen, wenn er sich in der Erforschung der Natur und ihrer Wunder erging, anstatt sich den Lehren der geoffenbarten Religion zuzuwenden. „Denn wenn die Möglichkeit, die Wahrheit zu finden, bei jenen Studien vorhanden wäre, müßte sie bereits gefunden sein", rechnete Kirchenlehrer Lactantius an seinen Fingern nach. „Da sie aber wahrlich nicht gefunden wurde, wieviel Zeit und Mühe auch an ihre Suche gewendet wurde, ist es offensichtlich, daß dort keine Weisheit ist."

Wie man mit Säulen und Treppen antiker Bauwerke jetzt christliche Kirchen baute, so nahm man aus den Trümmern der alten Philosophie und Wissenschaft, was für die Zwecke der Religion unumgänglich vonnöten war. Doch neben dem alleinseligmachenden Weg der Seele zu Gott war es ein lästerlicher Irrweg, Wahrheit zu suchen anderswo als in der Offenbarung, über irdische Dinge nachzusinnen – Tertullian hatte das klar ausgesprochen: „Es ist nach Jesus Christus nicht unsere Aufgabe, neugierig zu sein noch zu forschen, nachdem das Evangelium verkündet ward."

Nichts offenbart diese Gesinnung dramatischer, augenfälliger als die Rauchsäulen und Feuersbrünste über Alexandrien, dem jahrhundertealten Hort griechischen Wissens, jetzt neben Rom Hauptsitz der christlichen Kirche. Rot färbt sich der Himmel über der Wissensmetropole am Nildelta, während unersetzbare Werte aus griechischer Dichtung, Literatur, Philosophie, Geschichte und hellenistischer Wissenschaft den Vernichtungsaktionen christlicher Eiferer zum Opfer fallen.

Schon 48 v. Chr. war bei der Belagerung durch Julius Caesar ein erheblicher Teil der berühmten Bibliothek des Museions in Flammen aufgegangen. Kleopatra hatte die Verluste einigermaßen durch die Bibliothek aus Pergamon ausgeglichen. Aber im dritten Jahrhundert setzen die planmäßigen Zerstörungen ein. Ein christlicher Patriarch schließt das Museion und vertreibt seine Gelehrten. Unter dem byzantinischen Kaiser Valens wird 366 das Caesareum in eine Kirche umgewandelt, seine Bibliothek geplündert und verheizt, seine Philosophen wegen Magie und Hexerei verfolgt. 391 holt sich Patriarch Theophilos vom Kaiser Theodosius die Erlaubnis, den großen Wallfahrtsort der antiken Welt, die letzte und nun größte Akademie, das Serapeion, zerstören und seine kostbare Bibliothek den Flammen überliefern zu dürfen. Unersetzliches geht damit der Menschheit in dieser wohl größten Tragödie der Geistesgeschichte für ewig verloren.

Das Vernichtungswerk fanatischer Christen ist damit nicht beendet. Wie ein Rausch überkommt es die Halbstarken jener Zeit. Der Freund des Patriarchen Severus von Antiochien bekennt ohne Scham, wie sie beide als junge Leute einer im 5. Jahrhundert in Alexandrien tätigen christlichen Vereinigung angehörten, die heidnische Gelehrte bekämpfte und heidnische Kultstätten überfiel, ihre Götterbilder zerschlug und ihre Einrichtungen zerstörte. Eine Zuflucht hellenistischer Gelehrsamkeit nach der anderen verschwindet. 529 wird die letzte Philosophenschule in Athen geschlossen, um 600 in Rom die von Augustus gegründete Palatinische Bibliothek verbrannt, die Lektüre der Klassiker, insbesondere das mathematische Studium verboten und die Reste antiker Bauwerke der Zerstörung preisgegeben.

Als 642 die Araber in Alexandrien einziehen, gibt es dort längst keine großen und öffentlichen Bibliotheken mehr.

Und die ihrem Feldherrn Amr ein halbes Jahrtausend später angedichtete Verbrennung der großen alexandrinischen Bibliothek – bis heutigentags ein beliebtes Schreckbild barbarischer Zerstörungswut – hat sich in vielfachen und sorgfältigen Prüfungen als reine Erfindung erwiesen und dazu als eine herzlich schlechte.

Gerade der Eroberer Alexandriens ist es, der auf seinem Siegeszug Beispiele echt arabischer Toleranz gibt, der überall die Zerstörung und Plünderung der Städte verhindert und etwas für den alten Orientalen wie für den Christen völlig Ungewöhnliches tut: er garantiert den Unterworfenen ausdrücklich die Ausübung ihrer angestammten Kulte. „Dieser Vertrag", so lautet das Muster dieser arabischen Friedensverträge, „schließt alle christlichen Untertanen, Priester, Mönche und Nonnen mit ein. Er bewilligt ihnen Sicherheit und Schutz, wo sie auch sein mögen. Desgleichen soll äußerlicher Schutz ihren Kirchen, Wohnungen und Wallfahrtsplätzen bewilligt werden sowie denen, die diese Plätze besuchen, den Georgiern, Abessiniern, Jakobiten, Nestorianern und allen, die den Propheten Jesus anerkennen. Alle verdienen Rücksicht, weil

sie früherhin vom Propheten (Muhammed) mit einem Dokument beehrt wurden, worunter er sein Siegel drückte und worin er uns ermahnt, barmherzig zu sein und ihnen Sicherheit zu garantieren."
Dies sind keine leeren Versprechungen.

DER STEMPEL DES SIEGERS

„Es soll kein Zwang sein im Glauben", steht im Buch Gottes, dem heiligen Koran, geschrieben. Die Araber denken nicht daran, von den unterworfenen Völkern die Annahme des Islams zu verlangen. Christen, Sabier, Parsen und die Juden, die unter ihrem König Jussuf noch hundert Jahre vorher schaurige Beispiele wildesten, grausamsten Religionshasses geliefert hatten – sie alle sollen ungehindert ihrem Gottesdienst nachgehen. Sie behalten ihre Gotteshäuser, ihre Klöster, ihre Bischöfe, Dikhanen und Rabbinen. Das ist unerhört! Das ist noch nie dagewesen! Wer wollte nicht aufatmen nach dem harten byzantinischen Zwang, nach den in Spanien eben üblichen Grausamkeiten und gerade eingespielten Judenverfolgungen? Die neuen, muslimischen Herren und Träger des Staates mischen sich überhaupt nicht in ihre inneren Angelegenheiten. „Sie sind gerecht", schreibt der Patriarch von Jerusalem im 9. Jahrhundert an den Patriarchen von Konstantinopel, „und tun uns kein Unrecht oder irgendwelche Gewalttaten." Sie gestehen den Andersgläubigen ihres Reiches alle religiösen und bürgerlichen Freiheiten zu – wenn sie nur ihre Kopfsteuer zahlen und ihren Herren gehorchen.
Denn diese sind gekommen zu herrschen – nicht, zu bekehren und Gleiche zu machen!
Die Sieger erschweren geradezu den Übertritt zum Islam, schon um der Steuereinnahmen nicht verlustig zu gehen, die nur der Nichtmuslim zu zahlen hat.
Aber die Unterworfenen sind es, die Gleiche sein wollen. Um der wirtschaftlichen und der gesellschaftlichen Vorteile willen drängen sie sich bald mehr zum Glauben Muhammeds, als es den Arabern lieb ist. Ohne Anwendung von Glaubenszwang schwinden die Anhänger Christi dahin wie Schnee an der Sonne. Erst im späteren Islam, der ein Völkerbabel in sich beherbergt, regen sich Bekehrungssucht und Religionshaß. Dem unverfälschten Arabertum liegt ein solcher Fanatismus fern.
Dabei steht die geradezu sprichwörtliche Toleranz des Arabers auf einem ganz anderen Blatt als die religiöse Indifferenz des späten Römers, der für Götter jeglicher Herkunft ein Plätzchen auf seinem Forum einrichtete. Die Duldsamkeit des Arabers, ja sein Edelmut gegenüber dem

Gegner und Andersdenkenden haben ihre natürlichen Wurzeln schon in dem altarabischen Fatā, dem „Gentleman-Ideal" der vorislamischen Zeit. Aufopfernde Hingabe bis in den Tod, die keine Bedenken und Vorbehalte kennt, galt damals dem Gast ganz genau so wie dem nächsten Blutsverwandten. Mit dem Eintritt des Gastes, des Fremden, der womöglich ein Feind der Sippe war, reichte die große Menschengemeinschaft täglich fordernd in den innersten, sippenbegrenzten Kreis hinein, und die durch das Blut vorgezeichneten sittlichen Pflichten umgriffen auch ihn, der vielleicht Todfeind war.

An die Stelle der Hilfs- und Schutzgemeinschaft der Sippe und des Stammes ist seit Muhammed die große Gemeinschaft der Gläubigen getreten. Aber was einst der Gast an reiner Menschlichkeit zu entbinden vermochte, das sprengt jetzt die Glaubensgemeinschaft und mündet in eine weltweite, grenzenverachtende Humanität aus –

– in eine Ritterlichkeit selbst gegenüber dem Feinde.

Diese arabische Ritterlichkeit hat das germanische Rittertum unmittelbar angesprochen und tief beeindruckt. In der Gestalt des „edlen Heiden", der im Verzicht auf den Sieg das Schwert fortwirft und dem tapferen Gegner über alle nationalen und religiösen Schranken hinweg die Hand reicht, hat der ritterliche Wolfram von Eschenbach der arabischen Ritterlichkeit ein ergreifendes, unvergängliches Denkmal gesetzt: erst der „Heide" Feirefiz lehrt seinen Helden Parzival die letzte Stufe wahren Rittertums erklimmen.

Diese sich weit öffnende Menschlichkeit und Toleranz des ritterlichen Arabertums ist es, in deren mildem Schein die so verschiedenartigen Völker und Religionen in erstaunlicher Eintracht zusammenleben und – plötzlich zu gedeihen beginnen. Die christlichen Sekten beispielsweise, Nestorianer und Monophysiten, die von der Reichskirche hart drangsaliert worden sind, können zum erstenmal, von kirchlichem und staatlichem Joch befreit, aufatmen und sich unbehindert entfalten. Und wie die Pflanze sich dem Licht zuwendet, das sie wachsen macht, so passen sich die Unterworfenen, selbst wo sie ihrem Glauben treu bleiben, dem Lebensstil ihrer neuen Herren bis zur Ebenbildlichkeit an.

Sie übernehmen die Sprache. Sie geben ihren Kindern arabische Namen. Sie tragen sich mit der Zeit in Gehaben, Kleidung und Sitte so vollständig arabisch, daß der Arzt aus Baalbek, der Kaufmann aus Mossul und der Rechtsgelehrte aus Granada einander in den Suks, den Basaren, von Kairo wie Männer eines Volkes begegnen.

Nicht ein Zwang von oben, sondern das Verlangen, sich den Zugang zu der Welt des Siegers zu öffnen, drängt dieser Gleichförmigkeit zu. Einen

echt arabischen Namen zu tragen, sich womöglich – neben dem allein den Glaubensbrüdern bekannten Vornamen – offiziell Abd Allah oder Muhammed zu nennen, ist Ehrgeiz und Stolz jedes Christen, jedes Juden und Parsen und seit dem 10. Jahrhundert allgemeiner Brauch, wenn auch die Muslime von dieser Entweihung ihnen heiliger Namen verständlicherweise keineswegs entzückt sind.
Obwohl die besiegten Völker (bis auf Berber und Spanier) auf eine weitüberlegene kulturelle und zivilisatorische Tradition pochen können, ist der arabische Sieger in den Augen der meisten – mit Ausnahme der gebildeten und selbstbewußten Perser – durchaus nicht der Emporkömmling. Seine natürliche Vornehmheit und erregende Eleganz faszinieren sie. Seine angeborene herrentümliche Würde ist für sie Zwang genug, ihn als Vorbild zu akzeptieren, ihm nachzueifern, zu seiner sozialen Stellung emporzustreben, kurz – für einen Araber zu gelten. Und das heißt für einen Muslim. Dieser Ehrgeiz, dazu sein hoher, ganz unmissionarischer Glaubensernst wirken überzeugender, als irgendeine Propaganda es könnte, und gewinnen der strengen arabischen Religion scharenweise neue Bekenner.
Wer freilich den Islam bekennt, der muß das Wort Gottes in der Sprache lesen und rezitieren, in der Gott es offenbart hat, der spricht und schreibt die Sprache des Korans, die Sprache der altarabischen Dichter – die Sprache des Siegers.
Und hinzu kommt dies, was man leicht übersieht: der Sieger und Träger dieser Sprache ist ja längst nicht mehr allein jene dünne Erobererschicht. Unaufhörlich durch lange Jahrhunderte wandern die Araber aus der Wüste die Wege der Eroberer nach, Ströme von Beduinen. Immer neue Wellen folgen einander, fluten über Nordafrika, Sizilien, Spanien hin. Als Bauern, als Handwerker, als Gewerbetreibende, als Beamte, Lehrer, Gelehrte durchsetzen sie die fremden Völker, arabisieren sie und prägen ihnen ihren Stempel auf.
Selbstverständlich wird Arabisch die Sprache der Verwaltung, der Rechtsprechung, der Diplomatie, die Verkehrsprache der Behörden, des Handels und Verkehrs und die Sprache der Gesellschaft. Wer wollte sich ausschließen? Wen bezwingt nicht ihre Schönheit, ihr Wohllaut, ihr einzigartiger Charme?
Selbst die Nachbarn verfallen ja ihrem Zauber, wie die spanischen Bischöfe bitter klagen. Um wieviel williger lassen die nichtmuslimischen Untertanen sich in den allgemeinen Sog reißen! Das Koptische stirbt aus. Das Aramäische, die Sprache Christi, weicht für immer der Sprache Muhammeds. Für die christliche Minderheit Andalusiens müssen päpstliche Dekrete und Konzilsbeschlüsse schon im 9. Jahrhundert ins Arabi-

sche übersetzt werden, weil sie Latein kaum noch versteht. Nach der Rückeroberung sieht die Kirche sich sogar gezwungen, das Neue Testament für die befreiten Christen ins Arabische zu übertragen.

Aus einer Stammessprache ist binnen einem Jahrhundert eine Weltsprache geworden.

Aber Sprache ist mehr als ein x-beliebiges, willkürlich auswechselbares Verkehrsmittel. Sie hat Prägung durch eine Gemeinschaft empfangen, und sie prägt Gemeinschaft. Wie formt ihre Gedanken-, Begriffs-, Werte- und Formwelt die Geister, drückt dem materiellen und geistigen Leben den einen Stempel auf und gibt den ungleichen Menschen dreier Erdteile das uniforme Antlitz! Selbst als fremde Gebieter, als Türken, Seldschuken und Mamluken, und als Tataren die Herrschaft übernehmen, werden sie mit Leib und Seele Untertanen der arabischen Kultur, Sprache, Lebens- und Geistesart.

Die prägende Kraft dieser geistigen Welt ist ungeheuer. Kein arabischer Dichter hätte arabischem Wesen und arabischem Liebesempfinden typischeren Ausdruck verleihen können als Ibn Hasm, der „arabische" Philosoph und Theoretiker der arabischen Liebeskunst – aus westgotischem Geblüt! Ja, so original arabisch, wie nur ein Araber schreiben kann, ist das Gros der Werke, mit denen Gelehrte persischer Abstammung die arabische Literatur beschenken.

Und ungeheuer ist die zeugende, befruchtende Kraft dieser Geisteswelt. Unter christlicher Herrschaft hatten die syrischen Klöster vor sich hinvegetiert – ihre Blüte erleben sie im islamischen Reich! Nicht die persische Kultur hatte einen Rhases, einen Avicenna hervorgebracht – die arabische Kultur ist es, die Männer persischer Abkunft zu Außerordentlichem befähigt!

Gelehrte aller Bekenntnisse wirken jetzt zusammen und bauen an der arabischen Wissenschaft mit. Ebenso wie die Schriften von Muslimen, Christen, Juden und Sabiern einträchtig nebeneinander in arabischen Bibliotheken stehen. Und dieselbe Toleranz, die den Christen als Lehrer nicht verschmäht, ist bereit, sogar bei den Heiden in die Schule zu gehen, aus dem mächtigen Brunnen griechischer und indischer Weisheit zu schöpfen.

Und darin befindet sie sich in voller Übereinstimmung mit dem Propheten.

„WER NACH WISSEN STREBT, BETET GOTT AN"

„Jedem Muslim, Männern wie Frauen" hatte Muhammed das Streben nach Weisheit geradezu als religiöse Pflicht auferlegt.

„Suche Wissen von der Wiege bis zum Grabe", hatte er gesagt, denn „wer nach Wissen strebt, betet Gott an." Immer wieder hatte er seine Anhänger diesen Weg gewiesen. „Das Studium der Wissenschaft hat den Wert des Fastens, die Lehre der Wissenschaft den Wert eines Gebets." Erkenntnis der Schöpfung und ihrer Herrlichkeiten vermochte für ihn, den Araber, die Ehrfurcht vor dem Schöpfer nur zu vertiefen. Für ihn erleuchtete das Wissen die Straße des Glaubens
– „auch wenn es aus China kommt"!

Der Prophet selbst lenkte den Blick seiner Anhänger über die Volksgrenzen hinaus. Denn die Wissenschaft dient der Ehre Gottes. Alle Weisheit kommt von Allah und weist zu ihm zurück. Darum „erwirb sie, aus welcher Quelle sie auch stammen mag"! Ja, um Allahs willen – „empfange Wissen sogar von den Lippen eines Ungläubigen"!

„Hat nicht Gott die Weisheit dieser Welt für Torheit erklärt?" fragte dagegen der Apostel Paulus. „Es stehet geschrieben: Ich will zunichte machen die Weisheit der Weisen, und den Verstand der Verständigen will ich verwerfen. – Was töricht ist vor der Welt, das hat Gott erwählet, daß er die Weisen zuschanden mache."

Zwei Auffassungen, zwei Welten, wie Feuer und Wasser geschieden. Sie haben die so gegensätzlichen Wege des geistigen Morgen- und Abendlandes bestimmt. Um ihretwillen letztlich weitet sich der Abgrund zwischen arabischer Hochkultur und dem zivilisatorischen Niveau des gleichzeitigen christlichen Europa. Was galt ihm alle Weisheit der Welt vor dem Angesicht Gottes! Sein Erkenntnisideal war ein anderes, nicht geringer darum, nicht weniger großartig, aber auf andere Ziele, andere Wahrheit gerichtet. „Gott und die Seele begehre ich zu erkennen", hatte Augustin die Pole aller Erkenntnis bezeichnet. Betrachtung der Wahrheit, das hieß Betrachtung Gottes – „zu ihr bedarf es äußerer Hilfe nicht".

Einziger Quell göttlicher Wahrheit war für den Christen die Offenbarung. Die Schöpfungsgeschichte gab alle notwendige Auskunft über den Himmel, die Erde und das Menschengeschlecht. Antipoden, so entschied Augustin, konnten darum gar nicht existieren, „weil die Heilige Schrift unter Adams Nachkommen ein Geschlecht dieser Art nicht erwähnt hat".

Verdammt war jetzt die heidnische Lehre, die Erde sei eine Kugel. „Ist es möglich", fragte Kirchenlehrer Lactantius, „daß Menschen so sinnlos sein können zu glauben, daß Saaten und Bäume auf der anderen Seite der Erde herabhängen und daß die Menschen ihre Füße höher haben als den Kopf?" Für die einen war die Erde ein Hügel, um den zwischen Morgen und Abend die Sonne kreist. Nach Hrabanus Maurus eine rad-

förmige Scheibe, die der Ozean umspült. Jahrhunderte geistigen Aufstiegs der Menschheit waren damit ausgewischt und die Zeiten naiver Weltbetrachtung und magischen Denkens wiedergekehrt.
Verdammt war jetzt und in zunehmendem Maße, überhaupt eine Kausalgesetzlichkeit im Naturgeschehen anzunehmen, gotteslästerlich, den Aufgang eines Gestirns, eine Überschwemmung, eine Mißgeburt oder die Heilung eines Beinbruchs aus natürlichen Ursachen zu erklären, wenn göttliche Strafen, Dämonen und Wunder es auch taten.
Mochten die geistigen Kräfte sich in der leidenschaftlichen Hingabe an das hohe Ziel des Gotterkennens verströmen, mochten sie gewaltige philosophische Lehrgebäude unter dem Dach der alles überspannenden Theologie schaffen, hochragend wie ihre Dome – im Schatten dieser dem Himmel zustrebenden Gebäude, auf allen Plätzen des Wissens um die Erde und Irdisches senkte die Kirche das Niveau. Von der firnigen Klarheit des griechischen Logos zog sie es herab in die dumpfe Niederung des Wunder- und Aberglaubens, von deren Ausdehnung und unseliger Verblendung wir uns keine Vorstellung mehr machen. Doch der allgemeine Krebsgang der Bildung beherrschte nicht nur den internen Betrieb. Zwar war für den Laien diese Art geistiger Kost ohnehin nicht gedacht. Für ihn fertigte man phantastische, in barbarischem Latein aus griechischen Romanen und altorientalischen Märchen zusammengestoppelte Heiligenlegenden an, in denen ein fremder Wunderglaube kräftig aufblühen durfte auf Kosten der gesunden Sinne.
Kirche und Mönchstum, was immer sie auch im geistlichen Felde gewirkt, sie haben im weltlichen nicht „die Kultur gerettet", sondern sie oft genug behindert. Sie hatten dieselben, nein, viel bessere Möglichkeiten als die Araber, das gewaltige Erbe aufzunehmen und fortzuentwickeln. Die antiken Texte standen ihnen in unvergleichlich reicherem Maße zur Verfügung als jenen. Bis ins 6. Jahrhundert gab es im Westen genügend Männer, die des Griechischen mächtig waren. Die Geistlichkeit, die sich in den ersten Jahrhunderten aus den gebildeten Römern rekrutierte, wäre zur Übersetzung wie zur Verarbeitung des Überlieferten grundsätzlich doch wohl nicht weniger in der Lage gewesen als die ersten Übersetzer im Kalifat von Bagdad!
Aber griechischer Geist war ihrem Geiste fremd. „Nicht aus Unkenntnis der Dinge, die ihnen wert sind", hielt um 300 der Bischof von Caesarea, Kirchenlehrer Eusebius, den Naturforschern von Alexandrien und Pergamon vor, „sondern aus Verachtung ihrer nutzlosen Tätigkeit denken wir gering von ihrem Gegenstande und wenden unsere Seelen der Beschäftigung mit besseren Dingen zu." Das ist unverändert im 13. Jahrhundert die Ansicht des Thomas von Aquin. „Das Geringste an Erkenntnis, das

einer über die erhabensten Dinge gewinnen mag, ist ersehnenswerter als das gewisseste Wissen von den niederen Dingen."

Griechischer Geist erschien ihren Glaubensbrüdern so verdammenswürdig, daß sie nicht nur selbst auf den unmittelbaren Zugang zu ihm verzichteten, sondern ihn zu großen Teilen der Menschheit durch Vernichtung überhaupt entzogen. Fast überall mußte das Abendland daher wieder ganz von vorn anfangen, wo Antike und Hellenismus bereits zu hoher Vollkommenheit gelangt waren. Was jedoch in den Klöstern in stumpfer Abschreib- und Zusammensetztätigkeit erhalten wurde, war für bescheidene Ansprüche zurechtgeschnitten, war Populärliteratur und hatte von jenem Geiste, der in den Flammen der Eiferer aufgegangen war, keinen Hauch verspürt. Trotzdem erschien es den Oberen nötig, der Geistlichkeit und den Mönchen die Lektüre, die sich mit den „niederen Dingen" befaßte, überhaupt zu verbieten. Noch 1209 verwies die Synode zu Paris es den Mönchen als Sünde, naturwissenschaftliche Schriften zu lesen. Die geistige Enge erstickte von vornherein jeden schöpferischen Genius, verhinderte jede selbständige Leistung und zwang jede freie Geistestätigkeit, die dem kirchlichen Dogma nicht gemäß war, zu Widerruf, wenn nicht auf den Scheiterhaufen.

Nur daher wird das sonst Unfaßliche verständlich, daß tausend Jahre vergehen mußten, bis auch das Abendland langsam zu blühen begann, obwohl es dem muslimischen Arabertum wohl zwei bis drei Jahrhunderte an Alter und Entwicklungsmöglichkeit voraus hatte. Das Wort Hegels von den Eulen der Minerva, die erst in der Dämmerung ihren Flug beginnen, dies Wort hat Sinn für das späte Regen der Schwingen seitens der Wissenschaft in der griechischen Verfallszeit, im Hellenismus, und es gilt wahrhaftig für die tausendjährige Inkubationszeit der abendländischen Wissenschaft. Für die arabische Entwicklung gilt es nicht. Hier – seltsamerweise – ist die Wissenschaft keine „späte Frucht am Baum der Kultur".

Sie ist ganz plötzlich da, kaum, daß das erste islamische Jahrhundert der Eroberungen und der theologischen Verarbeitung des Korans vorüber ist. Da schießt wie ein Blumenmeer nach winterlicher Dürre die Wissenschaft aus dem Boden und entfaltet in kürzester Zeit eine Blüte, die Weltruhm gewinnt.

Denn überall stößt bald der junge, noch ungelenke und starrköpfige Islam mit den anderen Religionen zusammen. Hier stellen sich den Vertretern des orthodoxen Glaubens freigeistige Sekten kampfbereit gegenüber. Dort spalten Meinungsverschiedenheiten die Einheit der Strenggläubigen selbst in verschiedene Schulen auf. Das hätte einen schnellen, tödlichen Ausgang nehmen können. Doch, daß der jugendliche Islam gezwungen wird, seine Geisteskräfte in der Auseinandersetzung mit reifen Religionen und Philosophemen zu erproben, bekommt ihm ausgezeichnet. Denn er ist, zu seinem Glück und seinem Unglück, in einer ganz anderen Lage als das gleichzeitige Christentum. Er kennt keinen Mittler zu Gott und daher keinen Priesterstand als festgefügte Organisation, keine allmächtige, Aufsicht führende Gewalt; wenigstens in den entscheidenden Epochen nicht. Ganz allgemein ist der Spielraum der Meinungen hier größer, das Ausmaß der Verketzerung kleiner, selbst wo die geistlich-weltliche Autorität, der Kalif, orthodoxere Neigungen hegt und weniger aufgeschlossen ist als die Abbassiden von al-Manßur bis al-Mamun. Wo freilich die Orthodoxie das Übergewicht über die religiöse Toleranz erringt, dort stagniert – auch hier – sofort die Wissenschaft. Und nach der Ausrottung der geistigen Führungsschichten durch Mongolen und Spanier wird denn auch die Alleinherrschaft der verknöcherten Orthodoxie an dem erschreckenden Kulturverfall die Hauptschuldige.

Umgekehrt bringen die Reibereien zwischen den Bekenntnissen unaufhörlich Bewegung in die Geister. Sie bewahren den Islam vor Erstarrung und zwingen ihn, sich wissenschaftlich zu rüsten und durchaus ungeahnte, noch schlummernde Geisteskräfte zu entwickeln. Hinzu kommen die vielen Nötigungen aus den religiösen Pflichten wie aus dem praktischen Alltag: die Notwendigkeit, Kranke zu heilen und unter der Millionenmasse in den Großstädten Seuchen zu verhindern, neue und bessere Heilmittel zu erproben, um ihretwillen in das Pflanzen- und Tierreich einzudringen, dort Böden zu bewässern, hier Land zu vermessen, die Bewegungen der Sterne zu berechnen, sich auf der Reise zu orientieren, Zeit und Ort genau zu bestimmen . . . Auf allen Gebieten heißt es lernen und seine Kenntnisse erweitern – wie und wo auch immer!

Unbekümmert und sich ihres Rechtes bewußt, nehmen die Araber sich von dem Vorgefundenen zur Beute, wessen sie zu ihrer Ausbildung bedürfen und was ihnen irgend nützlich erscheint. Und überall stoßen sie neben indischen, persischen, chinesischen Anregungen immer wieder auf Bruchstücke griechischen und alexandrinischen Erbes.

Aber das Vorgefundene genügt ihnen nicht. Nachdem ihre Wißbegier einmal geweckt ist, wollen sie alles, dessen sie habhaft werden können. Und eine Schatzsuche sehr eigener Art beginnt, wird das Ziel königlicher, mit märchenhaften Reichtümern ausgestatteter Expeditionen und diplomatisches Mittel der Außenpolitik.

Das Buch als Mittler der Politik. Wissenschaft als Botschafterin des Friedens. Wo hat es das früher oder später noch einmal gegeben? Und in diesem Umfange?

Wie sehr mußten den Arabern Bücher am Herzen liegen! Und zwar Bücher über einen so spröden Gegenstand wie Geometrie oder Mechanik, über Medizin, Astronomie, Philosophie.

Wie ein Siegerstaat etwa die Auslieferung von Landwaffen und Kriegsschiffen zur Bedingung des Friedensvertrages zu machen pflegt, so fordert Harun ar-Raschid nach seiner Eroberung von Amoria und Ankara die Auslieferung alter griechischer Manuskripte.

Wo man heutzutage dem Besiegten Bergwerke, kriegswichtige Industrien, Konstruktionspläne neuer Vernichtungswaffen (gleich mit ihren Erfindern) abnimmt, dort verlangt al-Mamum nach seinem Sieg über den byzantinischen Kaiser Michael III. alle noch nicht ins Arabische übersetzten Werke der alten „Philosophen“ als Reparationen – Waffen des Geistes, die hier einer Aufrüstung zu rein friedlichen Zwecken dienen werden.

In der Tat, die arabischen Fürsten müssen ganz vernarrt sein in die halb zerschlissenen Papyri und Pergamente! Was kann daher gütlicher ihre Freundschaft einhandeln als die Übersendung einiger verstaubter Buchrollen? Am Ende läßt sich mit ihrer Hilfe gar einer von ihnen zum Alliierten gegen den andern bewegen, denkt man sich am Bosporus und überreicht Abd ar-Rachman III. in Andalus einen ganzen Koffer voll alter Handschriften, unter ihnen die Heilmittellehre des Dioskurides.

Der Ausverkauf des heidnischen Geistes wird mit allem Nachdruck betrieben. Und die Araber lassen sich die Sache etwas kosten. Sondergesandtschaften mit weiten Vollmachten und prallen Geldsäcken gehen von Bagdad nach Byzanz und nach Indien, wobei Gelehrte jener Länder den Makler machen wie der Oströmer Photius, der die glanzende und sprühende Geistigkeit am Abbassidenhof dem griesgrämigen Byzanz als Aufenthalt vorzieht.

Die Erwerbung noch unübersetzter Handschriften wird geradezu ein Hobby der Fürsten, Wesire und reichen Privatleute. Sie werfen ungeheure Summen aus, um durch gelehrte Kommissionen oder Einzelagenten in ganz Griechenland, Kleinasien und, wohin immer Hellenen ihren Fuß gesetzt, die Reste ausfindig zu machen, die von dem großen Zerstörungswerk übriggeblieben sind.

An den merkwürdigsten Orten kann man solche Schätze heben. In einem finsteren, von Ratten und großen Spinnen bewohnten Keller in Alexandrien will einer ein Werk über Kriegsmechanik zwischen zwei aufeinandergeschichteten Steinen aufgefunden haben. Ein anderes ist in einer Kassette eingeschlossen gewesen, die in die Grundmauern eines syrischen Klosters eingelassen war. In Kleinasien – „drei Tagereisen von Byzanz entfernt“ – entdeckt Muhammed ben Ischaq eine riesige Bibliothek „in einem großen, alten Tempel, mit einer Tür, wie nie eine größere gesehen wurde, mit zwei eisernen Flügeln. Die Griechen in der älteren Zeit, als sie noch die Sterne und die Götzen verehrten, hatten ihn errichtet und Opfer darin dargebracht. Ich bat einmal“, berichtet Muhammed von seinem hart erkämpften Erfolg als arabischer Gesandter am byzantinischen Hof, „den Beherrscher der Oströmer, er möchte mir den Tempel öffnen. Aber er verweigerte es, weil seine Pforten seit der Zeit, da die Oströmer Christen geworden waren, geschlossen gehalten wurden. Ich ließ aber nicht locker, ich war ihm in verschiedenen Angelegenheiten behilflich, ich bat ihn schriftlich, und ich bat ihn mündlich, als ich an einer Sitzung seines Rates teilnahm. Da endlich ließ er ihn öffnen. Und siehe, in diesem Bau, aus mächtigen, marmornen Steinen errichtet, befanden sich Inschriften an den Wänden und bemalte Figuren, wie ich Ähnliches reicher und schöner nie gesehen hatte! An alten Handschriften gab es dort viele Kamelladungen voll. Man sprach von tausend Werken. Ein Teil war schon zerrissen, ein anderer durch den Wurm zerfressen ...“

Es wird ein Rettungswerk von weltgeschichtlicher Bedeutung. Eine Kultur war zerfallen, zerschlagen. Sie ist im Begriff zu versinken, unterzugehen vor den abgewandten Augen ihrer einstigen Schöpfer, die jetzt auf ein Ziel gerichtet sind, das nicht von dieser Welt ist.

Was dennoch erhalten wurde, verdankt die Nachwelt zum größten Teil den Arabern und ihrer „Suche nach Wissen“; nur weniges kommt später aus Byzanz neu hinzu. Und dennoch ist es nur ein Torso. Den vollen Umfang der einstigen Literatur des Altertums kennen wir gar nicht. Wieviel bereits endgültig verloren war, läßt sich allenfalls aus Enzyklopädien und Kompilationen erschließen.

ÜBERSETZUNG ALS KULTURTAT

Was die Araber in ihren großangelegten Rettungsaktionen bergen, das wird nicht einfach konserviert und fürs Museum tageslicht- und luftdicht abgeschlossen, das wird von den Stätten des Moderns und Vergessens in das Leben zurückgebracht. Das soll jedermann erreichbar sein.

Kurzum: es wird übersetzt.

Nicht in eine erstarrte, volksfremde Sprache, die nur Eingeweihten verständlich ist, wie das Latein seit dem 8. Jahrhundert im Abendland, sondern in die überall lebendige Sprache des Korans. Und dies ist die zweite Wurzel der arabischen Kulturblüte: Jeder Muslim muß den Koran arabisch lesen und rezitieren können. Jeder Muslim lernt und versteht Arabisch. Jeder Vollbürger des Reiches erhält zu den zutage geförderten „Wundern der Weisheit" Zutritt – nicht nur ein isolierter Kreis neben dem Volke!

Schon um 687 fängt es an, zur Zeit der Omaijaden, als im Abendland Pipin von Heristall, der Vater Karl Martells, sich vom Majordomus zum eigentlichen Herrscher des Frankenreichs aufschwingt.

Enttäuschung über den erzwungenen Verzicht auf den angestammten Kalifenthron zu Damaskus hat den jungen Omaijadenprinzen Chalid ben Jesid in die Arme der Wissenschaften getrieben. Er aber verschmäht es, sich zu einer fremden Lesart seiner Freunde, der Bücher, zu bequemen. Er, als erster einer unendlichen Kette von Mäzenen, beruft griechische und arabische Gelehrte aus Alexandrien und gibt ihnen den Auftrag, Werke von Hellenen und Ägyptern in die Reichssprache zu übertragen, entschlossen, mit den zu Gast geladenen Geistern nur in seiner eigenen Sprache zu verkehren.

Was der enttäuschte Prinz in Damaskus zu seinem Troste begonnen hat, das setzen die Abbassidenkalifen in Bagdad zum praktischen Nutzen der Religion und der Gläubigen fort. „Al-Manßur befahl", heißt es in der Perlenschnur von dem indischen „Siddhanta", „dieses Buch ins Arabische zu übersetzen und danach ein Werk zu verfassen, das die Araber den Planetenbewegungen zugrunde legen könnten." Und in der Tat, was arabischen Herrschern zu fördern nützlich erscheint, darin lassen sie sich nicht auf Halbheiten ein, das tun sie stets in großem Stil.

Das Übersetzungswerk wird kein geringerer Erfolg als das Sammeln der Texte. Harun ar-Raschid läßt Gelehrte und Kenner aller Sprachen an seinen Hof kommen, die damit betraut werden, unter der Leitung des Jachja ben Masaweih die Reparationszahlungen in Bücherwährung für die Ausbeutung durch seine Untertanen bereitzustellen. Al-Mamun gründet eine regelrechte Übersetzerakademie, und seine Nachfolger wetteifern ihm darin nach. Die drei Söhne Mußas ben Schakir des Astronomen setzen ihr Riesenvermögen ein für ihre Sammler- und Übersetzerteams, und „sie gaben damit ein Beispiel für andere", so für den Arzt aus Baalbek, Qosta ben Luqa.

Ein Name ist Symbol geworden für alle Anstrengungen um die Wiederbelebung des antiken Geistesgutes: der des Apothekersohns Hunain ben Ischaq aus dem einst christlich gewordenen Araberstamm der Ibadi, die

um al-Hira, die alte Handelsmetropole im Euphrat und einstige Königsstadt der arabischen Lachmiden, an der quer durch das Stromland ziehenden Karawanenstraße zelteten.
Und wie ein Symbol mutet die Geschichte Hunains an. Es ist die Geschichte einer Demütigung und einer Rache – einer Demütigung, die persische Überheblichkeit über das arabische Siegervolk dem stolzen Sproß der Ibadi zufügte und die den Anstoß gab für die geistige Machtergreifung des jungen Arabertums.

Von al-Hira bis nach Bagdad sind es etwas mehr als neunzig Kilometer. Er brauche nur über den Euphrat zu setzen und genau nach Norden zu wandern, um seine Traumstadt am Tigris zu erreichen, so hat man Hunain in den Karawansereien auf seine hundert Fragen hundertmal geantwortet. Er ist im Todesjahr Harun ar-Raschids 809 in al-Hira geboren. Die Töpfe und Apparaturen im Laboratorium des Vaters haben in dem schmalen, intelligenten Knabenköpfchen andere Interessen geweckt, als Händler zu werden wie seine Altersgefährten.
Eines Tages ist es endlich soweit. Sein alter Freund, Hubaisch der Karawanenführer, ist bereit, Hunain, den Sohn des Apothekers Ischaq, gegen eine Blase Kampferbalsam bis zur Reichshauptstadt mitzunehmen.
Zu dieser Zeit ist das Haus des aus Gundischapur gebürtigen Persers, Arztes und Chefübersetzers unter Harun und al-Mamun, des großen Jachja ben Masaweih, Treffpunkt der wissenschaftlichen Elite Bagdads. Hunain will auch ein Arzt werden, und mit dem ganzen Eifer und Wissensdurst seiner fünfzehn Jahre besucht er die Vorlesungen des bewunderten und heißgeliebten Lehrers. Oh, er ist kein bequemer Schüler. Wie Dolche bohren seine Fragen. Immer wieder zerschneiden sie den Redefluß des Meisters.
Masaweih ist berühmt für seinen Witz, über den allerhand Geschichten in der Stadt kursieren. Aber ebenso berüchtigt wegen seiner hemmungslos scharfen Zunge. Einmal, gereizt durch die unausgesetzten Fragen des wißbegierigen Studenten, schreit er Hunain unbeherrscht an: „Scher dich hin, wo du hergekommen bist! Von mir aus kannst du ein Geldwechsler werden wie deine Leute in Hira! Aber laß die Finger vom Medizinstudium! Das ist kein Beruf für einen Ibadi!“
Bitterlich weinend verläßt Hunain das Haus. Die Verachtung in Masaweihs Worten brennt in ihm wie Striemen von Peitschenschlägen. An diesem Tage gelobt er, bebend vor Zorn: zu beweisen, daß er imstande ist, das zu werden, was er sich vorgenommen, ein Arzt wie Masaweih, nein, mehr – einer, zu dem der Mann aufschauen soll, der ihn so tief verletzt hat!

Er reist in das Land der Rumis, der Griechen. In Kleinasien studiert er die griechische Sprache, bis er sie so vollständig beherrscht, daß er die Werke der großen griechischen Ärzte im Urtext lesen kann. Bei dem besten Lehrer in Basra am Persischen Golf vervollkommnet er sein Arabisch und studiert noch Persisch dazu; Aramäisch spricht er von klein auf.
Zwei Jahre sind vergangen, seitdem der junge Araber aus al-Hira die goldenen Tore Bagdads hinter sich gelassen hat. Da besucht zur Abendstunde Chalil ben Abdallah, ein älteres Semester aus dem Hörerkreis Masaweihs, einen Freund. Ein Fremder mit wallendem, schwarzem Bart hockt ohne aufzublicken mit untergeschlagenen Beinen auf dem Schafsfell. Chalil ist dem Mann auf den Straßen Bagdads noch nie begegnet. Er hat mit dem Freund zu reden und beachtet den stummen Gast nicht.
Plötzlich erhebt sich eine Stimme. Sie singt. Griechische Verse. Homerische Verse, von einem Manne Odysseus. Und die Stimme ist es, die den Sänger verrät. Chalil kennt sie zu gut. Der Bärtige, der, den Kopf an die buntgekachelte Wand zurückgelehnt, von dem vielgewanderten Helden singt, ist sein alter Freund und einstiger Kommilitone Hunain ben Ischaq.
„Sprich noch nicht über mein Geheimnis", bittet der erschrocken. „Meine Mission ist noch nicht erfüllt."
Kurze Zeit darauf begegnet Chalil seinem geheimnisvollen Freund zum zweitenmal. Diesmal im Hause des Dschabril ben Bachtischu, des Vorstehers der Ärzteschaft von Bagdad. Und wieder gibt es Anlaß zur Verwunderung. Der verdiente, ehrwürdige Greis aus der alten Arztdynastie aus Gundischapur behandelt den siebzehnjährigen Hunain mit ausgesuchter Aufmerksamkeit, ja Ehrerbietung, wie man sie einer hochgestellten Respektsperson darbringt. „Meister Hunain" redet er ihn an und läßt dem Jüngling in seinem Hause alle Ehren eines bevorzugten Gastes zuteil werden.
„Er nennt dich ‚Meister'?" fragt Chalil beim Verlassen des Hauses ungläubig und begierig auf die Erklärung. Hunain holt hervor, was er im Auftrag des Ärztechefs übersetzt hat. Jetzt, das fühlt er, ist die Stunde der Aufrechnung gekommen. „Nimm die Papiere und bring sie Jachja ben Masaweih, der mich damals mit einem Fußtritt aus seiner Klasse geworfen hat, und wiederhole ihm, was du soeben im Hause Dschabrils ben Bachtischu gehört und gesehen hast."
„Eine solche Übersetzung kann kein menschliches Wesen vollbracht haben, es sei denn, der Heilige Geist hat sie ihm eingegeben!" ruft Masaweih aus, als er die Blätter studiert hat. „Sag Hunain ben Ischaq, glücklich würde ich mich preisen, mich seinen Freund nennen zu dürfen."
Hunain beginnt jetzt, medizinische Vorlesungen in Bagdad zu halten. Selbst der weise Dschabril ben Bachtischu verschmäht es nicht, sie zu

besuchen und von seinem jungen Freund hinzuzulernen. Manchmal sieht man sogar Hunains einstigen Lehrer unter seinen Hörern.
Aber noch größeren Ruhm soll der junge Araber sich durch seine meisterhaften Übersetzungen erwerben, mit denen er Masaweih längst überflügelt hat. Die Söhne Mußas sind begeistert. Hier ist Gediegenheit und Zuverlässigkeit! Hier ist nicht Wort für Wort ausgewechselt, hier ist wirklich der Sinn in die neue Sprache umgegossen, in klares, elegantes Arabisch. Vor allem Muhammed ben Mußa ist dem jungen Ibadi sehr herzlich zugetan. Er nimmt ihn in sein Haus auf und setzt ihm ein hohes Gehalt aus, damit er die von ihm und seinen Brüdern herbeigeschafften Griechenwerke für sie ins Arabische bringe.
Bald muß Hunain Assistenten, ganze Trupps von Hilfskräften heranziehen. Aber kein Buch verläßt sein Institut, das nicht von ihm selbst gründlich überarbeitet und verbessert ist. Jeder Text, der durch seine Hände geht, wird von ihm überhaupt erst einmal übersichtlich angeordnet, in Kapitel und Absätze eingeteilt, was vor allem Galens Schriften, Hunains erklärtem Lieblingsschriftsteller, zugute kommt.
Und hier zeigt es sich, welche Macht einem Übersetzer, einem einzelnen, gegeben ist, wie von seiner Zu- oder Abneigung, von seinem persönlichen Verständnis und Interessenkreis, nach dem er seine Auswahl trifft, der Weg von Kulturen mitbestimmt wird. Hunains Liebe zu Galen hat den Pergamener erst auf den Thron der arabischen Medizin gesetzt – und damit auch auf den der abendländischen Heilkunde.
Aber die unbändige Aktivität dieses arabischen Arztes und Übersetzers läßt sich nicht auf die Medizin – auf Galen und Hippokrates, Oribasius, Dioskurides und Paul von Aegina – eindämmen. Er überträgt Aristoteles, Platon und das griechische Alte Testament, die „Septuaginta", ins Arabische, er widmet sich philosophischen, metaphysischen, mathematischen und astronomischen Werken. Im Gegensatz zu den späteren, lateinischen Übersetzern besitzt Hunain auf allen Gebieten ein gediegenes Wissen. Er beherrscht den Stoff seiner Übersetzungen so souverän, daß er es sich erlauben kann, unklare oder schwerverständliche Stellen zu erläutern und sämtliche Schriften mit seinen sachkundigen Einleitungen und Kommentaren zu versehen.
Seine Gewissenhaftigkeit geht so weit, daß er sich – wie er selbst berichtet – nach Möglichkeit mindestens drei Handschriften des betreffenden Werkes zu beschaffen sucht, um die Texte vergleichen und, wo es nötig ist, verdorbene und fehlende Teile sauber wiederherstellen zu können.
Wo gibt es im Altertum oder Mittelalter außer bei den Arabern diese für sie immer wieder bezeichnende hohe Auffassung von den Pflichten eines Herausgebers, von der Verantwortung gegenüber dem Autor, diese Ach-

tung vor seinem geistigen Eigentum? Eine Auffassung, der man heutzutage dadurch besonderes Lob zu spenden meint, daß man sie als „ganz modern" bezeichnet!

Als Hunain ein Exemplar eines bestimmten Manuskriptes von Galen fehlt, das schon zu seiner Zeit eine Rarität ist, begibt er sich selbst auf die Suche. „Ich brauchte es dringend und reiste deshalb durch Mesopotamien, Syrien, Palästina und Ägypten, bis ich nach Alexandrien kam. Aber es gelang mir nicht, es irgendwo aufzutreiben, abgesehen von der einen Hälfte des Buches, die ich in Damaskus fand." Mit dieser seltenen Schrift, die heute im Original verloren ist, bringt Hunain eine große Anzahl wertvoller Werke mit nach Bagdad zurück. Inzwischen hat al-Mutawakkil, ein Nachfolger al-Mamuns, ihn zum Leibarzt und Leiter der neu gegründeten kalifischen Übersetzerschule berufen.

So bewahren arabische Gelehrte in ihren Übersetzungen viele antike Werke vor dem totalen Verlust, Schriften, welche die Nachwelt ohne sie niemals kennengelernt hätte: wie die anatomischen Bücher Galens, die Schriften über Mechanik und Mathematik von Heron, Philo und Menelaos, die Optik des Ptolemäus, eine Schrift über das Gleichgewicht von Euklid, über die Wasseruhr und über schwimmende Körper von Archimedes. Drei Bücher über die Kegelschnitte von Apollonius rettet Thabit ben Qurra, der große Mathematiker und Arzt, der zusammen mit Hunains begabtem Sohn und seinem Neffen aus des Meisters jahrzehntelanger Übersetzerpraxis als der berühmteste seiner mehr als neunzig Schüler hervorgeht.

Die Hauptmasse der Klassiker liegt bei Hunains Tod in Übersetzungen vor. Die Aufnahme und Verarbeitung kann beginnen.

LEIDENSCHAFT FÜR BÜCHER

Mit der Schnelligkeit einer Seuche, vergleichbar dem Nachweltkriegs-Run nach Autos, Kühlschränken und Fernsehtruhen, greift die Leidenschaft für Bücher um sich. Sie befällt jeden, der sie sich irgend leisten kann. Sie infiziert die Bewohner der arabischen Länder mit einer Heftigkeit und in einer Breite, die erst in der Neuzeit überboten wurde.

Und wie sich das wirtschaftliche, gesellschaftliche und geistige Niveau des Menschen der Gegenwart nach Besitz und Größe seines Wagens und seines Televisiongerätes bemißt, so das des Arabers zwischen dem 9. und 13. Jahrhundert nach seinem Besitz an Büchern.

Kein Zweifel, als der Kalif, angeregt durch seinen Wesir aus dem Geschlecht der Barmekiden, der einstigen Dalai Lamas aus Asien, in dem

„Haus der Weisheit" in Bagdad eine Bibliothek gründet, kommt er einem wirklichen Bedürfnis entgegen. Bibliotheken wachsen plötzlich wie Pilze aus dem Boden. Schon 891 zählt ein Reisender in der Hauptstadt am Tigris über hundert öffentliche Büchereien. Jede Stadt baut jetzt ihre Bibliothek, in der jeder Ali und Muhammed sich Bücher ausleihen oder sich in Lesesälen in sie vertiefen kann, in der Übersetzer und Abschreiber ihre ständigen Arbeitsplätze haben und Versammlungsräume für Diskussion und Unterhaltung die Aufgabe der englischen Klubs von heute erfüllen.

Eine kleine Stadt wie Najaf im Irak ist im 10. Jahrhundert, während abendländische Klöster ihr Dutzend Bücher seltenheitshalber an Ketten befestigen, stolze Besitzerin von 40 000 Bänden. Zehn große Kataloge sind nötig, um den Bücherbestand der städtischen Bibliothek von Raj aufzuführen. Jede Moschee hat ihre Bücherei. Jedes Hospital empfängt den Besucher in der Haupthalle mit breiten Bücherregalen und kauft alle medizinischen Neuerscheinungen auf, um mit dem Unterrichtsstoff für die Studenten und mit Nachschlagewerken für die angestellten Ärzte auf dem laufenden zu sein. Für seine Sternwarte in Maragha trägt Nassir ad-Din at-Tußi eine Sammlung von 400 000 Schriften zusammen.

Was dem Kalifen in Bagdad recht ist, das ist dem kleinsten Fürsten im entferntesten Winkel des Reiches billig. Ein südarabischer Emir von hoher Bildung bringt es auf 100 000 Bände. Als der noch nicht achtzehnjährige Ibn Sina dem kranken Sultan von Buchara Muhammed al-Manßur auf Wunsch der Leibärzte ärztlichen Beistand geleistet hat, erhält er zum Lohn die Erlaubnis, sich aus der Bibliothek des Sultanspalastes die Bücher auszuwählen, die er für seine Studien braucht. Sie sind, nach Fachgebieten geordnet, in vielen Räumen des großen Gebäudes aufgestellt – „da sah ich Bücher, von denen die meisten Menschen nicht einmal den Namen kennen, Bücher, die ich niemals vorher und niemals nachher sah". Kurz nachdem Ibn Sina den Sultanshof verlassen hat, wird die kostbare Sammlung ein Raub der Flammen. „Ibn Sina hat das Feuer gelegt", raunen seine Feinde und Neider, „weil er die dort geschöpfte Weisheit allein besitzen möchte, um sie später als sein Eigentum ausgeben zu können."

Niemand aber, selbst nicht der Kalif von Cordoba, der im ganzen Orient Agenten unterhält, um seine Bibliothek zu vervollständigen, kann sich dem Kalifen al-Asis in Kairo vergleichen. Die Bibliothek des Fatimiden mit 1 600 000 Bänden ist die schönste und vollständigste von allen, mit allein 6500 mathematischen und 18 000 philosophischen Schriften. Das hält seinen Sohn nicht ab, als er zur Regierung kommt, noch eine zweite Riesenbibliothek mit achtzehn Sälen danebenzusetzen.

Wie sollte da nicht die Minister, die Hofbeamten der Ehrgeiz packen, es ihren erhabenen Gebietern nachzutun? Eine Sammlung von 117 000 Bänden, wie sie der Wesir al-Muhallabi bei seinem Tode im Jahre 963 hinterläßt, ist keine Seltenheit. Sein jüngerer Kollege Ibn Abbad kann sich sogar eines Besitzes von 206 000 Büchern rühmen, ein Kadi seiner 1 050 000 Bände. Wenn solche Summen auch reichlich überschlägig berechnet und großzügig abgerundet sein mögen und unter „Band" bei früharabischen Büchern meist ein gebundenes Kapitel zu verstehen ist, so spricht allein der Stolz, mit dem diese Angaben gemacht werden, für eine unbändige Freude an der Sache. Und diese Freude glaubt man ihnen ohne weiteres, wenn man von jenem Wesir erfährt, der nie auf die Reise ging, ohne dreißig Kamelladungen Bücher mit sich zu führen. Wo die Vorbilder für die Bibliothek auf Kamelsrücken zu suchen sind, die den vielfachen Schüler der Araber Kaiser Friedrich II. auf all seinen Zügen begleitet – ist es noch eine Frage?

Wo sind heute die privaten Bibliotheken von zwanzig- und dreißigtausend Büchern, wie sie der Leibarzt von Salach ad-Din, Ibn al-Mutran, der berühmte Pharmakologe Ibn at-Talmith oder der Historiker Ibn al-Qifti sammelten? Bücher, die nicht rotationsgedruckt, sondern in monate- oder jahrelanger Arbeit mit der Hand geschrieben und nicht eben billig waren! Ibn al-Heitham, der Begründer der Optik, erhielt für die Abschrift eines Bandes Euklid 75 Dirhem, von denen er ein halbes Jahr lebte. Ibn al-Dschessar, der reiselustige Arzt aus Kairuan, hinterließ 250 Zentner selbstgeschriebenen Pergaments aus Gazellenhaut. Von einem anderen Arzt erzählte man – und kein Zeitgenosse konnte daran zweifeln –, daß er die Einladung des Sultans von Buchara, an seinen Hof zu kommen, ablehnen mußte, weil er vierhundert Kamele gebraucht hätte, um seine etwa 10 000 Kilogramm wiegende Bibliothek an seinen neuen Wohnsitz zu transportieren. Und man weiß von einem Gelehrten, der bei seinem Tod sechshundert Kisten mit Büchern aller Wissensgebiete hinterließ, so schwer, daß mehrere Männer mühsam jede einzelne aus seinem Haus wuchten mußten.

Gewiß, ein paar studierte Leute! wird man einwenden. Selbstverständlich brauchen sie Fachliteratur. Das gab es zu allen Zeiten, wenn vielleicht auch selten in diesen Ausmaßen! O nein, Bücherliebhaber finden sich unter den Arabern aller Stände, nicht nur unter den Gelehrten. Jeder Gebildete vom großen Staatsmann herab bis zum Kohlhändler, vom Kadi der Stadt bis zum Gebetsrufer ist ständiger Kunde der Buchhändler. Die durchschnittliche Bibliothek eines Privatmannes des 10. Jahrhunderts pflegt mehr Werke zu enthalten als alle Bibliotheken des damaligen Abendlandes zusammen.

Reich zu sein jedenfalls gehört sich einfach nicht, ohne eine Sammlung seltener und kostbarer Bücher sein eigen zu nennen. „Als ich in Cordoba war", erzählt ein arabischer Historiker sein ärgerlich-komisches Erlebnis im Suk der Buchhändler, „ging ich oft zum Büchermarkt, um dort nach einem bestimmten Buch Ausschau zu halten, das ich nötig brauchte. Endlich fand ich es eines Tages und fing an, darauf zu bieten, aber jedesmal wurde ich durch einen anderen überboten. Ich sagte zu meinem Rivalen: ‚Möge Allah unseren wohlgeborenen Herrn Studiosus schützen! Wenn du einen besonderen Grund hast, gerade dieses Buch zu erwerben, will ich es dir überlassen, denn das Gebot hat schon die Grenze überschritten.' ‚Ich bin kein Studiosus', antwortete er, ‚ich kenne den Inhalt des Buches nicht. Ich habe mir gerade eine Bibliothek eingerichtet, um unter den Leuten von Stand etwas zu gelten. Und da ist eine leere Stelle in meinem Bücherregal, die dieses Buch gerade ausfüllt. Außerdem gefällt es mir, weil es so schön geschrieben ist und einen so prächtigen Einband hat. Da kümmert mich nicht, was ich dafür bezahlen muß, denn (dem Allmächtigen sei Dank!) ich bin ein Mann, der es sich leisten kann.' ‚Ja', sagte ich, ‚Leute wie du haben die nötigen Mittel dafür! ER gibt Nüsse denen, die keine Zähne haben.'"

Doch die, die „Zähne haben", sind hier Legion. Und darum hält diese Hochkonjunktur nicht Jahre oder Jahrzehnte, sie hält Jahrhunderte an. Sie ist ein bedeutender Faktor des arabischen Wirtschaftslebens. Milliardenbeträge werden jährlich in Büchern investiert. Allein der Bibliothek der Nisamija, der berühmten Hochschule in Bagdad, steht ein Jahresbudget in Höhe von eineinhalb Millionen Goldfranken zur Anschaffung von Büchern und Manuskripten zur Verfügung. Hunderttausende von Menschen werden durch die Bücherleidenschaft in Arbeit und Brot gesetzt.

Da sind die Abschreiber und Schönschreiber, wahre Künstler in ihrem Fach. Jede Bibliothek und jeder Buchhändler beschäftigt einen Stab solcher Leute, oft Werkstudenten oder mittellose Intellektuelle, die auf diese Weise ihr Auskommen suchen. Da sind die Hersteller des Papiers in den Papiermühlen von Samarkand, Bagdad, Damaskus, dem syrischen Tripolis, Tiberias in Palästina und dem berühmten Jativa bei Valencia in Andalusien. Da sind die Buchbinder, die das Papier auf chinesische Art zweifach, vierfach, achtfach und sechzehnfach falzen – in das genormte Mansuri oder Folio, das Bagdadi oder Quart, das Suls oder Oktav –, wie wir es noch heute tun, und in Bücher binden; die Lederarbeiter, die kunstvoll verzierte Buchdeckel anfertigen. Wieviel *Ries* Papier, wieviel Liter Tinte, aus Ruß und Gummiarabikum hergestellt, werden hier im Laufe eines Jahres verschrieben! Wieviel Häute junger *Gazellen* und Ziegen

zu seidigen, geschmeidigen Pergamenten und prächtigen *Saffian*einbänden verarbeitet!
Und da sind die Buchhändler – ebenso wie die Apotheker eine „Erfindung“ der Araber.

Den Buchhändler als Kulturmittler, die Buchhandlung als kulturelles Zentrum der Stadt – das gibt es zuerst und für lange Zeit allein bei ihnen.
„Bei den Buchhändlern“ heißt das Basarviertel am Basra-Tor, in dem über hundert Buchhändler ihre Läden haben. „Bei den Buchhändlern“ trifft sich die gelehrte Welt Bagdads und die des ganzen Reiches, die ständig in seinem Herzen und Hirn zusammenströmt. Hier stöbert der Philosoph neben dem Dichter und dem Astronomen unter den Neuerscheinungen, hier fahnden der Arzt, der Historiker, der Sammler nach alten „Ausgaben“, hier wird diskutiert und vorgelesen, hier ist der Umschlagplatz des Wissens. „Gedankenaustausch“ betitelt sich ein Werk, das um das Jahr 1000 erscheint und einhundertsechs Gespräche zwischen Gelehrten festgehalten hat, die sich teils in dem Haus eines arabischen Philosophen, teils in den Basaren der Buchhändler abgespielt haben.
Hier empfängt zu dieser Zeit auch einer der berühmtesten von ihnen, der selbst ein Gelehrter von Rang und Namen ist, seine gelehrten Kunden, Ibn an-Nadim, der Verfasser jener Bibliographie sämtlicher in arabischer Sprache erschienenen Übersetzungen und Originalwerke, des „Katalogs der Wissenschaften“. Jedem Titel sind biographische Notizen über ihre Autoren, zum Teil aus persönlicher Kenntnis des wohlbewanderten Buchhändlers, hinzugefügt. Diesem Meisterwerk hat Ibn an-Nadim ein Vorwort vorangestellt, das in seiner Kürze und witzigen Würze den Mann der buchhändlerischen Praxis verrät und gewiß den Buchhändlern und Verlegern aller Zeiten aus der Seele gesprochen ist: „Geister schmachten nach Ergebnissen, nicht nach Vorwörtern und wünschen, an das ersehnte Ziel ohne langatmige Einleitungen zu gelangen. Deshalb beschränke ich mein Vorwort auf diese wenigen Worte, die meinen Entschluß kundtun, das Buch zu schreiben.“
Ibn an-Nadim besitzt wie mancher seiner Kollegen eine fundierte wissenschaftliche Ausbildung. Er hat die Vorlesungen der wichtigsten Philosophen seiner Zeit gehört, verkehrt in ihren Häusern und in den gelehrten Gesellschaften, die sich jetzt, im Laufe des 10. Jahrhunderts, überall auftun. Er ist ein naher Freund des Ali ben Ißa, des größten mittelalterlichen Augenarztes, und anderer bedeutender Gelehrter, mit denen er die Nächte hindurch zu diskutieren pflegt. Und dieser umfassend gebildete und ungemein belesene Mann ist nicht etwa eine Ausnahme un-

ter seinen Kollegen, die in allen arabischen Städten die Weisheit der Jahrhunderte an den Mann bringen.
Unter ihnen gibt es die Antiquare, die sich auf den An- und Verkauf seltener, wertvoller Ausgaben für Bibliophile spezialisieren, und, da ja kein Verlagsvertreter sie besucht, jene Buchhändler, welche die Städte bereisen, um Neuerscheinungen aufzuspüren und die Lager aufzufüllen. Um in Ägypten Bücher einzukaufen, war einst solch ein „reisender" Buchhändler aus dem Irak nach Kairo gekommen. Er hatte von dem reichen Arzte Ephraim ben as-Sufan gehört, einem der besten Schüler des „Teufelskrokodils", der ständig viele Abschreiber beschäftigte und sich aus eigener Werkstatt einen großen Schatz an medizinischen und anderen Werken zugelegt hatte. Durch Empfehlungen von Freunden zu Freunden war die Bekanntschaft mit viel Geduld und Nächte füllenden Gesprächen wohleingeleitet. Der Buchhändler machte dem Arzt ein überzeugendes Angebot, und Ephraim stellte in Aussicht, ihm zu einem ansehnlichen Preise zehntausend Bände aus seiner Bibliothek abzutreten.
Dieser Handel kam dem Wesir al-Afdal, dem leitenden Staatsmanne Ägyptens, zu Ohren. Und in diesem mächtigen Mann, der ein sentimentaler Liebhaber der Wissenschaften war, meldete sich deutlich ein patriotisches Unbehagen. Was hier in Ägypten entstanden war, das sollte auch in Ägypten bleiben und nicht dem Irak zum Ruhme gereichen. Also ließ al-Afdal den Arzt Ephraim ben as-Sufan vor sich kommen, überzeugte ihn mit staatsmännischem Ernst von seiner Pflicht, solche Schätze dem eigenen Lande zu erhalten, und händigte dem Arzt den mit dem Iraker verabredeten Betrag aus eigener Tasche aus. Noch am gleichen Tag sah man Männer, die viele Kisten mit Büchern in die Bibliothek des patriotischen Wesirs schleppten. Die Investitionen des Buchhändlers aus dem Irak an Geduld, guten Worten und noch besseren Drachmen aber waren vertan. „Deshalb", vermerkt hundert Jahre später Ußaibiah, „fand ich zahlreiche medizinische und sonstige Werke, die den Namen Ephraim und außerdem den Zunamen von al-Afdal trugen."
Daß ein Staatsmann von dem Format des al-Afdal sich mit den Wissenschaften und Künsten abgibt, sich lebhaft mit Astronomie beschäftigt und einen Streit mit seinem Bruder in Form von Gedichten austrägt, ist hier nichts Außergewöhnliches. Geistige Interessen gehören zum Araber dieser Jahrhunderte, wie Fußballbegeisterung offenbar zum Menschen der Gegenwart gehört: wer sie nicht teilt, wird nicht für voll genommen.
Da ist ein Mann wie der Emir Ußama ibn Munkidh, der jene gänsehauterregenden Proben von der wundersamen Heilkunst der Franken über-

liefert hat. Schiffbruch und Plünderung durch die Kreuzfahrer haben ihn eines Tages um seine ganze Habe gebracht. Mit muslimischem Gleichmut hat er den Schicksalsschlag hingenommen. In seinen Lebenserinnerungen bekennt er: „Das Wohlbefinden meiner Kinder, der Kinder meines Freundes und unserer Frauen ließ mich den Verlust meines Vermögens leicht verschmerzen. Schmerzlich war mir nur der Verlust meiner Bücher. Es waren viertausend Bände, lauter kostbare Werke. Ihr Verschwinden ist für mich lebenslang ein Gegenstand des Kummers geblieben."
Das sind nicht die Worte eines Gelehrten. Dies schreibt ein Krieger und Politiker, der selbstverständlich wie der überwiegende Teil seines Volkes von Kindheit an – lesen und schreiben kann.

EIN VOLK GEHT ZUR SCHULE

Bedarf das noch einer Erwähnung? Offenbar doch, wenn man an das Mitteleuropa des 9., 10., 11., 12. Jahrhunderts mit seinen mindestens 95 % Analphabeten denkt.
Und während sich Karl der Große in seinem Alter abmüht, die schwierige und seltene Kunst zu erlernen, während selbst Jahrhunderte später noch der abendländische Adel sich brüstet, nicht schreiben zu können, und in den Klöstern stets nur einige Mönche die Feder zu führen wissen, so daß es passieren kann, daß im ganzen Kapitel des Klosters St. Gallen um das Jahr 1291 nicht ein einziger Mönch des Schreibens kundig ist – währenddessen hocken in den tausend und tausend Schulen der arabischen Dörfer und Städte die sechs- bis elfjährigen Knaben und Mädchen auf ihren kleinen Teppichen und malen mit bräunlich-schwarzer Tinte ihre Zeichen auf die gewachste Holztafel, buchstabieren die Verse des Korans, bis sie die Suren auswendig im Chor singen können, und dringen Schritt für Schritt in die Anfangsgründe der Grammatik ein.
Der Wunsch der zum Islam Übergetretenen, richtige Muslime zu werden, war der Vater dieser Schulen gewesen. Aus freiem Antrieb waren sie entstanden. Niemand hatte sie befohlen. Denn jeder Muslim muß ja die heilige Schrift lesen können. Und hier öffnet sich von neuem der Abgrund zwischen Morgen- und Abendland: zu dem heiligen Buch der Christenheit hat nur der Priester Zugang, dem Laien ist seine Lektüre verschlossen; nur der Geistliche liest und versteht dort die Sprache des geoffenbarten Wortes; schon seit 800 werden lateinische Predigten vom Volke nicht mehr verstanden, weshalb die Synode zu Tours befiehlt, ihm in seinen bäuerlichen Idiomen zuzureden; nur auf eine dünne Schicht der Geistlichkeit ist daher Bildung – die spärliche lateinische Bildung der

karolingischen Renaissance – beschränkt. Für das christliche Volk jener Jahrhunderte besteht nicht nur keine Notwendigkeit, lateinische Sprache und Schrift zu lernen, eine Bildung des Volkes ist gar nicht erwünscht.

Anders die islamischen Länder. Der arabische Staat hat durchaus Interesse daran, daß bei seinen Untertanen die Ochsen nicht kalben. Er macht das Erziehungswesen bald zu seiner Sache. Kinder aller Stände besuchen Elementarschulen gegen ein für alle erschwingliches Entgelt. Seitdem der Staat jedoch die Lehrer anstellt, erhalten die Unbemittelten Freiplätze. In manchen Gegenden herrscht ohnedies Schulgeldfreiheit, zum Beispiel in Spanien. Zu den achtzig öffentlichen Schulen Cordobas gründet al-Hakam II. um 965 noch siebenundzwanzig Schulen für die Kinder der Armen. In Kairo richtet al-Manßur Qalawun im Komplex des Manßuri-Hospitals selbstverständlich auch eine Waisenschule ein und bestimmt für jedes Kind „täglich ein Ratl Brot und ein Kleid für den Winter und eins für den Sommer". Selbst zu den Beduinen ziehen wandernde Studiosi. Wo sind noch Löcher in diesem Netz, das in beispielloser Engmaschigkeit die islamischen Völker überzieht?

Doch die Bildung des Arabers bleibt nicht auf so elementarer Stufe stehen. Schuld daran ist diesmal die Politik.

Der Wettstreit zwischen Opposition und Regierungsparteien um die Gunst des Volkes kommt einer beträchtlichen Hebung des Bildungsstandes der Allgemeinheit zugute. Den Anstoß geben bereits im 10. Jahrhundert die Linksparteien. Um ihre Propaganda gegen die Orthodoxen wirkungsvoller lancieren zu können, schreiben sie umfassende und gründlichste Ausbildung aller Volkskreise auf ihr Programm. Sie richten höhere Schulen ein in der Art der heutigen Gymnasien oder noch eher der englischen Colleges. Selbstverständlich ist der Unterricht unentgeltlich. Und sogleich greift der Staat die Anregung auf, um der einseitigen Propaganda ein Gegengewicht zu schaffen. So entstehen höhere Schulen in allen größeren Städten.

Die Gymnasiasten wohnen in den oberen Stockwerken bei freier Unterkunft, freier Verpflegung und einem kleinen Taschengeld. In den Kellerräumen liegen die Küchen, Vorratskammern und Bäder. Zu ebener Erde reihen sich hinter schattigen Säulengängen die Schulzimmer und Bibliotheksräume um den Brunnen des Innenhofes. Hier lernt die hochstrebende arabische Jugend Koran und Traditionen, Grammatik, Philologie, Rhetorik, Literatur, Geschichte, Völkerkunde, Geographie, Logik, Mathematik und Sternkunde. Ein anspruchsvolles Pensum! Durch Fragen und Dispute werden die Schüler an dem Unterricht beteiligt. Hilfslehrer und Repetitoren aus den fortgeschrittenen oder entlassenen Jahrgängen wiederholen mit ihnen den Lehrstoff. Wie ungeheure, summende Bienenstöcke sind diese Internate, bestimmt, „den Honig der Weisheit aus tausend Blüten der Erkenntnis aufzunehmen".

In ihnen wird die geistige und politische Führungsschicht herangebildet. „Ich bin in keine Stadt und in keinen Flecken gekommen", berichtet ein Internatsprofessor von seiner Reise in amtlichem Auftrag durch eine Provinz des Reichs, „ohne darin einen meiner Schüler zu finden, der eine ausgezeichnete Stelle bekleidete."

Mancher Fellach übergibt seinen Sohn einem Lehrer in der Stadt, der ihn gegen einen Pensionspreis in Geld oder Lebensmitteln in sein Haus nimmt mit dem Versprechen, aus dem mehr oder weniger bildsamen Stoff den aussichtsreichen Kandidaten eines Staatsamtes zu formen. Der hoffnungsvolle Anwärter auf den Posten eines Kadis oder womöglich eines Hofbeamten macht sich dafür in seinem Haushalt nützlich, besorgt die Einkäufe in den Suks und trabt hinter seinem Meister her als eine Art Leibfuchs und Ehrengeleite, wenn er das Bad besucht und die nahe Moschee. Ein Lehrer dankte seinem treuen Schüler, indem er ihn bei einer Krankheit pflegte, seinen einzigen Esel verkaufte, um die Arzneien bezahlen zu können, und den Genesenden auf seinem Nacken in die warmen Bäder trug.

Mancher Vater läßt seine Kinder auch durch Hauslehrer unterrichten. Freilich, ein Wunderkind wie der kleine Ibn Sina, der zehnjährig schon den Koran und mehrere philologische Bücher auswendig weiß, hätte den Rahmen jeder Schule gesprengt. Nachdem er durch einen Privatlehrer in die Rechtswissenschaft eingeführt ist und bei einem Kohlhändler die Rechenkunst erlernt hat, nimmt der Vater den Abu Abdallah an-Nathibi ins Haus, der sich für einen Philosophen ausgibt. „Er fing mit der Isagoge des Porphyrius an, aber der Schüler war bald klüger als der Lehrer und beantwortete dessen Fragen besser, als er es selbst wußte, und als er zur speziellen Logik überging, fand es sich, daß an-Nathibi von den Feinheiten derselben gar nichts verstand. Ibn Sina studierte nun mit Hilfe eines Kommentars für sich selbst weiter, las auch von Euklides, nachdem der Lehrer fünf oder sechs Figuren erklärt hatte, das übrige allein und kam dann zum Almagest; nachdem er hiervon die Einleitung beendigt hatte und zu den geometrischen Figuren kam, sagte an-Nathibi: Du kannst ja dies Buch auch für dich lesen und mir dann erklären, damit ich dir die Fehler verbessere. Dies dauerte indes nicht lange, da an-Nathibi Buchara verließ. Ibn Sina wandte sich nun mit Eifer zu der Physik und Metaphysik und dann unter Anleitung des Ißa ben Jachja al-Moßihi zur Medizin, worüber er die schwersten Bücher las, doch sagte er späterhin, die Arzneikunst sei nicht schwer, da er sie in so kurzer Zeit erlernte. Er war damals sechzehn Jahre alt und verwandte noch anderthalb

Jahre, um noch weiter in die Wissenschaften einzudringen und besonders in die Logik und die übrigen Zweige der Philosophie zu repetieren." In dieser Zeit heilt er den Sultan, der ihn auf den Vorschlag seiner älteren Ärzte zu Rate zieht, und vervollständigt sein Wissen in der Bibliothek des Hofes und in den Krankenhäusern. „Mit dem achtzehnten Jahre hatte er seine Studien ganz vollendet."
Doch dies ist der ungewöhnlich steile Anstieg eines ungewöhnlichen Geistes.

Der übliche Weg für den, der sich mit einem bestimmten Fach weiterbilden, der selber einmal lehren will, führt in die Moscheen. Sie sind ja nicht nur Stätten des Gebets. In ihnen ist auch die Wissenschaft zu Gast, die nach den Worten des Propheten noch hoch über blinder Frömmigkeit thront. Hatte Muhammed nicht sogar jene Worte gesprochen, die ihn in Rom vor ein Ketzergericht gebracht hätten: „Die Tinte des Schülers ist heiliger als das Blut des Märtyrers?"
In den Moscheen sitzen zu Füßen der schlanken Säulen die Professoren, ihre Hörer im Kreis um sich geschart. Sie halten ihre Vorlesungen gleichsam bei offenen Türen. Jeder kann an ihnen teilnehmen, jeder Mann und jede Frau. Und jeder kann den Lehrer durch Fragen unterbrechen oder Einwände erheben. Das ist für den Vortragenden ein heilsamer Zwang zu gründlicher Vorbereitung. Zwar kann grundsätzlich jeder als Dozent auftreten, der sich dazu berufen fühlt. Doch die stets sprungbereite Kritik der anspruchsvollen Hörerschaft verhindert, daß Unreife oder Halbwissen hier das Wort führen.
In den Säulenhallen der Moscheen hat der Student ständig die Möglichkeit, auch Gastvorlesungen namhafter Professoren aus den entferntesten Ecken der arabischen Welt zu hören. Gelehrte, die auf der jedem Muslim vorgeschriebenen Pilgerfahrt nach Mekka nur irgend in die Nähe eines der Brennpunkte des geistigen Lebens geraten, Forschungsreisende, die als Historiker, Geographen, Botaniker, als Sammler islamischer Traditionen oder alten Literaturguts zwischen den Küsten des Atlantik und dem Kaspischen Meer die Länder durchstreifen, sie alle nutzen die Gelegenheit, die berühmtesten Lehrer in Damaskus oder Bagdad aufzusuchen oder selber als Dozenten an der al-Ashar-Moschee in Kairo, an der Kairauin in Fes oder der Seituna, dem „Olivbaum der Weisheit", in Tunis hervorzutreten. Auf den Lippen dieser Weitgereisten wandern die neuen Ideen und Erkenntnisse in alle vier Winde, und was in Toledo oder Raj ersonnen ist, bedarf keiner Fachzeitschrift, um in Kürze den Gelehrten von Basra bis Fes und Cordoba bekanntzuwerden.

Wie leicht könnte bei solcher Reise von Mund zu Mund eine These plagiiert, ein Entdeckung gestohlen werden! Doch der Vater des Gedankens wird hier mit einer rührenden Treue überliefert. „Jachja ben Ißa erzählte mir, daß er von Abu Bekr al-Bagdadi gehört hat, wie der Scheich Said ben Jaqut in einer öffentlichen Sitzung erklärte . . ."
An fremden Gedanken verbrennt der Araber sich nicht den Mund. Wer das Buch eines anderen seinem Unterricht zugrunde legen will, muß zuvor die schriftliche Erlaubnis des Autors einholen. Keiner darf in seinen Vorlesungen auch nur auf mündliche Ausführungen seines Lehrers zurückgreifen, ohne seine ausdrückliche Genehmigung in der Hand zu haben, keiner die Verse eines Dichters vortragen, er habe denn – wie es schon in vorislamischer Zeit Brauch war – als „Rawi", als Schüler des Dichters, von ihm selbst das alleinige Vortrags- und Verbreitungsrecht erhalten. So tief gegründet, so aufrichtig ist hier die Achtung vor geistiger Leistung und vor geistigem Eigentum!
Jeder Verfasser genießt diesen Schutz des Urheberrechts. Er allein – nach seinem Tod der Erbe – verfügt über die Früchte seines geistigen Schaffens. Er kann sie seinen Söhnen oder unter Ausschluß der Söhne auch allein seinem besten Schüler vermachen. Von einem Professor, der besonders freigebig mit der Ausstellung von Lizenzen umging, sagten seine Studenten, „er bedeckte die Erde mit Zeugnissen über Gehörtes und mit Lizenzen zum Lehren".
Denn jede Erlaubnis, Gelesenes oder Gehörtes weiterzuverbreiten, wird zugleich zu einem Befähigungsnachweis für den Schüler. Wer die Lizenz empfängt, empfängt mit ihr das Recht, öffentlich zu lehren, die licentia docendi. So wird das arabische „Urheberrecht", das sich mit den Einrichtungen arabischer Hochschulen an die abendländischen Universitäten forterbt, Ursprung des akademischen Grades des „Lizentiaten", der heute noch im „lic. theol." weiterlebt. Und wahrscheinlich auch des „Baccalaureats", des arabischen „Rechtes, mit der Autorität eines anderen zu lehren", des bihaqq-ar-riwāija.
Die Araber haben dem Abendland mit ihren Universitäten, die seit dem 9. Jahrhundert blühten und seit Gerberts Zeiten einen schmalen, ständig breiterwerdenden Strom heimlicher Besucher von jenseits der Pyrenäen anlockten, ein Muster der Lehrstätten für die weltlichen Berufe und Wissenschaften vor Augen gestellt. Sie haben das Vorbild gegeben mit der Verleihung der akademischen Würden und Grade, mit der Gliederung in Fakultäten, mit ihrer Lehrmethode.
Aber sie haben nicht nur das Gefäß, sie haben dem Abendland auch den Wein, den Lehrstoff, geliefert.

Was ist dies für ein Lehrmaterial? Natürlich das griechische. Das ist tausendfach anerkannt und ihnen bescheinigt worden: die Araber haben der Nachwelt die Werke der antiken Philosophie und Wissenschaft vermittelt.

Mit diesem preiswerten Lob, das die eigenen, selbständigen Beiträge der Araber zur Grundlegung der abendländischen Wissenschaft großzügig übersieht, hat die abendländische Geschichtsschreibung sich bis zum heutigen Tage von einer kostspieligen Würdigung freigekauft. Indem sie den arabischen „Vermittlern" gönnerhaft auf die Schulter klopft, begeht sie zugleich ein schreiendes Unrecht an ihnen durch das, was sie verschweigt.

„Vermittler" waren die Griechen, die Inder ebenfalls. Thales und Pythagoras verdanken ihr mathematisches und astronomisches Wissen Ägyptern und Babyloniern und übernahmen die von jenen gefundenen Regeln. Auch sie sind Erben, Erben des alten Orients und Vermittler seiner Erkenntnisse, wie die Araber Erben ihrer griechischen und orientalischen Vorfahren sind und das Abendland Erbe der Araber und der Antike.

Jede Zeit ergreift den vorhandenen Wissensstoff. Und sofern er in schöpferische Hände fällt, formen sie das Übernommene, formen es um nach ihrem Gesetz. Thales erkannte in den geometrischen *Regeln* der Ägypter die *allgemeinen Lehrsätze*. Überall schwingt griechischer Geist seinem Wesen gemäß sich über das Besondere hin zum Allgemeinen, über die staubigen Straßen der Erfahrung einer Tatsachenwelt zur reinen, geistigen Anschauung der reinen Idee. Dies macht seine Eigenart aus, seine einmalige Leistung, seine Vollendung. Sie alle, die ägyptische, die babylonische, die griechische Geisteskultur, sie sind jede ein Wesen für sich, so gut wie die arabische und die abendländische es sind, und ihrer Schöpfer ureigener, unverwechselbarer Ausdruck.

Und der tut ihnen unrecht, der die eine mit dem Maßstab der anderen mißt.

Wenn es der herrschende Zug des griechischen Geistes war, in genialer Intuition das Wesen der Dinge, des Seins zu ergründen, wenn er dabei den mühsamen Barfußgang der Erfahrung mied und, die handwerkliche Feldarbeit des Sklaven eines freien Mannes unwürdig erachtend, in geradem Flug sogleich dem Olymp der allgemeinen Gesetze und Ideen zustrebte, so hat er damit sein Höchstes und Unsterbliches vollbracht – und verfehlt ist es dann, an ihm den Mangel einer konsequenten Beobachtung und experimentellen Verfahrensweise zu rügen. Natürlich haben auch Griechen beobachtet und hier und dort Versuche gemacht, selbstverständ-

In Nordapulien siedelt Friedrich II. zwanzig- bis dreißigtausend arabische Familien in der Militärkolonie Lucera an

Die normannischen Eroberer Siziliens treten vielfach in die arabischen Fußstapfen – sogar beim Bau ihrer Kirchen

lich hat Aristoteles sich um Erkenntnis des Einzelnen bemüht, aber die Struktur der griechischen Wissenschaft ist dadurch nicht verändert worden. Die griechische Medizin, Physik, Alchemie, Zoologie, Botanik bleiben philosophisch und damit konsequent griechisch. Der hellenische Genius hat eben andere Wege beschritten als der abendländische – und andere Wege als der arabische!

Ebenso verfehlt ist es daher, wie bisher geschehen, die Araber mit einem am griechischen Geiste gewonnenen Maßstab zu messen und ihnen einen Mangel an philosophischer Welterklärung vorzurechnen. Und ebensowenig geht es an, die arabische Wissenschaft als papageienhafte Nachahmung der hellenischen abzutun. Sie erschöpft sich ebensowenig in rezeptiver Übernahme und Weitergabe des Griechen- und Indererbes, wie die Leistung des Thales und des Pythagoras sich im Nachsprechen ägyptischer oder babylonischer Erkenntnisse erschöpft hat!

Die Araber haben den von den Griechen übernommenen Wissensstoff durch experimentelle Untersuchungen weiter ausgebaut. Ja, sie sind die Erfinder des Experiments im strengen Sinne, die eigentlichen Begründer der experimentellen Forschung.

Schon schärft sich unter den Wissenschaftlern des Hellenismus, die ja zu einem großen Teil nichtgriechischer, orientalischer Abkunft sind, der Sinn für exakte Untersuchung und Einzelbeobachtung, wenn er sich auch dem Theoretisieren noch unterordnen muß. Ausgangspunkt aller Forschung werden die Einzeltatsachen aber erst bei den Arabern. Erst hier wird der zuverlässige, geduldige Aufstieg vom Einzelnen zum Allgemeinen, das induktive Verfahren, zur durchgängigen wissenschaftlichen Methode. In unermüdlichen Beobachtungen und Messungen werden die Tatsachen eingekreist. In zahllosen, mit unendlichem Langmut planmäßig angelegten und wiederholten Experimenten werden Theorien und Vorstellungen überprüft, berichtigt oder ersetzt aus einer kühnen Freiheit des Denkens und Forschens heraus, die sich – acht Jahrhunderte früher als im Abendland – in den Worten kundtut: „Die erste Vorbedingung des Wissens ist der Zweifel."

Auf ihnen beruhen die bahnbrechenden Leistungen der arabischen Naturwissenschaft, die in das erste, befreiende Flügelregen des abendländischen Geistes bei Roger Bacon, Albertus Magnus, Vitellio, Leonardo da Vinci und Galilei unmittelbar hineinwirkten.

Die Araber haben nicht nur das Erbe der Griechen vor Untergang und Vergessen gerettet und es, systematisch geordnet, dem Abendland vermittelt. Sie wurden die Begründer der experimentellen Chemie und Physik, der Algebra, Arithmetik im heutigen Sinn und sphärischen Trigonometrie, der Geologie und der Soziologie. Neben zahllosen wertvollen

Einzelentdeckungen und Erfindungen in allen Erfahrungswissenschaften, oft plagiiert und anderen Autoren untergeschoben, haben sie der Nachwelt dies als vielleicht kostbarstes Geschenk gebracht: ihre Methoden naturwissenschaftlicher Forschung, die letztlich der gewaltigen Entwicklung abendländischer Naturerkenntnis und Naturbeherrschung die Bahn bereitet haben.

Einer der ersten Großen des Abendlandes, die, von dem belebenden Hauch des arabischen Geistes angerührt, keine Scheu trugen, sich ihm zu verbünden, war zugleich einer seiner größten Kaiser, der sizilische Staufer Friedrich II.

Sechstes Buch

VEREINER VON MORGEN- UND ABENDLAND

„Frohlocken und jubeln mögen alle im Herrn, denn durch Wunderkraft mehr als durch Tapferkeit ist jenes Werk glückhaft vollbracht, das seit langen Zeiten keiner der Gewaltigen des Erdenrunds zu vollbringen vermochte.“

Manifest Friedrichs II. aus Jerusalem 1228

NORMANNENSTAAT – REICH ZWISCHEN DEN WELTEN

Ein paar sonderbare Stücke hat der Staufenkaiser Heinrich VI. bei seiner Rückkehr aus Italien den heiligen Reichskleinodien zugesellt: jene Gewänder, in denen als erster einer langen Reihe abendländischer Kaiser und Könige sein großer Sohn Friedrich II. in Rom des Reiches Krone empfing. Das kostbarste und schönste dieser Seltsamkeiten unter den Insignien des Heiligen Römischen Reiches ist der Kaisermantel.

Auf rotem Purpurstoff trägt dort eine Dattelpalme goldschimmernde Früchte. Spiegelverkehrt zu ihren beiden Seiten schlägt je ein mächtiger Löwe mit schwerer Pranke ein zusammenbrechendes Kamel. Das Kampffeld in Rot und Gold, durch tiefdunkelbraune Leisten und doppelte Perlenreihen zum schwungvoll-plastischen Ornament verdichtet, umsäumt ein breites Schriftband, auf dem der Goldsticker Ort und Zeit der Anfertigung seines wundervollen Kunstwerks mitgeteilt hat: „Gearbeitet in der königlichen Werkstatt, in der das Glück und die Ehre, der Wohlstand und die Vollendung, das Verdienst und der Ruhm ihren Sitz haben...“, so lautet sein Fabrikzeichen, „in der Stadt Siziliens im Jahre 528.“

Ein Mantel aus den Tagen Theoderichs? Keineswegs. Die Inschrift auf der Saumborte des deutschen Kaisermantels ist in arabischen Lettern gestickt! Und der arabische Goldsticker, gewohnt, die Mondjahre seit der Flucht Muhammeds aus Mekka zu zählen, hat das um so unbedenklicher getan, als in diesem Lande Sizilien selbst die staatliche Münze nach den Jahren der Hedschra rechnet. Für wen hat er den kostbaren Purpurmantel mit Löwe und Kamel, den Tieren der Wüste, geschmückt?

Das Jahr 528 arabischer Zeitrechnung entspricht dem Jahr 1133 n. Chr. „In der Stadt Siziliens“, Palermo, ist eben mit dem märchenhaften Gepränge eines mächtigen orientalischen Potentaten König Roger II. ge-

krönt worden, der Sohn des Eroberers der Insel, jenes normannischen Grafen Roger I., der den Arabern ihre fast ein Vierteljahrtausend währende Herrschaft über den Südzipfel des Abendlandes entrissen hatte. Erst dessen Witwe, die Gräfin Adelasia, eine kluge und energische Frau, hatte Palermo, die alte arabische Residenz, auch zur Hauptstadt des Normannenreiches gemacht. Damit hatte sie den Schwerpunkt des jungen Staates von der mehr griechisch-byzantinischen Nordspitze um Messina fort auf das arabische Zentrum hin und auf das arabische Element verlagert und damit seinen weiteren Weg bestimmt. Nachdem ihr Sohn auch Süditalien seinem Stammreich hinzugefügt hatte, konnte er sich erlauben, von seinem Lehnsherrn in Rom die Krone zu fordern.
Für ihn, den Malik Roger II., „König beider Sizilien", seinen Gebieter, hat Abdallah, der arabische Goldsticker, das stolze Symbol der königlichen Macht entworfen: den Löwen, Wappentier des normannischen Herrscherhauses, der das Kamel in den Staub tritt.
Doch wenn man ihn fragte, so wüßte er für seinen Teil von solcher menschenzermalmenden Tyrannis kein Zeugnis zu geben...

Vor zweihundert Jahren waren seine Vorfahren aus der Gegend um Kairuan in Tunesien, der alten Residenz seit den Tagen Sidi Okbas, des Eroberers von Nordafrika, nach Sizilien herübergesegelt. Mit ihren Brunnen und Schöpfrädern hatten sie die knochenbleichen, in langen Kämpfen zertretenen Fluren der Insel in einen wasserdurchrieselten, blühenden Garten verwandelt. Sie hatten aus ihrer Heimat Dattelpalmen und Mana-Eschen nach Sizilien gebracht, hatten Orangenhaine gepflanzt und Pistazien und Myrrhensträucher neben Bananenstauden und Safran angesiedelt. Sie hatten dem verarmten, in Ruinen liegenden Lande mit ihren Baumwoll- und Zuckerrohrfeldern neuen Reichtum erschlossen und es mit einem Kranz feenhafter Schlösser und phantastischer Moscheen geschmückt – dreihundert zählt der Geograph Ibn Haukal um 970 allein in Palermo –, mit Palästen und Gotteshäusern, die von den heiteren Stimmen der vielen Dichter und Sänger widerhallten und in denen Philosophen und Ärzte, Naturforscher und Mathematiker ihre Weisheit ausbreiteten. Hier schrieben die Gelehrten ihre Aufzeichnungen und Bücher bereits auf feinen, weißen Bogen, dem ersten Papier, das auf den Kontinent kam, lange bevor Spanien es an das Abendland weiterreichte. Hier reimten die Dichter ihre zarten, liedartig kunstvollen Verse in einer Form, die weder Hellenen, Lateiner noch Germanen gekannt hatten und die bald die Dichtkunst aller Kulturvölker erobern sollte.
Diese Insel ihres Glücks, ihrer Erfüllung, ihres Ruhms war die Heimat geworden. Und als der normannische Löwe über sie herbrach, hatte

mancher geglaubt, „das harte Joch der schnöden Christen" nicht ertragen zu können, und sich doch im Exil vor Heimweh verzehrt nach dem fernen Vaterland, „wo der Sonnenstrahl die Pflanzen mit einer Liebeskraft belebt, die die Lüfte mit Wohlgerüchen erfüllt –, wo man eine Wonne atmet, vor der die rauhen Sorgen fliehen –, wo man eine Freude fühlt, die jedes Körnchen Mißgeschick zerstäubt".

Wie wüt'ge Wölfe, hin und her
Verwüstend schweifen in den Wäldern,
So hausen Unglücksfälle nun
Verheerend auf Siziliens Feldern.

So hatte der nach Sevilla emigrierte Dichter Ibn Hamdis sich die Schrekken des neuen Regimes ausgemalt.

Ein Paradies verbirgst du mir,
O Meer, an deinem Jenseitsstrande.
Nicht Leiden kannt ich, Wonnen nur
In dem geliebten, fernen Lande.

Hell einst, als ich in ihm geweilt,
Sah ich die Morgensonne prangen,
Nun schau ich trauernd, fern von ihm,
Wie sie schon halb hinabgegangen.

Oh, da die Überfahrt dorthin
Mir nicht gestattet ist zu Meere,
Daß doch Erfüllung meinem Wunsch,
Dem einzigen, beschieden wäre!

Dann schifft' ich auf des Halbmonds Kahn
Dort, wo Siziliens Küsten winken,
Hinüber, um in jenem Land
Der Sonne an die Brust zu sinken.

Doch trotz aller Sehnsucht will er in die von Fremden beherrschte Heimat nicht zurückkehren.

An das Land, in dessen Schoße
Die Gebeine all der Meinen
Ruhen und in Staub zerfallen,
Denk ich immerdar mit Weinen.

Die Wunden und Tränen derer, die auf der Insel ausgeharrt haben, sind getrocknet. Die Sieger sind zu den Besiegten ihrer neuen Untertanen geworden, zu den Schülern nicht nur ihrer äußeren Kultur . . .

Es ist wahr: Hier finden die Nordmänner sich von einer nie geahnten Schönheit und Eleganz des Lebens umringt, von einer märchenhaften Architektur, einer ebenso zärtlichen wie leidenschaftlichen Sinnensprache ihrer Dichtkunst gepackt, von der Höhe einer reifen Gelehrsamkeit überwältigt, so daß sie sich willig von der fremdartigen Wunderwelt gefangennehmen lassen. Warum soll auch auf sie ihre mächtige Anziehungskraft nicht wirken, der Nichtmuslime gleich welcher Religion und Rasse erliegen, sobald sie mit ihr nur in Berührung kommen! Haben nicht sogar die christlichen Ritter im Heiligen Lande, allen voran ihr König Balduin I., allen Kreuzfahrergeist und selbst ernstliche Ermahnungen des Heiligen Vaters in den Wind geschlagen und eifrig die Sitten und Gebräuche ihrer Glaubensfeinde zu den eigenen gemacht – angefangen bei muslimischer Verbannung von Schweinefleisch aus der selbstverständlich nur noch rein arabischen Küche bis zur Prägung arabischer Münzen mit Sprüchen aus dem Koran? Ausgezogen, „die bewaffnete Faust gegen die Feinde Gottes zu erheben", haben sie sich ihnen so weitgehend angeglichen, daß ihr Berichterstatter aus Jerusalem der auf ihr Gottesstreitertum stolzen Heimat melden kann: „Wir, die wir Abendländer waren, sind nun Orientalen geworden."

Um wieviel eher dürfen die neuen Herren Siziliens, die trotz ihres Lehnsvertrages mit dem Heiligen Stuhl kein kirchliches Programm zu schlechtem Gewissen verpflichtet, sich in den Fußstapfen der arabischen Emire wohl fühlen! Sie richten sich und ihre Herrschaft nicht nur in den Traumschlössern der Unterworfenen ein. Sie bauen selber aus dem Geiste ihrer Vorgänger inmitten prangender Gärten, umspielt von Quellen und Wasserkünsten, neue Paläste, mit arabischen Ornamenten, Stalaktiten und Spitzbogen geschmückt. Und sie scheuen sich nicht, ihnen arabische Namen zu geben und sie im Namen Allahs zu weihen:

> Im Namen des gnädigen und barmherzigen Gottes!
> Stehe still und schau!
> Ein herrliches Werk wirst du erblicken,
> Das dem besten der Erdenkönige Wilhelm II. gehört.

Ein schmiegsames, duftiges, luftiges Seidengewand zu verschmähen, wenn das kratzige Wollwams auf den Gliedern brennt, dazu bedarf es einer Askese, zu der die normannischen Barone und ihre Gemahlinnen weder Talent noch Ursache haben. Daß sie in die vorgefundene Kulturwelt einziehen, versteht sich geradezu von selbst.

Aber gar nicht selbstverständlich für das Abendland, das sich in einem gerechten Krieg gegen die Glaubensfeinde weiß, ja für den Kreuzfahrer, der in Jerusalem und Damiette durch ihr Blut watet, vollkommen unverständlich, ist etwas anderes. Als erste in der Geschichte der christlichen Welt zeigen die Normannen sich dem Araber ebenbürtig in Toleranz und Ritterlichkeit gegenüber Andersgläubigen – das hebt sie über alle christlichen Eroberer hinaus. Und sicherlich ist es dies, was ihren Staat zu der einzigartigen, im Okzident unvergleichlichen Blüte befähigt und weit in die Zukunft ihre Früchte streut.

War es allein politische Zweckmäßigkeit, die sie bewog, nicht zu zerstören, die unterworfenen „Heiden" nicht hinzumetzeln? Zwangen die Umstände – das zahlenmäßig riesige Übergewicht der arabischen Bevölkerung – die Nordmänner zur Mäßigung, die sie doch bei ihren wilden Heerfahrten zum Schrecken ganz Europas nicht gekannt hatten? Oder war es das Vorbild der ritterlichen Araber selbst, das sie infiziert hatte? Achtung, Bewunderung?

In ihrem Geiste jedenfalls, der in der germanischen Ehrverpflichtung gegenüber dem ebenbürtigen und bewunderten Gegner einen Widerhall weckte, übten die Normannen gegenüber den muslimischen Unterworfenen eine dem übrigen christlichen Abendland, den Kreuzrittern oder gar den spanischen Rekonquistadoren völlig unbekannte, völlig unvorstellbare Duldsamkeit. Man glaubt, die Worte des Feldherrn Amr vor der Übergabe Alexandriens wieder zu vernehmen, wenn vor den Toren Palermos Herzog Robert Guiskard den eingeschlossenen Muslimen freie Ausübung ihrer Religion und Sicherheit von Leben und Besitz garantiert – und nach der Übergabe sein Versprechen auch einlöst. Man wähnt staunend, Zeuge arabischer Großmut zu sein, wenn sein Bruder, Graf Roger, die Verwaltung der eroberten Hauptstadt in die Hände des eben besiegten arabischen Emirs legt. Wiedergekehrt scheint das Jahrhundert, in dem die arabischen Sieger ihren andersgläubigen Unterworfenen gestatteten, nach ihrem eigenen Gesetz und Glauben zu leben, wenn Graf Roger I. seinen nichtchristlichen Untertanen ausdrücklich ihre angestammten religiösen und bürgerlichen Freiheiten gewährt. Und doch gibt es einen kleinen, bezeichnenden Unterschied zwischen damals und jetzt: Nicht die Unterworfenen eifern hier alsbald dem Lebensstil des Siegers nach! Umgekehrt, jetzt sind es die Sieger, die christlichen Sieger, die sich den Besiegten anpassen, das heißt hier wiederum den Muslimen!

Und Geist vom Geiste des Islams ist es – und stimmt zu der Ansicht des germanischen Ketzerkönigs Theodorich, daß „niemand wider seinen Willen zum Glauben gezwungen werden kann" –, wenn der normannische Graf verbietet, seine muslimischen Untertanen durch Zwang oder Überredung ihrer Religion abspenstig zu machen. Der englische Bischof Anselm, der vor den Mauern Capuas in die braunen Araberzelte tritt, bekommt des Normannenfürsten Zorn zu spüren, als er hier seine arabischen Soldaten zu missionieren versucht. „Aus welchem Grunde Graf Roger von Sizilien nicht duldete, daß irgendein Muslim das Christentum annahm, will ich ja nicht untersuchen", schreibt der geistliche Biograph des heiligen Anselm, „aber Gott wird ihn richten!"

Nein, Abdallah, der Goldsticker König Rogers II., hat längst erfahren, daß der Druck des normannischen Löwen nicht schwer auf den Schultern seiner Landsleute lastet. Sie besuchen ungestört ihre arabischen Schulen, ihre Moscheen, ihre Bäder, ihre Märkte. Ihnen schenkt der König sein Vertrauen. Aus ihren Reihen wählt er die glänzend geschulten Verwaltungsbeamten und eine treu ergebene Söldnertruppe für die ständigen Kämpfe gegen die störrischen apulischen Barone. Für die Organisation und Festigung seines jungen Staates ist ihm die Mithilfe seiner Araber unentbehrlich. Sie zieht er zu den höchsten Staats-, Militär- und Hofstellungen heran, wobei er – wie der arabische Chronist schreibt – „die Gebräuche der muslimischen Könige annahm, an seinem Hofe neue Ämter einführte und sich damit von den Sitten der Franken entfernte, die keines dieser Ämter kannten". Zum Beispiel das des Admirals.
Nachdem die Insel in Besitz genommen ist, braucht sie eine stehende Flotte zu ihrer Verteidigung, ebenso wie die Araber sie besitzen. Als bedeutendste Seestadt stellt selbstverständlich Palermo die Kerntruppe der Seestreitkräfte, und Palermos Emir ist folglich auch „Emir", Befehlshaber der Flotte, „amir ar-rahl", das heißt der Admiral.
Unter Roger II. nimmt der Admiral die oberste Stellung im Staate ein und im Vertrauen des Königs. Und dieser erste Träger des Admiralats, eines ursprünglich arabischen Amtes, ist nicht etwa einer der alten, seebefahrenen Führer der normannischen Drachenschiffe. Der erste Admiral der christlichen Seefahrt ist ein Araber, Abd ar-Rachman an-Nasrani, mit seinem griechisch-katholischen Namen Christodulos. Schon unter Rogers Mutter befehligt er die See- und Landstreitkräfte. Aber Roger II. macht seinen „Getreuen", wie er ihn nennt, auch zum obersten Richter, zum Protonobilissimus und Protonotar.
Zu noch höheren Würden und Ehren steigt sein Nachfolger empor, der zweite Admiral des normannischen Königreichs, und auch er ist ein Araber. Eine staunenswerte Begabung für Organisation und Finanzwirtschaft hatte Georg aus Antiochia, obwohl er Christ ist, in jungen Jahren zum allmächtigen Wesir des Siridenherrschers von Machdija bei Tunis gemacht. Und der unternehmungslustige Tausendsasa, der nach dem Tod seines Herrn dem normannischen Königshof seine Dienste anbietet, um dem Übelwollen seines neuen Gebieters zu entfliehen, ist für Roger genau der richtige Mann. Während der Hof und die Bewohner Machdijas

beim Freitagsgebet in der großen Moschee den Lobpreisungen Gottes lauschen, besteigt der als Seemann verkleidete Finanzminister mit seinen Gefährten heimlich das normannische Kurierschiff, das dem Fürsten zum Scheine eine Botschaft aus Palermo überbracht hat. Und die Woge des Erfolgs, die ihn in noch jugendlichem Alter emporgetragen hatte, erfaßt ihn jetzt von neuem. Admiral Christodulos, der Allgewaltige, stellt das junge Finanzgenie zunächst der Steuerverwaltung zur Verfügung. Aber sein diplomatisches und kaufmännisches Geschick, das der glückliche Ausgang einer Gesandtschaft zum ägyptischen Sultan erst ins rechte Licht rückt, empfiehlt den Neuen vollends Rogers Gunst. Er erhält ein Kommando in der Marine. Mit der bei ihm üblichen Schnelligkeit klettert er die Leiter über alle Vorgesetzten hinaus. Auch über die Admirale Eugenios und Johannes, Vater und Sohn, die, ebenfalls Araber, teils „Emire" der Flotte, teils des Heeres sind. Unter dem Oberbefehl Georgs von Antiochia, der endlich zum „Admiral der Admirale" erhoben ist, und unter seinem blendenden Organisationstalent wird die sizilische Flotte nach dem arabischen Vorbild zu einer stehenden Einrichtung und zu einer schlagkräftigen Waffe ausgebildet, die eines Tages Kurs gegen die nordafrikanische Küste nehmen und bei der Eroberung seiner einstigen Wirkungsstätte ihren ersten Einsatz bestehen wird.

Dieser tüchtige Araber, der dem normannischen Staat das so lebenswichtige Instrument schenkt, steht dem König besonders nahe, nicht nur um seiner Verdienste und Leistungen willen. In vierzig Jahren treuen Dienstes hat Roger ihn wegen seines geraden, makellosen Charakters, seines Pflichtbewußtseins und seiner unbestechlichen Ehrlichkeit schätzengelernt wie keinen zweiten an seinem Hof. Schon 1132 spricht er in einer Urkunde von seinem Großadmiral Georg als „dem Ersten im ganzen Königreich". Als dieser Unentbehrliche, dem der König mehr als irgend jemandem verdankt, zwanzig Jahre darauf die Augen schließt, muß sogar einer seiner Feinde bekennen: „Der König von Sizilien hatte keinen, den er an seine Stelle setzen konnte."

Muß die Freundschaft mit so ausgezeichneten Männern, muß die Bewunderung ihres Könnens und ihrer Bildung in dem Herrscher nicht Teilnahme, mehr: ein warmes Interesse an ihren Landsleuten nähren? Sie gehen beim König ein und aus, der sich mit ihnen unterhält, sich von ihnen unterrichten und anregen läßt, ihre Dichter und Gelehrten an seinen Hof zieht und fördert, sie zu Übersetzungen arabischer und griechisch-arabischer Werke aus ihrer Muttersprache veranlaßt, an denen sich auch sein Admiral Eugenios beteiligt, und der zum Stirnrunzeln seiner Normannen bei Streitigkeiten zwischen Christen und Muslimen mehr als einmal ihre Partei ergreift. „Er hielt", bemerkt der arabische Historiker

Ibn al-Atir, „die Muslime in Ehren, pflegte vertrauten Umgang mit ihnen und beschützte sie vor den Franken, daher liebten sie ihn."
Araber sind es, die ihn in ihren Liedern verherrlichen, Araber, die beim Tode seines strahlenden Erstgeborenen, des tüchtigsten und begabtesten seiner Söhne, der seinen Namen trug, ergreifende Elegien anstimmen, Araberfrauen der angesehensten Familien, die, als sein letzter Sohn und Nachfolger stirbt, „in Trauerkleidern und mit fliegenden Haaren den Palast umstanden und die Luft von ihren Wehrufen ertönen ließen, während ihre Dienerinnen durch die Straßen der Stadt rannten und ihre Klagelieder mit dem Schall der Instrumente begleiteten". Und Araber sind es, deren Werke sein Bild dem Gedächtnis der Nachwelt eingeprägt haben – nicht ein münzenartig unpersönliches Idealbild des mittelalterlichen Herrschers, sondern das liebevoll der einmaligen Persönlichkeit nachgezeichnete Porträt des Staatengründers, Gesetzgebers und Staatsmannes, des mathematisch, astronomisch und geographisch interessierten Naturforschers und kunstverständigen Mäzens.
Seinen Arabern verdankt Roger II. auch, daß er, Europas jüngster König, zugleich mit Abstand Europas reichster Fürst geworden ist: ihrem Geschick in der Kultivierung des Bodens, ihrem Gewerbefleiß und ihrem vorbildlichen Finanz- und Steuersystem, das er ebenso von ihnen übernommen hat wie ihre Verwaltung und Gesetze. Eine weitere Quelle dieses geradezu sagenhaften Reichtums fließt aus den Grundsteuern der Araber an den Küsten Nordafrikas, die der Schöpfer seiner Flotte, sein Admiral der Admirale Georg von Antiochien, in raschem, kühnem Zuschlagen unter sizilische Herrschaft gebracht hat und die Roger dennoch mit der ihm eigenen Toleranz sich selbst überläßt unter der Verwaltung einheimischer Statthalter. So dankt er letztlich auch dies einem Araber: daß er sich im stolzen Bewußtsein seiner weitreichenden Macht „König von Sizilien, Italien und Afrika" nennen kann.

Muß es ihn nicht verlangen, die Welt zu überblicken, über die er gebietet? Ein Gedanke, wie er nur im Morgenland gedacht worden ist. Wer sonst als ein Araber wird für ihn das Bild der Erde zeichnen, so wie die siebzig Geographen al-Mamuns in Bagdad es auf Befehl ihres Herrschers gefertigt! Der König von Sizilien, Italien und Afrika lädt den glänzendsten arabischen Geographen seiner Zeit zu sich, Idrißi aus Ceuta. Idrißi schreibt:
„Als die Länder Italiens dem König gehorchten und die Völker sich seiner Oberhoheit unterworfen hatten, da beschloß er, sich Klarheit zu verschaffen über die Verhältnisse seines Reichs. Er wollte genau die Grenzen desselben kennenlernen, die Straßen zu Wasser und zu Lande,

in welchem Klima jede Provinz läge, welche Meere und Golfe zu einer jeden gehörten; aber auch von allen anderen Ländern ... Er befahl, ein Buch abzufassen, das die vollständige Beschreibung der Städte und Länder, der Natur, Kultur und Einwohnerschaft, der Meere, Berge, Flüsse, Ebenen und Täler enthielte. Dies Buch sollte außerdem die Gattungen des Getreides, der Früchte und Pflanzen, die jedes Land hervorbringt, behandeln, auch über die Eigenschaften dieser Pflanzen, die Künste und Handwerke, in denen die Bewohner sich auszeichnen, den Ausfuhr- und Einfuhrhandel, den Stand der Bevölkerung, ihre Körperbeschaffenheit, ihre Sitten und Gewohnheiten, ihre Religionen, ihre Kleidung und ihre Sprachen sich verbreiten."

Idrißi hat in Cordoba studiert und ausgedehnte Reisen zwischen Asien und der Westküste Englands und bis tief in den Süden des Schwarzen Erdteils unternommen. Fünfzehn Jahre bringt er in Palermo zu über seinen Berechnungen, Skizzen und unzähligen Notizen eigener Beobachtungen. Der wißbegierige König, leidenschaftlich an geographischen Fragen und Schriften interessiert, nimmt tätigen Anteil an Idrißis Arbeit. Keiner seiner ausländischen Gäste und Gesandten, kein Kaufmann, kein Reisender, der das Königreich besucht, kommt davon, ohne durch seine Beauftragten über ihre Heimat, ihre Reisen und Erlebnisse ausgefragt worden zu sein. Er befiehlt den zuverlässigen arabischen Katasterbeamten, überall in seinem Reich die wichtigsten Städte, Flüsse und Erhebungen zu vermessen.

Anfang 1145 ist das gewaltige Werk vollendet. Ganze siebzig Landkarten überreicht der arabische Ptolemäus seinem bereits vom nahen Tode gezeichneten Auftraggeber, Karten, die der berühmten Erdkarte des großen Ägypters an Genauigkeit, Umfang und Weite des Gesichtsfeldes merklich den Rang ablaufen, so viele Mängel ihr auch noch anhaften. Aber das Glanzstück ist die Weltkarte. Sie ist auf eine silberne Scheibe von zwei Meter Durchmesser und mit dem Gewicht von zwei ausgewachsenen Männern geritzt. Zur Erklärung seines Kartenwerks hat Idrißi seine noch wertvollere Erdbeschreibung beigefügt, „Kurzweil dessen, der die Welt durchschweifen möchte", ein umfangreiches Werk, das in der islamischen Welt als „Kitab ar-Rudschoni", als das „Buch Rogers", bekannt wird.

Hier freilich ist Idrißi, wiewohl ein bedeutender Kopf, nur einer unter vielen.

Seit den Fahrten des Kaufherrn Sulaiman nach China und anderer Seefahrer durch ganz Süd- und Ostasien mehr als vierhundert Jahre vor Marco Polo hatte die arabische Geographie eine glänzende Entwicklung genommen. Die Araber waren ein reiselustiges Volk. Die gewaltige Ausdehnung des Reiches, in dem sie überall auf Sprach- und Gesinnungsgenossen und ihre Gastfreundschaft zählen konnten, kam ihrem Drang entgegen, ständig unterwegs zu sein, neue Kenntnisse zu sammeln, berühmte Lehrer zu besuchen und ein „Durchwanderer aller Zonen“ gerühmt zu werden. Immer genauere Schilderungen der weiten islamischen Welt von Pilgerfahrten und Handelsreisen zu Meer und zu Land, aber auch von Wanderschaften aus reiner Wißbegierde und teils phantastische, teils aber auch sachlich-nüchterne Berichte aus fernen Erdstrichen hatten eine beschreibende Länderkunde ausgebaut. Während eine Geographie innerhalb der Klostermauern des Abendlandes sich an die Schriften der Alten und an theoretische Urteile und Vernunftschlüsse hielt, tummelte ein Forscher wie Makdißi sich mitten in den hochgehenden Wogen des Lebens. Im 10. Jahrhundert schreibt er eine Erd- und Völkerkunde, die nur aus Selbstbeobachtetem und Miterlebtem schöpft. „Ich habe allgemeine Bildung und Pflichtenlehre unterrichtet, bin als Prediger aufgetreten und habe von dem Minarett der Moscheen den Gebetsruf erschallen lassen. Gelehrten Sitzungen und frommen Übungen habe ich beigewohnt. Ich habe Suppe mit den Sufis, Brei mit den Mönchen und Schiffskost mit den Matrosen gegessen. Ich ging mit den Einsiedlern des Libanons um, und dann wieder lebte ich am fürstlichen Hof. Kriege habe ich mitgemacht, auch saß ich gefangen und wurde als Spion in den Kerker geworfen. Mächtige Fürsten und Minister gaben mir Gehör, dann schloß ich mich einer Räuberbande an und saß als Kleinhändler auf dem Markte.“

Vor allem der große Weltreisende vom Stile des Ibn Battuta, der von einem Spaziergang vor den Toren seiner Vaterstadt Tanger erst nach vierundzwanzig prallen Jahren abenteuerlichster Erlebnisse wieder zurückkehrte, und der Forscher vom Typ al-Maßudis aus Bagdad, den ernsthafte geographische Fragen wie die nach der Verbindung des Kaspi-Sees mit dem Meer trieben, die Welt vom Aral-See bis Sansibar und von China bis Spanien zu durchforschen – sie erweiterten die Kenntnisse von der Erde beträchtlich und berichtigten falsche Vorstellungen und eingefleischte Irrtümer.

Neben der rein beschreibenden Erdkunde gelang es der astronomischen Geographie des al-Battani, Ibn Junis, al-Biruni, Ibn Said und des Zeitgenossen Idrißis, Jakut, weitere Schritte über die Alten hinaus zu tun und die geographische Lage beliebiger Orte nach Längen- und Breitengrad mit erstaunlicher Genauigkeit zu bestimmen. Nur selbstverständlich, daß die rechenfreudigen Araber sich mit Hingabe auf die Anfertigung solcher geographischen Tafeln stürzten. Hatten die Messungen des Ptolemäus Irrtümer bis zu mehreren Graden ergeben, so kamen die

Araber bis auf eine, allenfalls zwei Minuten an die tatsächlichen Werte heran. Beide Richtungen verbindet Idrißi miteinander, die beschreibende und die mathematisch-astronomische.
Einen anderen Zweig, die physikalische Geographie oder Geologie, hatten indes Avicenna und al-Biruni geschaffen und mit bedeutenden, bereits völlig richtigen Erkenntnissen beispielsweise über die Entstehung der Gebirge und Gesteinsschichtungen angereichert. „Gebirge", heißt es bei Avicenna um das Jahr 1000, „können auf zwei verschiedene Ursachen zurückgeführt werden. Entweder entstehen sie durch Auffaltungen der Erdkruste, wie sie geschehen können bei heftigem Erdbeben; oder sie sind die Wirkung des Wassers, welches, indem es für sich einen neuen Weg schnitt, die Täler entblößt hat. Die Schichten sind von verschiedenen Arten, einige weich, andere hart; die Winde und Wässer lassen die erstere Art verwittern ... Daß Wasser die Hauptursache solcher Wirkungen ist, wird bewiesen durch die Existenz fossiler Überreste von Wassertieren auf vielen Gebirgen." Avicennas Geologie kann als ein Beispiel gelten für zwei Eigentümlichkeiten der arabischen Wissenschaft sowohl des 10. wie des 14. Jahrhunderts, des Ostens wie des Westens und aus Isfahan so gut wie aus Andalusien: für die ganz unstatische, durch und durch dynamische Weltauffassung, die alle Vorkommnisse des Lebens als ein Werden begreift, als einen „ewigen Fluß der göttlichen Schöpfung", und für das Streben nach persönlicher Erfahrung und Erforschung, nach Erklärung der Wirklichkeit, nach „Zurückführung auf die Ursachen", das sich nur auf „unwiderlegliche Beweise" verlassen möchte und sich wo nötig auf glaubwürdige Augenzeugen beruft, einmal, bei dem Fall eines Meteors, sogar auf einen „Advokaten, der bei allem dabei war". Dies zu einer Zeit, als das Abendland noch meilenweit davon entfernt ist, das Naturgeschehen erfassen zu wollen, geschweige denn kausal zu erklären. „Ich habe beobachtet ..." „Ich selbst habe gesehen ...", heißt es überall. „Manchmal trocknet der Schlamm und verwandelt sich zuerst in ein Zwischending von Stein und Schlamm, das heißt in weichen Stein und erst dann in eigentlichen Stein. In meiner Kindheit sah ich am Ufer des Oxus Ablagerungen von diesem Schlamm, den die Leute zum Kopfwaschen brauchen; später beobachtete ich, daß sich der Schlamm in weichen Stein verwandelt hatte, und zwar in einem Zeitraum von dreiundzwanzig Jahren."
Den mittelalterlichen Übersetzer aber interessieren die privaten Beobachtungen und unpassenden Bemerkungen Avicennas wirklich nicht und, wie er annimmt, auch nicht seine gelehrte Leserschaft. Und was geschieht, nicht nur bei dieser einen, bei jeder Nachricht, die den allen Erscheinungen nachspürenden Forscher sichtbar werden läßt? Unser

Lateiner wirft den Abschnitt kühl über Bord und schreibt dafür kurz und steril den von Kindheitserinnerungen und Kopfwaschen gereinigten Satz: „Scimus quoque quod in terra illa."
In Europa kennt man auf lange Zeit hinaus keine Erdkunde auf empirischer Grundlage. Und es ist Idrißis Kartenwerk, auf die Erde als eine Kugel bezogen und wo irgend möglich auf eigene oder fremde Erfahrung und mathematische Berechnungen gegründet, das schließlich die mancherlei in Klosterstuben nach der Bibel gezeichneten „Weltkarten" verdrängt mit jener vom „Weltmeer" umflossenen Erdscheibe, in deren Mitte das Paradies liegt. Nicht Ptolemäus, sondern der arabische Geograph vom sizilischen Königshof wird in Wahrheit der Lehrer des Abendlandes. Seine Weltkarte schließt drei Jahrhunderte hindurch den leeren Raum und dient den ersten eigenen Versuchen als Modell. Avicennas Werk über die Minerale wird Hauptquelle der europäischen Geologie bis ins 18. Jahrhundert.

Und dies berichtet Idrißi aus dem Land, in dem er sein Werk geschaffen hat: „Wir sagen, daß Sizilien die Perle des Jahrhunderts ist an Reichtum und Schönheit, das erste Land der Welt an Fruchtbarkeit des Bodens, Volkszahl und Alter der Kultur. Von allen Seiten strömen die Reisenden und Kaufleute dorthin und rühmen einstimmig Siziliens hohen Wert, preisen seine glänzende Schönheit und sprechen von den mannigfachen Vorzügen, die es vereinigt, und von den Gütern, die es aus aller Herren Ländern an sich zieht . . . Palermo, der alte Königssitz, ist sonnig und heiter am Meer gelegen, von Bergen umkränzt und dazu mit Gebäuden geschmückt, daß die Reisenden von weitem kommen, um ihre Architektur, die auserlesene künstlerische Ornamentik zu bewundern, die turmgekrönten Paläste, die prächtigsten, stolzesten Bauwerke, Moscheen, Kaufhäuser, Bäder und Läden der Handelsleute . . . Man vermag sich kaum vorzustellen, wieviel Schönes sich an der Dschami, der Hauptmoschee, findet, kunstvoller Schmuck fremdländischer Arbeit, seltsame, nie gesehene Skulpturen und Malereien, goldene und buntfarbene Zierate . . . Ringsum ist das Land von Wasserläufen durchzogen, allenthalben sprudeln Quellen hervor. Palermo ist überreich an Früchten. Seine Gebäude, seine zierlichen Villen kann man nicht beschreiben in ihrer berückenden Pracht. Mit einem Wort – diese Stadt wirkt sinnbetörend auf den Beschauer."
Unter den Reisenden, die der Zauber der goldenen Muschel Palermos anlockt, befindet sich im Jahre 1185 der arabische Reiseschriftsteller Ibn Dschubair aus Granada. Aus seiner Feder besitzen wir einen höchst anschaulichen Bericht von dem Hof, dem Herrscher und der Haupt-

stadt des Normannenreichs, wie sie sich ihm dreißig Jahre nach Idrißis Lobgesang darstellen. König Roger II. ist inzwischen gestorben, noch im gleichen Jahr, in dem Idrißi ihm sein fertiges Werk übergeben und „Geschenke unerschöpflich wie das Meer und segenspendend wie der Regen" aus seiner Hand empfangen hatte. Nach kurzer Herrschaft seines Sohnes Wilhelm I. ist ihm sein Enkel Wilhelm II. auf den Thron gefolgt.

Ein volles Jahrhundert herrscht der normannische Löwe jetzt über Sizilien. Und – es ist nicht zu übersehen – das Verhältnis des Herrscherhauses zu seinen arabischen Untertanen hat sich womöglich noch enger gestaltet. Das springt dem Mann aus Granada förmlich in die Augen. Und er hatte geglaubt, in ein von Franken regiertes Land zu kommen! Aber in die Muslime, so vermerkt er voll Erstaunen und unverhüllter Genugtuung, setzt der König ein besonderes Vertrauen. Sie bevorzugt er als seine Ärzte, seine Astrologen. In seinen wichtigsten Angelegenheiten verläßt er sich derart auf sie, daß der Aufseher seiner Küche ein Muslim ist und daß er eine muslimische Leibwache unter einem gleichfalls muslimischen Hauptmann unterhält. Araber sind die Stützen seines Staates, aus ihnen wählt er seine Staats- und Hofbeamten, seine Wesire und Kämmerer – „allein an ihrem Auftreten kann man bereits den Glanz seines Reiches erkennen. Denn sie prangen in kostbaren Kleidern, sprengen auf feurigen Rossen daher, und jeder von ihnen hat sein Gefolge, seine Dienerschaft und seine Klienten. Der König Wilhelm besitzt prachtvolle Paläste und herrliche Gärten, besonders in der Hauptstadt Palermo. In seinen Hofvergnügungen ahmt er die muslimischen Fürsten nach, aber auch in der Gesetzgebung, in der Art seiner Regierung, in der Rangordnung seiner Untertanen, in dem königlichen Pomp und dem äußeren Gepränge. Er liest und schreibt Arabisch und hat, wie uns einer seiner vertrautesten Diener erzählte, den Wahlspruch angenommen: Gelobt sei Allah! Gerecht ist sein Lob! Die Mädchen und Konkubinen, die er in seinem Palast hat, sind sämtlich Gläubige. Von seinem eben erwähnten Diener – er heißt Jachja und ist ein Sohn des Goldstickers, der die Gewänder des Königs stickt – haben wir darüber noch etwas Auffallendes gehört, daß nämlich die fränkischen Christinnen, die im königlichen Palast wohnen, durch jene Mädchen zum islamischen Glauben bekehrt worden seien. Derselbe Jachja erzählte uns, auf der Insel habe es eines Tages Erdstöße gegeben; da sei es geschehen, daß dieser Götzendiener, voll Schrecken in seinem Palaste umhertaumelnd, die Stimmen seiner Frauen und seiner Diener vernommen habe, wie sie Allah und den Propheten anriefen. Als sie ihn bemerkten, seien sie deswegen sehr erschrokken, aber der König habe zu ihnen gesagt: ‚Jeder von euch mag den Gott anrufen, den er verehrt. Wer an seinen Gott glaubt, dessen Herz ist ruhig.'"

„Aber die Frauen Palermos“, erzählt Ibn Dschubair weiter, „folgen auch in der Eleganz ihrer Sprache, in ihrer Art, sich zu verschleiern und ihre Mäntel zu tragen, durchaus der Sitte der muslimischen Frauen. Am Neujahrsfest tragen sie Gewänder von goldfarbiger Seide. Und mit eleganten Mänteln, mit farbigen Schleiern geschmückt, vergoldete Schuhe an den Füßen, prunken sie in ihren Kirchen, angetan mit Halsbändern, mit Schminke und Wohlgerüchen, ganz gemäß der Mode der muslimischen Frauen.
Die Muslime von Palermo unterhalten zum größten Teil ihre Moscheen in gutem Stand. Sie verrichten das Gebet, sobald der Muezzin dazu auffordert. Sie besitzen Stadtteile, wo sie mit ihren Familien gänzlich abgesondert von den Christen wohnen. Märkte werden von ihnen abgehalten und besucht. Die Muslime haben in Palermo einen Kadi, der ihre Prozesse entscheidet, und eine Hauptmoschee, in der sie sich zum Gebet versammeln. Sie kommen bei beleuchteter Moschee im heiligen Monat zusammen. Die anderen islamischen Gotteshäuser sind so zahlreich, daß man sie nicht anführen kann, und die meisten dienen den Lehrern des Korans als Schule.“
„Alt und elegant, voll Pracht und Anmut“, so preist der, dessen Augen die unvergleichlichen Schätze andalusischer Baukunst in Spanien zu bewundern gewohnt sind, die Stadt Palermo, „durch ihren Anblick verführerisch, bietet sie sich stolz zwischen ihren Plätzen und Ebenen dar, die nur einen einzigen Garten bilden. Geschmückt mit ihren geräumigen Alleen und breiten Straßen blendet sie durch die wundervolle Schönheit ihres Antlitzes ... Ein Quell fließenden Wassers belebt sie, vier Quellen, die in der Umgebung entspringen, dienen ihr als Diadem. Der König hat diese Stadt, die eine ganze Welt bildet, zur Hauptstadt seines christlichen Königreiches – Allah möge es vertilgen! – gemacht. Die Paläste dieses Herrschers sind um die Stadt gereiht wie eine Perlenschnur um den Hals eines schönen Mädchens, so daß der König nach seinem Belieben von dem einen nach dem anderen Garten und Lustschloß wandelt ...“

In diesem Sizilien, in seinen Schlössern und Parks, in Palermos breiten Alleen und den Gassen seiner arabischen Stadtviertel wuchs elternlos und sich selbst überlassen ein anderer Enkel König Rogers II. auf, der zugleich ein Enkel Kaiser Friedrichs I. Barbarossa war: Friedrich Roger. Nach seinem normannischen Vetter König Wilhelm II. und Kaiser Heinrich VI., seinem deutschen Vater, bestieg er den sizilischen Königsthron und ging als Friedrich II., Kaiser des Heiligen Römischen Reiches, seinen einsamen, viel verdammten und viel bestaunten Weg zwischen den Welten, die, einander bis aufs Blut befehdend, in ihm und durch ihn versöhnt werden sollten, um ein neues Zeitalter heraufzuführen.

Die mittelalterliche Malerei pflegte unter die Sünder und Verdammten den arabischen Denker Averroes (mit Turban) einzureihen. „Triumph des Todes“ im Camposanto, Pisa

Das Geraune im Lager bei Jaffa nimmt kein Ende. Und bis nach Italien dringt das ungeheuerliche Gerücht: der Kaiser verhandelt mit den Ungläubigen! So geht es seit September, seitdem der Gebannte das Heilige Land zu betreten gewagt hat. Kein Schwert ist bisher aus der Scheide gekommen. Gar nichts geschieht. Statt dessen hat er seinen Deutschen und den paar Engländern, Pisanern und Genuesen, die allein noch zu ihm halten, Schaufeln in die Hände gedrückt, auf daß sie ihre Langeweile über den Befestigungsarbeiten vergessen. Zwar gehen geheimnisvolle Gesandtschaften zwischen Jaffa und dem Heerlager des Sultans al-Kamil unweit der ägyptischen Grenze hin und her. Währenddessen aber sitzt der Führer der Christenheit in seinem Zelt einem höchst eleganten, weltmännisch auftretenden Araber in nicht endenden, tief vertraulichen Gesprächen gegenüber, die er auch noch auf arabisch führt. Keiner erfährt, was unter diesem Zelt ausgekocht wird.
Und keiner ahnt, was hinter der breiten Stirn ihres höchsten Herrn vorgeht, dessen Autorität im Lager und dessen Ansehen beim Gegner von Rom aus mit allen Mitteln der Propaganda unterhöhlt wird, während gleichzeitig daheim der Heilige Vater ihn für tot erklärt, seine Untertanen vom Eide löst und die päpstlichen „Schlüsselsoldaten" über sein Königreich herfallen, hier im Lande aber die syrische Geistlichkeit und Baronie ihm offen Widerstand entgegensetzt, Verräter im eigenen Lager ihn belauern und er nicht weiß, wie er das hungernde Heer ernähren soll, nachdem die Lebensmitteltransporte in den Stürmen ausgeblieben sind. „Aber wir verbargen den zehrenden Schmerz hinter einer heiteren Miene", wird er später erzählen, „damit unsere Feinde nicht triumphierten."
Außer seinen Getreuesten, dem Deutschordensmeister Hermann von Salza und dem langobardischen Grafen Thomas von Aquin, kennt nur einer die Sorgen, die ihn fast erdrücken. Allein dem arabischen Edelmann Fachr ad-Din, der ihm als Gesandter des ägyptischen Sultans in seiner apulischen Residenz Foggia vor Jahr und Tag einen Vertrag über die Herausgabe Jerusalems angeboten und sich durch sein vornehmes Wesen und durch seinen kultivierten, feingebildeten Geist die Zuneigung des christlichen Kaisers gewonnen hat, ihm öffnet Friedrich arglos und vertrauensvoll sein Herz.
Denn inzwischen ist zu allem Unheil auch die Voraussetzung für das Angebot des Sultans hinfällig geworden: al-Kamil braucht die von Friedrich erbetene Unterstützung nicht mehr. Wofür soll er ihm also entgegenkommen? Außerdem hat er Jerusalem soeben ohne Hilfe und Schwertstreich selbst eingenommen!

„Nicht um euer Land zu erobern, sind wir übers Meer gefahren, denn Länder besitzen wir mehr als irgendein Herrscher auf Erden“, läßt der Kaiser des Abendlandes den Beherrscher der Araber durch seinen Hofnotar erinnern, „sondern um unserem Vertrag gemäß die heiligen Stätten zu übernehmen. Ruhe sollt ihr haben vor den Christen und nicht gezwungen sein, das Blut eurer Untertanen gegen uns zu vergießen.“
Der Notar wird vom Sultan mit allen Ehren empfangen und aufs höflichste ignoriert. Das geschäftige Hin und Her der Boten dient nur noch dem Austausch lebhafter Freundschaftsbeteuerungen, die al-Kamil mit reichen Geschenken hochgezüchteter Rennkamele und Araberpferde, Elefanten und Affen, Jagdfalken und Falkner, seltener Edelsteine und schimmernder Seidenstoffe begleitet, während Friedrich der hochstehenden Geistigkeit al-Kamils und seiner Umgebung durch Überreichen schwierigster mathematischer, philosophischer und naturwissenschaftlicher Fragen seine Verehrung erweist. Von dem Vertrag ist nicht mehr die Rede.
Und doch vermöchten allein die schnelle Erfüllung des Abkommens und Inbesitznahme Jerusalems das heillose Knäuel unseligster Schwierigkeiten zu entwirren und, wie Friedrich und seine Getreuen glauben, ihn vom Kirchenbaum zu lösen. Ein naiver Glaube, wie sich zeigen soll, der die tödliche Feindschaft des Papstes ahnungslos unterschätzt. Denn einen Erfolg des kaiserlichen Unternehmens gilt es ja gerade zu verhindern. Nicht den Triumphator, sondern den Demütigsten, durch Mißerfolge Gedemütigten wünscht man in Rom vor den Stufen des Thrones zu sehen. Und wie aufgefangene Briefe an den arabischen Sultan dartun, würde der Herrscher der Heiden sehr gefällig sein, wenn er die heiligen Orte nicht herausgäbe ...
Das unverbindliche Spiel von Frage und Antwort hat neben dem erlesenen geistigen Vergnügen, das die beiden Herrscher darüber empfinden, noch ein Gutes gehabt. Als Überbringer einer Liste wichtiger wissenschaftlicher Lösungen ist des Sultans Vertrauter, der lebenserfahrene und geistvolle Emir Fachr ad-Din, selbst in das kaiserliche Lager gekommen. Und seitdem teilt Friedrich mit dem arabischen Freund sein Zelt und seine Gedanken.
Warum sollen Krieg und Gewalt, die sie beide hassen, zwischen ihm und dem Sultan herrschen? Warum sollen sie, die beide den Geist lieben, sich nicht die Freundeshand reichen? Dürfen sie, nachdem schon so viel Blut vergossen ist, die große Gelegenheit, den schicksalhaften Augenblick verpassen, den Orient und den Okzident miteinander zu versöhnen?
Fachr ad-Din stimmt dem erregten Kaiser aus vollem Herzen zu. Und ihm gelingt es, bald schon den ersten Knoten zu lösen. An Stelle des

ungehobelten, rechthaberischen Hofnotars, der den Sultan zur Weißglut reize, solle der Kaiser die Verhandlungen dem Grafen von Aquin übertragen, der von Sizilien her nicht nur der arabischen Sprache mächtig sei, sondern sich auch wie ein Muslim zu benehmen verstehe.

Und siehe da, der Rat ist gut und der Augenblick richtig gewählt. Durch seinen Gesandten weiß Friedrich an die ritterliche Rücksicht auf „sein Ansehen im Abendland“ zu appellieren. Und der bis in Einzelheiten über alle Vorgänge zwischen dem Kaiser und dem „Kalifen in Rom“ unterrichtete Sultan ist auf diesem Ohr nicht taub. Als auch noch Fachr ad-Din persönlich seinem Herrn die Gedanken des „Imberurs“ nahebringt und ihn an sein gegebenes Wort gemahnt, erklärt er sich zu einem neuen Vertrag bereit, zumal seine militärische Lage in Syrien keineswegs mehr die günstigste ist.

Am 18. Februar 1229 geschieht es, daß Abend- und Morgenland sich die Hand reichen zum feierlichen Schwur.

Vor dem Hochmeister des Deutschen Ordens Hermann von Salza und Thomas von Aquin, Grafen von Acerra, leistet der „Beherrscher der Gläubigen“, der Sultan al-Kamil, seinen heiligen Eid „bei Gott und seinem Gesetz, mit reinem Herzen und gutem Willen und ohne Abbruch in gutem Glauben alles zu beobachten, was die unter meiner Hand liegende Urkunde geschrieben enthält“. Zur gleichen Stunde schwört im Feldlager bei Jaffa das weltliche Oberhaupt der Christenheit, Kaiser Friedrich II., den Frieden in die Hände des Emirs Fachr ad-Din und setzt nach arabischer Sitte hinzu, er werde das Fleisch seiner Linken verzehren, wenn er seinen heiligen Schwur jemals breche.

Ein Frieden ist geschlossen „ohne Kampf und ohne Kriegswerkzeug“, allein durch Verhandlungen. Das hat zwar auch Friedrichs sizilischer Vetter König Wilhelm II., der die Muslime aus seinem Reich kannte und achtete, zuwege gebracht, wenn auch nicht in solcher warmen Atmosphäre persönlicher, fast herzlicher Freundschaft.

Doch Friedrich II. hat Größeres erreicht, etwas, was keinem vor ihm gelungen ist. „Frohlocken mögen alle und jubeln im Herrn!“ läßt er durch Hermann von Salza dem Heer verkünden. „Denn jetzt gab ER sich kund in einer kleinen Zahl von Männern, auf daß alle Völker erkennen und staunen, wie ER wunderbar sei in Seinen Plänen über die Söhne der Menschen, nach Seinem Willen die Zeiten wandelnd und die Herzen getrennter Völker zum Einen hinwendend. Denn durch Wunderkraft mehr als durch Tapferkeit ist jenes Werk glückhaft vollbracht, das seit langen Zeiten keiner der Fürsten und Gewaltigen des Erdenrunds weder durch die Menge des aufgebotenen Volks noch durch Furcht oder andere Mittel zu vollbringen vermochte . . .“ Ohne Blutvergießen ist das Ziel aller

Kreuzzüge erfüllt – die heiligen Städte der Christenheit sind frei: Jerusalem, Bethlehem, Nazareth, dazu die Pilgerstraße von der Küste durch Galiläa mit ihren Burgen, auch Sidon, Caesarea, Jaffa und Akkon.

Allein Jerusalem, das ebenfalls die heiligen Stätten der Muslime beherbergt, soll eine heilige Stadt für beide Religionen sein. Eine heilige Stadt auch der Muslime! Denn, so hatte Saladin schon Richard Löwenherz erklärt, „Jerusalem ist uns ebenso heilig, ja heiliger als euch! Denn von dort machte der Prophet seine nächtliche Fahrt zum Himmel, und dort versammelten sich die Engel". Darum sollen die Moschee Kubbet as-Sachra, der „Felsendom", und die al-Aksa-Moschee auf dem Haram asch-Scherif, dem Tempelplatz, den Muslimen vorbehalten bleiben. Doch sollen auch christliche Pilger hier ihr Gebet verrichten dürfen, wie ihrerseits die Muslime im christlichen Bethlehem. Die Pilger beider Religionen sollen einander achten und gleiches Recht haben, auf ihre Weise zu ihrem Gott zu beten.

Ein solcher Gedanke, so vertraut, so selbstverständlich dem Arabertum, gehört freilich – vom Abendland aus gesehen – schon einer neuen Weltzeit an. Und Stimmen, noch einsam wie Wächter in der Nacht, werden hörbar, die sich gegen Gewalt in Glaubensdingen und gegen Heidenvernichtung erheben, hier und dort einmal, aus dem Munde des Wolfram von Eschenbach, des Roger Bacon, des Araberfreundes König Alfons X., des Franziskus von Assisi, der sich selbst aufmacht, am Hof al-Kamils „das Wort Gottes zu predigen, wenngleich mit wenig Erfolg". Doch auch leidenschaftliche Zustimmung zu des Kaisers Tat wird unter den ritterlichen Troubadouren laut, die ihn als den „klugen Arzt des Abendlandes" feiern.

Aber ebenso gewißlich spottet solch gleichberechtigtes Nebeneinander der Religionen dem alten Kreuzzugsgeist, dem die Kirche sich weiterhin verpflichtet fühlt. Was später in Lyon des Kaisers Gesandter auf die Anklage des Papstes entgegnen wird, hier in Jerusalem hat Friedrich es vor den Augen der Welt bewiesen, und seine fernere Politik gibt ihm recht: „Seine Freundschaft mit den arabischen Fürsten hat unnötigem Vergießen von Christenblut vorgebeugt!"

Allein, sich mit den Heiden überhaupt in ein Gespräch einzulassen (ungeachtet, daß ja auch Gottfried von Bouillon und der päpstliche Legat Pelagius mit ihnen verhandelt hatten), Ungläubige gar zum Gebet in Jerusalem zuzulassen, das ist Ursache genug, den Kaiser als Verräter, Schänder der Religion, Satanssohn und Antichrist in den gräßlichsten Farben des Höllenfürsten zu malen.

Daß trotz aller Hintertreibungsversuche der Gebannte mehr ausgerichtet hat als alle Kreuzfahrerheere, erbittert die Gegner aufs äußerste und reißt sie zu letzter Entwürdigung hin. Angeblich auf Anstiften Gregors IX. selbst richten die Ordensmeister der Templer und Hospitaliter heimliche Botschaft an al-Kamil: sie hätten erfahren, der Kaiser werde mit geringer Begleitung zu bestimmter Stunde von Jerusalem zu der Taufstätte am linken Jordanufer pilgern; der Sultan habe Gelegenheit, ihn dort abzufangen und umzubringen. „Angeekelt von diesem niederträchtigen Verrat“ der Ritter des „römischen Kalifen“ sende er dem Kaiser das mit dem Siegel des Ordensmeisters der Templer versehene Schriftstück zu, schreibt al-Kamil an Friedrich, – jener „Heide“, der wie sein Onkel Salach ad-Din mehr als einmal die berufenen Wahrer christlicher Nächstenliebe durch seine wahrhaft großherzige Ritterlichkeit beschämt.

Bis zuletzt läßt die Kirche es an nichts fehlen, um Friedrichs Erfolg zunichte zu machen. Als er am Jaffator zu Jerusalem die Schlüssel der Stadt aus der Hand des vom Sultan entsandten Vertreters empfängt und mit „seinen Deutschen“ in die von Muslimen entleerten Straßen einzieht, belegt der Erzbischof von Caesarea die Heilige Stadt mit dem Interdikt. In den Gotteshäusern werden keine Messen gelesen. Der Klerus verweigert die Sakramente. Priester wiegeln das Heer zur Meuterei auf. Kot wird auf den Kaiser und seine Ritter geworfen, als er sich einschifft.

Nur für eine kurze Menschheitsstunde ist es Friedrich gelungen, den arabischen Osten und das Abendland zusammenzuführen in Frieden, gegenseitiger Achtung und gleichberechtigter Freundschaft. Dem hat sich die Kirche von Anfang an mit allen ihr geeignet erscheinenden Mitteln entgegengestemmt. Aber Trauer und schwerste Vorwürfe gegen den „Verrat“ al-Kamils erheben sich auch im Islam, der seit dem entsetzlichen Blutbad, das die ersten Kreuzfahrer den Einwohnern Jerusalems bereitet haben, nicht mehr zu einem Pakt mit Christen bereit ist.

So bleibt dem Kaiser die Aufgabe, was sich in der politischen Realität nicht versöhnen soll, im Staate und im Geiste zu vereinen. Und damit einem neuen, anderen Abendland den Weg zu bereiten.

DER „SULTAN VON LUCERA“

„Der erste moderne Mensch auf dem Thron.“

Mit diesem Wort hat Jacob Burckhardt Friedrich II. als einen frei im geschichtlichen Raum stehenden, „traditionslosen Geist“ die Reihe der Renaissancefürsten eröffnen lassen. Diese Auslegung erscheint in allen Einzelheiten fragwürdig.

Mehr als jedem Renaissancefürsten ähnelt Friedrich den großen arabischen Herrschern, einem al-Mamun, einem al-Kamil. Wie Blätter eines Baumes gleichen sich der Sultan Ägyptens und der König Siziliens in vielen Neigungen und Gewohnheiten, in Lebensweise, in persönlichem Auftreten und im Umgang mit Menschen, ja in ihrer freigeistigen Weltsicht, als Wissenschaftler, als Administratoren besonders in der Finanzverwaltung, als Gründer einer Hochschule und nicht am wenigsten in ihrer Abneigung gegen unnötiges Blutvergießen.
Und weniger zur Renaissance, als an der Renaissance vorüber in die Neuzeit führen jene Kräfte, die durch Friedrich II. in die Geschichte eingreifen und das Gesicht des Abendlandes von Grund aus verwandeln!
Dennoch war er nicht ein „moderner Mensch". Noch etwa ein Freigeist im Sinne des Atheismus. Im Gegenteil fühlte er sich trotz allem als gläubiger Christ, ja hielt sich für einen besseren Christen als die Männer auf dem Stuhl Petri, „diese in Schafskleider gehüllten Wölfe", die Zwietracht säten, die Erde zu keinem Frieden kommen lassen wollten, nach Willkür banden, lösten und straften, den Gläubigen Gelder abpreßten und „sich im Reichtum wälzen, bis der Reichtum sie überwältigen wird".
Friedrich war im Mittelalter fest verwurzelt, wenn auch sehr stark in einer Bildungswelt, die von der des gebildeten Abendländers tief verschieden war. Und das eben ist es, was *uns* an diesem Menschen „modern" anmutet: nämlich all jenes, was durch arabische Vorbilder angeregt, durch arabische Ideen befruchtet ist.
Damit kann nicht gesagt sein, daß die ungeheure Persönlichkeit insgesamt von hier aus zu erfassen wäre. Aber doch dies: daß sie undenkbar ist ohne jene auf arabischen Fundamenten ruhende Staatsgründung seiner normannischen Vorfahren und undenkbar ohne die Prägung durch die vorwiegend arabische Kultur seiner sizilischen Heimat. „Ich habe diese Länder gesehen, als ich als Botschafter al-Maliks zum Imperator dieser Länder gereist bin", erzählt Abu al-Fada, „der Imperator war einer der Frankenkönige, großzügig, emsig in den Studien der Philosophie, Logik und Medizin, und er liebte die Muslime, da er auf der Insel Sizilien erzogen worden war, wo der größte Teil des Volkes muslimisch ist."

Hätte sein Onkel Philipp es nicht so eilig gehabt, das aufständische Italien zu verlassen, und den dreijährigen Knaben nach dem Willen seines sterbenden Vaters in seine deutsche Heimat gebracht, der kleine Friedrich hätte sicherlich eine gründlichere Erziehung genossen. Wie es einem künftigen Herrscher zukommt, hätte ein gelehrter Kaplan das Königskind, aristokratisch abgesondert, im Schreiben, Lesen, einfachen Rechnen und vielleicht noch in lateinischer Sprache unterwiesen. Und ebenso gewiß hätte Friedrichs unbändiger Geist von hier aus sich eigene, aber andere Bahnen der Betätigung gesucht. Auf deutschen Burgen hätte man ihm eine sorgfältige höfische Erziehung angedeihen lassen. Und niemand hätte Ursache gehabt, an dem Dreizehnjährigen „sein unschickliches Betragen" zu rügen, an das sein „rüder Umgang" ihn gewöhnt habe.

Aber kann man etwas anderes von einem halben Kind erwarten, um das keine Menschenseele sich kümmert, das unbeaufsichtigt durch Gassen und Hafenschänken streift, das sich, gierig nach Erkenntnissen, in Moscheen, auf Märkten und Kais unter das buntwogende Volk Palermos mischt und das in seiner zehrenden Einsamkeit sich unter Tieren und Vögeln seiner Parks und Wildgehege und unter solchen Menschen, die ihm nun einmal gefallen und zu denen er sich hingezogen fühlt, seine Freunde sucht?

Sein Vater, der ihn mit nach Deutschland nehmen wollte, ist tot. Und darum wächst der kleine König in den von zierlichen Arabesken und blitzenden Mosaiken prunkenden Schlössern König Rogers auf, die von arabischen Handwerkern und in arabischem Stil geschmückt sind, und umgeben von arabischer Dienerschaft. Bilder arabischen Lebens, Bilder, die man in ihrer prallen Sinnenhaftigkeit und wunderlich anziehenden Fremdheit nie vergißt, stehen am Rand seiner Erinnerungen aus frühesten Kindheitstagen. Lieder arabischer Sänger, in die sich das helle Rauschen der Springbrunnen zwischen den Spitzbogenarkaden der königlichen Höfe mischt, wehen durch seine Träume. Und die Rufe der Muezzins von den schlanken Minaretts der Moscheen skandieren den Rhythmus seiner Tage.

Aber auch seine Mutter, die normannische Konstanze, nachgeborene Tochter König Rogers II., stirbt kurz nach ihrem Gatten. Und jetzt beginnt das häßliche Tauziehen um den Knaben, und plötzlich ist da auch die blanke Not. In dem wüsten Treiben seiner Regenten ist mit seinem Königreich auch sein Königsgut verwirtschaftet worden. Nackte Armut treibt den Sechsjährigen, die Gastfreundschaft mitleidiger arabischer Bürger anzunehmen, die „ihn im Turnus ernährten, eine Woche lang der eine, der andere einen Monat lang und so fort, bis der Knabe sieben Jahre alt war". Aber Erziehung?

Das Leben selbst nimmt den jungen König an die Hand. Auf den Plätzen Palermos, in den Moscheen, Kirchen, Synagogen, in den Läden und Suks, den Basarstraßen, lernt er alle Sprachen seines buntzusammengewürfelten Volkes, lernt seine Sitten, seine Religionen kennen und vergleichen. Er spricht neun Sprachen und arabisch wie seine Muttersprache, er rechnet

arabisch und übt sich bei arabischen Händlern und Imamen in der eleganten Kunst arabischer Wortgefechte und Disputationen über Gott und die Welt. Ihr Kaid, der Richter aller in Palermo lebenden Muslime, erteilt dem Wissenshungrigen Unterricht in arabischer Dialektik und Philosophie und gibt ihm arabische Bücher in die Hände, in denen er sein Verlangen nach Wissen und den Wissenschaften stillt und „ihre balsamischen Düfte atmet", wie er in blumenreicher, arabischer Redeweise äußert.
Wenn diese auf ungewöhnlichen Wegen erworbene Bildung des ungewöhnlich begabten Königsknaben auch in allem von den Vorstellungen seines Vaters abweicht und in ihr allein ein gewisser Elementarunterricht des Magisters Wilhelm Franciscus zünftig genannt zu werden verdient, so kann der Berichterstatter von dem dreizehnjährigen König jedenfalls nur staunend melden: Zwar verbitte er sich jede Bevormundung derer, die ihn hindern wollen, „sich zu sehr in öffentlichen Umgang einzulassen – aber so sehr eilen seine Fähigkeiten seinem Alter voraus, daß er, obwohl noch ein Knabe, voll des Wissens ist und einen Verstand besitzt, wie er meist erst im Laufe der Jahre heranwächst. Darum rechne bei ihm nicht die Zahl der Jahre nach und erwarte nicht erst die Zeit der Reife! Denn an Wissen ist er schon jetzt ein Mann und an Majestät ein Herrscher."
Wenn es zutrifft, daß Eindrücke der Jugend dem bildsamen kindlichen Geist ihre unauslöschlichen Zeichen einprägen, so hat diese Umwelt seinem ganzen Herrscherleben die Richtung gegeben. Dieselbe Richtung, in die auch die Spur seiner normannischen Vorfahren weist. Von hier, einem Reich, das mehreren Kulturen das Recht auf Entfaltung gewährte, stammt seine ganz selbstverständliche Achtung fremder Religion und Sitte (was für ihn nicht gleichbedeutend ist mit Duldung von Ketzern, die in seinen Augen Zerstörer bestehender Ordnungen sind). Von hier stammt seine Einfühlung in die orientalische Seele und Gedankenwelt, die Grundlage seiner Bildung und Weltsicht, die besondere Farbe alles dessen, was ihn über seine Zeit erhebt, von hier die Fähigkeit, sich auf die arabische Mentalität einzustellen, seine geradezu liebevolle Hinneigung zu allem Arabischen, Menschen und Dingen.

Freilich, ungetrübt ist diese Liebe nicht gewesen. Bei der normannischen Eroberung und späteren Araberverfolgungen hatten sich Widerstandsgruppen in die wilden Berggegenden im Innern Siziliens zurückgezogen, finster entschlossen, sich keiner Fremdherrschaft zu beugen. Immer wieder beunruhigten sie die Insel. Diese Trotzigsten, Freiheitlichsten, Kämpferischsten haben dem jungen König schwer zu schaffen gemacht. Um den ständig schwelenden Unruheherd auszuräumen, hat er mehrere

Jahre hindurch einen mühevollen Krieg gegen die gut verschanzten Rebellen führen müssen. Trotzdem zwang allein der Hunger sie, sich zu unterwerfen. Auf das Schlimmste gefaßt, erwarteten fünfundzwanzigtausend Araber in den Gefangenenlagern das Strafgericht, das heißt den Tod. Aber anstatt die Aufrührer hinzumetzeln, tat dieser König das ganz Unerwartete.

Friedrich II. kannte seine Araber. Und er lernte aus dem Tod ihres Emirs, den er hatte aufknüpfen lassen, im Laufe dieses Kampfes, daß in der Stunde eines jeden Sieges nicht der Rächer gewinnt, der den Besiegten noch tiefer stößt, sondern daß nur derjenige Sieger bleibt, der Großmut als Vergeltung übt. In dem Araber, dem in die Knie Gezwungenen, Gedemütigten mußte die gottgleiche Gnade des Siegers jene Treuebereitschaft anfachen, die sich bis zur fanatischen Hingabe steigert. Und dies geschah.

In nächster Nähe seines Lieblingsaufenthaltes, der Residenz Foggia in Nordapulien, siedelte der Staufer die alten Gegner seiner Herrschaft an und gewährte ihnen freie Ausübung ihres Glaubens. So entstanden an dem strategisch empfindlichsten Punkt im Norden seines Königreichs die sarazenischen Militärkolonien Girofalco und Lucera, eine der volkreichsten Städte Italiens. Hier leben die bald dreißig-, bald fünfunddreißigtausend Familien ganz unter sich, mit eigenem Oberhaupt und eigener Verwaltung nicht anders als jede freie, wohlorganisierte Stadt des Morgenlandes mit ihren Moscheen, von denen täglich fünfmal der Muezzin zum Gebet ruft, mit ihren Hospitälern, Schulen, Bibliotheken, Bädern und dem großen Tierpark, den der Kaiser ihnen anvertraut hat. Eine Schöpfung, die Friedrichs Menschenkenntnis und seinen staatsmännischen Weitblick noch hundertfältig bezeugen sollte.

Dankbarkeit der zu ihrem angestammten Leben Begnadigten macht die Araber Luceras zu einer ihm auf Leben und Tod verschworenen Mannschaft. Aus ihren kampfgewohnten Reihen schafft er sich seine ständige Leibwache und die durch kein päpstliches Machtwort zu erschütternde, nur ihm persönlich blind ergebene Söldnergruppe von dreißigtausend Mann, die denn auch in keinem Feldzug gegen die Feinde des Kaisers zu Hause bleiben. Seinen Getreuen in Lucera vertraut der Kaiser sogar den Staatsschatz an mit jenen Reichskleinodien, die bisher auf dem Trifels aufbewahrt wurden.

Ihnen übergibt er die königlichen Kammern, die Verwaltung seiner gesamten persönlichen Habe und seines Hofstaats, dazu die Werkstätten, die ständig für den Bedarf des königlichen Haushalts und für die Zeughäuser arbeiten. Hier werden die Pfeile, Bogen, Armbrüste, die Panzerhemden, Katapulte und Wurfmaschinen hergestellt, aber auch Zaumzeug, Pferde-, Kamel- und Saumtiersättel und die Zelte, Teppiche, Vor-

hänge und Wandverkleidungen, die goldgewirkten Kissen und seidenen *Matratzen.*
In den königlichen Kammern Luceras, Messinas und anderer Orte besticken die Seiden- und Goldsticker die kostbaren Hofgewänder und die prächtigen Decken, Schabracken und Behänge für Pferde und Kamele des kaiserlichen Marstalls, die unter den geschickten Fingern der sittsam von Eunuchen bewachten Woll-, Baumwoll- und Seidenspinnerinnen, Weberinnen und Näherinnen entstanden sind, dieser Mädchen, die den Kaiser so sehr in Verruf gebracht haben.
Wenn er, angetan mit allen Emblemen kaiserlicher Herrlichkeit, auf seinem Leibroß „Drache", einem Geschenk der Araber, daherzog, begleitet von lautlos schreitenden Dromedaren und Kamelen, die ständig auch einen Teil seiner Bibliothek mitführten, von aufgeputzten Elefanten und Maultieren, von seinen Affen und Leoparden, die buntgekleidete Araber und dunkelhäutige Äthiopier bewachten, gefolgt von seinen sarazenischen Bogenschützen und dem Troß fremdländischer Diener und verschleierter Dienerinnen, dann war der ödesten Phantasie Nahrung gegeben. Dann mußte sich dem Augen und Mund aufreißenden Staunen die Existenz eines kaiserlichen Harems aufs augenfälligste bestätigen. Ob an den diesbezüglichen Vorwürfen und unzweideutigen Anklagen, die der Heilige Vater weinend dem Konzil unterbreitet, etwas Wahres sei – so gibt Friedrichs Gesandter später in Lyon der hochwürdigsten Kirchenversammlung zu bedenken: „Wer, außer dem Kaiser, vermöchte das zu bezeugen!"

Jeder begabte Sarazenenknabe am sizilischen Hof trägt den Schlüssel für den direkten Zugang zum Kaiser in der Tasche. Abkunft und Stand, Hautfarbe und Religion der Leute, die er zu höheren Würden beruft, spielen für den vorurteilslosen Herrscher keine Rolle. Wer unter seinen jungen Dienern in irgend etwas hervorragt, dem läßt er eine seinen Talenten entsprechende Ausbildung geben. Für den Unterricht des servus camerae Abdullah im arabischen Schreiben und Lesen läßt er die Kammer einen gewissen Geldbetrag an den Meister Johachim auszahlen. Die Negerknaben Marsuch und Musca erlernen auf den Allerhöchsten Befehl das Blasen silberner Trompeten, die eigens für sie angefertigt werden.
Und daß der kleine Araberbub mit den blanken Augen in dem breiten Gesichtchen, der der kaiserlichen Majestät zwischen den Dienstboten seines Hofstaats vor allen auffällt und gefällt, der Sohn einer sarazenischen Sklavin und eines Mauren ist, eines Berbers aus den Bergen Marokkos –, was besagt das, wenn er gewandt und anstellig ist wie keiner!

Dieser Sklavenknabe von niedrigster Abkunft steigt unter des Kaisers Augen und denen seines Nachfolgers die steile Leiter zu einer der höchsten Staatsstellungen hinauf. Giovanni, mit dem Beinamen il Moro, der Maure – in den Urkunden Johannes Morus –, lernt es im Handumdrehen, sich in den Kreisen des Hofes zu bewegen, wie er sich fast im Schlafe eine mehrsprachige Bildung aneignet. Friedrich II. bestellt ihn zum Kustos seiner persönlichen Kammer, macht ihn zum „Familiar", zum königlichen Rat – wie Roger II. seinen Georg von Antiochia –, und belehnt ihn mit einer Baronie und reichen Landgütern. Unter König Konrad wird der Maure zum Vorsteher aller königlichen Kammern ernannt und zum Kommandanten von Lucera, seiner Geburtsstadt, und schließlich mit dem Amt eines Großkämmerers des Königreiches Sizilien bekleidet. Doch dieser raketenhafte Aufstieg eines Arabers aus der untersten Schicht endet mit einem jähen Absturz: Als er die staufische Sache in der Person des Lieblings aller Araber, König Manfreds, an den Papst verrät, wird Johannes Morus von seinen eigenen Landsleuten ermordet, die ihrem abgöttisch verehrten Beschützer und allem, was Staufer heißt, über den Tod hinaus ihre Treue bewahren.

Aber selbst diese Karriere ist noch überboten worden. Noch größeren Einfluß im Staate als Johannes Morus erwirbt sich der sizilische Araber mit dem germanischen Namen Richard. Er freilich ist ein gebildeter Mann und ehemaliger Kadi und bringt es in dem christlichen Staat nicht allein zum Großkämmerer des Reiches, sondern amtet de facto als des Kaisers Kanzler durch fast zwanzig Jahre. Schon 1212 steht der kluge und zuverlässige Araber dem achtzehnjährigen König zur Seite, der im Begriff ist, sein väterliches Erbe in Besitz zu nehmen. Er reitet mit seinem jungen Herrn nach Deutschland und ist seitdem sein ständiger Begleiter auf allen Reisen und Feldzügen. Und schon zu jener Zeit ist seine Treue zu Friedrich zum Begriff geworden. Als Papst Honorius III. im Jahr 1216 seinem lieben Sohn Friedrich einen Protegé empfehlen möchte, wendet er sich in einem Schreiben an den Araber Richard, den Mann, der, wie man in Rom weiß, des Staufers Vertrauen am vollkommensten besitzt, überzeugt, daß die Hefe des Lobes seiner Herrentreue die Geneigtheit des Dieners gebührend auflockern werde.

Das Amt des Kanzlers ist vakant geblieben, seitdem Walter von Pagliara, der ehrgeizige und wetterwendische Regent aus Friedrichs Jugendzeit, den Aufenthalt im Ausland vorgezogen hat. Nach des Kaisers Rückkehr aus Deutschland 1220 übernimmt daher der Araber Richard, Großkämmerer des Königreichs Sizilien und als solcher zugleich des Reiches oberster Finanzbeamter und Schatzkanzler, außerdem auch die Leitung der Kanzleigeschäfte. Auch er wird von seinem Herrn mit weiten

Besitzungen in Sizilien belehnt. In dieser doppelten hohen Staatsstellung bleibt er bis zu seinem Tode im Jahre 1239 und, bis mit den Großhofrichtern Petrus von Vinea und Thaddäus von Suessa ein ganz anderes Element am Hof in den Vordergrund tritt, der juristische Geist der norditalienischen Rechtsschulen. Als Leiter der Kanzlei treten die beiden Juristen an die Stelle des Arabers Richard, während Johannes Morus von jetzt ab in das freigewordene Kämmereramt aufrückt.

Der getreue Richard hat Friedrich sogar auf dem Kreuzzug begleitet. Und er ist im kaiserlichen Gefolge nicht der einzige Angehörige des „Volkes der Ungläubigen", das nach Ansicht der Kreuzzugsprediger durch seine Herrschaft über Jerusalem „das Allerheiligste besudelt". Daß Friedrichs alter Lehrer der Dialektik Ibn al-Dschusi etwa bei den Verhandlungen den Dolmetsch machen müsse, wird keiner dem Kaiser abnehmen, der, wie man weiß, das Arabische aus dem Ärmel schüttelt. Daß gar die Abteilung arabischer Soldaten aus Lucera, die in Akkon an Land geht, ihre Pfeile auf die Araber des Sultans abschießen solle, kann kaum die Absicht des „Königs der Franken" und bewährten „Freundes der Muslime" sein. Wozu also tritt er selbst „wie ein Sarazene" auf? Oh, es ist ein äußerst schlau bedachter, diplomatischer Schachzug, sich für Verhandlungen im Morgenland mit einem morgenländischen Rahmen zu umgeben, den Sultan unter Sultanen zu spielen. Es ist geschickt in Szene gesetzt, gewiß. Aber doch nicht nur kalt berechnet.

Diese Fahrt, einst in Aachen gelobt, hat der Kaiser gewiß nicht aus Glaubensgründen angetreten. Sie ist, wie er seinen arabischen Freunden ohne Beschönigung und Heuchelei zugibt, für ihn gerade jetzt politisch unendlich wichtig. Aber sie ist in einem tieferen Sinne für ihn persönlich wichtig. Da spricht im letzten der geheime Wunsch, dieser Welt, die einzig er sich als überlegen anerkennt, der einzigen, zu der er in einer fast ehrfürchtigen Bewunderung und mit dem Gefühl von Dankbarkeit aufblickt, sich zugehörig zu fühlen, Gleicher unter Gleichen zu sein.

Darum ist es nicht Diplomatie allein, wenn er sucht, sich in seinem Auftreten, im Austausch der Geschenke, im geistigen Wettstreit und in ritterlicher Gesinnung mit ihnen zu messen. Und in der Tat verrät sich letztlich das Herkommen aus der gleichen Kinderstube, wenn aus Rücksicht auf die religiösen Gefühle des Gastes der taktvolle Sultan den Muezzins von Jerusalem befiehlt, während der Anwesenheit des christlichen Kaisers die Minaretts nicht zu besteigen und die Rufe zum Gebet zu unterlassen; wenn der Kadi Schams ad-Din, den al-Kamil dem „Imberur" für die Dauer seines Aufenthalts in der Heiligen Stadt als Ehrenbegleitung attachiert hat, dem erlauchten Gast seinen Morgenbesuch macht und folgendes Gespräch sich abwickelt: „O Kadi, weshalb haben die Muezzins nicht zum Gebet gerufen?“ „O Fürst der Könige, man weiß die Ehre deines Besuches zu würdigen.“ „Ihr tut unrecht, in eurem eigenen Lande meinetwegen eure Gebräuche zu ändern. Das brauchtet ihr nicht einmal, wenn ihr in meinem Lande wohntet. Und übrigens habe ich mich gerade auf den nächtlichen Gesang der Muezzins gefreut.“

Was für andere die Reise in das Wunderland ist, für den Kaiser ist es die Einkehr bei den Ursprüngen des Geistes, der ihn gebildet hat und der jetzt seinen wachen Augen und Ohren täglich neue Bilder einprägt, die später einmal in seiner Heimat in seine Taten und Werke eingehen.

Nur zwei Tage hält er sich in Jerusalem auf. Trotzdem nimmt er sich die Zeit, das nach der Kaaba in Mekka größte Heiligtum des Islams, die Kubbet-as-Sachra-Moschee, den sogenannten Felsendom, zu besichtigen – ähnlich seinem Großvater Roger II., der „mit größtem Eifer“ hier eine Kirche, dort Burgen und Wehranlagen als interessierter Fachmann in Augenschein zu nehmen und zu studieren pflegte. „Er sah sich alles ganz genau an“, erzählt der dem Kaiser beigegebene Ehrenbegleiter, „zunächst betrachtete er die Moschee aus der Entfernung und sprach seine Bewunderung aus über den großartigen Eindruck. Dann prüfte er das auf den Felsen gegründete Mauerwerk und erklärte dessen Aufbau für ebenso erstaunlich wie die Konstruktion der Kanzel. Um alles zu untersuchen, kletterte er bis unter die Kuppel und nahm mich dann, als wir hinausgingen, freundschaftlich unter den Arm.“

In der achteckigen Anlage des gewaltigsten steinernen Dokuments seiner Herrschaft, Castel del Monte, lebt des Kaisers Erinnerung an seinen Besuch der Kubbet-as-Sachra-Moschee fort.

Das Erlebnis des Orients klingt lebenslang in Friedrich II. nach und bestärkt noch die Richtung, welche das geistige Erbe der Normannenfürsten und seine sizilische Jugend ihm vorgezeichnet haben.

AUF ARABISCHE FUNDAMENTE GEBAUT

Denn neben allen Bildungselementen, die im Leben und Wirken dieses Vielseitigen sonst noch erkennbar werden – griechisch-byzantinischen, antik-römischen, christlich-abendländischen – befruchtet keines seinen Geist glücklicher und nachhaltiger als das arabische, das kraft dieser Dreiheit von Normannenerbe, Jugendeindrücken und Orienterlebnis immer von neuem in ihm mächtig wird.

Davon sprechen die Bauten, die der Bauherr Friedrich II. in unendlicher Zahl in seinem Königreich Sizilien aufgeführt hat. Davon reden vor allem die über zweihundert Burgen und Befestigungswerke, teils Neubauten, teils Wiederaufbauten. Sie sind Ausdruck all jener Kräfte, die sein Reich mittragen, von dem einen Willen zur großartigen Einheit zusammengeschmolzen. In ihnen prunken antike Portale, Giebel und Skulpturen, blitzen byzantinische Mosaiken, recken sich gotische Rippengewölbe empor, bricht das Licht durch gotische Rosetten und Fenster.

Aber die Grundrisse dieser Burgen, das Bauprinzip dieser riesenhaften, monumentalen Wehranlagen sind arabisch!

Im ganzen indogermanischen Raum sind die Burgen in der Regel ringförmig umwallte Wohnstätten. Die Bezogenheit auf die Mitte der Anlage ist in den großen Gau- und Grenzburgen meist noch durch das im Innern liegende Heiligtum betont. Noch den Wehranlagen des frühmittelalterlichen Rittertums liegt derselbe Baugedanke zugrunde. Jetzt freilich dienen sie als Wohnburgen allein für den Ritter und seine Familie. Hoch auf Hügeln und Bergkuppen ragen ihre weit das Land überwachenden Wohntürme, und um ihn, den Bergfried als den Mittelpunkt, ziehen sich in konzentrischen Kreisen hölzerne Pallisaden, Graben und Wall.

Anders die arabische Burg. Schon um die Zeitwende hat Südarabien zugleich mit einem blühenden ritterlichen Lehnswesen eine hochstehende Burgenbautechnik entwickelt. Diese gewaltigen Festungsanlagen, aus mächtigen Steinblöcken durch „glühendes Erz“ zusammengefügt, haben viele Jahrhunderte überdauert. Sie regiert nicht der mittelpunktbezogene Kreis. Hier herrscht der rechte Winkel, das Viereck. Die Herren vom Jemen und Hadramaut zogen gigantische steinerne Quadrate aus Mauern bis zu fünf Meter Dicke und einer Höhe bis zu zwanzig Stockwerken in den roten Wüstensand. Ihre vier Ecken waren durch vier abgeplattete, wuchtige Türme bewehrt, die Seiten der roten Riesenmauern durch Tore unterbrochen, die von kleineren Türmen flankiert wurden. Ganze Stämme mit ihren Kamel- und Schafherden fanden in solchen Burgen im Kriegsfall Zuflucht.

Im vierten Jahrhundert wandert dieser ganz auf Symmetrie angelegte,

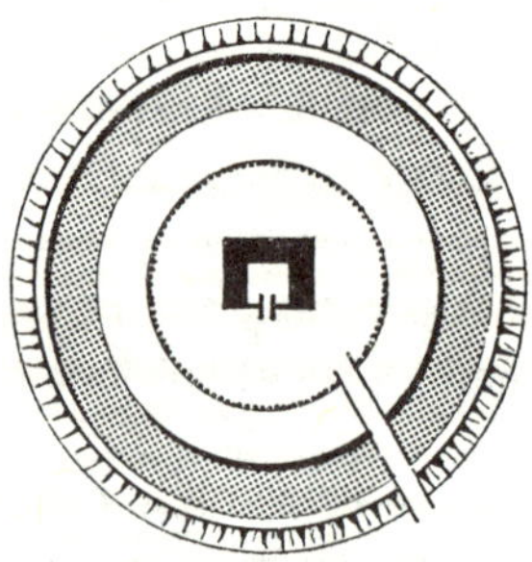

Germanischer Ringburgtyp (nach Caboga)

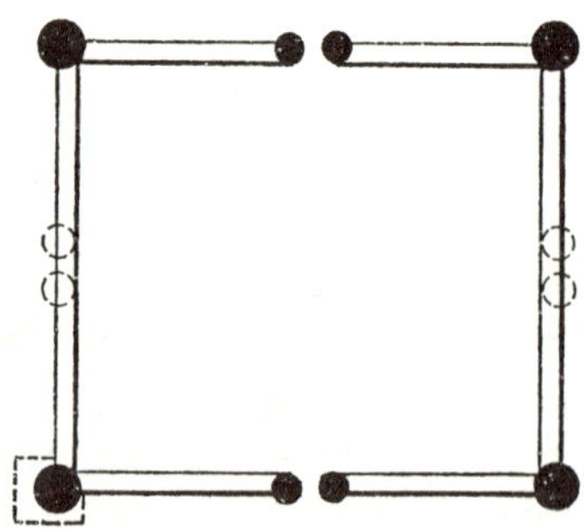

Arabische Vierecksanlage

mathematisch strenge Burgentyp Südarabiens über die Halbinsel und weiter nach Byzanz. Aus dem 5. Jahrhundert stammt die kleine Burg von „Qasr al-Heir“ in Syrien mit den siebzig Metern Seitenlänge ihrer rechtwinklig angelegten, von vier Ecktürmen und vier Tortürmen überragten Mauern. Unmittelbar neben sie baut um 728 der Omaijadenkalif Hischam ihr getreues Abbild, ins Riesenhafte gesteigert. Zwischen den vier mächtigen Ecktürmen erstrecken sich Mauern von achtundzwanzig Meter Höhe und hundertsiebzig Meter Länge; aus jeder von ihnen führt ein türmeflankiertes Tor hinaus. Unter der Herrschaft ihres Erbauers stürmen die Araberheere im äußersten Westen über die Pyrenäen nach Frankreich hinein. Und in ihrem Gefolge dringt der arabische Burgentyp nach Spanien und Portugal und über sie hinaus, verdrängt der Steinden Holzbau und seine Bestimmung als staatliche Verteidigungsanlage den privaten Charakter der abendländischen Burg.
Von den Arabern Spaniens lernt die abendländische Ritterschaft vor allem Frankreichs und Englands. Aber sie lernt auch aus unmittelbarer Anschauung in Palästina und Syrien. Die sogenannten „Kreuzfahrerburgen“ und ihre berühmteste, der „Krak der Ritter“, sind viel älter als die Kreuzzüge und keineswegs allein „aus der eigenen Gestaltungskraft des geballten abendländischen Rittertums erwachsen“, wie unsere Historiker gern annehmen.
Wie mancher der französischen und englischen Heimkehrer aus dem Orient, so baut auch Kaiser Friedrich II. die arabischen Baugedanken in seine Staatskastelle hinein. Schon in den zwanziger Jahren befestigt er auf Sizilien die verfallenden militärischen Stützpunkte aus Araber- und Normannentagen neu oder greift in seinen Neubauten von Syrakus und Catania den arabischen Baustil auf. Kaum aber ist er aus Jerusalem zurückgekehrt, da entwirft er ein Bauprogramm, das Jahrzehnte in Anspruch nehmen und das gesamte Königreich mit einem enggeknoteten Netz von Burgen überziehen wird, die ihm zur Landesverteidigung wie zur Verwaltung des Staates dienen sollen. Bari, Trani, Brindisi und unzählige andere sind darum dem spanischen Coca, der französischen Bastille und dem englischen Beaumaris verwandt, wie sie alle ihren arabischen Ahnen. Die Grundrisse, die Weise, in der Spitzbogen und Pfeiler verwendet werden, das seltsam rauhe Bossenquadermauerwerk und einzelne Schmuckformen der friderizianischen Bauten verraten unverwechselbar arabische Baugesinnung, und die eingemeißelten Namen der Steinmetze bezeugen zum mindesten die Mitwirkung arabischer Hände.
Ausgehend von den staufischen Burgen Friedrichs II. in Unteritalien greift diese Bauweise auf Norditalien und Deutschland über, um in den

preußischen Ordensburgen eine neue, wundervolle Blüte zu erleben. Das ist kein Zufall. Der Gründer und Hochmeister des Deutschen Ordens, Hermann von Salza, und seine Ordensritter sind Gefolgsleute des Staufenkaisers – auch im Geistigen. Sie haben manchen Gedanken aus dem friderizianischen Staat in den deutschen Osten verpflanzt, Gedanken, die in dem Staate eines anderen Friedrich II. aufgenommen und weitergetragen werden sollten.

Während der Staufenkaiser in Deutschland „freigebig zu des Reiches Ehr und Zier" durch großzügig verteilte Privilegien die feudale Streuung der Macht in viele Nebengewalten der Bischöfe, Fürsten, Städte und Klöster noch unterstützte, tat er in seinem Königreich Sizilien das gerade Entgegengesetzte. Er wagte ein gigantisches Experiment, das mit seinen besonderen Zügen im preußischen Ordensstaat, das mit seinen allgemeinsten aber im ganzen Abendland Schule machen sollte. Er entrümpelte schonungslos, vereinfachte, straffte, zentralisierte. Das Ergebnis war ein Beamtenstaat, in dem alle Macht in der Hand des Herrschers zusammengefaßt war, sein Wille durch eine Hierarchie von Beamten sich über den zum Untertan gewordenen Staatsbürger senkte. Der mittelalterliche Lehnsstaat stirbt ab, und herauf steigt der absolut regierte, zentralistische Beamtenstaat der Zukunft.

Er ist keineswegs der erste in der Weltgeschichte. Nach Vorbildern braucht man nicht weit zu suchen. Da bieten sich Rom an und Byzanz. Aber sollen etwa auch hier Araber ein Wort mitgesprochen haben?

Ebenso wie in Friedrichs Burgen sind die Grundrisse des neuen Baus, in den römische und byzantinische Pfeiler und Säulen eingezogen werden, auch hier bereits vorgegeben in den Fundamenten des normannischen Staates, der seinerseits den arabischen Bauplan und arabisches Mauerwerk unverändert übernommen hat. Auf ihnen konnte er also einfach weiterbauen.

Um eine so uneinheitliche und seit dreißig Jahren jeder Zucht entwöhnte Bevölkerung in den Griff zu bekommen, war es notwendig, das Trägerwerk des Staates, den Beamtenapparat, für äußerste Belastung zu versteifen und zu festigen. Die Praxis einer unumschränkten Herrschaft hatte Friedrich im Staat al-Kamils leibhaftig vorgeführt bekommen. Außerdem hatten die nächtlichen Zeltgespräche mit seinem Freunde Fachr ad-Din nicht allein philosophische Höhen erklommen, sondern sich auch auf dem soliden Boden arabischer Staatseinrichtungen und Verwaltungsmaßnahmen ergangen.

Daß die organisatorisch hochbegabten Araber in ihren Reichen einen vorbildlichen Verwaltungsapparat ausgebildet hatten, wußte er aus Erfahrung. Die Fatimidensultane Ägyptens, einst auch die Oberherren Siziliens, waren geradezu berühmt für ihre Finanzverwaltung. Und in der Tat übernahm Graf Roger I. für sein Inselreich die in der Araberzeit geschaffenen Verwaltungsbehörden, die verschiedenen „Diwane“, wie Schatz- und Rechenkammern, Domänenverwaltung, Zollamt und andere – gleich mit ihren arabischen Bezeichnungen und selbstverständlich mit den routinierten arabischen Beamten. Er übernahm das eigentümlich arabische, progressive Steuersystem mit seinen verschiedenen direkten und indirekten Steuern, dazu die sorgfältig geführten Steuerlisten und die Vermessungsverzeichnisse der Domänenverwaltung, die ein reibungsloses Funktionieren ermöglichten. Ja, er übernahm sogar arabische Truppenteile mit ihren Offizieren und Befehlshabern, den arabischen Admiralen, und ließ die arabischen Polizei- und Aufsichtsorgane weiterbestehen.

Friedrichs Krieg gegen die Aufständischen, sein Kreuzzug, später die fortwährenden Kämpfe mit dem Papst und den lombardischen Städten kosten viel Geld. Allein die arabischen Steuermethoden setzen ihn in die Lage, die Unsummen immer wieder aufzubringen. Wie in den arabischen Staaten alljährlich Steuerbeamte und Landvermesser gemeinsam alle Ländereien nach Umfang und Bodenbeschaffenheit aufnehmen, wodurch Bestechungen und Ungerechtigkeiten vermieden werden sollen, ebenso sind jetzt in Sizilien Einschätzungskommissionen unterwegs, die gemäß dem Bodenertrag die Grundsteuer festsetzen und Steuerrollen anlegen. Entsprechend der nach Stand und Vermögen gestaffelten Kopfsteuer der „Ungläubigen“ in muslimischen Ländern werden im sizilischen Staat hierfür Muslime und Juden herangezogen.

Und ebenso erscheinen die indirekten Steuern der Araber, die auf Konsum- und Luxusgütern liegen, in Sizilien wieder, ferner die Staatsmonopole und die Warenzölle. Daß Minenvorkommen Eigentum des Staatsoberhauptes sind und der Staat das Monopol auf bestimmte Handelsgüter wie Seide oder Haushaltseis besitzt, ist Grundsatz arabischen Staatsrechts seit Ende des 10. Jahrhunderts. Friedrich hat auch diese Frage bei seinem Aufenthalt im Orient studiert; nach seiner Rückkehr führt er Staatsmonopole für Salz, Erze, Pech, Flachs und Hanf in der Heimat ein, nimmt Seidenhandel und Seidenfärberei in staatliche Regie und läßt den gesamten Weizenhandel seines Reiches kontrollieren.

Vorbildlich für das Abendland wird schließlich das friderizianische Zollsystem. Schon die Normannen hatten es von ihren arabischen Untertanen einfach übernommen; aber Friedrich organisiert es bis ins letzte durch. An Stelle der den Lehnsstaat durchlöchernden Binnenzölle, die jede Gemeinde, jeder Mächtige nach Willkür erheben kann, kennt er nur staatliche Grenzzölle. In allen Hafenstädten und an den nördlichen Grenzübergängen errichtet er nach seiner Rückkehr vom Kreuzzug staatliche Lagerhäuser – nach ihrem arabischen Vorbild „*Fondachi*" genannt – wie sie im Orient an den Karawanenstraßen und in Häfen zu Hunderttausenden den Händlern und Reisenden als Gasthaus dienen. Alle eingeführten und auszuführenden Waren müssen in diese *Magazine* eingelagert und unter Aufsicht der kaiserlichen Magazinverwalter und Zollbeamten auf staatlichen Waagen gewogen, gehandelt und verzollt werden.

Die staatlichen Fondachi enthalten eine Wechselstube. Zugleich sind sie die ersten regelrechten Gasthöfe auf europäischem Boden. Und was für den Araber nun einmal dazu gehört, sie bieten dem Reisenden den Luxus des Bades. Venedig und die italienischen Handelsstädte haben gleichfalls ihre orientalischen Erfahrungen bei sich praktisch ausgewertet und setzen ihren Stolz darein, unter den mancherlei Bräuchen ihrer arabischen Partner der staunenden Kaufmannschaft von jenseits der Alpen mit solchem Komfort Eindruck zu machen. Und was man in Sizilien und in den norditalienischen Häfen kennengelernt hat, das beginnt man hier und dort nachzubauen. Über reisende Kaufleute, vielleicht auch über den Deutschritterorden, finden die ursprünglich arabischen Lager- und Gasthäuser Eingang auch in die deutsche Hanse.

Und mit der Sache selbst wandern die arabischen Begriffe und Bezeichnungen in die Kaufmannswelt Europas, etwa *Fondaco* und *Magazin*, aber auch *Arsenal*, *Aval*, *Duane*, *Gabelle*, *Havarie*, *Kabel*, *Mohatra*, *Risiko*, *Scheck*, *Sensal*, *Sterling*, *Tara*, *Tarif*, *Trafik*, *Zechine*.

Seit hundertfünfzig Jahren und länger ist nun die Herrschaft über Sizilien von den Arabern auf Europäer übergegangen. Und noch immer wird ihnen mit der Finanzverwaltung eines der wichtigsten staatlichen Instrumente anvertraut, jene unentbehrliche Stütze des Kaisertums, deren Leistungsfähigkeit für Friedrich II. im Hinblick auf seine Kämpfe wirklich lebensnotwendig ist.

Araber bilden die Spitze. Denn der Oberkämmerer Richard ist zugleich oberster Finanzbeamter des Staates und Schatzkanzler des Königs. Sämtliche Steuergelder fließen bei ihm zusammen, um hier an Hand genauer Beamten- und Heereslisten für die Besoldung des riesigen Beamtenapparates, der Offiziere und Soldaten und für Rüstungen und besondere Staatsausgaben eingeteilt zu werden.

Und wie am Hof, so sind die hohen Posten der Finanzverwaltung Inselsiziliens noch vorwiegend in arabischen Händen. Arabisch ist weiterhin die Aktensprache der Finanzbehörden, der „Diwane" oder Duana, wie man sie jetzt im Volgare nennt. Arabisch ist auch die mittlere und niedere Beamtenschaft. Auf sie greift der Kaiser auch sogleich zurück, als 1244 der Justitiar Fernando Caracciolo keine Steuern aus seiner durch die ständigen Aderlasse verarmten Provinz abliefert; in seinem Zorn enthebt Friedrich ihn seines Amtes und ersetzt ihn durch einen bewährten Araber.

Aus den Kreisen der höchsten sizilischen Beamtenschaft stammt der oft genannte Obert Fallamonaca, Sohn des Abd ar-Rachman. Vom Generalsteuerdirektor Palermos rückt er zum Oberfinanzpräsidenten von ganz Sizilien auf und somit in das Blickfeld des Hofes. Ein so tüchtiger und geschickter Beamter findet vorzüglich in der Diplomatie Verwendung. Als kaiserlicher Gesandter reist er nach Spanien und Marokko an den Hof des „Beherrschers der Gläubigen". Ein anderes Mal führt er eine Delegation zu Wirtschaftsverhandlungen zum Sultan von Tunis, wofür er nachträglich aus der Staatskasse $43^3/_4$ Goldunzen empfängt, die er ausgelegt hat „für seine Person, für die Wachen und Ritter des Konsuls von Tunis, Heinrich Abbas, und für Unsere Kamele, die er von Tunis herübergebracht hat zu Unserer Gegenwart". Und in einem Staate wie dem des Staufers kann er sich ohne weiteres erlauben, hartnäckig alle Verträge und Urkunden stets nur arabisch zu unterzeichnen.

Das Triebwerk der staatlichen Organisation erfaßt nicht etwa nur die Beamten und Offiziere. Es greift mit Sicherungsbestimmungen und Erlassen für Anbau und Veredelung gerade arabischer Pflanzen wie Henna, Indigo und Zuckerrohr auch in die Existenz des Bauern ein. Die Augen des Staates überwachen nach arabischem Vorbild den Kaufmann, seine Maße und Gewichte, die Lagerung und den Zustand seiner Waren, untersuchen die Lebensmittel, vor allem auch die Schlachtbänke, die nach orientalischen Bedürfnissen außerhalb der Städte liegen müssen. Sie überprüfen den Handwerker, den Bankhalter und Wechsler – ja sogar den Arzt und den Apotheker.

Der Studiengang wird ihnen Schritt für Schritt vorgeschrieben. „Da niemals die Wissenschaft der Medizin beherrscht werden kann, ohne daß man vorher etwas von Logik weiß, so befehlen wir: daß keiner Medizin studiere, der nicht vorher mindestens drei Jahre Logik getrieben hat." Nach fünf Jahren Studiums der Medizin und – unerhört neu – auch der Chirurgie und Anatomie mit Sektionen an Leichen hat der zukünftige Arzt zwei Prüfungen vor der Fakultät und vor dem Kaiser oder seinem Stellvertreter abzulegen und fünf Praktikantenjahre zu absolvieren, erst dann darf er selbständig praktizieren! Wiederum der Chirurg, Träger höchster Verantwortung, bedarf noch einer Sonderzulassung und des

Nachweises, daß „er die Anatomie des menschlichen Körpers beherrscht und in demjenigen Zweig der Medizin vollständig ausgebildet ist, ohne dessen Kenntnis weder die Operation sachgemäß ausgeführt, noch die Nachbehandlung bis zur Heilung verrichtet werden kann." Zur „sachgemäßen Ausführung" gehört bereits die Anwendung der von Hugo von Lucca übermittelten arabischen Schlafschwämme.

Und auch weiterhin gelten feste Vorschriften: über die tägliche Zahl der Besuche, die Höhe der Arztkosten, freie Behandlung der Armen und selbstverständlich über das Verhältnis zum Apotheker. Denn ihm ergeht es ebenso. Der Apotheker wird sogar ständig von vereidigten Beamten der Gesundheitspolizei kontrolliert.

Welch ein Gipfelanstieg hoch hinaus über die übliche wunderbare Heilkunst der Franken! Auch in diesen Fällen hat der Kaiser das arabische Beispiel aufgegriffen, das schon seinen Großvater Roger II. zu einem ersten Ärztegesetz angeregt hatte. Friedrich reicht es, verschärft und konsequent weitergedacht, mit seiner Medizinalgesetzgebung an das Abendland.

Und wie zu arabischer Zeit und, wie er es aus dem Orient kennt, läßt er eine Gewerbe- und Handelspolizei über Volkswirtschaft und Volksgesundheit wachen. Was sich noch aus den Jahrhunderten arabischer Herrschaft auf der Insel bewährt hat, wird 1231 durch kaiserliche Verordnung auch auf dem Festland eingeführt. Vor allem eine Besserung der hygienischen Verhältnisse. Noch von damals gehören genau so fraglos wie Schulen und Bibliotheken auch Bäder zu den öffentlichen Einrichtungen der Städte. Selbstverständlich, daß Lucera die wohl hygienischste und sauberste Stadt des Kontinents wird.

Und selbstverständlich ist es für den Kaiser, den man den „Sultan von Lucera" schimpft, daß er keins seiner vielen Schlösser bauen läßt ohne zahlreiche Badezimmer mit fließendem Wasser. Der ungewöhnliche Luxus des täglichen Bades – sogar, welcher Skandal, an kirchlichen Feiertagen! – macht denn auch auf jene Zeitgenossen, die schon die Vorstellung des entblößten Körpers schauert, einen ganz schlechten Eindruck.

Müssen dem Mann, der selbst vom Volke gelernt hat, nicht die Fragen der Volkserziehung am Herzen liegen? Und auch hier ist schon eine Vorarbeit geleistet. Daß er überhaupt auf gebildete Laien zurückgreifen kann, gibt seinem Staat ja von vornherein das besondere Gesicht. Nur so hat er es überhaupt wagen können, den kunstvollen Bau eines Beamtenstaates aufzuführen, des ersten weltlichen Staates, der unabhängig von der geistlichen Macht und Großmacht jener Zeit ein eigenes Geistiges darstellt.

Für seinen Beamtenorden braucht er eine spezielle Ausbildung. Ausdrücklich für ihn gründet er die Universität Neapel, um „viele Kluge und Einsichtige heranzuziehen" und „ihnen – gebildet durch den Eifer des Studiums von Recht und Gerechtigkeit – ohne Sorge die Staatsverwaltung anvertrauen zu können". Außer den Rechtswissenschaften werden in diesem „Generalstudium", der ersten rein weltlichen Universität des Abendlandes, sämtliche Wissenschaften gelehrt, ausgenommen die Medizin, die in Salerno ihre berufene Lehrstätte besitzt.
Der gebildetste Laie seines Königreichs Sizilien und einer der universalsten des Abendlandes überhaupt ist der Kaiser selbst.

ZWIEGESPRÄCHE ÜBER DIE GRENZEN

Von allen so verschiedenen geistigen Quellen, aus denen er sich während eines sechsundfünfzigjährigen Lebens genährt hat, haben die arabischen den nachhaltigsten Einfluß geübt. Nicht nur, weil sie schon auf den empfänglichen kindlichen Geist eingewirkt haben, sondern weil seine besonderen Fähigkeiten hier die ihnen gemäße Nahrung fanden, weil ihnen dies Geistesklima die ihnen angemessenen Entfaltungsmöglichkeiten gewährte.
Eben begann vom spanischen Westen her der Arabismus ganz Europa zu überziehen, das ihm teils scheu bewundernd, teils voller Argwohn, aber jedenfalls noch passiv zusah. Aus Spanien kam, noch vor dem Kreuzzug, auch der Gelehrte an den Großhof des sizilischen Königreichs, der Friedrich und durch ihn das Abendland mit den gefährlichen Ideen des arabischen Philosophen Averroes bekanntmachen sollte.
Michael Scotus hatte in Spanien studiert. Seine arabischen Sprachkenntnisse hatten ihm dazu verholfen, in Toledo an den arabo-lateinischen Übersetzungen teilzunehmen. Für den Kaiser Empfehlung genug, den Schotten mit offenen Armen zu empfangen. Der gelehrte Gast bringt ein immenses Wissen auf allen möglichen Gebieten mit, und dennoch findet er hier seinen Meister. „O glücklicher Kaiser! Wirklich, ich glaube, wenn jemals ein Mensch in dieser Welt durch sein Wissen dem Tode entginge, dann müßtest du jener sein!" Für seinen hohen Gönner überträgt er das „Buch der Tiere" von Avicenna und die berüchtigten Aristoteles-Kommentare jenes Averroes, die seit dreißig Jahren sowohl den orthodoxen Islam als auch die christliche Welt schockieren.
Averroes, Richter aus Cordoba, dazu Arzt und Philosoph, heißt mit arabischem Namen Ibn Ruschd. Mit zweiundsiebzig Jahren stirbt er in Marrakesch am Hof des Kalifen von Marokko, im selben Jahr, in dem

Friedrich vierjährig in Palermo die Königskrone empfängt. Seine Werke, das zeigt sich dem sofort wie von etwas Verwandtem angerührten Staufer beim ersten Hineinschauen, sind durchaus nicht so garstig wie ihr Ruf. „Die Bewegung ist ewig und beständig. Jede Bewegung hat ihre Ursache in einer vorhergehenden. Ohne Bewegung gibt es keine Zeit. Wir können uns nicht vorstellen, daß Bewegung einen Beginn oder ein Ende habe . . ."

Dieser Philosoph aus Cordoba schwört auf seinen Aristoteles. Die ganze Philosophie sei in ihm enthalten, ist seine Meinung, und es komme nur darauf an, ihn zu interpretieren. Daß die Inkarnation aller Weisheit tausend Jahre vor dem Propheten gesprochen hat und lange bevor das Wort Gottes verkündet ward, wie die Christen es zu verstehen glaubten, dies hindert den Verehrer des großen Weisen nicht, sich in seinem Namen mit dem Dogma auseinanderzusetzen. Tatsächlich geht der moderne Araber mit einer Kühnheit ohnegleichen weit über sein Idol hinaus: Die Schöpfung aus dem Nichts ist nur ein Mythos. Die Welt ist in Wahrheit ein ewiges Werden, fortwährende Schöpfung Gottes, ER selbst die Gesetzmäßigkeit, die Ordnung, der Geist des Universums. Dieser göttliche Geist leuchtet Erkenntnis schaffend in die menschliche Seele hinein...

War das der Gottesleugner, der Ungläubige?

Gewiß, Averroes erkannte eine doppelte Wahrheit an, die des Wissens gegenüber der des Glaubens. Aber hieß es nicht, er leugne auch die Unsterblichkeit der Seele? Das mußte einer gesagt haben, der ihn nicht gelesen hatte! Bei allen stofflich-leiblichen Abwandlungen des Individuellen, so lehrte Averroes, gibt es nur eine einheitliche Seelensubstanz. Der passive Teil der Seele ist ein Teil des Körpers und stirbt mit ihm, denn alles Individuelle ist vergänglich. Allein ihr aktiver Teil, der göttlicher Abkunft ist und keine Individualität hat, ist unsterblich. Er ist wie die Sonne, die alle Gegenstände leuchten macht und dennoch überall und immer selbst eines bleibt. Mit ihm haben wir teil an Gott, er ist unsterblich und ewig wie die ewig werdende Welt.

Und der hatte Averroes nicht gelesen, der der arabischen Philosophie Ursprünglichkeit und Selbständigkeit absprach. „Fürwahr", hätte dieser Ketzer entgegnet, „die Welt besitzt keinerlei Existenz, es sei denn durch den Geist, der sie versteht."

Auf den Kaiser machten diese Ideen einen überwältigenden Eindruck. Dies war eine Sprache, wie er sie selber sprach. Sie kamen aus einer Welt, zu der er einen unmittelbaren Zugang besaß.

Und noch ein anderer, der im Umkreis seines Hofes aufgewachsen war, ließ sich von den Gedanken des Arabers wenn auch widerwillig überwältigen.

Thomas von Aquin, Graf von Acerra, Friedrichs Gesandter bei al-Kamil und Statthalter in Jerusalem, besaß einen Enkel und einen Großneffen gleichen Namens. Sein Enkel, Thomas der Jüngere, Sohn des sizilischen Großjustitiars Adenulf, wurde gemeinsam mit seinem Bruder Jacob, dem späteren Dichter, als Edelknappe am Hofe erzogen und durch Heirat mit des Kaisers Tochter Margarethe Friedrichs II. Schwiegersohn. Für den Großneffen Thomas, Sohn des Justitiars Landulf von Aquin, und seinen Bruder Rainald, der wie sein Vetter ebenfalls dichtend in die Fußstapfen der arabischen Sänger trat, war der gleiche Bildungsweg junger Adliger vorgesehen. Aber er wollte Geistlicher werden. Seine Familie, entschlossen, den gräflichen Sproß von diesem Weg zurückzuhalten, wandte sich sogar an den Kaiser. Rainald ließ sich gar dazu hinreißen, den Bruder mit Hilfe des Großhofrichters Petrus von Vinea zu entführen. Doch ihm war anderes bestimmt. Thomas besuchte die Universität Neapel und wurde einer der Größten der Römischen Kirche, ihr Doktor Angelicus.

In der Auseinandersetzung mit Aristoteles und seinem Verkünder Averroes konnte es nicht ausbleiben, daß Thomas seinem Gegner in verschiedenen Interpretationen folgte und sich nach und nach selber seiner Argumente bediente, so daß zwischen dem muslimischen und dem christlichen Gelehrten in zahlreichen Fragen eine vollständige Übereinstimmung entstand. So ergab sich die Burleske, daß der vom ketzerischen Atem des Kaisers angehauchte Sohn der kaisertreuesten Familie von der Kirche zum Heiligen und Kirchenvater erhoben wurde und daß durch ihn auch Aristoteles Gnade fand, ja hinterdrein sogar der Araber Averroes, ein gebührend gereinigter Averroes, mitdurchschlüpfte. Nachdem die Universität Paris sich endlich zu dem gefährlichen Denker bekannt hatte, beeinflußte der arabische Philosoph das europäische Denken bis zum Heraufkommen der experimentellen Wissenschaft und bereitete den Weg zur freien Entfaltung des abendländischen Geistes.

Der friderizianische Hof, wo Michael Scotus seine Übersetzungen fertigte, die der Kaiser selbst an abendländische Universitäten weiterleitete, wurde so das Einfallstor der arabischen Philosophie. Ebenso wie von hier aus die Wege der arabischen Mathematik und der arabischen Zahlen in den Werken Leonardos von Pisa, des häufigen Kaisergastes und Freundes von Michael, in das Abendland führten, wie schon berichtet wurde.

Für Friedrichs suchenden Geist – für „den immer Forschenden", wie sein Sohn Manfred ihn nannte – waren des Averroes Ideen jedenfalls wie der notwendige Regen über die dürstende Erde gekommen. Endlich war ihm auch mit dem an spanisch-arabischem Wissen geschulten Schotten ein Partner gegeben, an den er die ihn bedrängenden Fragen richten konnte.

„Mich, Michael Scotus, seinen treuesten Astrologen, hat er zu sich gerufen und mir in tiefer Heimlichkeit, nachdem er lange nachgedacht hatte, folgende Fragen vorgelegt über die Grundlagen der Erde und ihre Wunderbarkeiten." Wie von einem anderen Stern gestiegen, betrachtet der eben vom päpstlichen Bannstrahl Getroffene das mittelalterliche Weltbild mit den wachen Augen eines Wanderers, die alles auf diesem Gestirn erkennen wollen, alles verstehen, auf ihre Weise – in exakte mathematische Größen übersetzt und auf die natürlichen Ursachen zurückgeführt – verstehen wollen. „Wie viele Himmel gibt es?" „Wie viele Raumtiefen?" Nüchtern und durchaus leidenschaftslos stellt er seine Fragen. „Sag Uns weiter das Maß dieses Erdkörpers, die Dicke, die Länge und, wie weit es ist von der Erde bis zum höchsten Himmel und von der Erde hinab bis in die Tiefe und ob es eine einzige Tiefe gibt oder mehrere Tiefen, und wenn es mehrere gibt, wie weit dann eine von der anderen entfernt ist ..." Hier lebt die gleiche Lust an der Zahl, die Roger II. eigen war, das gleiche Verlangen, die naive Betrachtung der Wirklichkeit durch geistige Anschauung zu ersetzen, die seinen Großvater veranlaßte, nachts die Stadtmauern Neapels zu messen, „weil er wissen wollte, welchen Umfang sie habe".

Auch die Frage der Unsterblichkeit bewegt Friedrich, hier freilich noch „in tiefer Heimlichkeit". Aber der zum zweitenmal Gebannte wendet sich offen an arabische Gelehrte. Er schickt seine Fragen nach Ägypten, Syrien, dem Irak, Kleinasien, dem Jemen und nach Marokko. Der Almohadensultan leitet sie dem jungen Philosophen Ibn Sabin in Ceuta zu. Der zwanzigjährige Araber hat jedoch von den Franken eine äußerst niedrige Meinung, und in seiner dünkelhaften Überheblichkeit glaubt er, diesen fragenstellenden Fürsten der unwissenden, stumpfsinnigen Christen von oben herab kalt abfertigen zu können. Der Kaiser läßt die ungezogene Antwort des blasierten Jünglings lächelnd über sich ergehen und dankt ihm noch durch ein Geschenk, das der Araber indes ausschlägt.

Diese Abfuhr steht freilich einzig da. Die arabischen Fürsten und Gelehrten rechnen es sich als Ehre an und geben sich alle Mühe, dem „hochgebildeten, grundgescheiten König der Franken" auf seine scharfsinnigen Fragen erschöpfend zu antworten. Dieser lebhafte Gedankenaustausch, den der stets „unbeschreiblich Inanspruchgenommene" trotz aller drängenden Staatsgeschäfte und beständigen Auseinandersetzung mit seinen Gegnern nicht im geringsten einschlafen läßt, ist für Friedrich gewiß nicht bloß ein fesselndes, geistreiches Unterhaltungsspiel. Noch entspringt es, wie ein Araber vermutet, der Absicht, „die Muslime zu prüfen".

Die abendländische Wissenschaft bleibt seinem bohrenden, alles als selbstverständlich Hingenommene in Frage stellenden Geist jede Antwort schuldig. Ihn aber verlangt es nach Partnerschaft, die seiner Art, die Dinge zu sehen, „so wie sie wirklich sind“, verwandt ist. Die arabische Welt aber, die ihn genährt hat, hat ihn zugleich von seinesgleichen entfernt. In der kristallklaren Sphäre ihrer durch kein Dogma eingeengten Geistigkeit ist er ein Einsamer geblieben, ohne Gefährten und für seine Zeitgenossen unfaßbar. Es ist, als suche er nach Gemeinschaft, nach Gleichgesinnten, wenn er, bereits in Jaffa, mit seinen wissenschaftlichen Fragen an die Araber um ihre Achtung und Freundschaft wirbt. Um so sehnsüchtiger, als die Enge, Beschränktheit und ungerechtfertigte Anmaßung jener anderen Welt, der er durch Geburt und Bestimmung angehört, ihn bedrängt, verwundet, verstößt. Wie Heimweh klingt es, wenn er, nahe seinem Ende, weniger von brutalsten Schicksalsschlägen als durch das menschliche Versagen seiner bislang vertrautesten Mitarbeiter bis ins Mark getroffen, sich wünscht, „für immer im Morgenland zu bleiben“.
Nicht von ungefähr ist das ergreifendste, weil persönlichste Dokument, das aus der Feder dieses Mannes geflossen ist, der in arabischer Sprache an Fachr ad-Din gerichtete Brief, geschrieben nach ihrer Trennung, die dem in menschlichen Beziehungen sonst so Zurückhaltenden das stürmische Bekenntnis entreißt: „Im Namen des liebenden und gütigen Gottes:

Die Herzen ankerten fest trotz Unserer Fahrt:
Sie machten sich los vom Körper, von Wesen und Art
Und gaben sich Eurer Freundschaft ewig in Pacht.
Dann flogen sie auf, zurück zu Unserer Macht.

Nicht denken Wir von dem Kummer zu sprechen, den Uns Liebe leiden ließ, von der schlimmen Schwermut nicht, die Uns beschlichen, noch davon, wie sehr Wir Uns sehnen nach der beseligenden Gemeinschaft des Fachr – Gott verlängere seine Tage! . . .
Wohl allzu weit haben Wir in diesem Eingang Uns gehen lassen; doch wühlt die Verwirrung des Mannes Uns auf, der sich einsam sieht in der Welt nach Zeiten der Stille und Gemeinschaft. Die Trauer der Trennung folgte auf Seligkeit und befriedeten Drang, Verzweiflung auf die Begeisterung unserer Gespräche“ – und indem er mit der konventionellen Form des majestätischen Plurals alle Hüllen seiner Seele fallen läßt – „Da du schiedest, war mir so, daß, hätte man mir die Wahl gewährt zwischen Ferne und Tod, ich ihm zugerufen hätte: Wohltat erweisest du mir!“
In der geistigen Heimat, aus der ihm letztlich kommt, was ihn über seine Zeit erhebt und ihn ihr so tragisch entfremdet, sucht er immer von

neuem die ebenbürtigen geistigen Partner. Mit welchem Entzücken empfängt er die arabischen Gesandtschaften, die ihm eines Tages ein goldenes Planetarium mit kreisenden Himmelskörpern zum Geschenk bringen. Es ist nicht allein die Gabe, die den Wissenschaftler in ihm über die Maßen beglückt, es ist die Freude, mit den Gelehrten aus Damaskus sich auf seinen Lieblingspfaden ergehen zu können. Monat für Monat müssen sie bei ihm bleiben. Bevor er sich endlich entschließt, sich von ihnen zu trennen, feiert er mit ihnen die Hedschra und gibt ihnen mit orientalischem Prunk ein Gastmahl, wie man es im Abendland noch nicht gesehen. Doch er kann die Gäste nicht ewig an seinem Hof halten, und so schlägt er andere Brücken.
Die Araber selbst haben davon berichtet. Und sehr fesselnd ist es, einmal von der anderen Seite die ferne Gestalt des Kaisers zu erblicken, mit arabischen Augen zu sehen, den Eindruck zu erleben, den der fragende Frankenkönig hervorruft, und welche Bedeutung arabische Fürsten solchen Gesandtschaften des „Imberurs" zumessen. Aus ihren Worten erleben wir mit, wie sie zu dem wohl umfassendsten und weisesten Gelehrten kommen, der je in Mossul doziert hat.

Ußaibiah berichtet, und der ganz frische Eindruck des Augenzeugen belebt die Szene: „Es erzählte der Kadi Dschelal ad-Din al-Bagdadi, ein Schüler von Kemal ad-Din: Während er die Vorlesungen Kemal ad-Dins hörte, kam zu Bedr ad-Din Lulu, dem Statthalter von Mossul, ein Gesandter des Frankenkönigs Imberur, der sehr bewandert in den Wissenschaften war, mit Problemen aus der Wissenschaft der Gestirne und anderen Gebieten, mit dem Wunsche, daß Kemal ad-Din ibn Junis sie lösen möchte. Da ließ der Herrscher von Mossul dem Kemal davon Mitteilung machen und ihm sagen, er möchte in seiner Kleidung und Haltung den Anstand wahren, und dies deshalb, weil er von Ibn Junis wußte, daß er stets abgetragene Kleider anzuziehen pflegte und sich um die Dinge der Welt gar nicht kümmerte; er antwortete ja. Ich war gerade bei ihm, als ihm gemeldet wurde, der Gesandte der Franken nähere sich der Medersa. Da schickte er einen der Rechtsgelehrten ihm entgegen. Und als der Gesandte auf den Scheich Kemal ad-Din ibn Junis zutrat, sahen wir, daß der Boden mit den schönsten und kostbarsten griechischen Teppichen bedeckt war und eine Menge von Sklaven neben ihm standen. Der Scheich schrieb ihm die Antworten auf. Und als der Gesandte wegging, verschwand vor unseren Augen wieder alles, was wir gesehen, und ich sprach zum Scheich: O Herr! Wie wunderbar war alles, was wir soeben an Glanz und Pomp gesehen haben! Da lächelte er und sprach: O Bagdadi! Es ging ja auch um Wissenschaft!"

Ein späterer Schüler und eifersüchtiger Anhänger eines anderen Gelehrten in Mossul, der dem Kemal ad-Din den Ruhm neidete, kannte die Begebenheit freilich nur noch vom Hörensagen. Im Gedächtnis geblieben aber war ihm die ungeheure Schwierigkeit der Probleme, mit denen der „Imberur“ die gelehrte arabische Welt außer Atem brachte und stets eine ganze Lawine in Bewegung setzte. „Unter dem Wunderbaren, was ich vom Kemal ad-Din hörte, war dies: Zur Zeit des Herrschers al-Kamil sandten die Franken nach Syrien Probleme, deren Lösung sie von ihm verlangten; darunter befanden sich medizinische, philosophische und mathematische; die medizinischen und philosophischen lösten die Gelehrten Syriens selbst, den mathematischen waren sie nicht gewachsen. Aber der Malik al-Kamil verlangte, daß alle gelöst würden. Und so sandte er sie nach Mossul an Mufaddal ben Omar al-Abakri, unsern Lehrer; er war ohnegleichen in den geometrischen Wissenschaften, aber die Lösung war ihm doch zu schwierig. Er zeigte das Problem dem Scheich Ibn Junis, dieser dachte darüber nach und löste es. Die Aufgabe ist diese: Es sei ein Bogen gegeben, man ziehe seine Sehne und verlängere sie über den Bogen hinaus und konstruiere auf der verlängerten Sehne ein Quadrat, dessen Fläche gleich derjenigen des Bogenstückes sei. Folgendes ist die Figur:

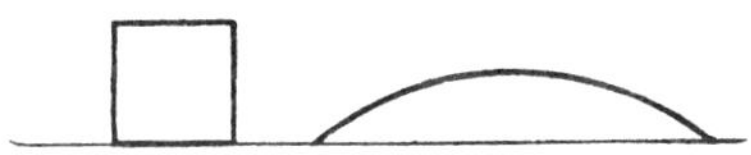

Al-Mufaddal fand den Beweis dazu, machte eine Abhandlung daraus und sandte sie nach Syrien an den Malik al-Kamil. Als ich nach Syrien kam, traf ich die vortrefflichsten Gelehrten in Verwunderung über die Abhandlung, sie lobten auch die Auffindung des Beweises, denn er war ein seltenes Erzeugnis jener Zeit.“

Daß hier jemand fragte, der mit der Wahl seiner zugespitzten Probleme bei ihnen stets mitten ins Schwarze traf, jemand, der ihnen offenbar an Bildung und Wissen das Wasser reichen konnte, war ihnen durchaus bewußt.

Von der Flut der Aufgaben, die dieser erstaunliche Mann auf dem höchsten Thron Europas im Laufe der Jahre ihren Fürsten hinsandte, sind ein paar durch den Rechtsgelehrten Schihab ad-Din al-Qarafi aufbewahrt worden. Der große Jurist aus Kairo pflegte sich nebenher mit den Naturwissenschaften, besonders mit physikalischen Problemen zu befassen. Für die „schamlosen Fragen“, die Christen und Juden zu erörtern liebten wie die der Heiligenstatuen, die Tränen weinen und aus deren Brust Milch fließt, hatte der aufgeklärte Araber naturwissenschaftliche Erklärungen gegeben. So tief er solchen Humbug verachtete, so hoch anerkannte er die echte Wißbegier ihres „Malik", ihres Königs.

„Der Imperator, der Malik der Franken in Sizilien, schrieb zur Zeit des Malik al-Kamil sieben schwierige Fragen, um die Muslime zu prüfen; er war ein hochgebildeter und grundgescheiter Mann. Ich habe gehört, daß ihm einige Fragen beantwortet wurden, ob alle, weiß ich nicht. Daß man die Fragen beantworten und die Richtigkeit der Antworten prüfen konnte, lag daran, daß es damals unter den Menschen zahlreiche kluge Gelehrte gab. Ich habe in diesem Werk fünfzig Fragen über die Art des Sehens gesammelt." Nur bei drei dieser fünfzig Fragen aus dem Gebiete der Optik nennt Schihab ad-Din ausdrücklich Kaiser Friedrich II. als Urheber: 11. Frage: „Warum sieht man Ruder, Lanzen und alle geraden Körper, von denen ein Teil in klares Wasser taucht, nach der Wasseroberfläche zu gekrümmt? ... Dies Problem gehört zu den größten Problemen, die der Imperator aufgeworfen hat."

25. Frage: „Der Imperator sagt, warum sieht man den Suhail (d. i. der Kanopus) bei seinem Aufgang größer als an seiner höchsten Stelle, obwohl sich im Süden keine Feuchtigkeit findet, die man bei der Sonne zur Erklärung heranzieht, denn die südlichen Gegenden sind trockene Wüsten."

30. Frage: „Der Imperator sagt, warum sieht der, bei dem der Dunst zum Gehirn aufsteigt, und der, bei dem der Star beginnt, schwarze Fäden wie Fliegen und Mücken außerhalb des Auges, obwohl sich nichts außerhalb des Auges befindet und der Betreffende vollkommen bei gesundem Verstand ist? Wie kann man etwas in der Pupille sehen, während man doch das, was der Pupille nahe ist oder gar ihr anhaftet, nicht sieht?"

Daß ein christlicher Fürst wie sie fragte, wie sie dachte, ja überhaupt solche Fragen zu stellen imstande war, die den Wunderschleier auseinanderrissen, der sich im Abendland über alle Dinge breitete, das ließ seinen Ruf durch alle arabischen Reiche gehen. Auch in diesem Sinne galt, was ein Araber über den Politiker Friedrich gesagt hatte: „In Wahrheit war niemals in der Christenheit seit den Zeiten Alexanders bis heute ein Monarch diesem gleich."

Dieser Ruhm zog schon früh einen arabischen Gelehrten an, einen jakobitischen Christen aus Antiochia, der lange Zeit bei Kemal ad-Din ibn Junis in Mossul Philosophie, Mathematik und Astronomie studiert und sich in Bagdad medizinische Kenntnisse erworben hatte. Mit einem Gesandten des „Imbarur", den er am Hof des Herrschers von Armenien kennengelernt hatte, war er in die Residenz des Kaisers nach Foggia ge-

reist. Als Magister Theodor begegnen wir ihm bereits bei dem kaiserlichen Empfang für Leonardo von Pisa.
Als der „Hofphilosoph“ und Vertreter vorwiegend westarabisch-andalusischer Gelehrsamkeit Michael Scotus auf einer Reise mit dem Kaiser 1235 in Deutschland stirbt, ernennt Friedrich Magister Theodor, den Kenner ostarabischer Wissenschaft, zum Nachfolger des Schotten. In dieser Stellung eines „Obersten Philosophen“ entfaltet der gelehrte Araber eine rege Tätigkeit, bis er nur wenige Monate vor seinem kaiserlichen Herrn die Augen schließt. Ja, Gerüchte wollen sogar das Hinscheiden des vielkundigen Mannes, der stets eigenhändig die Medikamente und kandierten Stärkungsmittel für den Allerhöchsten Bedarf hergestellt hat, mit dem Tode des Kaisers tragisch verflochten wissen und mit jenen offenbar von unberufener Hand gezuckerten Birnen, die den Rückfall in der Krankheit des Kaisers und sein Ableben herbeiführten.
Denn vielseitig wie seine Kenntnisse ist seine Verwendung bei Hofe. Der Araber diskutiert mit dem Kaiser mathematische und astronomische Probleme und stellt ihm das Horoskop, er betätigt sich in der Kanzlei und führt die umfangreiche Korrespondenz mit arabischen Herrschern, er reist in politischer Mission an arabische Fürstenhöfe und schließt im kaiserlichen Auftrag Handelsverträge ab, er wacht als oberster Leibarzt über das Allerhöchste Wohlbefinden und stellt eigenhändig Sirupe, Konfekte, Veilchenzucker und kandierte Früchte für die kaiserliche Majestät und die Hofbeamten her. Er verfaßt für seinen Herrn und Gebieter in einem glänzenden Sprachstil eine vorbildlich klar durchdachte und logisch aufgebaute Diätschrift. Darin gibt er dem Kaiser Anweisungen für eine vernunftgemäße Regelung der Nahrungszufuhr nach ihrer Beschaffenheit, Zusammensetzung, Zubereitung und Würzung, für die Verteilung der Tagesmahlzeiten, der Getränke und des Weingenusses, für die Regelung der Temperaturen bei Luftwechsel und Klimaänderung, der Verdauung, des Schlafes und des Geschlechtsverkehrs. Ein Meisterwerk seiner Art, als medizinischer Traktat im Abendland jener Zeit ein Brillant unter Kieseln.
Und schließlich übersetzt Magister Theodorus auf höchsten Befehl aus dem Arabischen eine Reihe naturwissenschaftlicher Schriften, die der Kaiser eigenhändig zu korrigieren liebt. In seinem Winterlager vor den Toren des belagerten Faenza vertreibt er sich die Zeit mit der Berichtigung eines von Theodor übertragenen Jagdtraktats.
Der arabische Verfasser dieser Schrift lebt ebenfalls in Friedrichs engster Umgebung. Er ist des Kaisers Falkner Moamin. Und mit seinem Herrn hat er noch mehr gemeinsam als seine Liebe zu den Falken und die „aus der Liebe entsprungene“ Leidenschaft, mit Falken zu jagen . . .

Sie beide, der Germane und der Araber, besitzen etwas, was dem abendländischen Gebildeten abhanden gekommen ist: den offenen, scharfäugigen Blick für die „wirkliche Natur". Sie beide, der Kaiser und sein Falkner – allenfalls noch die Kaisersöhne Enzio und Manfred und des Kaisers Stallmeister und Verfasser einer Heilkunde der Pferde –, sie sind unter Blinzelnden die einzigen Klarsichtigen, die „Kenner der natürlichen Dinge", wie Friedrich selbst es nennt, sind Meister im Beobachten und voraussetzungslosen Erfassen und Erforschen der sinnlichen Wirklichkeit.

Aber ist das so absonderlich, und ist es nicht jedem Menschen eigen, die Tatsachen zu sehen, wie sie sind? Uns Heutigen erscheint dies selbstverständlich. Doch im Anschauen einer höheren, jenseitigen Welt hatte die europäische Intelligenz jener Zeit für die körperliche Welt keine Augen. Allein im Hinblick auf Gott und die Seele gestand sie der leibhaften Natur eine Bedeutung zu – als Hindeutung auf Übersinnliches: als Gleichnis, als Erscheinung und immer gern als Anknüpfung einer Moral.

Aber niemals um ihrer selbst willen. So wenn der vom Mittelalter vielgeliebte und vielgelesene „Physiologus" von der Natur des Ameisenlöwen höchst erbaulich zu berichten wußte: „daß von der Ameise und dem Löwen ein Tier geboren wird, welches der Ameisenlöwe genannt wird; und dieses Tier, sobald es geboren wird, verendet sogleich wieder, weil es sich nicht mit Nahrung versorgen kann, vielmehr unfähig dazu ist und des Hungers stirbt. Und daß dies wahr ist, bezeugt die Heilige Schrift, welche sagt: ‚Der Ameisenlöwe verendet aus Mangel an Nahrung.' Denn da er aus zwei Naturen besteht – wann immer er Fleisch essen will, verweigert die Natur der Ameise, die auf Samen Appetit hat, das Fleisch; will er sich aber von Samen ernähren, widersteht die Natur des Löwen. Da er so weder Fleisch noch Samen zu verzehren imstande ist, so geht er ein. So sind jene, welche zweien Herren dienen wollen, Gott und dem Satan, indem Gott sie lehrt, rein zu sein, und der Teufel sie überredet, ausschweifend zu sein ..."

Wie Blitze schlagen Friedrichs Worte mitten hinein in das blutarme, von naiver Phantastik und dürrer Dialektik grotesk entstellte Antlitz einer solchen Natur: „Unsere Absicht ist, sichtbar zu machen die Dinge, die sind, so wie sie wirklich sind."

Diese Worte und das Werk, das sie einleiten, bedeuten die Wendemarke in der abendländischen Weltanschauung und Welterforschung.

Dieser hochgelehrte und hochkultivierte Kaiser, der ein starker Bücherleser ist und sich ein gut Teil seines allumfassenden Wissens von Kindheit auf angelesen hat, traut dennoch nichts dem Buchstaben zu und alles seinen Augen. „Gewißheit erhält man (auch) nicht durch das Ohr." Sein Tierpark dient ihm, dem „besten Beobachter alles mit den Augen Wahrnehmbaren", wie die Araber ihn nennen, dazu, die Arten und ihre Lebensgewohnheiten durch ständige eigene Anschauung zu studieren. Er beobachtet seine Vögel in einem kunstvoll angelegten Vogelparadies mit jener fanatischen Genauigkeit, mit jener unerschütterlichen Geduld, mit der auch arabische Astronomen die Bewegung eines Sterns verfolgten. Er beschreibt die Anatomie der Vögel, ihre Gewohnheiten, ihren Flug aufs anschaulichste und mit der Klarheit und klinischen Präzision, die den Beschreibungen der am Krankenbett angestellten Beobachtungen durch arabische Ärzte eigen sind.

Sein Buch „Über die Kunst, mit Falken zu jagen", auf Anregung seines Sohnes Manfred „trotz unbeschreiblicher Inanspruchnahme" in jahrelangen, sorgfältigen Einzelstudien erarbeitet, ist viel mehr als der Titel verspricht: eine vollständige wissenschaftliche Ornithologie – ja mehr, als der Verfasser träumen konnte: der Beginn der modernen Erfahrungswissenschaft.

Denn auf „unsere eigene Erfahrung" wird hier alles gestellt; oder doch auf „die Erfahrung anderer" dort, wo Friedrich nicht selbst beobachten kann. Dort setzt er zuverlässige Sonderbeauftragte ein – Entfernungen und Kosten spielen gar keine Rolle, wenn „es um Wissenschaft geht" – oder er läßt durch Vermittlung arabischer Fürsten, die das hohe Spiel des vom Forschen Besessenen aus eigener Freude mitspielen, aus Ägypten und auch von weiterher Sachverständige kommen.

Aber keine fertige Ansicht geht in sein Werk ein, ohne nachgeprüft, durch eigenen Augenschein erhärtet oder durch das Experiment einwandfrei bewiesen zu sein. Und dies geschieht mit der gleichen Gewissenhaftigkeit und mit dem gleichen Verantwortungsbewußtsein, das schon den arabischen Botaniker Ibn al-Baitar treibt, „über alte und moderne Autoren nur das zu geben, was ich durch persönliche Beobachtung und Versuche als korrekt festgestellt habe, und fortzulassen, was ich nicht als zutreffend bestätigen konnte oder sich als der Wirklichkeit widersprechend herausstellte".

Der Hofphilosoph Michael Scotus hat die Zoologie des Aristoteles und den Kommentar Avicennas für den gelehrten Kaiser aus dem Arabischen übersetzt; arabische und europäische Werkchen über Falken und Falkenjagd hat der Kaiser gelesen, dazu die Abhandlung seines Falkners, des Arabers Moamin. Er hat sich durch die Fachliteratur anregen, aber niemals überreden lassen. Kein Urteil einer noch so angesehenen, von ihm noch so verehrten Autorität übernimmt er unbesehen. „Wir sind dem

Aristoteles gefolgt, wo es sein mußte. In mehr Fällen aber scheint er, wie wir durch Erfahrung gelernt haben, besonders bei der Natur gewisser Vögel von der Wahrheit abzuweichen. Deshalb haben wir uns dem Fürsten der Philosophen nicht in allem angeschlossen . . . denn selten oder nie hat Aristoteles die Vogeljagd betrieben; wir aber haben sie immer geliebt und geübt."

Das alles ist beste arabische Schule. Hier ist nichts durch mystische Nebelschleier in „respektable Dunkelheit" gehüllt. Hier steht jedes Ding klar und frei und von allen Seiten zugänglich im taghellen Raum, greifbar für Erfahrung durch Beobachten und Experiment. Hier ist alles methodisch geordnet und von einer strengen Sachlichkeit und Ehrfurcht vor den Dingen der Wirklichkeit verantwortet. Und doch ist solche Nüchternheit wundergläubig genug, in dem reinen Naturhaften das innewohnende Wunder seines Ursprungs, seiner Entstehung und einer „selbständigen, in den Dingen wirkenden Macht" anzuerkennen, kühn genug, auf jenes Wunder zu verzichten, das von außen wandelnd in die Natur eingreift, und an seine Stelle die gesetzmäßige Verknüpfung von Ursache und Wirkung zu setzen.

In der arabischen Schule hat Friedrich II. es vom Schüler zum Meister gebracht. Während die Renaissance sich wiederum nur an neue Autoritäten klammert, wirft Friedrich alle Krücken von sich, nachdem er gehen gelernt hat. Er nimmt nicht nur auf, er wird selbst schöpferisch und damit zum Begründer der modernen Naturwissenschaft. Als solcher ist er Beginn einer geistigen Ahnenreihe, die abseits der zähen Autoritätsbeflissenheit von Scholastik, Humanismus, Reformation über Albertus Magnus, Roger Bacon, Leonardo da Vinci, Francis Bacon, Galilei in die Neuzeit führt. Beginn? Oder Glied der Kette, die aus der arabischen Geisteswelt herüberreicht. Denn auch Albert der Große, Roger Bacon und Leonardo stehen direkt auf den Schultern der Araber.

Eine gerade Linie aber führt von der arabischen Wissenschaft über den sizilischen Königshof zu ihnen weiter, über Friedrich II. selbst. Die Sage erzählt, der Staufenkaiser habe den schwäbischen Grafen und Dominikaner Albert von Bollstädt, der ihm geistig so nahe stand, in seinem Garten in Köln besucht. Sicher hat Friedrich mit Alberts Lehrer Heinrich von Köln in persönlicher Verbindung gestanden und ihm eine Handschrift von Avicenna und sein Handexemplar des Averroes zum Abschreiben geliehen. Und mit Sicherheit sind nicht nur diese Abschriften seines Lehrers von Albert benutzt worden; auch ein Exemplar von des Kaisers „Kunst, mit Falken zu jagen" hat auf Alberts Schreibtisch gelegen. Es hört sich an, als klinge Friedrichs Stimme oder gar die des Arabers Ibn al-Baitar aus seinem Munde, wenn er in seiner „Botanik"

Man sieht Professorinnen in den Moscheen öffentliche Vorlesungen halten und unter ihren ännlichen Hörern auch Frauen, die Weisheit suchen, wie der Prophet auch sie geheißen

erklärt: „Alles, was ich hier niederschrieb, stammt aus meiner eigenen Erfahrung oder von Berichten solcher Autoren, von denen wir wissen, daß sie niederschrieben, was sie durch eigene Erfahrung bestätigt fanden.“ Denn durchaus nicht allein am Schreibtisch sind seine Werke über Pflanzen und Tiere entstanden. Zum erstenmal öffnet sich die Studierstube. Zum erstenmal wandert auch im Abendland ein Gelehrter, ein Forscher mit offenen Augen durch die Natur, wie die Araber es tun und wie sein Kaiser es vorgemacht hat. Ganz in seinem Geiste und fast mit seinen Worten erklärt der deutsche Doctor universalis: „Die Aufgabe der Naturwissenschaft ist es nicht, die Mitteilungen anderer hinzunehmen, sondern die in den Erscheinungen wirkenden Ursachen zu ergründen.“

Auch als Experimentator tritt Albert der Große in die Fußstapfen seines Kaisers, ist hier jedoch eher Liebhaber im Vergleich zu dem entschiedenen Rufer nach dem Experiment Roger Bacon. Neben den Wegen, die unmittelbar aus dem Orient zu dem englischen Doctor mirabilis hinführen – teils über zwei Angelsachsen, nämlich den Orientreisenden und Übersetzer arabischer Mathematiker, Athelhart von Bath, und seinen Lehrer in arabischer Optik, Grosseteste, teils über seinen französischen Lehrer, Petrus von Maricourt „den Kreuzfahrer“, der von den Arabern die Versuche mit Kompaß und Magnetismus mitgebracht hatte – neben ihnen führt zu dem großen Angelsachsen eine breite Brücke über den Großhof Siziliens und seinen Landsmann Michael Scotus.

In jenem Sizilien der normannischen und staufischen Jahrhunderte wurde das moderne Abendland geboren, und der arabische Geist war sein Geburtshelfer. In dem Reich zwischen den Welten begegnete in Friedrich II. der germanische Genius dem arabischen. Und das erfüllte sich, was Gottfried von Viterbo seinem Kaiser, Heinrich VI., vor der Geburt des Kindes verkündet: dieser Friedrich wurde der Versöhner von Morgen- und Abendland, wenn auch nur für eine kurze Sternstunde im politischen Raum, dagegen für ein ganzes Zeitalter im geistigen.

Aus seiner Verbindung zwischen Orient und Okzident ist eine neue Weltsicht entstanden in Wechselwirkung mit einer neuen, weltlichen Wissenschaft, der kritischen, empirischen Naturwissenschaft; aus dieser Verbindung hat der moderne Staat die tragenden Fundamente erhalten; aus ihr haben schließlich die abendländische Baukunst, Musik und Dichtkunst nicht nur dekorative Stilelemente, sondern konstruktive Baugedanken entnommen. Aber dies weist bereits auf eine andere Brücke, über die arabische Einwirkungen in das Abendland gelangt sind: auf Spanien.

In der weißen Kutte der Zisterziensermönche hat der „Erzketzer“, der sich trotz allem innerlich nie aus seiner christlichen Bindung gelöst hat, die Sterbesakramente empfangen. In einem Kastell am Wege zwischen seiner Lieblingsresidenz Foggia und der Sarazenenstadt Lucera ist Kaiser Friedrich II. am 13. Dezember 1250 entschlafen. Im Tode aber schließt sich der Kreis. Im Tode kehrt Friedrich zurück nach Palermo, in die Stadt, die seine seltsame Jugend gesehen und schon seinen Eltern und seinen normannischen Ahnen die letzte Ruhestätte gewährt.

In Palermo ruht er, nicht mehr mit der Zisterzienserkutte bekleidet, sondern angetan mit dem adlergeschmückten, roten Mantel des Weltenherrschers, neben sich sein Schwert in sarazenischer Scheide. Das zarte, mit kunstvollen Ornamenten durchwirkte Gewand, das seinen Leichnam umhüllt, säumen goldene Schriftbänder, die arabische Hände für ihn, den größten Freund und dankbarsten Schüler der Muslime, gestickt haben. In arabischen Lettern steht auf seinem Ärmel die Widmung:

„Dies ist ein Geschenk für den Sultan“

Siebentes Buch

ANDALUSISCHE ARABESKEN

Und so muß das Rechte scheinen
Was auch Mahomet gelungen;
Nur durch den Begriff des Einen
Hat er alle Welt bezwungen.
Goethe, Westöstlicher Diwan

URBILDER UNSERER „GNÄDIGEN FRAU"

„Diesem Vorwand mögen Sie, gnädigste Frau, meine Sendung verzeihen und mir erlauben zu bleiben

Ihr verehrungsvoll ergebener
Rainer Maria Rilke."

„Dies soll und darf ja kein Liebesbrief sein, und ich muß schließen, wie ich angefangen habe: Gnädiges Fräulein! Genehmigen Sie die Versicherungen meiner vollkommensten Hochachtung

Ihr gehorsamster
Fritz Frhr. von Liliencron."

Echter Diamant oder geschliffenes Glas – auch dieser Schmuck, der Dame des Herzens oder der Gattin Ihres Chefs ergebenst zu Füßen gelegt, ist – ohne daß wir uns dessen noch bewußt sind – Import aus dem arabischen Orient. Er ist seitdem durch viele, viele Hände gegangen, er ist hier und dort von den Jahrhunderten neu gefaßt worden, er ist abgegriffen und nachgeschliffen worden und hat dennoch bis heute sein magisches Feuer nicht verloren, jenes zaubrische Licht, mit dem der Kavalier sich noch im zwanzigsten Jahrhundert die Geneigtheit der Dame zu erwerben versteht.

Und wenn Sie noch morgen der „gnädigen Frau" am Schluß Ihres Briefes durch Ihre Unterschrift bezeugen werden, daß Sie – wenn auch nicht mehr geradezu „Ihr gehorsamster Diener" – so auf jeden Fall „Ihr sehr ergebener Soundso" seien, dann werden Sie mit diesen Formeln zugleich dem Arabertum Ihre Huldigung darbringen. Auf jedem Parkett, auf dem Sie sich im Laufe der Jahrhunderte zum Kusse über die Hand einer Dame neigten, erwiesen Sie zugleich ihm Ihre Referenz[14]. Ja, überall, wo Sie, von dem heiligen Ernst Ihrer Gefühle überwältigt, verehrend, anbetend vor einer Geliebten gekniet haben, dort sind Sie, ohne es zu ahnen, in die unverwehten Fußstapfen eines arabischen Liebenden getreten.

Und werden es wieder tun. So sehr sind diese Sprache, diese Geste, diese Haltung der Ergebenheit, der fußfälligen Selbsterniedrigung des Mannes vor der anbetungswürdigen Frau uns zur zweiten Natur geworden, obwohl sie ursprünglich nicht die unseren waren. Obwohl wir sie erst erlernt haben, ebenso wie wir jene andere erst in einem schmerzhaften Umerziehungsprozeß lernen mußten: die des Eheherrn und Gebieters, dem die Frau um Evas Sündentat willen in Gehorsam unterworfen sein soll. Hier Ergebung des Mannes in den Willen der Frau – dort Ergebung der Frau in den Willen des Mannes: Zwei Leitbilder der Geschlechterbeziehung, die jahrhundertelang im Abendland um den Vorrang gestritten haben und die beide aus einem uns ursprünglich ganz fremden Erleben stammen.

Denn die demütige Untertänigkeit des Mannes vor der zu gottgleicher Höhe erhobenen, Gnade gewährenden, „gnädigen" Frau – sei es in gesellschaftlich unverbindlicher Allegorie, sei es als erschütternd empfundenes Erlebnis des eigenen Unwerts gegenüber der unerreichbar fernen, hohen Geliebten, sei es als dichterische Metapher, die so sehr zum festen Vokabular der gehobenen Liebeswerbung geworden ist, daß Wort und Gebärde sich jedem Liebenden von selbst anbieten müssen – die Haltung des ganz ergebenen Dieners ist im tiefsten verschieden von dem Weg und Wuchs germanischer Liebe, die Ebenbürtigkeit selbständiger, freier Persönlichkeiten will und volle Gegenseitigkeit bei gleichen Rechten und Pflichten.

Sie hat nichts zu tun mit der Rollenverteilung innerhalb des reinen mittelmeerischen Liebesspiels, das, solange es noch keine fremden Einflüsse aufgenommen hat, gerade nicht Erniedrigung des einen Teils, sondern von beiden Partnern Steigerung des Gefallenwollens und der Wohlgefälligkeit verlangt.

Sie widerstreitet vollends dem biblischen Gebot „Er soll dein Herr sein", das dank der Autorität der Kirche jedes andere Verhältnis von Mann und Frau ausmerzte und dafür die Unterordnung der Frau unter die Herrschaftsgewalt des Mannes als die „gottgewollte" Geschlechterordnung dem abendländischen Menschen mit allen zu Gebote stehenden Machtmitteln anempfahl.

Und dennoch hat ausgerechnet jenes arabische Vorbild das Unerhörte, ganz Unmöglichscheinende fertiggebracht: ohne Gewalt, nur mit den Waffen einer mitreißenden Welt- und Lebensbejahung die geschlossene Abwehr zu durchbrechen, einen Keil tief in die asketische Natur- und Frauenfeindlichkeit zu treiben und sich im Reiche unserer Kultur ein so

selbstverständliches Heimrecht zu erringen, daß es aus ihm gar nicht fortzudenken ist. So innig ist es zu einem Teil von uns geworden, daß ganze Zeitalter aus seinem Geiste ihre Schönheit, ihren Adel, ihren Reichtum empfangen haben. So sehr uns zugehörig, daß weite Landstriche abendländischer Dichtung und Literatur, und zwar die liebenswertesten und schönsten unter ihnen, trostlos kahl und brach liegen würden, hätte dieses holdselige Araberkind unsere Künstler, Dichter und Sänger nicht zu Höchstem begeistert.
Aber wie? Leben nicht gerade die arabischen Frauen seit je unfrei, rechtlos und unterdrückt? Weiß man nicht von vergitterten Harems, in denen der Ehemann bis zu vier Frauen nebeneinander hält und eifersüchtig bewacht? Frauen, die vor der Heirat nicht gefragt worden sind und die er nach seinen Launen mit ein paar Worten entlassen und zu ihrer Familie zurückschicken kann, wozu er auch noch den Segen des Propheten hat? Spricht nicht jede Fellachin, die mit gekrümmtem Rücken unter ihren Lasten zum Markt ächzt, während der begünstigte Herr der Schöpfung munter auf seinem Esel neben ihr hertrabt, den schönsten romantischen Vorstellungen von Frauenverehrung und Ritterlichkeit hohn? – Und beginnt nicht eben jetzt erst die Araberin zaghaft den Harem zu verlassen, den Schleier abzulegen und sich aus jahrtausendealter Erniedrigung zu einem menschenwürdigen Dasein zu erheben?
Irrtum und Wahrheit! Wie sah die Wirklichkeit aus?

Harit ben Auf, der mächtige Häuptling des Morra-Stammes, ritt in das Land des vornehmen und stolzen Aus ben Harita und warb um eine seiner drei Töchter. Die beiden ältesten Schwestern, die nicht schön waren, lehnten den Antrag ab. Aber Bahisa, die jüngste, antwortete: „Ich bin schön von Gesicht, gewandt in der Arbeit der Hände, hoch an Wuchs, edel von Abstammung. Gott möge ihn strafen, wenn er wagen wollte, mich zu verstoßen!“ Da sprach ihr Vater: „Gott segne dich!“
Er ließ die Hochzeitsfeier vorbereiten, ein großes Zelt aufschlagen und, als alles gerüstet war, die Braut ihrem Gatten zuführen. Doch als Harit sich ihr nähern wollte, wies sie ihn zurück. „Was! Hier bei meinem Vater soll ich mein Beilager begehen – niemals!“ Harit befahl, die Zelte abzuschlagen und die Kamele zu beladen, und sie ritten davon. Es dunkelte bereits. Da ließ Harit anhalten zum Nachtlager. Aber als er sich seiner jungen Frau nähern wollte, wies sie ihn zurück. „Was, willst du mich etwa wie eine Magd behandeln, die man kauft, oder wie eine Kriegsgefangene? Bei Gott, nicht eher sollst du mich umarmen, als bis in der Mitte deines Stammes das Beilager festlich begangen wird mit Kamelen

und Schafen, die zum Festmahl geschlachtet werden für die von allen arabischen Stämmen geladenen Gäste."

Sie ritten, bis sie zu seinem Stamm kamen. Die Gäste wurden geladen, Kamele und Schafe geschlachtet und das Festmahl gefeiert. Da nahte sich Harit seiner Gattin, aber sie wies ihn zurück. „Wie? Du findest Zeit, mit Frauen zu kosen, während draußen alle Araber in blutiger Fehde sich gegenseitig vertilgen und die Dobjan und die Abs, der Stamm meiner Mutter, sich zugrunde richten? Eile hinaus, versöhne die Stämme und kehre heim zu deiner Gattin, die dich liebend erwartet!"

Er ritt hinaus zu den feindlichen Stämmen, die seit vierzig Jahren in Blutrache gegeneinander wüteten. Durch ein großes, persönliches Opfer schloß Harit den Frieden zwischen ihnen. Er ließ auf beiden Seiten die Gefallenen zählen und verpflichtete sich, aus eigenem als Blutentschädigung an den Stamm, der mehr Tote gehabt hatte, in den nächsten drei Jahren dreitausend Kamele zu zahlen. Als dank seiner Großmut und Freigebigkeit das Friedenswerk vollbracht war, kehrte er heim, gepriesen von allen. Seine Gattin Bahisa empfing ihn mit offenen Armen und gebar ihm Söhne und Töchter.

Der Erzähler schweigt. Tiefe Seufzer und das „maschallah" seiner Zuhörer beweisen ihm, er hat genau die Töne getroffen, die sie lieben. Das Mädchen Bahisa ist noch immer eine Frau nach ihrem Herzen. Vier und fünf Generationen sind dahingegangen, seitdem der Prophet und Gesandte Allahs die Göttinnen der Vorzeit unter die Engel versetzt und den *einen* Gott verkündet hat, der „einzig ist und keine Genossen hat". Aber noch immer erfreut man sich am Hof der Omaijaden im „paradieses-heiteren Damaskus" an den Geschichten aus dem arabischen Altertum, in dem die stolzen und hochfahrenden Frauen aus edlem Geschlecht die Herzen der Männer gewannen, in dem der kämpferische Sinn der Mädchen und Gattinnen sie zu Heldentaten anfeuerte und die Anerkennung aus ihrem Munde größte Auszeichnung war.

Eine unabhängige, selbständig handelnde Frau ist auch die im öffentlichen Leben stehende, reiche Kaufmannswitwe Chadidscha, des Propheten Muhammed erste Gattin, gewesen, mit der er vierundzwanzig Jahre verbunden war und sechs Kinder gezeugt hat. Und noch immer verkörpert die edelgeborene und selbstbewußte, schlagfertige und kluge Frau das Wunschbild der maßgebenden arabischen Aristokratie. Sie soll, so wünscht der Prophet selbst es, Bildung und Wissen suchen wie der Mann. Bedeutende Rechtsgelehrte fordern die Frauen für das Richteramt. Man sieht Juristinnen in den Moscheen auftreten, öffentliche Vorlesungen halten und Gesetze auslegen. Unter ihnen eine Staatsrechtlerin, die vielgepriesene „Meisterin der Juristinnen“. Als „Scheicha“, „Frau Professor“, und als „Stolz der Frauen“ wird die Gelehrte Schochda gefeiert, die nach dem Studium bei den verschiedensten Leuchten der Wissenschaft die Lehrerlaubnis erhalten hat und nun selbst ihr Lichtlein anzündet. Dichterinnen wetteifern noch wie früher mit den männlichen Dichtern, und niemand findet das absonderlich.

Nein, unterdrückt und unfrei sind diese Araberinnen wahrlich nicht. So lange nicht, wie die arabische Aristokratie den Ton angibt. Aber das soll bald ganz anders werden.

In Bagdad, am Hof der Abbassiden, weht der Wind aus anderer Richtung – von Norden her. Mit den persischen und griechischen Sklavinnen, die Beischläferinnen und Mütter der Kalifen werden, erobern sich schrittweise Schleier und Harem die arabische Gesellschaft – Ablagerungen jener uralten, tief im iranischen Dualismus gründenden Unfreiheit und vollkommenen Unterordnung der Perserin.

Das stand keineswegs im islamischen Gesetz! Die völlige Verhüllung und Absonderung von der Öffentlichkeit hatte der Prophet nicht befohlen. Ebenso von den „gläubigen Männern“ wie von den „gläubigen Frauen“ hatte er mit denselben Worten gefordert, „daß sie ihre Blicke zu Boden schlagen und ihre Keuschheit wahren sollen“! Und im gleichen Atemzuge hatte er an die Frauen gewandt hinzugefügt, „daß sie ihre Reize nicht zur Schau tragen sollen, bis auf das, was davon notwendig sichtbar wird, und ihre Schleier über ihre Busen ziehen und ihre Reize vor niemand enthüllen als vor ihren Gatten und Vätern“. Wo begannen die weiblichen Reize, die nicht enthüllt werden sollten, das war die Frage. Muhammed hatte vom Busen gesprochen. Aber jetzt entscheiden hitzige Theologen, auch das Gesicht sei zu diesen verbotenen Reizen zu zählen und allein die Hände zu dem, was „notwendig sichtbar werden“ müsse.

Was so harmlos als Mode begonnen hat, wird unter ihrem finsteren Blick religiöser Zwang. Und die Klausur im Harem nach persischem Muster unter der Bedienung von Eunuchen nach althergebrachter byzantinischer Sitte, anfangs elegante Mode der Vornehmen, Wohlhabenden, Verwöhnten, wächst sich, unter Berufung auf das „Bleibet zu Hause“ des Propheten an seine eigenen Ehefrauen, dämonengroß aus zur zwangshaften Verbannung der Frau und Ausklammerung alles Weiblichen aus dem öffentlichen Leben.

Diesen vernichtenden Schlag hat die islamische Frauenwelt dem Machtkomplex eines machtlosen Scheinherrschers zu verdanken, den harten Bestimmungen des engstirnigen Kalifen al-Kadir.

Wesentliche Mitschuld daran, daß es überhaupt dazu hatte kommen können, trug die seit altersher bestehende Mehrehe der Araber. Ursprünglich diente sie den Wüstenstämmen dazu, durch reiche Nachkommenschaft Ansehen und Schlagkraft zu stärken, mächtige Familienbande zu knüpfen und sich vor Erschöpfung und Ausblutung in den ständigen Blutrachefehden und Abwanderungen zu bewahren. Mit der Ausbreitung des Islams trat neu die zwingende Notwendigkeit hinzu, sich als Herrschervolk über den eroberten Völkern macht- und blutsmäßig zu behaupten, um nicht von ihnen aufgesogen zu werden. Und tatsächlich konnten die Omaijaden in einer Schlacht gegen die Berber nicht weniger als zehntausend Familienmitglieder und Klienten aufbieten und zur Zeit al-Mamuns das Haus der Abbassiden sich einer Stärke von 33 000 Mitgliedern rühmen. Aber was sich in den ersten Jahrhunderten als notwendig und sinnvoll bewährt hatte, wandte sich nach Festigung der arabischen Macht gegen die Vorherrschaft der altarabischen Geschlechter selbst. Die hemmungslose Blutmischung, eben infolge des sinkenden Frauenideals, wurde eine der Ursachen der Entartung und des späteren Verfalls.

Hinter den Haremsgittern wird die Mehrehe der Ruin der freizügigen, selbstbewußten und nahezu gleichberechtigten arabischen Frauen. An ihrer Stelle liebt man jetzt die schillernden, herrlich verruchten Kopfverdreherinnen und pikanten Schmollmäulchen, die in den Cafés chantants geschäftstüchtiger Sklavenhändler in Kufa für den Zeitvertreib, die erotischen Anwandlungen und die finanzielle Ausplünderung der hohen Herrschaften in Bagdad und der goldenen Jugend der goldenen Stadt abgerichtet werden.

Aber dies ist nur die trübe, fluoreszierende Oberfläche, die stets den Blick auf sich gezogen und die Phantasie des Europäers beschäftigt hat. Je tiefer in der sozialen Schicht, um so mehr klärt sich das Bild, und je weiter entfernt vom persischen Einfluß, desto „arabischer" wird es: Die Beduinin hat niemals den Schleier getragen, noch jemals in der Abgeschlossenheit des Harems gelebt. Schon wirtschaftliche und arbeitstechnische Gründe hätten den einfachen Steppen- und Wüstenbewohnern, sowohl Nomaden als Fellachen, niemals solchen „Luxus" gestattet, ebensowenig wie den Luxus und die Lasten der vom Propheten auf vier Frauen begrenzten Mehrehe.

Denn Muhammed hat dem Ehemann als „eine Pflicht der Rechtschaffenen" auferlegt, eine jede „zu versorgen, wie es sich gebührt" und alle, „zwei, drei oder vier" gerecht und gleichmäßig zu behandeln – „sonst heirate nur eine, das ist der einfachste Weg, Unrecht zu vermeiden"!

Hat er damit nicht selbst ausgesprochen, daß um der Gerechtigkeit willen jeder Mann nur eine Frau heiraten soll? So fragen viele Muslime. Und wer außer den Reichen kann es sich überhaupt leisten, mehr als eine Frau standesgemäß zu ernähren und zu kleiden und das ihr zustehende eigene Wohngemach einzuräumen? Doch es ist nicht nur eine wirtschaftliche Frage. „Der echte Araber“, erklärt einer ihrer Historiker, „hatte nur eine Geliebte, und von der ließ er nicht ab bis zum Tode, und dasselbe gilt von ihr.“

Darum rückt das Bild der Araberin, je weniger sie berührt ist von Einflüssen der Stadt, desto näher dem der stolzen, selbstbewußten Geschöpfe der Vorzeit. Und darum ist die Beduinin der ersten islamischen Jahrhunderte noch freier, noch selbständiger und einflußreicher selbst als die hochgeachteten, vornehmen Frauen der höchsten Hofkreise von Damaskus. Und so kann es geschehen, daß Sehnsucht nach dem herrlichen, wilden und ungebundenen Leben der Wüste sie hier überwältigt. Eines Tages drang aus dem Frauengemach die traurige Stimme seiner Gemahlin Meißuna an das Ohr des Kalifen Moawija:

Das här'ne Kleid, in dem ich glücklich war
ist lieber mir als hier ein Prachttalar.
Im Wüstenzelt, durch das die Winde sausen,
möcht ich statt hier im hohen Schlosse hausen.
Ein wild Kamel von ungestümem Schritt
ist lieber mir als sanften Maultiers Tritt,
der Hund, der dort dem Gast entgegenbellt,
mir lieber als die Pauke, die hier gellt.
Ein Hirt von meinem Stamme gilt mir mehr
als all die üpp'gen Fremden um mich her.

Moawija, der ein großer Herrscher und ein Gentleman war, gab sie frei. Und die Tochter der Wüste kehrte ohne Bedauern einem Leben in Glanz und Seide den Rücken und ihren umschwärmten, strahlenden Schwestern, die hier mit Charme und Geist herrschten und eine Galanterie und Verehrung erfuhren, wie der Orient sie dem weiblichen Geschlecht seitdem offiziell nie wieder dargebracht hat –
die hingegen das arabische Spanien noch weit überbieten sollte!

„DIE GANZE WELT IST ZU EINER MOSCHEE FÜR *MICH* GEBAUT WORDEN“

Spanien! Das ist der Traum, die Erfüllung, die Krone des Arabertums. Wenn es eine Steigerung gab, dann hat sie sich in Spanien, oder – wie der Araber sagt – in Andalusien vollzogen. Durchaus nicht nur im Felde der Frauenverehrung, sondern nahezu auf jeglichem Felde seiner Kultur.

Und das ist um so eigenartiger, um so denkwürdiger, als die wichtigsten Voraussetzungen, die gemeinhin die arabische Kulturleistung erklären sollen, hier plötzlich nicht stimmen.

Die reichste Entfaltung, die höchste Blüte ausgerechnet dort, wo die Araber am wenigsten vorfanden? Wo nie eine bodenständige Kultur von Bedeutung gewachsen war? Wo auch, was Zugewanderte mitgebracht, nicht Wurzeln gefaßt hatte, um zu treiben, und saft- und kraftlos geblieben war im Vergleich zu der geschichtsgeladenen Vergangenheit Siziliens, Ägyptens, Syriens, des Iraks und Irans, wo überdies eine hochkultivierte Bevölkerung mitwirkte – hellenistische, byzantinische, griechische, persische, indische Kräfte mit arabischen zusammenspielten!

Aber nicht im berberischen Maghreb und nicht in Spanien, wo der Westgotenstaat noch an den Folgen der römischen Ausbeutung, Versklavung und des trostlosen römischen Verfalls krankte und eine fanatisierte Priesterschaft ertrug. Hier fehlte es an allem. Hier waren die Einwanderer, die in immer neuen Schüben aus Arabien und Syrien kamen, auch nicht etwa von Völkern umgeben, von denen sich etwas hätte lernen lassen. Die unerreichte Blüte auf Spaniens Boden straft abermals die These Lügen, die die Araber als bloße Epigonen untergegangener Reiche, lediglich als anpassungsfähige, begabte Imitatoren, als Widerkäuer bereits vorverdauter Speisen gelten läßt. Hier gab es nichts zu assimilieren, zu lernen, zu übernehmen, nachzuahmen, fortzuführen. Was das Einmalige, Unvergleichliche der reifen Schönheit andalusischer Kultur ausmachte, war gewiß nicht persischem oder griechischem Geist verpflichtet, sondern mehr als anderswo arabischem Geist entsprungen [15] und – als er aus Spanien verschwand, versank das Land in Armut und tödliches Schweigen. Nichts beweist seine schöpferische Kraft erschütternder.

Hier wurde in fast 800jähriger Herrschaft das zauberhafteste der Wunder gerade von Herrscherhäusern aus altarabischem Geschlecht geschaffen: von Omaijaden in Cordoba, Abbadiden in Sevilla und Naßriden in Granada; während Berber und Christen nur zerstörten, wo sie nicht arabisiert im arabischen Geiste mitwirkten, und im Osten nach Ausrottung der Omaijaden-Dynastie durch die Abbassiden immer mehr Fremdstämmige in die Führungsschicht eindrangen, wenn auch als bewußte Mitträger einer arabischen Kultur.

Was sind fast 800 Jahre dichtester, mit Geschichte erfüllter Zeit? Eine Spanne etwa gleich der vom Heldentod des Leonidas bei den Thermopylen bis zur letzten Christenverfolgung unter Kaiser Diocletian. Oder auf die Gegenwart bezogen: Ein Zeitraum, ebenso gedrängt, ebenso wenig auszuwischen wie der von der Ära Heinrichs II. Plantagenet bis zu der Queen Elisabeth' II. von England, genauer: vom Regierungsantritt

König Philipps II. August von Frankreich bis zur fünften Republik General de Gaulles, oder auf ein Jahr: von der Unterwerfung Heinrichs des Löwen vor Kaiser Friedrich I. Barbarossa bis zur dritten Legislaturperiode Dr. Konrad Adenauers. Genau diese 781 Jahre blühte das Arabertum auf der europäischen Halbinsel.

Aber das Abendland wußte nichts davon.

Der griesgrämige Nachbar jenseits der Pyrenäen hat zwei-, drei-, vierhundert Jahre taub und verblendet neben einem schimmernden, klingenden Paradies der Baumeister, Sänger, Dichter, Wissenschaftler, einem Paradies auch der Frauen hergelebt. Und es in den schwärzesten Farben als Herd der Zauberer, Teufelskünstler und Totenbeschwörer, als Land der Menschenopfer für den von einer Legion von Teufeln bewachten, goldenen Götzen Mahomet gemalt.

Warum? Aus Furcht vor dem gefährlicheren Zauber, den die Wahrheit üben könnte?

Und dennoch hat er sich die Ohren und Augen nicht ganz verstopfen können. Und ist hundertfältig angerührt und verzaubert worden.

In der Nähe Cordobas, in dem Garten seines Schlosses, das er nach Plänen eines Wüstenpalastes seines Ahnherrn in Syrien erbaute, pflanzte ein arabischer Fürst die erste Palme in Andalusiens Erde, und sie wurde die Stammutter aller Palmen Europas:

Und ich sprach: Wie deinen Schwestern
Du entrückt bist, schöner Baum,
Trennt auch mich von meinen Freunden,
Meinem Stamm ein weiter Raum.

Ich den Meinen ferne, Fremdling
Du auf fremdem Erdgefild,
Ist mein Schicksal wie das deine,
Und du bist mein Ebenbild!

Tränke dich die schwerste Wolke,
Die sich durch den Himmel wälzt
Und in Regenschauerströme
Selbst die Sterne droben schmelzt.

Es ist der junge Abd ar-Rachman, der sein Heimweh in seinen schwermütigen Liedern ausströmt, der letzte Sproß der Omaijaden und einer ihrer gewaltigsten Herrscherpersönlichkeiten. Als Zwanzigjähriger ist er dem blutigen Ende seines Geschlechts in Damaskus entronnen, fünf Elendsjahre unter tausend Gefahren durch Nordafrika geirrt, bis es dem

mittellosen Fremdling gelingt, auf seinen unbesieglichen Mut, seinen Scharfsinn und seine Verschlagenheit gestützt, sich zum geachteten und gefürchteten Beherrscher der einander zerfleischenden Araber Andalusiens aufzuschwingen.
Mit jenem Baum seiner Heimat senkt er auch die Pflänzchen arabischer Kunst in andalusischen Boden, auf dem sie sich mächtig entfalten, um ihre Ableger weit über die Grenzen in das Abendland zu schicken: arabischer *Baukunst*, *Tonkunst*, *Dichtkunst* und *Liebeskunst*.
In den 33 Jahren einer unruhigen, von Kämpfen erfüllten Regierung legt Abd ar-Rachman I. den Grund für den Bau des glänzendsten Staates, den das Mittelalter gesehen hat. Und jeder seiner hochbegabten Nachfolger fügt das Seinige dem ruhmwürdigen Werk hinzu.
Ebenso wie jeder von ihnen mitbaut an der von Abd ar-Rachman begonnenen großen Moschee ihrer Residenz Cordoba.

Hunderttausend Dinare für eine Kathedrale! Umgerechnet fast fünf Millionen DM – das ist immerhin ein Preis! Das ist mehr als eine Geste, die für sich schon etwas wiegt in einer Zeit, die keine Hemmungen hat, Tempel einzuäschern, heilige Bilder zu zerschlagen und eine Irminsul zu fällen. Freilich, in den Tagen der Eroberung haben Tariks Berber auch viele Kirchen zerstört. Aber die Kathedrale des heiligen Vinzenz haben die Christen Cordobas ausbessern und regelmäßig für ihren Gottesdienst benutzen dürfen. Das war ihnen vertraglich zugesichert. Die Eroberer dagegen haben sich am Rand der Stadt ihre einfachen Gebetshäuser gebaut.
Da lassen die aus Medina ausgewanderten Kampfgefährten und „Verteidiger" des Propheten mit ihrem Anhang und vollends die neue Welle der Araber aus Syrien die Bevölkerung Cordobas derart anschwellen, daß der Bau einer Hauptmoschee in der Regierungshauptstadt dringlich wird. Für hunderttausend Dinare kauft Abd ar-Rachman den Christen die Kathedrale ab. Mit dem Geld sollen sie ihre zerstörten Kirchen wieder aufbauen.
Die Muslime hätten jetzt in ihren rechtmäßig erworbenen Besitz einziehen oder das Gebäude ihren Bedürfnissen entsprechend umbauen können, wie die alten Kämpfer, des Bauens ungewohnt, es in ihrer anfänglichen Unsicherheit getan haben, als sie wie in Damaskus und Jerusalem christliche Kultbauten übernahmen. So hat Abd ar-Rachmans Urgroßvater, der Kalif Abd al-Melik, die Marienkirche Justinians auf dem Tempelplatz der Heiligen Stadt in die al-Aksa-Moschee umgewandelt und dessen Sohn Walid die große Moschee in Damaskus aus der Johanniskirche umgebaut, die ihrerseits wieder aus den Steinen und Säulen

des alten Jupitertempels errichtet worden war. Aber ob man sich nun in den Städten fremde Gotteshäuser mit nutzbar macht oder die riesenhaften Lagermoscheen für die kämpfende Truppe oder Garnison (wie die Ibn-Tulun-Moschee in Kairo und die Sidi-Okba in Kairuan) im freien Gelände errichtet – die Anlagen dieser Moscheen streben, von Ausnahmen wie dem sogenannten „Felsendom“ und von den späteren Grabmoscheen abgesehen, doch alle mehr oder weniger dem gleichen Bautypus zu: dem Typ der Hofmoschee, zu der ein viereckiger, offener Hof gehört mit Brunnen für die rituellen Waschungen, rings umgürtet von einer festungsartigen Umfassungsmauer und herumlaufenden, schattenden Säulenreihen, die sich in der Gebetsrichtung zu einer Art überdachter Halle vertiefen. Ihr Vorbild hat dieser im einzelnen auf Uraltes zurückgehende Bautypus etwa in der Anlage des vorislamischen Tempels von Sirwach in Südarabien und noch zur Zeit Muhammeds in dem „Mussalla“, dem „Ort, wo gebetet wird“, das bei den Stämmen von Medina lange vor dem Bau der ersten islamischen Moschee im Gebrauch gewesen ist und vom Propheten bei besonderen Anlässen benutzt wurde.

Für den Omaijaden-Enkel in Andalusien jedenfalls sind Kirche und Moschee nicht miteinander zu vereinen. Er baut nicht mehr um, und er hat es nicht mehr nötig. Über die erste Zeit des unsicheren Tastens ist man hinaus. Abd ar-Rachman läßt die Kirche, für die er so viel Geld ausgegeben hat, abreißen und einen neuen Bau aufführen, wobei die alten Säulen mit verwendet werden.

Aber die Anlehnung an fremde Bauformen ist weitgehend überwunden. Was man dabei übernommen hat und was man an altem Baumaterial mitverbaut, das dient einem anderen, eigenen, selbständigen Baugedanken, das ist eingegangen in eine Architektur, die ganz und gar Ausdruck eben jenen Geistes ist, der in diesem Haus seine Stätte haben soll, des Islams. Und obgleich die Auftraggeber sich auf Baumeister, Maurer und Handwerker verschiedenster Herkunft verlassen, erwirbt die arabische Baukunst eine überzeugende Reinheit des Stils und eine unverkennbare Individualität. Diese lugt keineswegs nur aus einzelnen charakteristischen Eigenheiten hervor, die sich mit dem islamischen Ritual herausbilden: wie dem Mihrab, der Nische, die die Gebetsrichtung angibt, dem Mimbar, der Kanzel, und dem Minarett, von dem der Muezzin zum Gebet ruft. Sie blickt aus dem Ganzen der arabischen Moschee heraus. Und hat nun, selbst wenn ihr Dach auf Säulen einstiger christlicher Kirchen ruht, nichts, gar nichts etwa mit der Kirche gemein, falls sie es überhaupt jemals gehabt hat. Kirche und Moschee, sie bedeuten für ihre Gläubigen von vornherein Grundverschiedenes.

Die Moschee ist nicht das geweihte Gotteshaus, in dem der Gläubige durch Mittlung des Priesters Gott nahe ist. Durch Weihung wird das christliche Kirchengebäude – nicht im allegorischen, sondern im buchstäblichen Sinne – die Himmelsstadt, in der Christus herrscht, das himmlische Jerusalem, das sich vom Himmel herab auf die Erde gesenkt hat. Diese Bedeutung für den Gläubigen trägt die Kirche in wandelnden Erscheinungen durch alle Stilepochen hindurch, seitdem im 4. Jahrhundert zuerst die altchristliche Basilika das himmlische Jerusalem als spätantike Stadt mit Triumphbogen, Arkadenhallen, Kaiserpalast und Thronsaal abgebildet hat, später der romanische Kirchenbau die Himmelsburg des Heerkönigs mit ihren Türmen, gewaltigen Mauern, Schießscharten und Stadttoren darstellt und die gotische Kathedrale „in der Schwerelosigkeit des Baues, im überirdischen Licht und im überirdischen Gesang Glanz und Pracht des Himmels – der poetisch verklärten himmlischen Lichtstadt – in überwältigenden Verhältnissen den Sinnen nahebringt", wie Sedlmair ihren Darstellungssinn erklärt.

Nein, dies alles bedeutet die Moschee nicht. Eines solchen poetischen Darstellungssinnes ist sie freilich bar. Ihr Sinn ist ein nüchterner, realerer, der aber gerade durch die Hintergründe dieser offenbaren Nüchternheit aufgewogen wird.

„Die ganze Erde ist zu einer Moschee für mich gemacht worden", spricht Allah. Und der Prophet erklärt: „Darum, wohin immer ihr euch wendet, dortselbst ist Gottes Antlitz."

Das ist Geist des alten, freischweifenden Beduinentums, dem in der Unendlichkeit der Wüste das unsichtbare Wesen überall eindringlich gegenwärtig ist. Wie sein Vorfahr, so betet der Muslim auf jedem Erdenfleck, auf dem er sich befindet, im Angesicht Gottes. Ihm ist nicht vorgeschrieben, zu seinem persönlichen Gottesdienst einen Tempel, eine Kirche aufzusuchen, und sein Gottesdienst ist nicht von einem geweihten Priester oder irgend einem Mittler zu Gott abhängig. Für ihn ist jeder Mensch Stellvertreter Gottes und jeder Gläubige befähigt, in der Moschee die Gebete zu leiten.

Über ihren persönlichen Gottesdienst hinaus sollen die Gläubigen zusammenkommen zu gemeinsamen Gebeten. Und das Haus, in dem sie ihren gemeinschaftlichen Gottesdienst verrichten, *ist* eine Moschee, die aber neben dem im engeren Sinne religiösen Zweck auch anderen, der Religion untergeordneten Zwecken der Gemeinschaft dienen kann, der Unterweisung von Kindern, von Studenten ebenso wie Beratungen oder Gerichtsverhandlungen. Darum heißt die große Freitagsmoschee, in der die Gläubigen sich am Freitag zum gemeinsamen Gebet zusammenfinden, „Masdschid al-Dschami" oder kurz „Dschami", die Versammelnde.

Sie ist nicht ein Ort von besonderer Heiligkeit, durch besondere Weihung hervorgehoben, sichtbar hoch hingestellt über alle anderen Orte wie die Kirche über die profanen Häuser und Wohnungen der Menschen. Und darum ist sie nicht auf Sinnenwirkung nach außen hin gebaut. Ihre Form ist so beziehungslos und abstrakt wie die geometrische Figur eines Rechtecks oder eines Kubus. Ihre Silhouette ist ganz ohne Belang, ihr Äußeres ganz vernachlässigt. Ihre glatten, ungeschmückten Mauern könnten ebenso einer Festung, einer Karawanserei, einer Fabrik oder dem Palast des Herrschers gehören. Geschmückt, gestaltet ist nur das Innere.
Der dichte Säulenhain von oft 15 und mehr Schiffen, in dem der Gläubige niederkniet, kennt keine Haupt-, Seiten- und Nebenschiffe und keinen Altar, ebensowenig wie der Islam eine besondere Kaste durch besondere Weihung vor der Masse der Gläubigen bevorzugt. Der Mihrab, die Gebetsnische, gibt, anders als der Altar, nur die Gebetsrichtung, in der der Gelehrte neben dem Wasserträger, der Admiral neben dem Soldaten, der in seiner Kleidung durch nichts herausgehobene Vorbeter als gleicher unter Schuhputzern und Regierungsbeamten kniet und die gottesdienstlichen Handlungen vollzieht.
Diesem „demokratischen" Grundzug entspricht es, eine Moschee wie jedes andere Gebäude zu erweitern nicht vertikal durch Aufstocken in die Höhe, sondern horizontal durch Anbau neuer, gleichberechtigter Schiffe oder Höfe.
In dem Maße, in dem der Araber dabei auf das Konstruktionsmäßige verzichtet, es oft mehr als nötig achtlos umgeht, widmet er seine ganze Liebe und Sorgfalt der Ausgestaltung des Innern.

Die Moschee wendet sich weder mit Tempeltänzen noch mit Gesängen, Bildern, Weihrauchdüften oder farbigem Pomp und Schaugepränge an die Sinne des Gläubigen, um ihn „in unmittelbar sinnlichem Genuß an der Seligkeit der Anschauung des Himmlischen teilnehmen" zu lassen. Während die gotische Kathedrale das Überirdische, Außersinnliche versinnlicht und alle Künste dazu aufbietet, entstofflicht der Islam das Materielle. Es ist die Wüstenlandschaft mit ihrer erhabenen Kahlheit, die den Araber zum Abstrakten, zum Ungegenständlichen, zur Mathematik erzogen hat. Das monotone Thema dieser Landschaft ist die unendliche Wiederholung des Gleichen, das in der durchsichtigen Luft dennoch ohne eigentliche Tiefe ist, ja eine Dimension zu verlieren scheint. Denn dieses Licht vermag Entfernungen aufzuheben, Perspektiven durcheinanderzuwerfen, Nahes an den Horizont zu versetzen, Fernstes heranzuholen, bedrängend gegenwärtig und allmächtig zu machen.
Nicht Gegenständliches, Sinnliches wirkt auch in der Moschee auf den

Menschen ein. Ja, hier ist nichts auf den Menschen bezogen, sondern auf das Unanschauliche, außer aller Zeit Seiende und außerhalb aller Eigenschaften des Menschlichen und alles physischen Wesens Existierende, das in sich Eins ist und keinem anderen Wesen ähnlich und das nur aus sich selbst existiert.

Nichts anderes aber ist der Sinn der Arabeske, die sich schon durch ihren Namen als ureigene arabische Schöpfung ausweist. Er stellt sich am reinsten dar in ihrer eigentlichen mathematisch-abstrakten Gestalt: in der um die Mitte kreisenden, in sich selbst zurückkehrenden, sich in sich selbst vollendenden geometrischen Form. Das arabische Ornament ist nicht forteilende, zwiegerichtete Bewegung wie die kretische Spirale oder der griechische Mäander. Wie das Eine, allgegenwärtig und unendlich, wie ein und dieselbe Ordnung, ein und dasselbe Gesetz aller Schöpfung zugrunde liegt und sich in allen Erscheinungen der Natur kundgibt, so addiert sich in strengem Rhythmus die Arabeske aus sich selbst heraus in unendlicher Zahl. Sie ist allgegenwärtig und unendlich. Sie ist „ohne Anfang und ohne Ende", und geböten nicht die Grenzen der Fläche ihr Einhalt, sie setzte sich nach allen Seiten ins grenzenlose Undsoweiter fort. Und ist doch nicht wildes Wuchern, nicht schwülstiger Überschwang. Alles ist streng gestaltet, kristallklare, rhythmische Ordnung.

Goethe hat sich aufs innigste in die orientalische Gedankenwelt eingelebt. Und es hat einen tiefen Sinn, daß jenes Wort, das er der arabischen Dichtform gewidmet hat, ebenso für die Arabeske gilt. Weshalb? Weil der von der östlichen Welt so leidenschaftlich Ergriffene in ihm ein Gesetz des arabischen Geistes ausgesprochen hat:

> Daß du nicht enden kannst, das macht dich groß,
> Und daß du nie beginnst, das ist dein Los.
> Dein Lied ist drehend wie das Sterngewölbe,
> Anfang und Ende immerfort dasselbe,
> Und was die Mitte bringt ist offenbar
> Das was zu Ende bleibt und Anfangs war.

Arabische Gestaltung ist daher am Werke, wenn die Arabeske, wo sie das persische oder ägyptische Pflanzenornament aufgreift, die natürlichen Formen sofort ihres sinnlichen Darstellungswertes entkleidet und entkörperlicht. Darin äußerlich verwandt dem germanisch-normannischen Tierornament, das selbst den Tierkörper so weit entsinnlicht, bis er sich in reine Bewegung verwandelt, sich in bloße Linienschwünge auflöst und nach den Gesetzen strenger Kontrapunktik bindet. Dieser äußerlichen Ähnlichkeit verdankt die Arabeske auch die erstaunliche Zuneigung, mit der das germanisch bestimmte, bildlose Abendland, das eben eine unge-

Oben links: Der Spitzbogen in der Ibn-Tulu-Moschee in Kairo rein dekorativ verwendet, wird nach seiner Wanderung ins Abendland zum konstruktiven Element der Gotik. Oben rechts: Dom von Monreale in der Nähe Palermos aus der ersten Hälfte des 12. Jahrhunderts zur Zeit König Rogers II. und Wilhelms I. Unten links: Dom von Pisa, begonnen 1063 nach der Einnahme Palermos, erbaut mit den dort erbeuteten Schätzen arabischer Moscheen. Unten rechts: Klosterkirche von Fontenay, begonnen 1130 (Spitzbogen und Spitztonnengewölbe)

wohnte Vermenschlichung und Verbildlichung des Außerirdischen erlebte, wie sehnsüchtig nach ihr greift und sie in seine Ornamentik aufnimmt. Im weiten Felde des europäischen Kunstgewerbes, besonders in der Ornamentik der Renaissance, beginnt sie ihre große Rolle zu spielen.
Das Abendland übernimmt auch die arabische Ornamentierung des Schriftbildes. Denn die alles beherrschende Arabeske [16] hat sich sogar der Schrift bemächtigt. Inschriften, Koransprüche werden zum Ornament, zur abstrakten, gegenstandslosen Aussage und umranken – die Horizontale auch in der Dekoration betonend – als goldene Bänder Wände und Pfeiler in Palästen und Moscheen. Auch dies ein Zeugnis der entsinnlichenden Tendenz, die ganz allgemein dem islamischen Geiste eignet, die im Orient aber durchaus nicht neu ist.

Und darum keineswegs einen Befehl des Propheten nötig hatte.
Auch von dem angeblichen Bilderverbot steht nichts im Koran. Außer seinem Wort an die Gläubigen: „Fürwahr, Wein und Glücksspiel, Götzenbilder und Loswerfen sind ein Abscheu und ein Greuel", hat der Prophet die Frage der Abbildung lebender Wesen im Koran nicht berührt. Erst später haben die Theologen sie gemißbilligt als den Versuch, es dem Schöpfer gleichzutun. Aber niemals ist das Verbot figürlicher Darstellungen allgemeiner Glaubensartikel gewesen.
In den frühesten Jahrhunderten wie in den späteren hüpft und springt es ganz munter über die Decken und Wände der Paläste oder schreitet als Tafelschmuck zwischen den Speisen bei Gastmählern einher, hockt als Löwe unter Brunnenschalen oder speit Wasser in die Marmorbecken. In seinem Schlafgemach in dem Schloß as-Sachra bei Cordoba fällt der Blick des Kalifen beim Erwachen auf das grüne Brunnenbecken, auf dem aus purem Gold zwölf Tiere ihren Reigen tanzen: Löwe, Gazelle, Krokodil, Schlange, Adler und Elefant, Taube, Falke, Henne, Hahn, Habicht und Geier. Und der sizilische Dichter Ibn Hamdis erzählt aus Bugia:

> Wenn du empor zur Decke blickst, so glaubst du mit Entzücken
> Zu sehn, wie blüh'nde Gartenaun die Himmelswölbung schmücken.
> Bewundernd wirst du eben da die goldnen Schwalben schauen,
> Die flatternd schweben, um ein Nest dort oben sich zu bauen.
> Die Künstler zeigten solche Kunst im Malen ihres Bildes,
> Daß man jedwede Gattung schaut des jagdverfolgten Wildes;
> Sie mußten in die Sonne, scheint's, den Farbenpinsel tauchen,
> Um alles Blatt- und Laubwerk so mit Glanz zu überhauchen.

Sowohl Malerei wie Skulpturen schmücken arabische Schlösser. Und nicht nur Pflanzen und Tiere, auch Menschen: Könige und ihre Gemahlinnen,

Jäger, Dichter und schöne Frauen, Ritter und Damen blicken von Wänden, Toren und Sockeln herab. Ja, sogar in die Moschee von Cordoba haben sich Darstellungen der heiligen Geschichte des Islams gewagt wie die sieben Schläfer von Ephesus und die Raben Noahs. Und doch drängen all die Löwen und Adler immer wieder wie einem Zwang gehorchend zur dekorativen Stilisierung, zur Abstraktion, zum Ornament hin. Und darum sind die darstellenden Künste auf dem ihnen wenig günstigen Boden niemals ausgereift, wie die schmückenden Künste es in hohem Maße vermochten. –

Ganz im gleichen Sinn wie die Arabeske wirkt auch die Verzierung von Decken und Gewölben, Saalecken und Säulen auf eine Entstofflichung des Stofflichen, auf Entmaterialisierung der kompakten Baumasse hin. Das Mauerwerk und seine Konstruktion werden, dem Auge kaum noch erkennbar, durch kunstvoll durchbrochene, gespinstartige Gipsbehänge und Stalaktiten verkleidet, die Wandflächen durch den Rhythmus einfacher Blendarkaden aufgelöst. Hier hat persische Anregung die quellende Schmuckfreude zu verschwenderischem Formenreichtum verführt.

Persische Anregung ist auch der Spitzbogen, dem der Islam eine beherrschende Stellung unter der Vielfalt der für ihn typischen Bogen eingeräumt hat – und der für uns eine so wichtige Rolle spielen sollte. Meist ist auch er nur Schmuck, Verkleidung, zwischen die Säulen und Pfeiler ausgespannt, dabei gelegentlich arabeskenhaft verziert und ausgezackt zum Kleeblatt-, Fächer- oder gelappten Bogen; selten, wie im islamischen Indien, aus solidem Stein und nur ausnahmsweise zu erster Verantwortung in der Konstruktion zugelassen. Seine wahre Rolle ist dies nicht.

Jetzt aber geht er aus der islamischen Kunst über in die europäisch-christliche. Und dies ist sein Weg: von Samarra, der heiteren Kalifenresidenz am Tigris, und der Ibn-Tulun-Moschee in Kairo über das fatimidische und normannische Sizilien, wo er wahre Triumphe feiert, vielleicht direkt zu den Normannen der Ile de France; sicherlich aber vom arabischen Sizilien gleichsam als pisanische Kriegsbeute in die pisanische Romanik einerseits, anderseits über die von Desiderius, dem späteren Papst Victor III., erbaute Desiderius-Kirche von Monte Cassino in die burgundische Romanik, jene Vorhalle der Gotik, wobei die spanischen und kassinesischen Mönche Clunys und sein großer Abt Hugo persönlich die Schrittmacher sind. Denn der Abt von Cluny hat 1083 mit seinen Begleitern aufmerksam die Spitzbogen und Spitztonnen in dem Prachtbau von Monte Cassino besichtigt, den Abt Desiderius, der Kenner Siziliens und seiner normannischen Eroberer, mit der Hilfe arabischer

Baumeister und Handwerker aus Ägypten aufgeführt hat, die jetzt seine Mönche in ihrer Kunst unterrichten müssen. Vielfältig und eng gespannt sind auch die Fäden zwischen Spanien und Burgund. Das „Heilige Land“ Clunys liegt südlich der Pyrenäen längs des Weges zu dem Apostelgrab Santiagos, des spanischen Anti-Muhammed[17]. Die große Pilgerstraße, die in Paris beginnt und über die jährlich die Tausend und aber Tausend Pilger zu dem höchsten Heiligtum der Christenheit im Bereich des Abendlandes wallfahrten, säumen die prachtvollen Abteien und Kirchen Clunys, meist Schenkungen spanischer Könige. Französische Cluniazenser sind im 11. Jahrhundert die ersten Bischöfe, Priester und Domherren in den zurückeroberten, vormals andalusischen Gebieten. Und christlich-spanische Fürsten, voran der stark arabisierte König Alfons VI., einst Einwohner, schließlich Eroberer des arabischen Toledos, erweisen dem Abt von Cluny ihre Ergebenheit durch immense Jahrestribute, die nicht nur in Gold gezahlt werden, sondern arabische Kriegsbeute und andere Gefälligkeiten einschließen. Mit Hilfe solcher Spenden Alfons' VI. errichtet Abt Hugo den mächtigen Kirchenbau von Cluny III und verpflichtet sich, dem Gedächtnis des Spenders an einem bestimmten Altar Messen zu lesen.
Hatte der Spitzbogen bei den Arabern rein dekorative Aufgaben erfüllt, so tritt er in Monte Cassino, in Pisa, in Cluny und der burgundischen Romanik kaum wesentlich aus sich heraus. Seine überragende Rolle im Abendland übernimmt er erst als konstruktives Element der Gotik. Und damit nicht genug, erlangt er in der gotischen Kathedrale einen unvergleichlichen künstlerischen Eigenwert, wie ihn der Rundbogen für die Romanik nie besessen hat.
Aber er tritt nicht isoliert in die Gotik über. Er bringt den Kleeblatt- und den gelappten Bogen aus Spanien mit, die weiterhin in ihrer dekorativen Stellung in Fenstern und Blendnischen bleiben. Die Verschränkungen und Einschachtelungen von Blendarkaden aus Spitz- oder Kleeblattbogen, die der zum Mathematischen neigende Araber liebte, werden hier zum „Maßwerk“, mit dem die Gotik jetzt die Wände überzieht und verschwinden läßt. Der Spitzbogen bringt mit sich auch das Maßwerk der Fenster und, durch sassanidische Kunst angeregt, den Vorwurf für das typisch gotische Radfenster. Aus einer arabischen Neuerung des 9. Jahrhunderts hingegen erbt sich die Verwendung von Bündelschäften, den sogenannten „Diensten“, an den Ecken der Pfeiler weiter, die für die Konstruktion der gotischen Gewölbe so wichtig werden. Von Kairo über Italien klettern die ornamentierten oder durchbrochenen Zinnen auf die gotischen Dächer. Und die Minaretts mit der typisch islamischen Übersetzung aus dem quadratischen Unterbau ins Achteck und vom acht-

eckigen Aufsatz in den kreisförmigen werden Vorbild für gotische Glokkentürme.

Also besteht die Gotik zu einem erheblichen Teil aus arabischen Elementen? Wer so urteilen wollte, übersieht, daß nicht die Bausteine, sondern die Ordnung, die der schöpferische Geist ihnen gibt, das Kunstwerk machen. Stellvertretend für alle Fälle geistiger Übernahme – sei es von religiösen oder weltanschaulichen Ideen, von architektonischen Motiven, dichterischen Einfällen, wissenschaftlichen Gedanken – vermag deutlicher als vieles der Spitzbogen zu lehren: Nicht in dem, *was* ein Volk übernimmt, sondern in der *Weise*, in der es das Übernommene verarbeitet, und in dem *Sinn*, den es ihm gibt, liegt das Wesentliche und Schöpferische. Wobei die Eigenart des Schaffenden, der Griff, schon das Was einschränkt und die Auswahl bestimmt. Denn der schöpferische Genius übernimmt aus dem Fremden nicht wahllos, sondern nur, was seinem Griff sich fügt und somit in seiner Hand schon den Stempel seines Wesens empfängt, um zum eigenen Ausdruck zu werden.

Solcher Begegnung mit dem Fremden kann sich kein Volk entziehen. Und seine Aneignung schändet es nicht. Im Gegenteil erweisen in der Berührung sich seine schöpferischen Kräfte, sofern es sich nicht an das Fremde verliert, sondern auf einer neuen Stufe sich selbst gewinnt.

Wenn man aber dies der Gotik und dem Abendland überall, wo es dem Arabischen und dem Islam begegnete, zugesteht, kann man es gerechterweise dem Arabertum nicht vorenthalten. Noch immer wird mit verschiedenen Maßstäben gemessen – sowohl in der Kunst wie in der Wissenschaft – und bei der Bewertung des Abendlandes der Akzent auf die „Ordnung", in der Bewertung der Araber der Akzent auf die „Elemente" gesetzt; während man die Elemente abendländischer Kunst – sofern sie nicht aus der Antike stammen – möglichst unerwähnt läßt.

Ebensowenig wie unsere Gotik arabische Züge trägt, ebensowenig wie unsere Romanik nur der Aufguß altorientalisch-kleinasiatischer Hinterlandkunst und ebensowenig wie die germanische Tierornamentik „zum guten Teil asiatische Volkskunst *ist*", ebensowenig ist die islamisch-arabische Architektur nichts als die Summe babylonischer, persischer und byzantinischer Bauelemente!

Über das Sammelbecken Cluny fließt indessen ein arabisch-islamischer Strom direkt nach England. Der aus dem arabischen abgewandelte Cluny-Bogen tritt im 14. Jahrhundert als flammenförmiges Maßwerk in Fenstern und Flächen in Erscheinung. Unmittelbar aus arabischem Raum über Cluny geflossen, nährt dieser Strom eine ganz eigene britische Stilepoche: den Tudor-Stil mit dem Tudor-Bogen und dem Kiel-Bogen, die beide in der al-Ashar-Moschee in Kairo ihr Vorbild haben, mit dem „Eselsrücken" und Fächerbogen, mit Stalaktiten-Gewölben und Fensterzierwerk. Von der britischen Insel erbt sich der Tudor-Stil in die Vereinigten Staaten fort und wird hier der typische Stil der Universitätsgebäude.

Auf lange Zeit wirkt arabische Architektur naturgemäß in den Ländern des Kontinents nach, die jahrhundertelang ihre Heimstätte waren. Nicht nur die christlichen Eroberer Andalusiens selbst lassen sich ihre Kirchen und Paläste selbstverständlich von den bewunderten arabischen Baumeistern und Künstlern bauen, weshalb noch heute im Spanischen die Bezeichnung für Architekt und Maurer und viele Ausdrücke aus dem Baugewerbe arabischen Ursprungs sind. Noch im 16. und 17. Jahrhundert lebt die spanische Baukunst aus der reichen Hinterlassenschaft der Araber und verpflanzt den von ihnen inspirierten „plateresken" und „churrigeresken" Stil nach Süd- und Mittelamerika. Aus dem spanischen Mutterland stammen auch die bunten Azulejos, die von Arabern in allen Kult- und Profanbauten verwendeten, glasierten Kacheln, die heute die Kirchen Mexikos ebenso wie die Wohnhäuser Latein-Amerikas und die „neuspanischen" und „neumexikanischen" Häuser Nordamerikas schmücken.

In Sizilien erlebt die arabische Architektur unter Normannen und Staufern geradezu eine neue Blüte, die ganz Italien in ihren Bann schlägt. Jede größere Hafenstadt hat außerdem ihr eigenes Verhältnis mit den Arabern gehabt, sei es erleidend, indem Sarazenen sich ihrer bemächtigt haben, sei es handelnd und Handel treibend. Nicht nur Venedig, auch eine Stadt wie Pisa leitet geradezu den Aufstieg von bescheidensten Anfängen zu einer Herrscherin der Meere und zur Königin der Toscana von ihrem Umgang mit den Arabern her. Nachdem Pisa gemeinsam mit der genuesischen Flotte die Sarazenen von Sardinien vertrieben hat, verbündet sie sich sofort mit den Normannen zur Eroberung des arabischen Siziliens. Schon 1063 beginnt die Stadt Pisa mit dem Bau ihres berühmten Domes aus den Schätzen, die sie von der Eroberung Palermos als Beute mitgebracht hat. Ehemalige Teile zerstörter Moscheen werden in den Dom, das Baptisterium und den Campanile eingemauert, das Ganze geradezu fühlbar von arabischem Geiste durchhaucht. Der Wechsel von schwarzem und weißem Marmor in den Rundungen der Bogen, an dem auch die burgundische Romanik ihre arabischen Vorbilder verrät[18], die grauschwarzen Bänder, die horizontal die marmornen Außenmauern durchschneiden, der Zinnenschmuck, die Art der Verwendung von sieben verschiedenen, bei den Arabern üblichen Bogenformen und des Spitzbogens, die Arabesken der vielfarbigen Einlegearbeiten, die perspektivischen Spiele der Säulenhallen und vieles mehr sind unmittelbare und

unverkennbare Übernahmen aus der in Sizilien ansässigen arabischen Architektur. Durch den ständigen Kontakt mit den Handelsstädten der Levante wird die Hinneigung zu allem Arabischen noch gefördert. So entsteht die schönste italienische Romanik, der pisanisch-romanische Stil, der nicht nur der ganzen Stadt das Gesicht gibt, sondern auf die gesamte Toscana übergreift und über sie hinaus.
Auch Venedig hat neben Byzantinischem aus seinen starken orientalischen Bindungen deutlich Arabisches aufgenommen. Arabische Minaretts haben ferner auf die Form der Renaissance-Glockentürme Italiens, die freistehenden Campanili, eingewirkt und auf die wundervollen, berühmten Kirchtürme des großen englischen Baumeisters Wren, der wie Muslime und Italiener Türme und *Kuppeln* in einen wirkungsvollen Gegensatz zu setzen versteht. Ebenso haben die Muschelnischen der Renaissance ihre Vorgänger in islamischen Moscheen und Minaretts.

Mit dem arabischen steinernen Burgenbau übernehmen die aus dem Orient heimkehrenden Kreuzritter eine Anzahl wehrtechnischer Errungenschaften der Araber, die ebenso an deutschen Stadtmauern und burgundischen Burgen wie an englischen Schlössern und französischen Festungen wiederkehren. Darunter gebogene Eingänge, welche die Stoßkraft des Eindringlings hemmen, Wehrerker, die wie auch die Mauertürme eine Seitenbestreichung ermöglichen. Ungewöhnlicher Vorliebe erfreuen sich im Abendland plötzlich die Gießerker oder Machiculis, eine erwiesenermaßen rein arabische Erfindung aus vorislamischer Zeit. Das ist eine Anordnung von Trägern, die in kleinen Abständen nebeneinander aus der Mauer hervorragen und eine vorspringende Brustwehr tragen, also eine Art Balkon, durch dessen offene Bodenspalten dem Belagerer heißes Öl oder Pech auf das Haupt gegossen wird. Kaum wird diese „Pechnase“ in Europa bekannt, als sie innerhalb von zehn Jahren zugleich an vier Burgen Frankreichs und Englands nachgebaut wird. An Stelle der früheren vorgekragten Holzwehrgänge tragen seit dem 14. Jahrhundert die Tore und Tortürme sämtlicher spanischer, französischer und englischer Kastelle, schweizerischer und deutscher Burgen wie eine Krone eine Galerie von Reihengießerkern, über denen die gemauerten Wehrgänge und ein Kranz von Zinnen entlangführen. Sie gehören zur abendländischen Burg wie der Helm zur Rüstung. So sehr sind sie zu ihrem Kennzeichen überhaupt geworden, daß kein Turm einer Wehranlage zwischen Schottland und Konstantinopel auf sie verzichtet, und wenn er sie sich nur als bloßen Schmuck umlegt.
Aus dem Orient bringen Kreuzfahrer außerdem die arabische Sitte mit, Türme mit Steinhelmen zu decken, wie Laarne in Belgien und die Rudels-

burg in Deutschland sie tragen. Solche orientalischen Turmhelme haben deutsche Kreuzfahrer aus Worms in ihrer frischen Orientbegeisterung sogar ihrer St. Paulskirche aufgesetzt und zum Zeichen ihres Gottesstreitertums das Kreuzfahrerschiff in den Chor gemeißelt. Wie dort ihre grauen *Kuppeln* vor meist wolkigem Himmel über spitzen Giebeldächern am Ufer des Rheins hocken, nehmen sie sich recht fremdartig und verloren aus. Und doch muß dieser arabische Gedanke des Steinhelms, der sich übrigens auch vom Quadrat über das Achteck zum Kreis aufstuft, den Zeitgenossen so eingeleuchtet haben, daß sie ihn längs des Stroms in Dittelsheim, Alsheim, Guntersblum, ja sogar in Speyer, Wetzlar und Amorbach nachgebaut haben.

In Spanien selbst sind die unmittelbaren Spuren der glanzvollen arabischen Herrschaft bis auf wenige völlig verschwunden. Als die letzten Denkmäler vergangener Größe, die noch etwas von dem Kunstwillen ihrer einstigen Erbauer ahnen lassen, ragen noch in unsere Zeit herüber: das größte Juwel, die Alhambra, der sich unter den edelsten arabischen Prachtbauten behauptende Sultanspalast Granadas, mit den Resten des benachbarten einstigen Sommerschlosses, des Generalifes; die Trümmer des Alcazars von Toledo und die herrliche Giralda in Sevilla, ehemals Beobachtungsturm der Astronomen, auf den nicht Stufen hinaufklimmen, sondern eine schiefe Ebene, die ein Reiter zu Pferde bezwingen konnte; ihre buntglasierte Fassade, überzogen mit zierlichen Doppelfenstern in Spitz-, Kleeblatt- und Hufeisenbogenformen, ist ein Musterbeispiel für jene Blendarkaden, die im Prinzip das gotische Maßwerk vorausnehmen.
Zu den wenigen Erinnerungsmalen der arabischen Hochkultur gehört schließlich jene von Abd ar-Rachman I. begonnene Moschee von Cordoba. Leider entstellt die hineingebaute Kirche heute den Eindruck von Monumentalität, den dieser Raum einst mit seinen über eintausendvierhundert Säulen weckte, zwischen deren Hufeisenbogen viertausendsiebenhundert Silberlampen von der reich geschnitzten Zederndecke herabhingen, um neunzehn Langschiffe, durchschnitten von dreiunddreißig Querschiffen, in ihr Licht zu tauchen.
Abd ar-Rachmans erster Sohn, der bescheidene, puritanisch-fromme Hischam I., vollendete den elfschiffigen Bau des Vaters und fügte das Minarett hinzu. Allein der lebensfrohe und freisinnige Hakam I. ließ ihn unverändert bestehen. Aber der kunstsinnige Abd ar-Rachman II., der mit seinen Bauten die Arbeitslosigkeit zu beseitigen suchte, verlängerte die Schiffe und baute für sie eine zweite Gebetsnische hinein. Sein Sohn Muhammed I., der ein kalter, fanatischer Frömmler war, schmückte

Wände und Tore und trennte durch Einziehen eines Gitters, die sogenannte Maksura, den Raum für den Herrscher ab. Sein Nachfolger Abd Allah, ein engherziger und tückischer Tyrann, führte einen bedeckten Gang vom Alcazar, seinem westlich neben der Moschee gelegenen Palast, zu dieser Maksura. Auf ihn folgten die beiden größten Omaijadenherrscher Andalusiens, die das Emirat zum Kalifenreich und zu seiner höchsten Blüte führten, Abd ar-Rachman III. der Große und al-Hakam II., die Zeitgenossen König Heinrichs I. und Kaiser Ottos des Großen waren. Sie errichteten das durch Erdbeben zerstörte Minarett neu, erweiterten das Gebäude beträchtlich nach Süden hin und bauten die dadurch notwendig gewordene neue Maksura und eine neue Gebetsnische. Der mächtige Reichsverweser al-Manßur, der für den unmündigen Hischam II. die Regentschaft führte, fügte endlich noch acht Schiffe an der Ostseite hinzu; dafür mußten ein paar Häuserblocks abgerissen werden, deren Eigentümer er nach arabischer Herrscherart fürstlich entschädigte.
So begleitet dieser Bau den Emporstieg der Omaijadendynastie, an deren Namen sich Spaniens größte Zeit knüpft. Aber ihre Herrschaft ist nicht nur eine Epoche lebendigster, fruchtbarster Bautätigkeit. Die liebevollste Pflege und reiche Entfaltung verdankt ihr auch die Musik.

MUSIK BEGLEITET DAS LEBEN

Der Mann, der im Dezember 822 in Algeciras das Schiff verläßt, das ihn von Ceuta über die Meerenge von Gibraltar gebracht hat, verdient die Aufmerksamkeit der Mitreisenden. Der spitze Hut aus Persianer über dem runden Haarschnitt, der die Stirn bis zu den Brauen bedeckt, um Ohren und Nacken freizulassen, die sorgfältig gepflegte, rotgefärbte Bartsichel und der leuchtende Blick aus geschwärzten Augenlidern befriedigen vollständig die ehrfürchtige Neugier nach dem Fremden, der, angenehm nach irgend etwas Blumigem duftend, mit seinen reizenden, blutjungen Frauen und schreienden Kindern vorüberrauscht. Zwei Monate später sieht man ihn, den großen Sänger aus Bagdad, auf buntgezäumten Mauleseln, von gefällig lächelnden Beamten des Hofes begleitet, in Cordoba einreiten.
Er hätte es gar nicht nötig gehabt, mit Sack und Pack aus der östlichen Metropole zu verschwinden. Die Sonne der Gunst des Kalifen Harun hatte eben begonnen über seinem Scheitel aufzugehen. Aber scheele Eifersucht, der bare Konkurrenzneid hatten Sirjab die große Chance zerstört. Sein Lehrer Ischaq ibn Maussili, der mit seiner Musikschule den ehrenwerten Besitzern der Cafés chantants in Kufa ein klein wenig ins

Handwerk pfuschte, aber nicht nur hübsche Sklavinnen in der Liebe, sondern auch angehende Musiker beiderlei Geschlechts im Gesang ausbildete, hatte gehofft, mit ihm bei dem Beherrscher der Gläubigen Ehre einzulegen.

Der junge Kurde aus Mossul verfügte über ausgezeichnete Manieren, Witz und eine glänzende Unterhaltungsgabe. Aber neben einer glatten Zunge hatte Sirjab auch seinen eigenen Kopf, den er – wie der stolze Lehrer bald mit Besorgnis feststellen sollte – nicht wenig hoch trug. Nach seinen Gesangskünsten befragt, antwortete er dem Kalifen: „Ich kann singen, wie andere es auch können; aber außerdem verstehe ich noch etwas, was andere nicht können. Meine besondere Kunst ist nur für einen Kenner geeignet, der so geübt ist wie deine Hoheit. Wenn du es erlaubst, werde ich dir etwas vorsingen, was noch niemand gehört hat." Ibn Maussili reichte dem Schüler seine Laute. Sirjab musterte sie wie eine schmutzige Sandale. „Wenn deine Hoheit will, daß ich dir etwas vorsinge nach der Weise meines Lehrers, so werde ich mich auf seiner Laute begleiten", sagte er, während das Gesicht Ibn Maussilis immer länger wurde. „Aber wenn du die Weise kennenlernen willst, die ich erfunden habe, muß ich die Laute haben, die ich mir selbst gebaut habe." Mit Erlaubnis des Kalifen begleitete Sirjab also auf seiner eigenen Laute die Kasside, die er zum Preise des Beherrschers der Gläubigen komponiert hatte.

Der Kalif war entzückt. Ein solches Talent mußte seinem Hof zu schönster Zierde gereichen. Weniger entzückt war Ischaq ibn Maussili, der von dem bisher gut verborgenen Glanz des aufgehenden Sterns nichts geahnt hatte. „Du hast mich abscheulich betrogen mit deiner Heimlichtuerei", schrie er, als sie allein waren. „Du hast es nur darauf abgesehen, mich beim Kalifen auszustechen. Entweder du gehst und schwörst, daß ich nie wieder von dir sprechen höre, dann werde ich dir soviel Geld geben, wie du brauchst. Oder du läufst Gefahr, Gut und Leben zu verlieren."

„Er hatte Anfälle von Wahnsinn; er behauptete, daß Geister mit ihm sprächen und ihm die Melodien eingäben", erklärte er dem Kalifen, der Sirjab wiederzusehen wünschte. „Er ist so eingebildet, daß er glaubt, nicht seinesgleichen auf der Welt zu haben. Da du ihn nicht belohnt hast, ist er im Zorn fortgezogen. Danke dem Ewigen dafür, daß dieser Mensch weg ist."

Warum soll, wer bei Harun ar-Raschid reussiert, nicht bei al-Hakam I. in Andalusien sein Glück machen! Sirjab hatte nach Cordoba geschrieben, und al-Hakam hatte ihn wissen lassen, wie erfreut er sei, die Nachtigall aus Bagdad in den Gärten seines Schlosses schlagen zu hören. Kaum aber hatte der Sänger den Fuß auf andalusischen Boden gesetzt, als er erfahren mußte, der Absender des Briefes sei soeben verstorben. Tief niedergeschlagen wollte er gerade nach Afrika zurückkehren, als ihn Botschaft des Nachfolgers auf dem Omaijaden-Thron, Abd ar-Rachman II., erreichte, der den Stern vom Bagdader Kunsthimmel einlud, seinen Hof zu erhellen. Vollends die ihm zum Geschenk entgegengesandten Maulesel bewiesen ihm, daß man seine Kunst in diesem Lande würde zu schätzen wissen.

Nachdem Sirjab sich im Gästehaus des Emirs drei Tage von den Strapazen der Reise und des freigebig vorausgespendeten Ruhms ausgeruht hat, läßt Abd ar-Rachman den Sänger vor sich kommen. Und wie der Gentleman zahlt, ohne die Ware vorher unter die Lupe zu nehmen, so teilt er ihm zunächst mit, welche märchenhaften Stargagen er monatlich über ihn auszuschütten gedenke, abgesehen von regelmäßigen Gnadengeschenken, Sachbezügen und Einkünften aus Grundbesitz. Erst nachdem die finanzielle Seite in vollem Einvernehmen geklärt ist, bittet Abd ar-Rachman den Sänger, ein Lied zu singen. Der Vortrag zeigt ihm, daß er seine Gnade nicht verschwendet.

Nicht oft genug kann Sirjab, der immer neue Tugenden und Kenntnisse enthüllt, hinfort um ihn sein. In seinem ungewöhnlichen Gedächtnis haften zehntausend Lieder, über deren Aufbau und Melodieführung er höchst erbaulich zu plaudern weiß. Er ist in der Astronomie und in der Geographie bewandert, und nichts ist fesselnder, als ihn von fremden Ländern und den Sitten ihrer Bewohner erzählen zu hören. Aber mehr noch als durch sein umfangreiches Wissen brilliert er durch seinen sprühenden Esprit, die Gewandtheit seines Auftretens und seine feinen Umgangsformen. Dieser hübsche Mensch mit der aufregenden Eleganz seiner Erscheinung wird das unbedingte Vorbild des guten Tons und des vornehmen Geschmacks. Was Sirjab kreiert, wird tausendfältig nachgeahmt. Hat der Mann in Cordoba sein Haar bisher lang und gescheitelt getragen, so läßt er es jetzt rings um den Kopf abschneiden; er erlernt die Kunst, sich elegant und stets modisch zu kleiden, mit der Jahreszeit zu gehen, leichte Stoffe und lebhafte Farben im Frühjahr, weiße Gewänder während der Sommermonate, Pelzmäntel und Pelzhüte, den dernier cri aus Bagdad, während der Wintersaison zu tragen. Der Sänger revolutioniert die Tischsitten, er erfindet erlesene Gerichte und führt das Spargelessen in Spanien ein. Dieser liebenswürdige Künstler und Arbiter elegantiarum übt in seinem Reich eine unangefochtene Herrschaft aus. Und da man seinen Einfluß auch auf den Emir kennt, vertraut man ihm seine Anliegen an, damit sie zu den Ohren des Herrschers gelangen.

Abd ar-Rachman II. richtet seinem Hofmusiker in Cordoba ein Konservatorium ein. Hier lernt die vornehme Welt Praxis und Theorie des Gesangs und Instrumentenspiels.

Denn die Araber schon der ältesten Zeit waren ein ungewöhnlich sangesfreudiges Volk. Musik begleitete ihren Weg aus den Armen der Mutter bis ins Grab. Jede ihrer heftigen Gefühlsregungen verwandelten sich in Gesang, der Rhythmus der Arbeit, die Freude des Spiels, Glück und Schmerz der Liebe, die Begeisterung des Kampfes, der Genuß der Rache, die Trauer um die Toten. Schon in vorislamischer Zeit löste sich ein Berufsstand der Sänger und der Sängerinnen ab. Und zur Zeit der Verstädterung gehörte die Sängerin, die ihre Lieder durch Saitenspiel begleitete, zum ordentlichen Haushalt wie das Klavier in die gute Stube des 19. Jahrhunderts und der Rundfunkapparat in jedes Wohnzimmer des 20.
Diese Musik besaß durchaus nicht die uns fremdartig berührende Eintönigkeit. Der monotone Gesang begann erst nach der Zerstörung Bagdads durch die Mongolen mit der Einführung des Viertelton-Systems. Eigentümlich arabisch ist er nicht. Im Gegenteil waren die arabischen Melodien außerordentlich kunstvoll und ornamentreich wie die Arabeske. Auch die Araber verwendeten noch bis ins 13. Jahrhundert die pythagoräische Tonleiter, die, wahrscheinlich semitischen Ursprungs, Persien und Byzanz beeinflußte und zu ihnen gewandert war; dabei „ersetzte der persische und byzantinische Import nicht die nationale Musik, sondern wurde auf eine arabische Wurzel von eigenem Charakter aufgepfropft".
Ihr charakteristischer Zug war der ausgeprägte Rhythmus – der ja durchaus nicht entscheidendes Anliegen jeder Art von Musik ist, wie wir vielleicht glauben möchten. Die antike Gesangsmusik ist wie der antike Vers nicht rhythmisch, sondern metrisch geordnet, das heißt, er ist durch Längen und Kürzen gegliedert. Aber die älteste mittelalterlich-kirchliche Sequenz-Musik beispielsweise ist weder rhythmisch noch metrisch angelegt, sie besteht in der Regel aus abgeschlossenen, aber in sich ungegliederten Melodieeinheiten. Die rhythmische Struktur ist echt orientalisch. Der Rhythmus aber begünstigt die Ausbildung der mensuralen Musik, führt unmittelbar zum Takt hin. Und tatsächlich ist vielleicht das wichtigste musikalische Erbe, das die Araber dem Abendland vermacht haben, die mensurale, sich über rhythmische Einheiten zum Takt hin entwickelnde Musik, die auch von dem „Philosophen der Araber" und Musiktheoretiker al-Kindi Mitte des 9. Jahrhunderts beschrieben wird. Durch fahrende Sänger und weibliche Gefangene aus Andalusien wird im 11. Jahrhundert das Abendland mit ihr bekannt, während die Men-

suraltheorie aus spanisch-arabischen Werken erst im 12. bis 13. Jahrhundert in lateinische Musiktraktate eindringt.
Eine zweite Erbschaft übernehmen die abendländischen Musiker in jener arabeskenhaften Verzierung der Melodie. Auch in der musikalischen Gestaltung bleibt der Araber dem horizontalen Prinzip, der melodischen Musik treu; und so liegt ihm auch die Gesangsmusik mehr am Herzen als eine rein instrumentale. Trotzdem verdankt Europa den größten Teil seiner Musikinstrumente den Arabern, nachdem Byzanz ihm schon Orgel, Zither und wahrscheinlich die Harfe beschert hatte.
Wenn heute der Dirigent zu einer Sinfonie von Bruckner oder Hindemith den Taktstock erhebt, so sitzen vor ihm die direkten Nachkommen arabischer Instrumente. Aus einer unübersehbaren Fülle verschiedenartiger, mit viel Phantasie und Liebe hergestellter und erprobter Typen überkamen meist über Spanien, wobei sie ihre arabischen Namen mitbrachten: als Saiteninstrumente die *Laute* (al-'ud), die *Gitarr*e (qitara), *Mandola, Mandoline,* Pandora und Psalterium; als Streichinstrumente die *Rehab* (rabab), *Rebec* und *Rubebe*; als Blasinstrumente Querflöte, Schnabelflöte, Schalmei, Trompete, Tymbal und Horn; als Schlaginstrumente Zymbel, *Tamborin, Tambour,* Rührtrommel, Kastanietten und *Naker.*
Der Philosoph Alfarabi, der auch ein großer Musiktheoretiker war, hatte in der ersten Hälfte des 10. Jahrhunderts die Rabab und die Canun, die Vorläuferin unseres Klaviers, erfunden. Außer manchem anderen Erfinder, den die arabische Musikgeschichte verzeichnet, hat sich auch Sirjab, den wir in Cordoba zurückgelassen haben, durch eine Neuerung in sie eingeführt. Und eben sie war der Grund, weshalb er Ibn Maussilis Laute zurückgewiesen und den Kalifen gebeten hatte, auf seiner eigenen spielen zu dürfen: er hatte sie mit einer fünften Saite versehen und die Begleitung seiner Ode für seine fünfsaitige Laute komponiert, womit er sich den Beifall des höchsten Fürsten der Gläubigen und die Eifersucht seines Lehrers zugezogen hatte.
Während noch die abendländischen Spielleute sich beim Stimmen ihrer Zithern und Harfen auf das Ohr verlassen mußten, lernte in Sirjabs Musikschule der Schüler auf dem Griffbrett der Lauten, Pandoren und Gitarren spielen, auf dem die Höhe der Töne nach genauen Messungen durch Bünde festgelegt war. Ein großer Vorteil, der die arabischen Musikinstrumente, besonders die Laute, im Abendland so beliebt machte.
Wahrscheinlich haben sie das Abendland auch zur Harmonik verführt. Vielleicht hat das gleichzeitige Anreißen oder Streichen mehrerer Saiten im Quart-, Quint- oder Oktavakkord den in allem zum Vertikalen neigenden Europäer zur harmonischen Musik angeregt, eine Versuchung, die das Arabertum seiner Veranlagung entsprechend nicht gefühlt hat.

Arabische Vorbilder wirkten im Diskant, der Kastratenstimme des Eunuchen, ganz besonders aber durch musikalische Kunstformen Andalusiens aus dem 8. bis 12. Jahrhundert auf die europäische Kunst- und Volksmusik ein. Reiche Anregungen empfing vor allem die lateinische Musiktheorie aus der arabischen, was sich an unmittelbarer Hinübernahme arabischer Begriffe zeigt. Die Araber selbst fußten auf der spekulativen Theorie der Griechen, die sie als geborene Mathematiker und Physiker jedoch sofort ihren Tests und Experimenten unterwarfen und ohne Rücksicht auf Namen und Ruhm ihres Vorgängers untersuchten, wo nötig durch ihre Erfahrungen korrigierten und überholten. Eine stattliche Reihe arabischer Musikwissenschaftler meldete sich zum Wort. Leider wurde nur ein Bruchteil ihrer Werke nach oft rein willkürlicher Auswahl übersetzt. Ihnen verdankten Gundisalvus, Vincent de Beauvais, Johannes Aegidius, Robert Kilwardby, Ramon Lull, Simon Tunstede, Roger Bacon und Adam von Fulda wesentliche Anregungen. Avicenna galt nach dem Engländer Walter Odington als musikalische Autorität ersten Ranges. Die Schriften Alfarabis zogen ununterbrochen sogar bis ins 17. Jahrhundert die Aufmerksamkeit der Musikwissenschaft auf sich. Von Avicenna und Alfarabi lernte das Abendland das Verhältnis 5:4 für die große und 6:5 für die kleine Terz. Sie nahmen der Terz den bisherigen Charakter der Dissonanz und machten sie zu der unserem heutigen Ohr gewohnten harmonischen Klangeinheit.
Als Verehrer arabischer Wissenschaften befaßte sich der schwäbische Graf Hermannus Contractus auf der Reichenau auch mit den musiktheoretischen Schriften al-Kindis und übernahm von ihm die arabische Notenschrift. Die Solmisationssilben do re mi fa sol la si, die angeblich der Italiener Guido von Arezzo um 1026 nach den Zeilenanfängen eines – nachträglich hergestellten – Johanneshymnus ersonnen haben soll, haben möglicherweise ihr Vorbild in den arabischen Tonsilben dâl (gesprochen wie langes, offenes o) râ mim fâ sâd lâm sin, die sich in einem mit vielen arabischen Wörtern durchsetzten lateinischen Musiktraktat aus dem 11. Jahrhundert finden, der in dem mehrfach von Arabern besetzten Monte Cassino aufgezeichnet wurde.

Der Sänger Sirjab lebte hochgeehrt an dem Hofe seines kunstsinnigen Herrschers – und vielbeneidet. In vorderster Front seiner Widersacher, denen sein allseits bewunderter Gesang, sein Einfluß und sein divamäßiges Auftreten ein unerträglicher Dorn in den Augen war, stand Jachja ben Hakam, wegen seiner rassigen Schönheit al-Chasal, die *Gazelle*, genannt. Dieser begabte Araber hatte sich auf Grund eines glänzenden poetischen Talents schon unter al-Hakam I. eine Stellung bei Hofe erworben, die er um jeden Preis gegen den aus Bagdad hergewehten Fremden zu verteidigen entschlossen war. So standen sich die beiden Künstler, einer schöner und eifersüchtiger als der andere, bald wie kampfbereite Hähne gegenüber. Abd ar-Rachman, besorgt, sie auseinanderzubringen, schickte al-Ghasal als seinen Gesandten nach Konstantinopel, wo der schöne Andalusier und Meister arabischer Unterhaltungskunst und Galanterie den Damen gegenüber das Wohlgefallen des Hofes und vor allem der Kaiserin in derartigem Maße erregte, daß man wünschte, ihn für immer am Hofe zu behalten. Kaum war er aber wieder in Cordoba, als er, von seinen Erfolgen geschwellt, noch heftiger mit dem inzwischen zu bedrückender Größe ausgewachsenen Kuckuck in dem ihm gehörenden Nest zusammenprallte. Der friedfertige Abd ar-Rachman war eben im Begriff, sich mit den Normannen, die Sevilla überfallen, aber eine Niederlage eingesteckt hatten, freundschaftlich zu vergleichen. So schickte er als Begleiter der normannischen Gesandtschaft seinen Hofdichter al-Ghasal mit nach Jütland, wo der Zornentbrannte seine Eifersucht bei gefühlvollen Minneliedern vor der schönen Gemahlin des Normannenkönigs eine Zeitlang vergaß.

Du bist belastet, o mein Herz, mit quälender Liebessehnsucht,
Du bekämpfst in ihr einen Löwen.
Ich bin verliebt in eine Normannin,
Die der Sonne der Schönheit nicht unterzugehen gestattet.

Doch als al-Ghasal zurückgekehrt feststellen mußte, daß die Feuerstelle, die man nicht ständig anbläst, keine Suppe mehr zum Kochen bringt, während andere Töpfe munter am Brodeln waren, verlegte er sich darauf, die Suppe seines Rivalen kräftig zu versalzen. Aber die Spottverse, die Sirjab lächerlich machen sollten, kosteten ihn selbst die Stellung. Abd ar-Rachman verbannte ihn von seinem Hof. Und während der Sänger aus Bagdad in Cordoba Lorbeeren pflückte, gelang es dem Dichter aus Cordoba in Bagdad zu neuen Ehren zu gelangen, obwohl man dort die Andalusier nicht für voll zu nehmen pflegte – womit dem Ausgleich zwischen Ost und West aufs gedeihlichste gedient war.

„DIE HELLE ZIERDE DER WELT“

Wenn der Araber „Andalusien“ denkt, wenn er von irdischer Paradiesesseligkeit träumt, dann meint er die Regierungszeit Abd ar-Rachmans des Großen von 912 bis 961. Mit dem dritten Abd ar-Rachman war Andalusien ein Fürst geschenkt worden, der verdient, das Ideal eines arabi-

schen Herrschers genannt zu werden. Aus einer zerfallenden, durch Religion und Rasse gespalteten Nation hat er ein Volk geschaffen und es in fünfzig Jahren einer umsichtigen, toleranten, wahrhaft staatsmännisch weisen Herrschaft an die Spitze der zivilisierten Welt geführt.
Freilich so wechselvoll auch die politischen Geschicke des Landes bisher gewesen, so sehr es auch im Innern zwischen Freigeistigkeit und engstirniger Orthodoxie hin und her gerissen war, nichts war imstande gewesen, den kräftig empordrängenden Wuchs seiner Kultur zu untergraben oder nur zu hemmen.
Denn auch der Wohlstand seiner Bewohner war dank der rastlosen Tätigkeit und großen Erfahrung der Araber in der Bebauung und Bewässerung des Landes ständig gestiegen. Ihr geübtes Auge hatte sofort die Schätze erkannt, die bei richtiger Pflege dem andalusischen Boden abzugewinnen waren. Sie bohrten Brunnen, legten Hebewerke mit gewaltigen Schöpfrädern von zwanzig und dreißig Meter Durchmesser an. Sie fingen das Wasser aus den Gebirgen in riesenhaften Staubecken bis zu fünf Kilometer Umfang auf, führten es in mächtigen Kanälen und Wasserleitungen über Land, um es in sinnreichen Staugräbenanlagen und Berieselungssystemen über die Felder zu verteilen. So wurden die trockensten, scheinbar unfruchtbaren Hügel und Gebirgshänge terrassiert, durch kammförmig angelegte Furchen berieselt und planmäßig bebaut, die Bauern in regelrechten Kursen über Anbau und Pflege der neu eingeführten Granatäpfel-, Pfirsich-, Mandel-, Aprikosen- und Apfelsinenbäume, Kastanien, Bananen- und Dattelpalmen, Melonen- und Spargelpflanzungen, vor allem des Zuckerrohrs und der Baumwolle unterrichtet – eben jener Pflanzen und Obstsorten, die heute noch einen großen Teil des spanischen Exports ausmachen. Und noch heute sprudelt es in den spanischen Ausdrücken aus der Landwirtschaft und Bewässerungstechnik über von arabischen Wörtern. Kein Fleckchen Erde war damals ungenützt. Acker reihte sich an Acker, wogende Felder folgten einander ohne Unterlaß, wie der Schriftsteller Maßudi Andalusiens „goldene Wiesen" schildert.
Dank der intensiven Kultivierung und Bewirtschaftung, unter dem glücklichen Himmel Spaniens, schüttete der Boden zur Zeit Abd ar-Rachmans III. drei bis vier Getreideernten im Jahr aus. Die landwirtschaftliche Intensivierung richtete sich bei dem alten Volk von Kamel- und Pferdezüchtern selbstverständlich auch auf die Tierzucht. Und wenn man sonst nichts von seinen Leistungen wüßte, um dessentwillen allein wäre es des Rühmens würdig: Die Araber waren es, die aufgeklärt und fortschrittlich genug dachten, um den für jene Zeit ungeheuer kühnen Gedanken der künstlichen Befruchtung[19] als erste zu fassen und praktisch durchzuführen, den erst das 20. Jahrhundert neu realisierte.

Jetzt wurden auch Bergwerke erschlossen, seit mehr als tausend Jahren ruhende, ehemals von den Phöniziern angelegte Stollen wieder in Betrieb gesetzt, die jährlich eine riesige Ausbeute an Eisenerzen, Kupfererzen und Quecksilber lieferten. Eine vielseitige, ständig auf hohen Touren laufende Industrie gedieh zu einer dem Abendland unvorstellbaren Höhe. Der ständig steigende allgemeine Wohlstand erlaubte fast jedem Andalusier, auf dem Maulesel zu reiten statt zu Fuß zu gehen. Dazu zogen die niedrigen Lebensmittel-, Gemüse- und Obstpreise und die ungewöhnlich hohen Löhne fortwährend neue Scharen arabischer Bauern, Handwerker und Gewerbetreibender auf die Halbinsel herüber. Um 950 war die Bevölkerung allein des arabischen Spaniens auf 30 Millionen angewachsen. Viele tausend Dörfer waren rings um Cordoba über ein üppig blühendes, von Fruchtbarkeit strotzendes Land hin verstreut.
Denn seitdem Andalusien sich unter den Omaijaden von den Kalifen in Bagdad unabhängig gemacht hatte, flossen die Steuern und Zölle nicht mehr in die östlichen Kassen, sondern kamen dem Land selbst zugute. Unter der einsichtsvollen, musterhaft geordneten und sparsamen Verwaltung Abd ar-Rachmans des Großen wanderten die Staatseinnahmen zu einem Drittel in den laufenden Staatshaushalt und Unterhalt seines Heeres, das die diszipliniertestе und bestausgerüstete Kriegsmacht war, wie der Gesandte Ottos des Großen, Abt Johann von Görtz, berichtet. Ein Drittel wurde zurückgelegt, das letzte Drittel verbaute der Kalif in Moscheen, Brücken, Heerstraßen, Wasserleitungen – womit er alle Arbeitslosen von den Straßen holte – und in seine künstlerischen Träume, die Denkmäler seines Herrschersinns und seines „großen Denkens" werden sollten, wie er es selbst ausgesprochen hat:

Ein Fürst, der Ruhm begehrt, muß Bauten gründen,
Die nach dem Tode noch sein Lob verkünden.
Du siehst aufrecht noch stehn die Pyramiden,
Und wieviel Kön'ge sind dahingeschieden!
Ein großer Bau, auf festem Grund vollbracht,
Gibt Kunde, daß sein Gründer groß gedacht.

Das phantastischste Monument seiner glanzvollen Herrschaft wurde die Stadt as-Sachra, eine ganze Traumstadt in der Nähe Cordobas aus herrlichsten, aufs wundervollste mit purem Gold, Marmor, Kristall, Ebenhölzern und echten Juwelen gezierten Palästen und prangenden Gärten. Die Lieblingssklavin Abd ar-Rachmans hatte bei ihrem Tode ein großes Vermögen hinterlassen und bestimmt, mit dem Geld muslimische Gefangene loszukaufen, die noch in fränkischer Gewalt schmachteten. Aber

alle Nachforschungen bei den Franken waren ergebnislos verlaufen. So hatte er auf Wunsch seiner Geliebten as-Sachra das Geld in den Bauwerken angelegt und ihren Namen in dem der Stadt verewigt.
Volle fünfundzwanzig Jahre arbeiteten zehntausend Arbeiter ununterbrochen an diesen Kostbarkeiten, die ein Zeitgenosse die ungeheuersten, glänzendsten und berühmtesten Bauwerke nennt, die je von Menschenhand errichtet wurden. Ein anderer Araber erklärt, der Palast des Kalifen sei von so unerhörter Pracht und Herrlichkeit gewesen, daß er allgemein als einzigartig und ohnegleichen in der islamischen Welt gegolten habe und Reisende aller Herren Länder übereinstimmend geäußert hätten, nie Ähnliches gesehen, noch davon gehört, noch von der Existenz solcher Herrlichkeiten je etwas geahnt zu haben.
Sie blieben nicht ohne Nachfolge. Nicht nur in der Residenz, überall füllten sich die blühenden Ufer des Guadalquivirs und rings das Land zwischen den dicht verstreuten Dörfern mit stolzen Palästen und reizenden Villen der Mächtigen und Reichen und mit den öffentlichen Lustorten und Parks, in deren Olivengebüsch und Weinlauben, Zypressen- und Palmenschatten die Städter Erholung suchten.
Allein über das vom Guadalquivir durchflossene Becken zwischen der Sierra Morena und der Sierra Nevada ausgesät, lagen zwölftausend Ortschaften, unter ihnen sechs Hauptstädte, achtzig größere Städte und dreihundert mittlere.
Aber als „die Stadt der Städte" galt dem Andalusier Cordoba. Weit an seinen grünen Ufern hingedehnt mit ihren achtundzwanzig Vorstädten, war sie zur Zeit Abd ar-Rachmans des Großen um die Mitte des 10. Jahrhunderts schon der bebauten Fläche nach die größte Stadt des Westens einschließlich des gesamten Europas. Außer den Wohnungen der Wesire und Beamten besaß Cordoba 113 000 Wohnhäuser, 600 Moscheen, 300 Bäder, 50 Hospitäler, 80 öffentliche Schulen, 17 höhere Lehranstalten und Hochschulen (die im 9. Jahrhundert durchschnittlich allein 4000 Studenten der Theologie vereinten) und 20 öffentliche Bibliotheken, die Hunderttausende von Büchern enthielten – in einer Zeit, in der keine Stadt Europas außer Kontantinopel mehr als 30 000 Einwohner zählte, keine Gemeinde ein Krankenhaus oder eine höhere Schule besaß, nirgends eine nur nennenswerte Bibliothek oder gar ein öffentliches Bad sich befand. In einer Zeit, in der die Straßen der Städte ungepflastert und mit dem schwimmenden Abfall und Kot höchst unhygienisch waren. Und während es geschehen konnte, daß noch die „Kölnische Zeitung" vom 28. März des Jahres 1819 die Beleuchtung der Straßen durch Gaslaternen als „aus theologischen Gründen verwerflich" anprangerte, „da die göttliche Ordnung und Finsternis nicht vom Menschen zerstört wer-

den darf", waren Cordobas Straßen, auf die insgesamt 80000 Läden mündeten, um 950 nicht nur höchst fortschrittlich gepflastert und regelmäßig durch Ochsenkarren gereinigt, sondern auch des Nachts von Laternen erhellt, die an den Hauswänden befestigt waren. Erst zweihundert Jahre später, 1185, schloß als erste Stadt des Abendlandes Paris sich dem arabischen Vorbild wenigstens in der Straßenpflasterung an, ein Beispiel, das im übrigen Europa erst Mitte des 13. Jahrhunderts Schule machte, wo endlich jetzt, wenn auch nur vorübergehend, die stehenden Mistpfützen durch besondere Gossen abgeleitet wurden.

Sicher ist dies wie manches andere Vorbild, das dem Abendland zum Nutzen gereichte, nicht ferngesendet, sondern durch Reisende von Fleisch und Blut über die Pyrenäen nach Europa getragen worden, obwohl man durchaus nicht wahrhaben will, daß Christen sich im Lande der Schwarzkünstler und Magier aufgehalten haben, um nicht eine Abhängigkeit von den Arabern eingestehen zu müssen. Und sicher waren es keine Visionen, die der gelehrten Nonne und Dichterin Hroswitha in der Zelle des sächsischen Klosters Gandersheim ausführliche Kunde gegeben und sie zu dem Preislied auf Cordoba hingerissen haben, „die helle Zierde der Welt, die junge herrliche Stadt, stolz auf ihre Wehrkraft, berühmt durch ihre Wonnen, die sie umschließt, strahlend im Vollbesitz aller Dinge".

Nicht nur Juden, die eine große Aufgabe als Vermittler arabischer Kultur nach Europa erfüllt haben, auch Christen hat der Ruf des gesegneten Landes, der sehenswürdigen Weltstädte Cordoba und Toledo und ihrer hohen Stätten der Weisheit angezogen. Während der Omaijadenherrschaft, zwischen dem 8. und 11. Jahrhundert, „strömten" – sagt Ibn al-Hidschari – „Studenten von allen Teilen der Welt in Andalusien zusammen, um die Wissenschaften zu lernen, für die Cordoba der edelste Speicher war".

Die andalusische Wissenschaft humpelte freilich noch eine Zeitlang auf den Krücken der Griechen und der fortgeschritteneren Brüder des Ostreichs einher. Sie auf die eigenen Füße gestellt zu haben, dies Verdienst gebührt dem Sohn Abd ar-Rachmans, dem Kalifen al-Hakam II. Und nachdem sie erst einmal Zutrauen zu sich selbst gefaßt hatte, sollte sie in innerlich unabhängigen und aufgeklärten Gelehrtenpersönlichkeiten – wie den Philosophen Ibn Ruschd, genannt Averroes, Ibn Sochr, genannt Avenzoar, Ibn Tufail, der mit seinem in alle Kultursprachen übersetzten philosophischen Roman vom Naturmenschen auch die Anregung für Defoes Robinson Crusoe gegeben hat, Ibn Badscha, genannt Avempace, den Forschern Abu'l-Qasim, al-Bitrudschi, Ibn al-Baitar, Ibn Firnas, Ibn al-Chatib und dem unvergleichlichen Ibn Chaldun, der ein Geschichtsphilosoph von Weltrang war und der Begründer der Soziologie, den Mystikern Ibn Arabi und Ibn Sabin – an Selbständigkeit und Eigenwilligkeit die ostarabische Wissenschaft noch weit übertreffen.

Wie keinem seiner Vorgänger lag al-Hakam die Bildung seines Volkes am Herzen. Hatte sein Vater es zu einer politischen und wirtschaftlichen Macht erster Ordnung erhoben, so suchte der Sohn vom ersten Tage seiner Regierung an, es auch geistig an die Spitze der zivilisierten Nationen zu führen. Nicht, daß seine Vorfahren nicht für die Bildung ihrer Untertanen gesorgt hätten. Jeder Moschee war eine Schule angeschlossen, jeder Stadtteil hatte seine öffentliche Lehranstalt. Und die Hunderttausende von Büchern, die in den städtischen Bibliotheken lagerten, standen einem ganzen Volk zur Verfügung, das auch imstande war, sie zu lesen. Aber al-Hakam wollte ein übriges tun. Er gründete in Cordoba noch siebenundzwanzig Schulen, in denen die Kinder unbemittelter Eltern unentgeltlichen Unterricht erhielten, denn er selbst bezahlte die Lehrkräfte.

An allen Regungen des geistigen Lebens nahm dieser gelehrteste unter den hochgebildeten Fürsten Cordobas persönlichen und tätigen Anteil. Und die riesigen Reichtümer, die sein Vater angehäuft und die eine vorzügliche Verwaltung ihm laufend an die Hand gab, füllten in diesem dem Geiste zugetanen Land auch die Taschen der Wissenschaft oder wandelten sich unmittelbar um in geistige Güter, in Bücher. Überall in den großen Bildungszentren der arabischen Welt waren Beauftragte des Kalifen von Cordoba mit dem Aufkauf oder dem Abschreiben alter und neuer Manuskripte beschäftigt und dabei stets auf der Lauer, um eine gerade entstehende Schrift rechtzeitig aufzuspüren. War irgendwo ein Gelehrter bei der Arbeit, so stand eines Tages der Agent vor ihm und bot ihm Höchstpreise für das Erstkaufsrecht auf sein noch ungeborenes Opus. So geschah es, daß oft Bücher, die in Basra oder Mossul das Licht der Welt erblickt hatten, längst in Andalusien verbreitet waren, noch bevor man sie in Bagdad zu Gesicht bekam.

Al-Hakam, dem leidenschaftlichen Bücherfreund aber, bereitete es ein hohes Vergnügen, die Neuerscheinungen wo möglich als erster zu besitzen und – zu lesen. Denn seine Liebe zu den Büchern war keineswegs platonisch. Von den 400 000 Bänden, die er in der Bibliothek seines Palastes zusammentrug, wird berichtet, er habe jedes einzelne studiert und mit Bemerkungen und ausführlichen Angaben zur Person des Verfassers versehen. Tatsächlich galt dieser erstaunliche Kalif in Fachkreisen als eine Autorität auf literarhistorischem Gebiet. Und die „über Wüsten und Meere" zu ihrem hochgestellten Kollegen pilgernden Professoren fanden an ihm den freigebigsten Förderer und einen anregenden und wohlbeschlagenen Gesprächspartner.

So stark war die Anziehungskraft dieses Fürsten und seines Hofes, daß sie die größten Geister der islamischen Welt scharenweise hierher führte und sogar christliche Kleriker gegen sie nicht immun waren. So gelang es dem unvoreingenommenen, freisinnigen Kalifen, zwei hohe Würdenträger der Kirche derart für die arabische Geisteswelt und seine wissenschaftlichen Neigungen zu gewinnen, daß sie auf seine Anregung hin aktiv an der arabischen Literatur teilnahmen. Noch während seiner Kronprinzenzeit schrieb der westgotische Bischof Godmar von Gerona in al-Hakams Auftrag eine arabische Geschichte der Franken. Und der Bischof von Cordoba Rekedemundus, der schon Abd ar-Rachman III. 955, im Jahr der Lechfeldschlacht, als Gesandter an Kaiser Otto den Großen gedient, befreundete sich mit den arabischen Naturwissenschaften und widmete unter dem Namen Rabi ben Said al-Usqof, das heißt der Bischof, seinem fürstlichen muslimischen Gönner die Schrift „Über die Einteilung der Zeiten und die Wiederherstellung der Leiber", die Gerhard von Cremona aus dem Arabischen ins Lateinische übersetzte.

Trotz allem war al-Hakam II. als andalusischer Herrscher, der sich aktiv den Wissenschaften widmete, keineswegs die große Ausnahme. Al-Mutsaffir, König von Badajoz, schuf eine hundert Bände umfassende Enzyklopädie des gesamten Wissens seiner Zeit. Al-Moktadir, König von Saragossa, zeichnete sich als Astronom, Mathematiker und Philosoph aus. Die hohe Geltung der Wissenschaft war auch weder bei der Omaijaden-Dynastie noch überhaupt an den kleinen Fürstenhöfen neu oder selten. Im Gegenteil, der Gelehrte, den sein Fürst in die Stellung eines Staatsbeamten berief, kennzeichnete die außerordentliche Wertschätzung, die Wissen und Wissenschaft in Andalusien erfuhren. Kaum einer seiner Großen im Geiste blieb hierzulande Privatmann. Fast alle bekleideten sie trotz, oder besser: wegen ihres Gelehrtentums hohe Ämter im öffentlichen Leben. Und die kleineren Fürsten, die nach dem Sturz der Omaijaden 1031 und nach der Auflösung des Kalifats Cordoba in Sevilla, in Granada, in Almeria und Saragossa emporkamen, traten in einen natürlichen Wettstreit ein in der Förderung der Wissenschaften und schönen Künste an ihrem Hofe und wurden der eigentliche Sauerteig der zweiten großen Kulturepoche Andalusiens.

Und nicht nur die Wissenschaft oder die bildenden Künste hatten an den Kleinfürsten ihre aufrichtigen Gönner und eifersüchtigen Mäzene. Auch die Dichtkunst, die von jeher zum Leben des Arabers wie die Luft zum Atmen gehört hat, fand in ihnen ihre dankbarsten Bewunderer, ergebensten Liebhaber – ja sie fand in ihrem Kreis einen ihrer größten Dichter.

Wem soll schon in diesem Getümmel, das an heißen Sommerabenden auf der „Silberwiese“ wogt, der Mensch auffallen, der im gemessenen Abstand zwei vergnügten jungen Männern folgt, ohne sie aus den Augen zu verlieren. Hier drängt sich das Volk aus Sevilla vor den Vergnügungsplätzen oder schlendert in Gruppen über die taukühlen Parkwege entlang des Guadalquivirs. Aber keinem kommt es in den Sinn, in dem einen der beiden jungen Leute, die wie harmlose Seidenweber gekleidet sind, Abu 'l-Qasim Muhammed zu vermuten, ihren künftigen König.

Der heitere, liebenswürdige Prinz hat seinen Spaß daran, sich unerkannt unter das Volk zu mischen, und der neun Jahre ältere Ibn Ammar ist wie stets sein unermüdlicher Gefährte. Der Kronprinz liebt diesen Freund wie nichts auf der Welt. Denn Ibn Ammar besitzt die Gabe der Dichtkunst in solcher Vollendung, daß in ganz Andalusien nur einer ist, der große Ibn Saidun, der ihn noch überragt. Und obgleich Ibn Ammar armseliger als ein Bettler und nur ein hergelaufener Abenteurer gewesen, hat die Vollkommenheit seiner Verse das begeisterungsfähige Herz des jungen Prinzen, der selbst ein Dichter ist, doch ganz und gar gewonnen. Und oft wetteifern sie miteinander in der Kunst, aus dem Augenblick einen Vers zu greifen und Reim mit Reim zu schließen.

Während sie sich im Strom der Lustwandelnden auf den Uferwegen ergehen, bewegt ein leiser Windhauch die Wasseroberfläche, und das blanke Silberband erzittert in kleinen, sich ringelnden Wellen. Da beginnt Kronprinz Muhammed:

„In einen Ringelpanzer, sieh! verwandelte der Wind das Naß ...
Sprich den folgenden Vers!“

Aber Ibn Ammar zögert. Der treffende Reim will sich nicht einstellen. Da fällt in das sich dehnende Schweigen hinein die Stimme eines Mädchens:

„Wär' es gefroren, o fürwahr! ein schöner Panzer wäre das!“

Entzückt über die Antwort und erstaunt, daß ein Mädchen seinen berühmten Ibn Ammar an Witz und Treffsicherheit noch übertrifft, wendet der Prinz sich um. Der Anblick, der sich seinen Augen bietet, überrascht und verzaubert ihn. Er ruft seinen Eunuchen, der in einiger Entfernung stehengeblieben ist, und befiehlt ihm, die schöne Dichterin in seinen Palast zu führen. So schnell er vermag, kehrt er selbst dorthin zurück.

Sie ist von fast kindlicher Anmut, herzbewegend schön und sprühend von Leben und Einfällen, und sie heißt Itimad. „Aber man nennt mich Romaika, denn ich bin Sklavin des Romaik und Mauleseltreiberin.“ Ihm

aber erscheint sie, während er mit ihr spricht, noch herrlicher, noch geistvoller und begehrenswerter als auf der Silberwiese.
Als er von ihr erfahren hat, daß sie unverheiratet ist, kauft er sie frei und macht sie zu seiner Gemahlin. Und weil sie Itimad heißt, „Entschlossenheit“, und weil er sie so sehr liebt, nennt er sich von diesem Tage an al-Motamid, das heißt „der Entschlossene“. Und unter diesem Namen wird er der größte Dichter unter allen arabischen Königen und Kalifen.
Wie ein Reim zum anderen, so hatten diese beiden Menschen zusammengefunden. Und ihre Liebe dauerte ihr Leben lang bis zu ihrer beider tragischem Ende.

Ein rascher, wohlgelungener Vers hatte diese Ehe gestiftet. Ein Gedicht, das begann:

> Den Becher her! Der Morgenwind weht über Tal und Hügel,
> Nach ihrer Nachtfahrt hemmen die Plejaden ihre Zügel . . .

hatte auch die Freundschaft zu Ibn Ammar begründet. Und seine eigenen Gedichte hatten al-Motamid einst sogar aus dem Kerker befreit, in dem der zornige König, al-Motadid von Sevilla, den Kronprinzen, der durch Nachlässigkeit eine Schlacht und eine Armee verloren hatte, auf seine Hinrichtung warten ließ. Dennoch hatten die Verse es vermocht, al-Motadid, der hart und grausam, aber selbst ein Dichter und für gute Verse empfänglich war, mit dem hundertfach Verdammten auszusöhnen.
Daß ein Vers Ketten zu sprengen vermochte, hatte auch ein junger Finanzbeamter in Cordoba erfahren, der öffentliche Gelder veruntreut hatte. „Wie hast du dich erdreisten können, die Gelder des Kalifen anzugreifen“, hatte al-Manßur, der allmächtige Regent, ihn angefahren. „Das Schicksal ist mächtiger als der gute Wille, und die Armut verführt die Tugend“, war seine dreiste Antwort gewesen, worauf er in Ketten gelegt ward und abgeführt worden wäre, hätte nicht ein ebenso schnell wie glücklich gefundener Vers al-Manßur – der die Dichtkunst so hoch schätzte, daß er sich sogar auf seinen Feldzügen von vierzig seiner Dichter begleiten ließ – bestimmt, ihm die Fesseln wieder abnehmen zu lassen. Da war dieser begnadete Pfiffikus fortgefahren:

> Ich weiß, daß du, o Herr, wenn du vergibst,
> Noch eine Huld hinzuzufügen liebst,
> Führt Allah den, dem er vergibt voll Gnade,
> Nicht in das Paradies auf lichtem Pfade?

womit er sich sogleich die Freiheit und die Straflosigkeit dazu erkaufte.

„Seine Antwort entzückte mich so", bekannte ein Gelehrter, auf dessen Gruß ein Kollege mit einem geistreichen Reim erwidert hatte, „daß ich mich nicht enthalten konnte, seine Hand zu küssen und Gottes Segen auf ihn herabzuflehen." Hunderte von Geschichten bezeugen das gleiche reine Vergnügen, das ein makelloser und treffender Vers aus dem Stegreif oder ein Gedicht wie dies hervorrief, das bei einem Spaziergang ein Mann aus Malaga vor seinem Begleiter rezitierte:

Sie hat von der Morgenröte sich
Geraubt die blühenden Wangen,
Als Darlehn hat sie vom Irakgesträuch
Die schlanke Gestalt empfangen.
Sie warf hinweg die Juwelenreih'n,
Um besseren Schmuck sich zu küren,
Und legte die Sterne sich um den Hals
Gleich leuchtenden Perlenschnüren.
Zufrieden nicht mit dem Gliederbau,
Dem zierlichen, der Gazelle,
Entwendete sie dem Tierlein noch
Des Auges blitzende Helle.

„Als Abd al-Wahab diese Verse hörte, stieß er einen lauten Ruf der Bewunderung aus und sank wie ohnmächtig nieder. Dann wieder zu sich kommend sprach er: Verzeih, Freund! Zwei Dinge gibt es, die mich außer mich bringen, so daß ich meiner selbst nicht mehr mächtig bin: der Anblick eines schönen Gesichts und das Anhören echter Poesie."

Sein glänzendes poetisches Talent hatte auch den Philosophen und Arzt Ibn al-Chatib – eben jenen, der das Abendland über die Ansteckung der Pest aufklärte – an die Seite seines Fürsten geführt. Die Eleganz seines Stils machte seine Staatsschreiben an andere Herrscher berühmt. Aber die größten Dienste erwies er seinem jungen Herrn, dem König von Granada, indem er zweimal durch seine kunstvollen und diplomatisch geschickten Verse den Sultan von Marokko zu solchem Beifall und die Versammlung zu Tränen hinriß, daß dieser sich zweimal bereitfand, dem jungen Fürsten Krone und Land zu retten.

Ein gutes Gedicht vermochte viel, ja alles in einem Volk, in dem die Dichtkunst zum täglichen Leben und zu allem geselligen Verkehr gehörte fast wie die Sprache selbst, ja eigentlich nur als eine besondere Form der Sprache erschien, die jeder beherrschte und die dem Bauern auf dem Felde wie dem gebildeten Akademiker, der Prinzessin wie der Eseltreiberin natürlich und zwanglos von den Lippen floß. Tatsächlich pflegte der Fischer am Guadalquivir ebenso wie der Handwerker in seinem Lädchen jederzeit und aus jedem Anlaß Verse zu improvisieren, und in der Landschaft Silves, so wird erzählt, besaß jeder Ackersmann hinter dem Pfluge die Gabe, sich aus dem Stegreif im Vers auszusprechen. Ein Einwohner von Silves vom Stamm der Beni 'l-Mellach ging eines Abends mit seinem Söhnchen an einem Fluß spazieren, in dem Frösche quakten. Da sagte der Vater zu dem Kleinen: „Mach den zweiten Vers!"

Hörst du sie quaken im Fluß?

Der Junge antwortete:

Fürwahr, ein seltner Genuß!

Darauf der Vater:

Hör nur, welch ein Krächzen und Stammeln!

Und der Sohn:

Als wenn sich die Beni 'l-Mellach versammeln.

Während sie näherkamen, verstummten die Frösche. Und der Vater fuhr fort:

Geht ihnen der Atem aus?

Darauf der Junge:

Sie sind wohl beim Abendschmaus.

In diesem Land Andalusien, in dem schon die Kinder sich im Reimen üben und Folianten sich mit Namen der Dichter füllen ließen, wäre es unmöglich aufzuzählen, wer unter allen Namhaften zugleich auch ein Poet gewesen; eher ließe sich die Frage beantworten, wer von allen Königen und Wesiren, von Männern des Schwertes und des Geistes *nicht* gedichtet habe.

Wenn man im buchstäblichen Sinne von einem Volk von Dichtern sprechen will, dann muß man von den Arabern sprechen, und zwar vom Araber der letzten hundert Jahre vorislamischer Zeit und vielleicht mit gleicher Berechtigung vom Araber Andalusiens. Bei ihnen ist wirklich die Dichtung so etwas wie eine gesteigerte Form der Sprache. Ja, die arabische Sprache drängt von sich aus zur Dichtung, und zwar zu einer Dichtung ganz charakteristischer Form: sie strebt schon ihrem Wesen nach zum Rhythmus und zum Reim.

Die besondere Eigenart, die sie mit allen semitischen Sprachen teilt, die sie aber beispielsweise von den indogermanischen Sprachen so sehr unterscheidet, liegt zunächst darin, daß sie jedes Wort aus einem Gerippe von – meist drei – Konsonanten bildet. Sie sind die unveränderliche Wortwurzel und Träger der Grundbedeutung. Die Vokale sind das Veränderliche. Erst sie geben dem Konsonantengerippe Fleisch und Blut und die

Physiognomie. Erst sie erfüllen es jeweils mit besonderem Sinn, spezialisieren die Grundbedeutung oder geben die grammatische Beziehung an.
Aber jene Einfügung der Vokale gehorcht bestimmten Vorschriften. Und die festen Schemata der Vokale lassen sich jeglicher Konsonantengruppe überstülpen. Dadurch erlangt die Sprache eine unendliche Anzahl gleichklingender Wörter, in denen verschiedene Konsonanten, aber dieselben Vokalfolgen auftreten – das heißt aber: Wörter, die sich reimen.
Diese Eigenart einer Sprache, die zudem von Natur aus ein klarer Rhythmus auszeichnet, fordert geradezu die dichterische Gestaltung in Reimprosa oder Poesie heraus. Diese Weise der rhythmischen, endreimenden Dichtung ist eigentümlich arabisch-semitisch.
Und seltsamerweise sie, nicht die griechisch-lateinische, Längen und Kürzen messende, nicht die stabreimende germanische hat die Literatur des Abendlandes und der Welt erobert! Und obwohl die germanischen Sprachen, mindestens aber die deutsche für den Endreim im Grunde recht unergiebig sind, hat doch die charmante, liebenswürdige Tochter des Orients ihre hier erheblich bevorrechteten Rivalinnen so vollständig in die Ecke gedrängt, daß die griechische wie die germanische Base uns seitdem recht abseitig, fast fremd erscheinen.
Warum dichten wir heute nicht im antiken Hexameter? Warum ist unserem Gefühl ein lyrisches Gedicht im antiken Versmaß „stracks zuwider"? Lange genug waren kirchliche und weltliche Dichtung doch im lateinischen Gewande aufgetreten. Warum übernahm das Volk, als es in der eigenen Sprache zu singen begann, nicht die antike Dichtweise? Warum gab es der semitischen den Vorzug? War es das Gefühl für Rhythmus, der, wenn auch freier, innerlicher genommen, der stabreimenden Dichtung die starke seelische Gespanntheit verliehen hatte und darum das Volk mehr ansprach? War es das Bedürfnis, das rein musikalische, nichtgliedernde Sprachprinzip des Romanen ebenso wie das fremdartig starre des Griechentums wieder durch ein rhythmisches zu ersetzen? Sicherlich wären Goethes und Heines Lyrik nicht das, was sie sind, hätte die Volksstimme anders entschieden!
Wie ist diese endreimende, rhythmische Dichtweise zu solcher Weltgeltung vorgedrungen?
Ein erster Strom führt von Gebeten der altjüdischen Synagogen des 1. Jahrhunderts über Byzanz und die frühchristlichen Hymnen und Gebete der oströmischen Kirche in die lateinische liturgische Dichtung der weströmischen Kirche, die ganz von orientalischen Einflüssen gespeist wird. Ägyptische, vor allem syrische Mönche und die während des Bilderstreits vertriebenen Byzantiner schleusen den Strom in die abendlän-

dischen Klöster. Und Päpste orientalischer Abkunft und ihr Anhang halten die Rinnen offen. Hier geht lange Zeit die semitische Form neben spätantiken Metren und der alten, noch unrhythmischen und unmetrischen Sequenz einher. Ihrer Herkunft eingedenk bleibt sie entschlossen geistliche Dichtung, der Endreim ein halbes Jahrtausend und länger „nicht regelmäßig und meistens unbedeutend", um sich erst im 11. Jahrhundert siegreich durchzusetzen, als neue und stärkere Anstöße kommen. In Otfrieds Evangelienbuch wagt sich der Reim um 860 zum ersten Male in die Volkssprache, wo er mit dem Stabreim des Heliand in Konkurrenz tritt, aber für lange Zeit einsam und noch ohne Nachfolge bleibt.
Ein zweiter Strom entspringt aus der Lyrik der arabischen Wüstenbewohner.

Aus unterirdischen, für uns unsichtbaren Quellen tritt sie urplötzlich um 500 n. Chr. bereits voll ausgebildet in hochentwickelter Gestalt mit einer raffinierten Technik und eigentümlichen Kunstformen ans Licht. Eine Erscheinung, unerklärlich und einzig dastehend in der Geschichte, daß ein Volk von dem allgemeinkulturellen und zivilisatorischen Stand des reinen Wüstennomaden und Kriegers eine vollendete Kunstdichtung von unwiederholbarer Schönheit hervorbringt, wie sie „sonst nur höchst vorgeschrittenen Bildungsperioden eigen ist", ja die „zu den sprachschöpferischen Glanzleistungen der Menschheit gehört" (Hoenerbach).
Gewiß, seine Sprache ermuntert den Araber förmlich, mit Worten und Gleichklängen zu spielen. Aber während das Kunstmittel des Endreims in der syrischen Dichtung doch ein gewisser Eigenbrötler bleibt, benutzt der Araber es durchgehend als bewußtes dichterisches Gestaltungsprinzip. Wie die Arabeske in der Ornamentik, so fordert der einmal gewählte Endreim, der ein Versganzes abrundet, dazu auf, ihn in einem unendlichen Rhythmus der Verse fortzusetzen – von Versen, deren gleichbleibendes Schema wiederum in sich selbst rhythmisch gegliedert ist.
So entstehen aus der Eigenart dieser Sprache Sprachschöpfungen, in denen die strömenden Bilder und Gefühle wie Welle auf Welle einander folgen in endloser Dünung – oft bis zu hundert Malen – und die dennoch in der strengen Ordnung von gleichem Reim und gleichem Rhythmus gebändigt sind, wie dieses Regenlied des unvergeßlichen Amru 'l-Qais es vorführt, der fünfzig Jahre vor Muhammed lebte.

Es tropft der Wolke regenschwangrer Saum
und deckt mit seinem Naß der Erde Raum,
und sahst du eben noch den Pfahl des Zeltes,
hüllt jetzt des Wassers Vorhang grau den Baum.

Schau dort den Eidechs, wie behend er rudert,
die Pfötchen rührt im aufgewühlten Schaum!
Da aber bergen Sträucher ihre Häupter
in Schleier, wie es Frauen tun im Traum.
Nun jagt vom Wind gepeitscht der Zug der Wolken,
und Regen strömt aus ihrer Nebel Flaum:
Die Täler Hosaf, Haim und Josor fassen
der Himmelsfluten breite Fülle kaum.
Vorm Wetter trug mich heil die schlanke Stute
grad heim: da steht sie, dampfend noch, am Zaum.

In der Kasside, der traditionellen Gedichtform der großen Frühzeit, mit der unbegrenzten, rhythmischen Wiederkehr ein und desselben Reims hat der Araber in der Tat das getreue Abbild der Arabeske im arabischen Flächenornament geschaffen. Sie gilt noch heute als klassisch. Modernere Schulen wie die des Abu Nuwas in Bagdad, aber mehr noch die eines blinden Dichters, der Ende des 9. Jahrhunderts am Hof der Omaijaden in Cordoba lebte, haben die alte Kassidenform durchbrochen und eine Anzahl neuer, strophisch aufgegliederter Liedformen mit wechselnden Reimen in oft kunstvollsten Verschränkungen und Verschlingungen erdacht. Solche Neuschöpfungen, an denen auch der Iran mit Firdausi, Omar dem Zeltmacher und anderen stark beteiligt war, flogen auf den Lippen der sangesbegeisterten Araber gleich Zugvögelscharen durch das riesige Reich von Cordoba bis in die Dörfer des indischen Kaukasus und von Tus und Naischapur in Persien bis zum Niger und Ganges.

Aber mit offensichtlicher Freude wurden sie von Europa aufgenommen. Die Troubadoure, angeführt vom Herzog Wilhelm IX. von Aquitanien, die Trouvères und Minnesänger bedienten sich arabischer rhythmischer Reimformen, des arabischen Strophen- und Versbaus und anderer Eigentümlichkeiten der andalusischen Lyriker und Straßensänger. Deutlicher Einfluß findet sich in den geistlichen Gesängen des lebhaft vom Arabertum und von den Arabern seines Hofes inspirierten Königs Alfons des Weisen und in den Werken des Juan Ruiz, Erzpriesters von Hita, der ganz in der islamischen Tradition steht und sogar Tanzlieder und Gassenhauer für seine Freundinnen unter den arabischen Sängerinnen gedichtet hat; er findet sich in lateinischen Weihnachtsliedern ebenso wie im französischen Rondeaux und in der Ballade.

In Italien spielt das arabische Vorbild eine noch größere Rolle als bei den Troubadouren. Hier gewinnt die arabische Liedform sich ihre Anhänger zunächst ebenfalls in geistlichen Liedern sowohl des heiligen Franz von Assisi wie der Franziskaner, des Fra Jacapone da Todi, eines Zeitgenossen Dantes, wie im „Dolce stil nuovo“ und bei Dante selbst. Aufs stärkste wirkt es in der Volksdichtung Umbriens, der Toscana und Venedigs. Aus arabischen Formen entwickelt sich hier das weltliche Madrigal. Sogar Lorenzo de Medici und noch Machiavell haben in arabischen Rhythmen gedichtet. Außerdem steuern die sizilischen Araber wiederum volksliedartige Kunstformen bei, die sich bis heute in Italien erhalten, aber auch die Bildung des Sonetts in Norditalien beeinflußt haben.

Wo auch immer in dem unermeßlichen Reich arabischer Zunge gedichtet wurde, dort blieben Sprache und Stil der Beduinen das unverrückbare Richtmaß. Man schickte seine Kinder zu ihnen, auf daß sie bei ihnen das reine, unverfälschte Idiom der Dichter lernten. Und obwohl die Wüstenaraber sich einst von hier aus über ganze Kontinente hin ausgebreitet, fremde Völker und Rassen überlagert und sich mit ihnen vermischt hatten, wahrte die arabische Dichtung überall getreulich ihre charakteristischen Wesenszüge.

Sie ist reine Lyrik durch und durch, subjektive Aussage von Eindrücken und Gefühlen, gleich schimmernden Perlen zur Kette gereiht. Die Lyrik beherrscht hier das Feld der Poesie fast ausschließlich, ähnlich wie heute bei uns, wo Epos und Ballade immer mehr zurücktreten.

Und auch in ihrer Aussage wirkt hier die Sprache von sich aus produktiv, wie umgekehrt sie selbst sich unaufhörlich an der Dichtung bildet. Überwältigend und staunenswert ist der Wortschatz, mit dem der einfache Beduine und Krieger bereits die feinsten Schattierungen menschlicher Gefühle zu fassen imstande ist. Ungleich unserer Sprache sein Reichtum an Wörtern, die sich dem Dichter anbieten und die denselben Gegenstand unter den verschiedensten Blickwinkeln, von verschiedensten Seiten und Zusammenhängen packen. Hier ist die scharfsichtige, aufmerksame und zugleich geduldige Beobachtung des Wüstenbewohners am Werk, dessen zwar unvergleichlich großartige, aber dinglich beschränkte Welt durch das hellsichtige Erfassen des besonderen Gesichts, der eigentümlichen Physiognomie eines Blicks der Augen, einer Spur im Sand, eines Schreis in der Nacht Farbe, Duft und Klang erhält. Hierher die Freude über die Treffsicherheit, die „Richtigkeit“ eines glücklichen Ausdrucks, der nie das Allgemeine, sondern immer den besonderen Umriß mit knappen, scharfen Strichen festhält. Hierher aber auch die Unmöglichkeit, die unerhörte Atmosphäre, die das Wort erstehen läßt, durch noch so sinngetreue Übersetzungen erlebnisecht wiederzugeben.

Ein wenig von der kraftvollen Bildhaftigkeit der Sprache mögen ein paar Verse aus der Kasside des Schanfara – ebenfalls aus noch heidnischer Zeit – ahnen lassen, des dem Himmel trotzenden, gegen Mensch und

Gott hadernden Wüstenhelden, der in die Einöde flieht, wo Wolf und Hyäne seine Gesellen sind . . .

Nach schmalem Frühmahl tauch ich morgens auf,
beginne wie der fahle Wolf den Hungerlauf:
Noch nüchtern wittert der im Morgenwinde
zur Schlucht hinab, ob er dort Beute finde.
Und hatte er kein Glück, wo er gesucht,
so heult er, und zurück heult's aus der Schlucht:
Grauköpfe sind's mit schmalen Weichen,
gierzähnig, die Orakelpfeilen gleichen,
wie Bienen schwärmen, die der Weisel lockt
und gern der Imker hätte eingestockt.
Die Rachen sperren wie gespaltne Kloben,
und Zähne drohen unten drin wie oben.
Der Leitwolf heult, sie stimmen heulend ein,
wie Klageweiber auf dem Hügel schrein;
nun jault er leis, und leise sie, und scheinen
zu gegenseit'gem Trost sich zu vereinen.
Er klagt, sie winseln; schweigt er, sind sie still.
Man mäßigt sich, wenn Schrei'n nicht helfen will.
Nun kehrt er um, sie folgen und verschwinden
bergan, die Not mit Mut zu überwinden.

Schwirrt durstig früh der Steppenhühner Zug
Zum Wasser, laß ich ihnen kaum genug.
Mich drängt's wie sie, doch flattern sie zu träge,
geschürzt flieg ich an ihrer Spitze rege
und von der Tränke kehr' ich schon, wenn sie
einfallen dort und trinken, trinken. Sieh,
wie sie sich drängend um die Lache schicken,
wie Reisige, die ihre Tiere dort erquicken.
Sie schlucken, schlucken. Weiter geht ihr Flug,
wie von Uhada auszieht flink ein Reiterzug.

In mancher Schreckensnacht sah Waffen ich
im Feuer brennen, denn so fror es mich.
Mit Hunger, Frost und Grimm als Weggeleite
ritt ich durch Regennacht und Sturm ins Weite.
Zu Witwen hab ich Weiber da gemacht,
manch Kind verwaist und schwand dann in der Nacht.
Einst schlief ich in Gumaisa, und am Morgen

besprachen zwei Gefährten sich voll Sorgen:
„Nahmst du zur Nacht der Hunde Bellen wahr?" –
Wir fragten: „Kam ein Wolf? Hyänen gar?" –
„Sie schlugen einmal an." – Und wir: „Sie hörten
wohl einen Geier, den beim Fraß sie störten.
Vielleicht war es ein Dschinn, der nächtlich schweift,
vielleicht ein Mensch." – „Nein, keiner, der da streift."

Der Schmelzluft siedeheißer Sommertage,
da in der Glut die Viper zuckt vor Plage,
bot ich oft Brust und Haupt, das unbemützt
ein Fetzen Streifenzeug nur kärglich schützt:
Durchs Flatterhaar mir oft die Winde strichen,
die Zotteln hat kein Kamm je ausgeglichen;
seit langem nie gewaschen noch gestrählt,
bedecken Schrammen sie, die nie geölt.
Auf kahlen Felsen, glatt wie Schildes Rücken,
wo keinem Menschenfuß der Tritt will glücken,
trieb ich von End zu Ende kreuz und quer
bald aufrecht, bald im Rutschen mich umher.
Wo ich emporklomm, sprangen weiße Ziegen
gleich strammen Jungfern, deren Röcke fliegen:
Sie tanzten um mich abends her, als wär
ein Steinbock ich breitbeinig, hörnerschwer.

Das Volk nahm diese Kasside in die Reihe der Muallakat, der ältesten preisgekrönten Gesänge, auf. Wie mußte da jene Menschen die hinreißende Sprachgewalt der Reimprosa packen, aufrütteln, überwältigen, mit der Muhammed ihnen seine Botschaft im Koran verkündete:

Bei den Rossen, die wiehern und jagen,
Die Funken aus den Kieseln schlagen,
Frühmorgens den Reiter zum Angriff tragen,
Die hoch zum Himmel den Staub aufjagen
Und mitten hinein in den Feind sich wagen!

Wenn die Sonne sich verschleiert und die Sterne erblassen,
Wenn die Berge schwanken, Kamelstuten sind verlassen,
Wenn die wilden Tiere sich rotten, wenn das Meer aufjagt,
Wenn die Seelen sich paaren, wenn man die getöteten Töchter fragt,
Um welche Schuld sie ermordet, wenn Rechnung ist vorgebracht,
Wenn der Himmel enthüllt ist, das höllische Feuer entfacht,

Wenn nahe der Paradiesesgarten,
dann erkennt die Seele, was sie gemacht.

Fürwahr, ich schwöre bei den Planeten,
Den wandernden, unsteten,
Bei der Nacht, wenn sie dunkelt,
Und beim Morgen, wenn er funkelt!
Es ist das Wort eines, den Gott gesandt ...

Unzählig sind die Gedichte, in denen der Araber die ihm liebsten Tiere immer wieder anders erstehen läßt, wie hier das Pferd:

Ist es ein Roß, das vorüber mir schoß, doch schnell sich ins Weite verlor?
Oder zuckte gleich flammendem Blitz vorbei ein Meteor?
Felsige Pfade begrüßen es froh, wenn hurtig heran es schnauft;
Auf seiner Stirne das glänzende Mal hat es dem Morgen geraubt.
Hört es Geräusch, so erschrickt es und glaubt, der Beraubte setze ihm nach,
Doch zu so hastigem Fluge sind des Frührots Flügel zu schwach.
Müde bleiben die Sterne zurück, wenn es den Lauf beginnt,
Und nicht holen die Wolken es ein, jagen sie noch so geschwind.
Frage die Winde, wo seines Laufs äußerste Grenzen sei'n;
Antwort weiß dir nicht einer darauf als nur die Winde allein.

Seinem Bogen gab ein Andalusier diese Inschrift:

Wenn Staub sich über dem Schlachtfeld ballt
Und von Reihen zu Reihn die Zerstörung wallt,
Wenn wütend sich Heer mit Heer bekriegt
Und über ihr Haupt der Tod hinfliegt,
Dann schleuder ich auf den kämpfenden Feind
Den Untergang, noch eh er es meint.
Als Halbmond leucht ich dem Felde der Schlacht,
Und es blitzt mein Pfeil wie die Sterne der Nacht.

Ähnlich wie Mörike löst der arabische Dichter Ibn Scharaf einen Sonnenaufgang ganz in Handlung auf:

Lang war die Nacht und träg der Tag, zum Aufbruch sich zu rüsten.
Die Sterne klagten, daß so lang sie diesmal warten müßten;
Doch endlich blies der Morgenwind hinweg die dunkle Hülle,
Und aus den Gärten ringsum stieg der Wohlgerüche Fülle.
Im Osten wies, vor Scham erglüht, von Schüchternheit befangen,
Die Morgenröte nach und nach die taubenetzten Wangen.
Im Fliehen schritt von Stern zu Stern die Nacht im Himmelsraume,

Und einer nach dem andern sank wie Blätter von dem Baume:
Zuletzt erschien die Sonne selbst in strahlendem Gefunkel,
Und bei des Tages Nahen schwand dahin das nächtge Dunkel.

Die Phantasie ist unerschöpflich, die Gegenstände – anstatt sie von außen zu beschreiben – zu beleben und in Tätigkeit zu setzen. „Jede Blume öffnete in der Dunkelheit ihren Mund und suchte nach jedem Euter der fruchtbaren Wolke." Unaufhörlich blendet der Dichter über in andere Bilder, in andere Akte: „Die Hände des Frühlings haben auf hohen Stengeln die Burgen der Lilien gebaut, Burgen mit silbernen Zinnen, in denen die Kämpfer den Prinzen in ihrer Mitte schirmen mit Schwertern aus Gold." Oder:

Im Schatten jenes Tages kreisten unsre Wünsche
über unseren Köpfen wie Sternbahnen von Glück.

Mit diesen Mitteln gelingt es dem Araber, ein farbig-plastisches Geschehen zu beschwören von einer Sinnenkraft und traumhaften Schönheit, die oft der Lyrik Mörikes verschwistert scheint. Die Uferspiegelung im Guadalquivir wird als Kampfhandlung zwischen Bäumen und Wasser vorgeführt:

Die Pappeln, die über den Gärten aufsteigen,
sind wie Lanzen voll seidener Wimpel,
Truppen gegen den Fluß, die antraten, als sie
das Kettenhemd sahen, das der Wind dem Wasser anlegt.
Der Fluß mit seinen Wellen trieb sie zurück. Doch sie
beugten sich über ihn, und er unterlag und klagt nun leise.

Die Themen dieser Dichtung sind unermeßlich wie die menschliche Seele. Alle Töne von verzehrender Trauer, irrer Verzweiflung, von rasendem Haß, schwermütiger Trauer und jubelnder Liebe schlägt diese Lyrik an. Die Traumerscheinung der Geliebten beschwören die Verse des Ibn Chafadsche:

Sie kam, vom Mantelsaum der Nacht umhüllt,
Zu mir als Traumbild wie die Berggazelle.
Von ihrem Mund die Feuchte trank ich bald
Und bald des süßen Weines goldne Welle,
Bald küßt ich ihrer Wangen Abendrot,
Von ihren dunklen Haaren überschattet.
Am Stabe des Orion schlich die Nacht
Schon altersgrauen Hauptes und ermattet;
Langwallenden Gewands, mit blonden Locken
Erschien der Tag und lächelte voll Wonne;

Durch Gehorsam und kniefällige Ergebung in ihre Launen wirbt nach den Regeln des arabischen Liebesspiels der Mann um die Gunst der Frau

In seines Mundes Zähne, die Jasminen,
Verliebte nach dem Regen sich die Sonne.
In seinen Kleidern schwankten Duftgesträuche
Und löschten ihren Durst in kühlen Flüssen;
Wir aber brauchten Regen nicht, da Arm
in Arm wir lagen unter Tränengüssen.

Von welcher volksliedhaften Schlichtheit und zarten Innigkeit sind diese teils der klassischen Epoche, teils der andalusischen Dichtung angehörenden Strophen:

Ich sah sie ungesehen, und Schönres sah ich nicht,
Ich sah des Mondes Aufgang in ihrem Angesicht.
Wie sie mein Auge füllte, so füllt es immerdar
Die Träne, bis mir völlig erschöpft die Träne war.

Seit ich zum letzten Male dich gesehen,
Bin ich ein Vogel mit gebrochnen Schwingen –
Ach könnt ich übers Meer hin zu dir fliegen!
Von dir die Trennung wird den Tod mir bringen.

Daß neben dem Ernst auch heitere Töne zu ihrem Recht kommen, zeigt dies Lied des Ibn al-Abbar:

Mein Mädchen schlich behenden Schritts,
Vor Spähern bang, zu mir,
Mit ihrer Schönheit nur geschmückt
Statt mit Juwelenzier.
Als ich zum fröhlichen Begruß
Ihr einen Becher bot,
Da ward der Wein vor Eifersucht
Auf ihren Lippen rot.
Wir zechten von dem Naß, bis sie
Bewältigt von dem Trank,
Geschlossnen Aug's, in meine Macht
Gegeben niedersank.
Zum Schlummerkissen bot ich drauf
Ihr meine Wange dar,
Sie aber sprach: Der beste Pfühl
Ist doch dein Arm fürwahr!
Wohl dürstet' ich, indes im Schlaf
Sie lag, nach ihrem Kuß,
Doch wagt ich nicht vor Scheu, den Durst

Zu stillen im Genuß.
Als dieses Mädchen, dieser Mond,
Bei mir verweilte, schwand
Der Vollmond draußen; Finsternis
Umschlang den Himmelsrand.
Und staunend rief die Nacht: Wer ist's,
Der meinen Mond mir stiehlt?
Sie wußte nicht, daß ich den Mond
In meinen Armen hielt.

Schicksalsschwere Bedeutung erhielt für al-Motadid, den König von Sevilla, der Beginn dieses Liedes, das ihm orakelhaft sein nahes Ende zu verkünden schien:

Auf! tötet die Zeit! Getötet von ihr einst müssen zu Boden wir sinken;
Mischt denn mit dem Naß der Wolken den Wein und gebt uns zu trinken, zu trinken!

Sein Sohn al-Motamid, der Gemahl Itimads – oder Romaikas, wie sie sich nannte –, bestieg nach ihm den Thron und herrschte trotz drohender Wolken am politischen Himmel zweiundzwanzig glückliche Jahre über ein blühendes Reich. Wie wenige ihrer Fürsten haben die Araber diesen geliebt, der – ein Zeitgenosse Heinrichs IV. und Gregors VII., Wilhelms des Eroberers und des Grafen Roger I. von Sizilien – nach dem Zeugnis des Chronisten Ibn Challikan zu seiner Zeit „der freigebigste, gastfreundlichste, großmütigste und mächtigste unter allen Fürsten Spaniens war, sein Hof der Rastort der Reisenden, der Sammelpunkt der Talente, die Stätte, nach der sich alle Hoffnungen richteten, so daß an keinem anderen Herrschersitz jener Zeit gleich viele hervorragende Dichter und Gelehrte zusammenströmten".
Hier lebte als Hofarzt Abu 'l-Ala ibn Sochr, der dritte aus der Sevillaner Ärztedynastie aus dem alten arabischen Stamm Ijad, berühmt als Arzt und Philosoph und als eingebildeter Sonderling. Er pflegte seine Rezepte auf die Streifen zu schreiben, die er von einem dicken Wälzer, dem Geschenk eines Kaufmanns aus dem Irak, rund um den Text abgeschnitten hatte, ohne das Buch vorher gelesen zu haben. Es handelte sich um den Kanon eines gewissen Ibn Sina, das erste Exemplar, das nach Andalusien kam. Dieser schrullige Leibarzt al-Motamids war der Vater des berühmten Arztes und Philosophen Ibn Sochr, den das Abendland Avenzoar genannt hat, und Großvater eines Arztes, der sich auch als Dichter einen Namen machte. Von Sevilla ging dieser Enkel Ibn Sochr an den

Hof des Herrschers von Marokko. Eines Tages fielen dem Sultan zufällig ein paar Gedichte seines Leibarztes in die Hand, denen Ibn Sochr sein Heimweh nach seinem Söhnchen anvertraut hatte. Tief gerührt ließ er heimlich seine ganze Familie aus Spanien kommen und erhöhte sein Gehalt. Die Verse, die das Herz des Sultans so bewegt hatten, lauten:

Ein Kind ist mein, ein allerliebster Knabe,
Bei welchem ich mein Herz gelassen habe.
Ich traure, weil, gebannt aus seiner Nähe,
Ich nicht sein liebes kleines Antlitz sehe.
Ihm gilt mein Sehnsuchtsschmerz wie mir der seine,
Er weint nach mir, so wie nach ihm ich weine,
Und müd' sind unsre Wünsche durch das Wandern,
Das ewige, vom einen zu dem anderen.

Am Hof der Abbadiden von Sevilla hatte auch einer der größten arabischen Dichter, Ibn Saidun, seine letzte Zuflucht gesucht. Und sein Sohn war gar, als Nachfolger des Freundes und Ersten Wesirs Ibn Ammar, der Wesir al-Motamids und einflußreichste Mann bei Hofe geworden. Ähnlich wie al-Motamid seinen Herrschernamen von dem Namen seiner geliebten Itimad abgeleitet und wie es in einem Liebeslied hieß:

Könnte ich allen Menschen Namen geben, so würde ich allen Menschen Deinen Namen geben, nur um ihn zu nennen –

so hatte der Dichter Ibn Saidun in dem Namen seines Sohnes al-Walid der Liebe ein Denkmal gesetzt, die das Glück, das Verhängnis und die unlöschbare Qual seines Lebens geworden war, und er selbst trug dieses Mal wie ein ständig brennendes Siegel auf seiner Stirn, indem er sich Abu 'l-Walid ibn Saidun, Vater des Walid, nannte.
Er entstammte einer der vornehmsten Familien Cordobas. Die Frau, die wahrhaft sein Schicksal wurde, war die charmante Omaijaden-Prinzessin und berühmte, geistreiche Dichterin Wallada, der in Cordoba die Männer zu Füßen lagen. Ein eifersüchtiger, aber einflußreicher Nebenbuhler, der Erste Minister des Reichsverwesers Ibn Dschachwar, hatte es verstanden, dem rauschhaften Liebesglück der beiden ein jähes und schmähliches Ende zu bereiten, indem er den ihm vorgezogenen Dichter, der in der Verwaltung und Diplomatie eine hohe Stellung innehatte, bei dem Oberhaupt Cordobas politisch verdächtigte. Der geistvolle, mit politischen Anspielungen gewürzte Brief, den Ibn Saidun an den Gegner richtete, gab jenen zwar dem allgemeinen Gelächter preis und trug ihm selbst hohen literarischen Ruhm ein, aber auch die Ungnade seines Vorgesetzten und Gefängnishaft. Da nichts den Machthaber umstimmen konnte, suchte er

sein Heil in der Flucht, die nun jahrelang seine Begleiterin blieb. Nur das verzehrende Verlangen, Wallada wiederzusehen, trieb ihn immer von neuem in die gefährliche Nähe Cordobas. In den Trümmern der einstigen omaijadischen Prachtschlösser von as-Sachra, die plündernden Berbern zum Opfer gefallen waren, wo jetzt „der Eule Schrei den Schlummer von hinnen scheucht" und „nächt'ge Schreckgebilde" ihn entsetzten, schickte er seine sehnsuchtsvollen Rufe an die Geliebte, deren „Welt vergessen ließ den, dessen ganze Welt du bist". Wie sein ganzes Leben von dieser Liebe gezeichnet war, so seine von schwermütigen Träumen und Empfindungen erfüllten, unsterblichen Gedichte, die, wie die Araber sagten, „eine Macht besitzen, wie keine Magie sie je besessen, und eine Erhabenheit, mit welcher die Sterne nicht wetteifern können". Seine Irrfahrt endete am Hof der Könige von Sevilla, wo er kurz vor seinem Tod al-Motamid bei der Eroberung Cordobas noch wertvolle Dienste leistete.

Zu den hier versammelten Dichtern gesellten sich kurz darauf die vor den Normannen geflohenen Sizilianer Abu 'l-Arab und Ibn Hamdis. In diesem Kreise großer und kleiner Sterne war der königliche Dichter al-Motamid selbst die Sonne, die alles in ihren Strahlkreis zog und sie alle noch überstrahlte. Er war auch ein berühmter Minnesänger, der seiner Romaika unwandelbar ergeben war, den aber gemäß den Gesetzen arabischen Minnedienstes nichts hinderte, sich zum Sklaven der schönen Amata, der strahlenden Luna, der launischen und eigensinnigen Margarita zu machen und sie in seinen alles verzaubernden Liedern anzubeten. Seine Gedichte, die bei jedem beliebigen Anlaß aus unausschöpflichen Tiefen hervorsprudelten, niemals flüchtig, formlos oder verschlampt, sondern edel wie geschliffene Steine, wie funkelnder Kristall – sie zeichneten die dem Araber eigene Grazie des Gedankens und Zartheit, ja Innigkeit des Empfindens aus. Und gerade diesen Liebenswürdigsten und Feinfühligsten hatte das Schicksal auserwählt, um ihm mit Hammerschlägen die letzte Weihe zum Dichter zu erteilen.

Durch Eroberungen der Christen bedrängt, hatten die andalusischen Fürsten unter Führung al-Motamids Jussuf, den berberischen Herrscher Marokkos, ins Land gerufen. In furchtbarer Schlacht, in der al-Motamid in der vordersten Reihe das Äußerste an persönlicher Tapferkeit bewies, vernichteten die vereinten Muslime das christliche Heer. Aber Jussuf, verlockt von dem blühenden Reichtum und der glänzenden Kultur Andalusiens, zog gegen sein Versprechen nach kurzer Zeit ein zweites Mal über die Meerenge und riß das ganze Land an sich. Der ritterliche Motamid hatte verzweifelt versucht, sein Leben in tollkühnen Gefechten in die Schanze zu schlagen. Aber der Tod hatte ihn nicht gewollt. Jussuf ließ ihn und seine Familie in Ketten legen und auf das Schiff treiben, während das Volk an den Ufern des Guadalquivirs seinem Herrscher nachweinte und die Frauen ihr Gesicht vor Trauer zerfleischten. Über Tanger und Meknes wurde er in den Süden nach Agmat gebracht und, von den Seinen getrennt, zu lebenslänglichem Kerker verurteilt. Als hier der Kerkermeister ihn mit seinen Fesseln an die Mauer schloß, soll er diese Verse gesprochen haben:

Kette, die mit Schlangenwindung du mich zu umschließen wagst,
Denk, bevor du meine Glieder mit dem gift'gen Zahn zernagst
Und dein Flammenbiß versengend Hand und Knöchel mir zerfleischt,
Denk an, was ich einst gewesen und was Achtung von dir heischt!
Einst, als nur von meiner Huld die Menschen lebten – denke dies! –
Sandte sie mein Schwert zur Hölle oder in das Paradies.

Von der Höhe des Lebens in das nackte, erbärmlichste Elend gestoßen, reift al-Motamid zu einem der größten Dichter seines Volkes. In der trostlosen Grabesabgeschiedenheit seines Verlieses, zerschunden am Körper und tief in der Seele verwundet, strömt er seine Qual in ergreifenden Elegien aus, die in der Wahrhaftigkeit und Größe der Empfindung alle dichterische Aussage seit der Hedschra hinter sich lassen und die klassische Vollendung erreichen.

Nach fünf Jahren Haft und langer Krankheit, im Jahre 1095, erst 55-jährig stirbt al-Motamid und wird neben Romaika in Agmat begraben.

Anfang des 12. Jahrhunderts reiste ein Mann aus Sevilla durch die arabische Wüste und fand gastliche Aufnahme in einem Lager von Beduinen aus dem Stamm der Lakhmiten. In einer Nacht, da er keinen Schlaf fand, trat er vor das Zelt, und durch den Anblick des sternübersäten Himmels über der endlosen, vom Schein des Mondes wie ein Spiegel glänzenden Wüste an ein Gedicht seines einstigen Gebieters erinnert, begann er die Verse vor sich hinzusprechen.

In diesem Augenblick wurde der Vorhang des Zeltes gelüftet, vor dem er gerade stand, und heraus trat der Häuptling des Stammes und fragte: „Von wem, sag mir, sind diese Verse, so klar wie ein Bach, so frisch wie ein eben von Regen benetzter Rasen, bald zart und lieblich wie die Stimme eines jungen Mädchens mit goldenem Halsband, bald kräftig und wohlklingend wie der Ruf eines jungen Kamels?“ Das Urteil eines Beduinen aber galt stets als maßgeblicher in Fragen der Sprache und Dichtung als das eines Städters.

Der Mann aus Sevilla antwortete: „Von einem König, der über meine Heimat geherrscht hat, aus dem Geschlechte Abbads und vom Stamm der Lakhmiten.“ Außer sich vor Stolz, eine neue Zierde seines Stammes entdeckt zu haben, rief der Häuptling das ganze Lager herbei. „Hört und behaltet wohl, was ich meinem Gedächtnis tief eingeprägt habe; denn es ist ein Anspruch auf Ruhm, der euch allen zukommt, daß ein großer Dichter einer von euch war.“ Der Sevillaner mußte dem ganzen Stamm nun von seinem König erzählen, dem Dichter, der so anmutig und so erhaben zugleich gewesen war, ein furchtloser Ritter und freigebiger Fürst. Als er geendet, stiegen die Beduinen trunken und stolz vor Freude zu Pferde, um in einer glänzenden Fantasia, so daß die Erde bebte, einen mächtigen Dichterkönig zu ehren, der von ihrem Stamme gewesen.

Zweihundertfünfzig Jahre später zog ein einsamer Pilger durch Marokko. Er war der Wesir des Königs von Granada, Ibn al-Chatib, der Arzt und Erforscher der Pest. Sein Weg führte ihn auch nach Agmat zu dem Friedhof, wo al-Motamid und Itimad unter einem mit Lotos bewachsenen Hügel ruhten. Als er vor den verwilderten und zerfallenen Gräbern stand, sprach er aus dem Stegreif, während Tränen ihn überwältigten:

Nach Agmat, um zu knien an deinem Grabe,
Zog ich aus frommem Trieb am Wanderstabe.
Großmütigster der Fürsten! Du Fanal,
Das weit die Nacht erhellt mit seinem Strahl.
Oh, lebtest du, daß ich in deinem Lichte
Mich sonnte und dich priese im Gedichte!
Nie sah'n vergangne Jahre deinesgleichen,
Noch wird der Künft'gen einer dich erreichen.

KNECHT GOTTES UND DER GELIEBTEN

*I*mmer bist du nahe meinem Herzen,
wenn auch meinen Augen noch so fern!
*T*ränen sind mein Teil und Seufzer, Schmerzen –
aber dir sei hold des Glückes Stern!
*I*st's auch schwer, daß Frauensinn mich leite,
dennoch trag ich deines Willens Joch!
*M*ich zu setzen wieder dir zur Seite,
würde dies gewährt mir endlich doch!
*A*ch, gedenke mein, vergiß mich nimmer,
dauert lange auch der Trennung Qual.
*D*eines Namens Züge schreib ich immer:
Itimad, du meines Herzens Wahl.

Al-Motamid überfliegt noch einmal den Brief an seine junge Frau und die Verse, in deren Anfangsbuchstaben er spielerisch ihren Namen verborgen hat. Dann nimmt er die Feder und setzt darunter: „Bald werde ich dich wiedersehen, wenn es Allahs und Ibn Ammars Wille ist." Lachend zeigt er dem Freund die Worte. „Ach, mein Prinz", erwidert ihm Ibn Ammar, „wie hätte ich jemals einen anderen Wunsch, als deinen Willen zu erfüllen. Willst du zu ihr zurückkehren, dann besteige schnell einen Segler, ich folge dir; oder schwing dich in den Sattel, und ich folge dir auch. Wenn wir dann im Palast eintreffen, läßt du mich allein in meine Wohnung zurückkehren – du aber wirst, ohne dir Zeit zum Ablegen deines Säbels zu nehmen, dich zu ihren Füßen niederwerfen."

Al-Motamid weiß, daß der Freund allzu wahr spricht. Seine Liebe zu Itimad hat ihn, der sich nur widerwillig leiten läßt, zu ihrem gehorsamen Sklaven gemacht.

Obwohl sie keine höhere Bildung besitzt und kaum eine Erziehung genossen hat, bezaubert ihn alles an ihr. Sie ist klug und geistvoll und eine begabte Dichterin, dabei von unbekümmertem Frohsinn und kindlichem Mutwillen. Ja die Launen und unberechenbaren Einfälle, die plötzlich über sie kommen, entzücken und verwirren ihn zugleich durch die Heftigkeit, mit der sie ihr ganzes Wollen beherrschen und immer wieder ihn ihr gefügig machen.

Eines Tages im Februar ist es gewesen, als er sie weinend am Fenster des Palastes gefunden, während sie auf die vom Himmel fallenden Schneeflocken blickte. „Was mir fehlt?" hat sie ihm schluchzend auf seine Frage entgegnet, „mir fehlt, daß du ein Barbar bist, ein Tyrann, ein Ungeheuer! Sieh doch, wie schön der Schnee ist, wie hübsch diese weißen Flocken sich auf die Zweige der Bäume setzen! Und du hast noch nie daran gedacht, mir solch ein Schauspiel zu verschaffen oder mich in ein Land zu führen, wo Schnee fällt." Darauf hat er ihr die Tränen getrocknet und ihr lächelnd jedes Jahr solch ein Schauspiel versprochen. Auf seinen Befehl sind vor ihrem Fenster, so weit sie blicken kann, Mandelbäume gepflanzt worden, damit Itimad sich an ihren blütenbeschneiten Zweigen erfreuen könne, „dem ersten Frühlingslächeln im Munde der Welt".

Ein anderes Mal war sie traurig geworden, als sie am Ufer einfache Frauen aus dem Volk mit bloßen Füßen Schlamm treten sah, aus dem Ziegel geformt wurden. „Ach, ich bin so unglücklich, daß ich nicht mehr frei und fröhlich in meinem alten Gemäuer leben kann, sondern in diesem Palast eingesperrt bin. Könnte ich doch noch wie die Frauen dort unten im Schlamm stampfen!" „Doch, du kannst es noch", hatte er gelächelt, war in den Hof hinabgestiegen und hatte dort Mengen von Zimt, Ingwer, Myrrhen und Moschus zerreiben und mit Rosenwasser übergießen lassen. Als alles zu einem Schlamm verknetet war, hatte er Itimad geholt. „Habe die Gnade und steige in den Hof hinab, der Schlamm erwartet dich.“ Die Geliebte erfüllt al-Motamid ganz, daß er mit Freuden entschlossen ist – so wie er es ihr geschrieben hat – „deines Willens Joch zu tragen“. Und er weiß, wenn sie ihn mit ihren Launen quält, er will es gar nicht anders. Er liebt die kniefällige Unterwerfung unter ihre schillernden, unbegreiflichen Augenblickseingebungen, die sie nur noch reizender machen.

Quäle, tue Unrecht, meide –
schön bist du doch ganz und gar!
Und tu, was du willst!
Was du auch tust, es steht dir gut.
Ich halte aus, ob du nun willst oder nicht,
und ertrage dein Sprödetun.
(Mudgalis)

Was spielt es für eine Rolle, daß sie nur ein Mädchen aus dem Volke ist, in „altem Gemäuer“ geboren, und er in einem Palast! Auch ein hochgeborener Omaijadenherrscher wie al-Hakam I., um das Jahr 800 Emir von Andalusien, obwohl hart und grausam, bekannte, daß er sich den „Gazellen seines Schlosses“ unterwirft „wie ein gefesselter Gefangener“:

Das Übermaß der Liebe hat ihn zu ihrem Sklaven gemacht,
obgleich er ein mächtiger König ist!
Demütiges Gebaren ziemt einem freien Mann,
sobald er ein Sklave aus Liebe wird!

Zu gleicher Zeit hatte im Ostkalifat der allgewaltige Herrscher der Gläubigen Harun ar-Raschid gedichtet:

Die drei Trauten beherrschen meinen Zügel
und sind in jeder Kammer meines Herzens eingekehrt.
Was ist mir, daß alle Menschen mir gehorchen,
ich aber den dreien gehorche, während sie in Ungehorsam verharren?
Das macht: weil die Macht der Liebe, die sie stark macht,
gewaltiger ist als meine Macht.

Nicht anders hatte der Kalif von Cordoba, Sulaiman, ein Enkel des großen Abd ar-Rachman, gefragt:

Was schadet es, daß ich ihr Sklave in der Liebe bin,
während sie doch meine Untertanen sind?

Tadelt nicht einen König, der sich in der Liebe demütigt:
Die Demütigung vor der Liebe ist Herrlichkeit und ein
zweites Königtum.

... sich in der Liebe demütigen ist Herrlichkeit!

Das ist in diesem Volke der Dichter kein poetischer Schnörkel spielerischer Galanterie, der Liebsten zum Schmuck und zur Augenweide erdacht. Das ist echt empfunden und bitter ernst. Das ist ganz und gar erlebt, nicht anders und nicht weniger herrlich als die Demütigung vor Gott.

Denn dies gilt uneingeschränkt: Immer ist untrennbar von der Haltung des Menschen zum Göttlichen, zum Schicksal, zur Welt seine Urbeziehung zum anderen Geschlecht. Immer gleicht der Gebärde des Menschen vor Gott die Gebärde zwischen Mann und Frau, zwischen dem Liebenden und dem geliebten Wesen.

Der Araber, der angesichts der gewaltigen Unendlichkeit der Wüste die vollkommene Nichtigkeit seiner selbst, die Ohnmacht seiner Kräfte und seines Willens erfährt, erlebt sich als gänzlich abhängig von der Gnade oder Ungnade eines allmächtigen Wesens. Gnade und Erbarmen sind darum Gottes erhabenste und wundersamste Äußerungen. Und nur Demut, Gehorsam und Ergebung in seinen Willen vermögen die göttliche Gnade zu erlangen. Darum sind die wahrhaft Gläubigen die wahrhaft sich Ergebenden, das heißt die „Muslimin“: „Du siehst sie sich beugen und sich niederwerfen, Huld begehrend von Allah und Sein Wohlgefallen. Ihre Merkzeichen auf ihren Angesichtern sind die Spuren der Niederwerfung.“ Durch die Selbsterniedrigung, „tawadu“, Demut, „dull“, und „sabr“, geduldiges Hinnehmen des von Allah Verhängten, unterscheidet sich der Gläubige vom Ungläubigen. „Islam“, Ergebung und Unterwerfung unter den Willen Allahs, macht den wahren Knecht oder Diener Gottes, „Abd Allah“.

Diese Züge des göttlichen Eros haben der religiösen arabischen Lyrik ein Gesicht verliehen, das oft dem der arabischen Liebeslyrik zum Verwechseln ähnlich sieht. Schon in den frühesten Denkmälern, die heidnische Araber dem weltlichen Eros gesetzt, finden sie sich unverändert wieder ebenso wie an den Wegrändern aller islamischen Länder und Zeiträume. Als eine eigentümlich arabische Form vergeistigter Liebe steht die „udhritische Liebe“, so genannt nach dem Wüstenstamm der Udhri, „welche sterben, wenn sie lieben“, auf einer Ebene mit der eigentümlich griechischen „platonischen Liebe“. Ja sie hat für das Abendland vielleicht noch größere Bedeutung erlangt als jene.

Eine ihrer frühesten, zugleich edelsten und zartesten Blüten hat sie bei

den Udhri getrieben in der ganz und gar demütigen Liebe des Wüstendichters Dschamil zu der lieblichen Butheina. Von Urzeit füreinander bestimmt – ein Gedanke, der an Goethes Liebe zu Frau von Stein gemahnt – „im Geist mit dem ihren verbunden, bevor wir erschaffen", können die beiden Liebenden doch die Feindschaft ihrer Sippe nicht überwinden. Aber seine Liebe vernichtet Zeit und Raum, so mächtig ist sie und dennoch so genügsam, so bescheiden und demütig in der Anbetung der Unerreichbaren und in der Gewißheit, daß ihre Verbundenheit an keiner irdischen Schranke endet und nicht durch den Tod.
Ganz andere Luft atmet die Liebe zwischen Harit ben Auf, dem mächtigen und selbstbewußten Häuptling des Morra-Stammes, und der stolzen Bahisa. Und dennoch unterwirft auch dieser Unbeugsame sich dem Willen der geliebten Frau, die in ihrem hochfahrenden Sinn immer neue Prüfungen seiner völligen Ergebenheit über ihn verhängt, bis sie sich ihm liebend zuneigt.
Aus der Wüste wandert die sich unterwerfende Liebe in die Kalifenstadt.

Meine Hörigkeit und mein Gehorsam sind Euer –
es genügt mir, daß Ihr mit mir zufrieden seid,
es genügt mir!

versichert um 800 in gleichem Sinn wie Dschamil der Minnesänger Abbas ibn al-Achnaf am Hof Harun ar-Raschids der „Herrin", obwohl sie am Hof in dienender Stellung lebt wie er auch. Und doch steht sie durch ihre Reinheit und ihre Schönheit hoch über ihm: „Wenn man ein Geschöpf anbeten könnte wegen seiner Schönheit, dann würde meine Königin ein Gott." Und obwohl sie eine einfache Dienerin ist, betet er sie an wie ein göttliches Wesen, gleichviel ob sie sich gnädig zeigt oder ihn verstößt. Wie der Gläubige Knecht Gottes, so ist er der ihre, ihr ergebener und gehorsamer Diener:

Die Liebe hat mich Euch leibeigen gemacht,
in der Knechtschaft eines Sklaven, der nicht freigelassen wird.

Die Geliebte aber hat solche Macht über sein Herz, daß er allein durch seine Hingabe an sie besser und edler wird und zu der Hohen, Erhabenen emporsteigt.

Hier sind bereits alle Töne einer vergeistigten Liebe angeschlagen, die in Andalusien zu einem vielstimmigen Gesang anschwellen sollen. „Gottes Kenntnis der Schöpfung umfängt uns beide – eine solche Nähe genügt mir, ich verlange nicht mehr", singt Ibn Hasm und: „Die Demut in der

Liebe ehrt den Demütigen." Ebenso wie der Gläubige als „abd", als Sklave, vor Gott in grenzenloser Ergebenheit, „ubudija", kniet, so wirbt der arabische Liebhaber durch bedingungslose Unterwürfigkeit und demütigen Gehorsam um die Gunst der Geliebten:

> Wenn du nicht weißt, daß ich dein Leibeigener bin,
> so befiehl mir zu holen, was du willst, und ich werde gehorchen.
>
> (Ibn Baqi, gest. 1145)

Der Ovid der arabischen Liebeskunst, Ali Ibn Hasm (994–1164) ist – obwohl ursprünglich aus westgotischer Familie, die sich nun bereits in vierter Generation zum Islam bekennt, arabisch lebt und heiratet und hohe und höchste Ämter am Hof zu Cordoba bekleidet –, so entschlossen Araber, daß er seine Abkunft zu fälschen pflegt und behauptet, von einem Freigelassenen und Klienten der Omaijadenkalifen in Damaskus abzustammen. So etwas ist keine Seltenheit. Aber selten hat wohl ein Wahlaraber überzeugender arabischen Geist verkörpert und interpretiert als dieser berufene Theoretiker des arabischen Minnesangs, der außerdem ein Philosoph und mystischer Dialektiker von Rang war. In seinem berühmten Werk über Theorie und Praxis der Liebe, „Das Halsband der Taube", bekennt er: „Zu dem Wunderbaren, das sich in der Liebe zuträgt, gehört die Unterwürfigkeit des Liebenden seiner Geliebten gegenüber ... eine Szene, der gegenüber alle Beschreibungen unzulänglich sind und alle Zungen versagen. Ich habe den Teppich von Kalifen betreten und den Versammlungen von Königen beigewohnt, ich habe aber keine Ergebenheit erlebt, die der eines Liebenden vor seiner Geliebten gleicht. Ich bin dabei gewesen, wo sich Leute vor Sultanen entschuldigten und wo Menschen der schwersten Verbrechen bezichtigt wurden, aber ich habe noch nichts sich tiefer erniedrigen sehen als einen irrsinnig Verliebten angesichts eines zürnenden Liebchens, das von Groll erfüllt und von Unfreundlichkeit beherrscht ist ..." Der Liebende will die Frau hochmütig, launisch, ja grausam, um ihr seine Ergebenheit zu beweisen, um aus der Tiefe, in die sie, eine zürnende Gottheit, ihn gestürzt, von ihrer Gnade emporgehoben zu werden.

> Sei hochmütig: ich werde es ertragen.
> Sei stolz: ich werde es erdulden.
> Überhebe dich: ich werde mich fügen.
> Wende dich ab: ich werde mich dir zuwenden.
> Sprich: ich werde zuhören.
> Befiehl: ich werde gehorchen.

So beschwört Ibn Saidun die Herrin seines Herzens, Wallada. Das dichterische Werk dieses größten Minnesängers Andalusiens ist – „seitdem ich zu deinem Sklaven in der Liebe geworden bin" – ein beständiges, ein ganzes Leben währendes Werben des sich Unterwerfenden, demütig Knienden vor der, „die einzig ist und in keiner Eigenschaft eine Genossin hat". Überrascht es noch, hier die gleichen Worte zu vernehmen, mit denen der Koran die Einzigkeit Gottes verkündet?

Bitte mich um mein Leben: ich werde es dir geben.
Ich pflanzte meine Wünsche in der Liebe zu dir
und pflücke den Tod als Frucht.
Ich wußte nicht, als ich dich über mein Herz herrschen ließ,
daß ich mit meinen eigenen Händen den Tod suchte.

„Schlechthinnige Abhängigkeit" hat Schleiermacher das Wesen der Religion genannt. Bezeichnet sie nicht mehr als das jeder anderen Religion das Wesen des Islams? „Schlechthinnige Abhängigkeit" ist auch das Wesen dieser Liebe:

Blicke mich huldreich an,
dann wirst du mit deiner Gnade zum Leben erwecken,
was du von mir noch nicht getötet hast.

Ganz in Dantesche Nähe rückt die Vorstellung der Geliebten, die dem Dichter Mittlerin der göttlichen Liebe wird, in Ibn Hasms Wort – geschrieben um 1020:

Stammst du aus der Welt der Engel oder der Menschen?
Sage es mir deutlich, denn ich bin ermüdet in meiner Erkenntnis.
Ich sehe eine menschliche Form,
aber wenn ich darüber nachsinne, ist es eine himmlische Gestalt.

Noch stärker – bis zur Übereinstimmung der Gedanken, der Bilder, des Wortschatzes – sind die Ähnlichkeiten im Kult der idealen Frau, die zum Göttlichen emporführt, zwischen Dante und dem größten arabischen Mystiker Ibn Arabi (1165–1240). Und keineswegs zufällig! Der andalusische Mystiker aus Murcia, Zeitgenosse Friedrichs II., lebte etwa hundert Jahre vor dem italienischen Dichtertheologen, der vielfältige und wesentliche Anregungen aus Ibn Arabis Werken geschöpft hat. Wie später Dantes Liebe beim Anblick Beatrices zugleich mit seiner geistigen Vision zunimmt und ihn im Paradiese von Stufe zu Stufe steigen läßt, so geschieht es schon Ibn Arabi:

Wenn ich mit Ihr (der Geliebten) zusammentreffe,
entsteht in mir etwas, was ich nie zuvor erfahren ...

denn ich erblicke eine Gestalt, deren Schönheit,
so oft wir uns begegnen, zunimmt an Glanz und Majestät,
so daß es kein Entrinnen gibt vor einer Liebe,
die wächst, gleich wie ihre Lieblichkeit wächst,
nach einer vorherbestimmten Stufenleiter.

Sogar Beatrice selbst hat ihre Vorgängerin: in der holdseligen, jungen Nisam, der schönen und feingebildeten Tochter Sahirs ben Rostam in Mekka. „Ich machte sie zu meiner immerwährenden Inspiration für die Gedichte, die dieses Buch enthält – sie, Gegenstand meiner Wünsche und meiner geistigen Sehnsucht! Jeder Name, den ich erwähne, bezieht sich auf sie, und jede Wohnung, auf die ich ein Klagelied singe, ist ihr Haus. Doch außerdem spreche ich in diesen Versen dauernd von göttlichen Illuminationen, geistigen Offenbarungen . . . weil wir die Dinge des zukünftigen Lebens denen des jetzigen vorziehen sollen und weil sie außerdem den versteckten Sinn meiner Verse sehr genau kannte." Und auch Ibn Arabi zwangen Verleumder, in einem Kommentar zu seinen mystischen Gesängen, die er seiner Nisam zur Ehre gesungen, die Reinheit und Bescheidung seiner Liebe und ihren esoterischen Sinn zu verteidigen, ebenso wie Dante es später tun wird.

Der durchaus einseitigen Erhöhung der arabischen Frau, die göttliche Nähe erreicht, entspricht ihre trotz Übernahme des Harems erstaunlich freie Stellung in der Gesellschaft. Zumal die Frauen Andalusiens überraschen durch ihre Ungebundenheit und Bewegungsfreiheit in der Öffentlichkeit – und zwar sowohl die Damen der Gesellschaft wie einfache Mädchen und selbst Sklavinnen – und durch ihr selbstsicheres Auftreten und ihr souveränes, gebieterisches Verhalten im Umgang mit dem Mann. An der geistigen Bildung nehmen sie lebhaften Anteil, schaffen wissenschaftliche Werke und sprechen ebenso sicher und selbstverständlich wie der Mann in Dichtungen ihre Liebe aus. Ebenso wie zu heidnischer Zeit Dichterinnen – man weiß von sechzig Frauen und besitzt den vollständigen Diwan einer Dichterin – mit den Männern um die Palme gerungen haben, kennt die Geschichte Andalusiens die Namen vieler Frauen, die als Dichterinnen zu Ruhm gelangten. Da ist die schöne Hind, die sich ebenso gewandt in Worten wie in Tönen auf der Laute auszudrücken weiß, die hochbegabte und geistvolle Dichterin Hafsa, deren Ruf und rührende Liebesromanze mit dem Dichter Abu Dschafar in ganz Andalusien die Runde macht, die schwärmerische Prinzessin Amar al-Kiram und die einfache Sängerin, die vor den Ohren des verliebten Machthabers von Andalusien, al-Manßur, öffentlich und ganz ohne Scheu in einem Lied

ihre Leidenschaft für dessen Wesir bekennt und sich durch einen schnell improvisierten Vers vor dem Zorn des Eifersüchtigen und Schwergekränkten rettet.
Und da ist unter vielen größeren und kleineren Gestirnen die Fürstin und Dichterin Wallada, von der ein Araber erzählt: „Wallada war die erste Frau ihrer Zeit. Ihr freies Benehmen und ihre Verachtung für den Schleier zeugten für ihre feurige Natur. Im übrigen war dies das beste Mittel, ihre ausgezeichneten inneren und äußeren Eigenschaften und die Süße ihres Gesichts und Charakters zu offenbaren. Ihr Haus in Cordoba war der Treffpunkt aller edlen Leute der Hauptstadt, ihr Salon die Schranken, in denen Dichter und Prosaiker kämpften. Die Gelehrten richteten sich nach dem Licht dieses leuchtenden Neumondes wie nach dem Leuchtfeuer der Nacht. Die hervorragendsten Dichter und vortrefflichsten Schriftsteller waren bestrebt, die Süße ihrer Vertraulichkeit zu gewinnen, zu der es leicht zu gelangen war. Damit verband sie eine große Heftigkeit des Temperaments, einen feurigen Geist und eine Neigung zur Freigebigkeit, die sie von ihren Vorfahren ererbt hatte. Ihre Sitten waren rein, obwohl sie sich – Allah verzeihe ihr und verberge ihre Fälle! – in ein tollkühnes Unternehmen gestürzt hatte."
In dem Lichtkreis solcher Gestirne gedieh der arabische Minnesang Andalusiens, der weit über seine Grenzen ausstrahlen und etwas wie eine Weltanschauungsbewegung im Abendland in Gang setzen sollte. An eine dieser angebeteten Herrinnen sind auch die Verse des Mystikers Ibn al-Farid gerichtet, in denen die wesentlichsten Motive dieser ihrem Wesen nach ganz arabischen Liebeslyrik zusammenklingen:

Laß dich ersehnen, du kannst und verdienst es.
Tyrannisiere mich:
Die Schönheit hat an dich ein Übermaß von Gaben verschwendet,
Mein Geschick liegt in deiner Hand.
Verfüge über mich nach deinen Launen,
Denn die Schönheit hat dich zu meiner unumschränkten Herrin gemacht.
Wenn Unglück der Preis meiner Liebe sein sollte,
So will ich gerne das Opfer sein.
Prüfe mich! Prüf mich auf jegliche Weise,
Damit du weißt, daß ich dich liebe auf jegliche Weise.
Ich werde deiner Prüfung keine Vorschriften machen:
Ich unterwerfe mich jeder Probe, auf die du mich stellst.
Nur in einem bitte ich dich, nachsichtig zu sein:
Fordere nicht, daß mein Leben *nicht* von dir abhängen könnte!

Meiner Leidenschaft genügt es,
    wenn ich dich demütig anbeten kann.
Indem ich mich sehr tief neige,
    werde ich hoch erhoben werden und dich erlangen.
Ich bin dein Untertan – du bist meine Königin!
Mit lauter Stimme bekenne ich es und rühme mich dessen.
Ich bin dein Sklave, niemals denke ich daran,
    mich von dir freizumachen.
Und wenn du selbst mich freilassen würdest,
    ich würde die Freiheit ablehnen,
Und wenn du mich fortschicktest, ich würde zu dir zurückkehren.
Deine Schönheit hat mich gefangengenommen!
Dein Zauber hat mich in Ketten gelegt!
Lieb geworden ist mir meine Sklaverei!

Niemals zuvor hat das Abendland solche Laute vernommen. Niemals hat irgendwo einer seiner Dichter in diesem Sinn seine Liebe geäußert. Niemals hat hier der Mann vor der Frau sich auf die Knie geworfen und mit seiner „Stirn die Schwelle ihrer Türe gefegt" in der geduldigen Erwartung ihrer Gunst. Weder Anakreon noch Theokrit, weder Sappho noch Platon kennen die Gebärde der Unterwürfigkeit vor der gottgleichen Geliebten, die Leben oder Tod verhängt. Weder weiß Ovid, der Lehrer einer zwar verfeinerten, aber rein sinnlichen Liebeskunst, die ganz nur auf die gefällige und erfolgreiche Wirkung des eigenen, höchst aggressiven Ichs abzielt, etwas von jener Vergeistigung des Gefühls und der sich bescheidenden Genügsamkeit der vollkommenen Ergebung. Noch hat die germanische hohe Frauenverehrung, die ganz auf der Persönlichkeitswertung durch die ebenbürtige männliche Persönlichkeit gestellt ist, etwas mit der Emporwertung des sich selbsterniedrigenden Mannes zu tun[20]. Oder gar die Verachtung der sündigen Evastochter?
Wie kommt es dann, daß zuerst in Südfrankreich ein Herzog Wilhelm IX. von Aquitanien und Poitiers und mit ihm urplötzlich ein ganzes Heer von Sängern sich zum „ergebenen Diener", „gehorsamen Sklaven", zum „Leibeigenen" der „domna" erklären? Daß sie durch ihre kniefällige Selbsterniedrigung, durch „Ergebung und Gehorsam" die „Gnade" der zu schwindelnder Höhe erhobenen „Herrin" zu erringen versuchen, die in der Wirklichkeit ein passives und unselbständiges Wesen ist? Daß die allgemein ob ihrer Sündhaftigkeit der Gewalt des Mannes unterworfene, von der Kirche als antigöttliches Prinzip diffamierte Frau, und zwar die Ehefrau – nicht etwa die „von keines Mannes Gelüst befleckte, reine Jungfrau" – hier zum erstenmal als ein gottgleiches Wesen, ja als „Gottes

Stellvertreter“ oder als Gott selbst angebetet wird, als „gnädige Frau“, die an dem demütigen Ritter „Gnade“ übt? Daß die geistliche Dichtung die Gottesmutter – bisher die „niedrige Magd“ und „Dienerin des Herrn“ – als „huldreiche Herrin“ und „launische Geliebte“ zu preisen beginnt, die den ihr „zu Füßen Liegenden“ aus der „Fülle ihrer Gnaden“ emporhebt?

Wie ein Wirbelwind erfaßt dieser Gedanke zuerst die provenzalische Gesellschaft und von hier aus ganz Frankreich, Italien, Sizilien, Österreich, Deutschland. Die Worte, die Gebärden gleichen sich wie Blätter eines Baumes. Und wie sie entsprechen die nun stets gereimten Strophenformen zunächst ihren arabischen Vorbildern; ebenso kehrt die schon bei Abbas ibn al-Achnaf gebräuchliche Sitte, den wirklichen Namen der Geliebten geheimzuhalten und durch einen erfundenen, stets männlichen zu ersetzen, und kehren viele andere Motive des arabischen Minnesangs hier wieder.

Doch ein Unterschied ist da: Was beim Araber echt und zuinnerst empfunden ist, wird hier eine Mode. Wenn der provenzalische Troubadour versichert, daß ihn nichts glücklicher machen könne, als „ganz in ihrer Macht“ und „ihr gehorsamer und ergebener Diener und Sklave zu sein“, nähme sie ihn nur „in Gnade als hörig und leibeigen an“, so ist dies – von dem gesellschaftlich gleichgestellten Ritter oder dem Lehnsherrn ihres Gatten vorgebracht – bloße poetische Fiktion, eine neue Form unverbindlicher *Galanterie* zum Zwecke echten Wohlgefallens im gesellschaftlichen Spiel zwischen Kavalier und Dame[21]. Arabische Ergebung und Ergebenheit sind Ovidischen Ratschlägen dienstbar gemacht worden. Sie bleiben fortan ein unerläßlicher Bestandteil alles gesamteuropäischen Frauendienstes und Frauenkults, ja des gesellschaftlichen Umgangs zwischen den Geschlechtern bis auf den heutigen Tag!

Wenn an einer Stelle, so hat hier am Minnesang, seitdem Burdach seine Ursprünge erkannte, die ganze Abneigung sich entladen, ein arabisches Erbe anzuerkennen; offenbar ist sie bis heute nicht verwunden, obwohl die Wege, die er von den Arabern Andalusiens zu uns genommen hat, klar liegen. Sie sind weithin dieselben, über die arabische Geisteskultur so mächtig auf das Abendland übergegriffen hat. Dafür bot Andalusien mit seiner geographischen und politischen Lage alle Voraussetzungen.

WEGE INS ABENDLAND

Daß ein König von Kastilien und León Schach spielen kann, setzt Ibn Ammar, al-Motamids Freund und Erster Minister, bei dem lebhaften

Arabische Musikinstrumente auf der ersten Station ihrer Wanderung ins Abendland: im Palast der Erzbischöfe von Santiago de Compostela, dem größten Wallfahrtsort der europäischen Christenheit

Abendländische Spielleute lernen von den andalusischen arabische Sangesweise und das Spielen arabischer Instrumente

Verkehr, der zwischen muslimischen und christlichen Höfen eingerissen ist, selbstverständlich voraus – daß Alfons VI. ehrgeizig genug ist, das Spiel zu wagen, weiß er von häufigen Besuchen am Hofe des Ungläubigen (Allah verdamme ihn!) – daß aber ein christlicher Potentat ihm, einem Araber, in der hohen Kunst des arabischen Schachspiels unterliegen wird, dessen ist er ganz sicher! So sicher, daß er es wagen kann, das Königreich Sevilla als Preis zu setzen.

Alfons VI., König von Kastilien und León, verliert die Partie. Al-Motamids Reich ist – noch einmal – gerettet, nicht durch Waffen, sondern durch den Geist. Gefolgt von seinen Dienern, die das Schicksalsbrett tragen, kehrt Ibn Ammar aus dem Zeltlager des Feindes als Sieger heim.

„Ein halber Araber!" sagt er verächtlich.

Einen gewissen arabischen Lebenszuschnitt bei den christlichen Nachbarn zu finden, ist man schon gewohnt. Wohl haben sie sich im ersten Jahrhundert der arabischen Eroberung in ihrem fanatischen Glaubenshaß geschlossen gegen die neuen Nachbarn eingeigelt. Aber die christliche Einheitsfront gegen den Islam ist längst zerbröckelt. Innere Machtkämpfe haben die Einmütigkeit nach außen aufgeweicht. Bei wem sucht man Waffenhilfe, wenn der Bruderstaat über das Land herfällt? Wohin flüchtet man, wenn der Vetter den Thron an sich gerissen? Wer hilft, die im Bruderkrieg verlorene Krone zurückzugewinnen? Glaubensschranken sind längst von den bitteren Notwendigkeiten der Politik niedergestampft und durch Bündnisse mit muslimischen Fürsten überwalzt worden. Unvergeßlich der Tag, an dem mit großem Gefolge die stolze und mutige Königinmutter Tota von Navarra mit ihrem Sohn, König Garcias, und dem dickwanstigen König Sancho von León, der wegen einer krankhaften Fettleibigkeit um seinen Thron gekommen war, sich in dem märchenhaften Kalifenpalast as-Sachra verwirrt und überwältigt vor Abd ar-Rachman zu Füßen warf, um bewaffneten Beistand zu erbitten und einen Arzt für Sancho, wie man ihn eben allein auf der Erde in Cordoba finden konnte!

Unauslöschlich das Schauspiel, wie der von seinem jetzt wieder schlanken und behenden Vetter Sancho vertriebene Thronräuber Ordogno IV. seinen Bittgang zu al-Hakam II. tat, im Gewand und in den Formen von einem Araber nicht mehr zu unterscheiden! Ubaidallah ben Qasim, der Erzbischof von Toledo, und Walid ben Chaißoran, der Richter der Christen in Cordoba, nämlich hatten Ordogno zuvor im Gästehaus der Residenz den erforderlichen Unterricht in den Regeln des hier geltenden guten Tons und arabischer Hofetikette erteilt. Daß sie selber sich von Kopf bis Fuß arabisch trugen, arabische Namen führten, auf Arabisch das Evangelium verkündeten, das Erzbischof Johannes von Sevilla in die Sprache des Korans übersetzt hatte, und dies oder jenes arabische Liedchen zu singen wußten, das erregte keinen mehr. Über hundert Jahre war es her, daß sich der damalige Bischof von Cordoba, Alvaro, noch erbittert beklagt hatte: „Viele meiner Glaubensgenossen lesen die Gedichte und Märchen der Araber, sie studieren die Schriften der muslimischen Theologen und Philosophen, nicht um sie zu widerlegen, sondern um zu lernen, wie man sich auf korrekte und elegante Weise im Arabischen ausdrückt. Wo findet man heute einen Laien, der die lateinischen Kommentare über die heiligen Schriften liest? Wer unter ihnen studiert die Evangelien, die Propheten, die Apostel? Ach, alle jungen Christen, die sich durch ihr Talent bemerkbar machen, kennen nur die Sprache und Literatur der Araber! Sie lesen und studieren aufs eifrigste die arabischen Bücher, legen sich mit enormen Kosten große Bibliotheken davon an und sprechen überall laut aus, diese Literatur sei bewunderungswürdig! Redet man ihnen dagegen von christlichen Büchern, so antworten sie mit Geringschätzung, diese Bücher verdienten nicht ihre Beachtung! O Schmerz! die Christen haben sogar ihre Sprache vergessen, und unter Tausenden von ihnen findet man kaum einen, der einen erträglichen lateinischen Brief zu schreiben versteht; dagegen wissen Unzählige, sich aufs eleganteste im Arabischen auszudrücken und Gedichte in dieser Sprache mit noch größerer Kunst als die Araber selbst zu verfassen."

Wie sollte da der Spanier, über den der ungeahnte Glanz einer durch und durch kultivierten, mit großem Geschmack und Stilgefühl gestalteten Lebensform hereinbrach, nicht beeindruckt sein! Wie sollte er der fatalen Ausstrahlung der Macht und Überlegenheit seines Feindes entrinnen! Das ungeheure Prestige dieses Feindes, gegen den er ja seine Existenz zu erkämpfen hatte, wirkte beständig und unbewußt auf ihn ein: nicht nur in der äußeren Lebensform. In diesen Jahrhunderten der Auseinandersetzung mit dem Arabertum Andalusiens hat „der Islam wichtige Aspekte der spanischen Seele erobert". Und seitdem entsteigt das Originellste und Universalste des spanischen Genius einer Lebenseinstellung, die in jenem Dreivierteljahrtausend christlich-islamischen Gegen- und Miteinanders geprägt wurde[22].

„Geblendet und betäubt von dem majestätischen Schauspiel" am Omaijadenhof, so gesteht Ordogno, kehre auch er zurück, nachdem „ich meine Person, meine Mannen und Festungen dem Beherrscher der Gläubigen zur Verfügung gestellt habe". So wechseln unaufhörlich Burgen und ganze Städte ihren Besitzer und ihr geistiges Klima, kämpfen christliche Heeresteile auf Seiten von Muslimen und entscheiden sogar im Jahr 1010 eine Schlacht zugunsten des Kalifen, wobei drei Bischöfe für den „Be-

herrscher der Gläubigen“ ihr Leben lassen. Ja, unter al-Manßurs Herrschaft, des mächtigsten arabischen Caudillos Andalusiens, drängen christliche Ritter von diesseits und jenseits der Pyrenäen massenweise zu seinen Fahnen. Spanische Königssöhne bestaunen als Geiseln das von Musik, Tanz und den Gesängen seiner Dichter durchtönte Leben und Treiben arabischer Höfe; Söhne arabischer Fürsten tragen ihre Sitten, Kenntnisse und Lieder in die nordspanischen Burgen. Ist nicht erst kürzlich Ibn Ammar persönlich bei dem Grafen Raimund Berengar II. in Barcelona zu Gast gewesen – wo übrigens nur Münzen nach arabischem Muster umliefen – und hat mit ihm das Angriffsbündnis gegen den Emir von Murcia bekräftigt, indem der Graf seinen Neffen als Geisel gestellt und er den jungen Raschid, einen Sohn al-Motamids?
Und wenn sein Schachpartner König Alfons VI. von dem unverhohlenen Hang beherrscht ist, die Lebensart seiner arabischen Gegner nachzuahmen, so hat dies seinen guten Grund. Auch er, durch seinen ehrgeizigen Bruder von Thron und Land verjagt, hatte bei den Arabern Zuflucht gesucht und eine Aufnahme gefunden, die einem jungen Mann aus den Nordstaaten in den Kopf steigen mußte. Jachja Mamun, der König von Toledo, hatte den Flüchtling viele Jahre mit einer herzbezwingenden Großmut und Freigebigkeit fast wie einen eigenen Sohn beherbergt, ihm einen Hofstaat, ein Palais, eine Jagd geschenkt und alles, dessen er zu seiner Annehmlichkeit und zu seinem Vergnügen bedurfte. Als König von Kastilien, der nach fünfjährigem Kampf eben dies Toledo erobert, sich stolz „Beherrscher der Angehörigen beider Religionen“ nennt, um ein Haar auch Sevilla seinem Reich einverleibt und unersättlich auf arabische Beute aus ist, hat er sich doch am Trank aus dem fremden Becher so berauscht, daß er sogar eine Araberin als Frau heimzuführen begehrt. Diesen Wunsch sieht er erfüllt, als der angesehenste Herrscher Andalusiens aus altarabischem Stamm, König al-Motamid selbst, ihm Saïda, seine älteste, kaum zwanzigjährige Tochter zur Frau gibt. „Große Zärtlichkeit“, so behaupten die Spanier, empfindet ihr König, der gerade Witwer geworden ist, für Romaikas reizende Tochter. Die neue, junge Königin, die christlich getauft wird, bringt ihrem Gemahl einen Kranz blühender arabischer Städte mit in die Ehe und verleiht dem kastilischen Hofleben all die leuchtenden Farbtöne und reichen Klänge, in denen sie in ihrer Heimat geschwelgt hat. Und sie, die Araberin – als einzige seiner sechs legitimen, ihm durch den Abt von Cluny zugeführten Gemahlinnen und seiner illegitimen –, schenkt König Alfons VI. von Kastilien endlich den ersehnten Thronfolger! Aber der kleine Sancho, der Stolz seines Vaters, fällt, kaum elfjährig, „in Tapferkeit weit über sein Alter hinaus“, in offener Feldschlacht gegen die Ber-

ber, die auch die Todfeinde seines berühmten Großvaters gewesen sind. Seine verschiedenen Töchter verheiratet Alfons auf Weisung des Abtes Hugo des Großen von Cluny an burgundische und französische Fürsten. Seine Tochter Elvira wird die erste Gemahlin König Rogers II. von Sizilien. Immer werden so auch Bündnisse des Herzens und der cluniazensischen Heiratspolitik Brücken der Kultur.

Heiraten zwischen Nordspaniern und Andalusiern innerhalb des Ritterstandes oder gar des niederen Volkes sind bei dem unausgesetzten Wechsel der Fronten an der Tagesordnung. Ein spanischer Dichter heiratet eine arabische Sängerin, folgt ihr in ihre Heimat Granada, tritt dort zum Islam über und verliebt sich auch noch in ihre Schwester, die er gleichfalls zum Weib nimmt. Nach dreizehn Jahren kehrt er mit zwei Frauen, einem Haufen arabisch plappernder Kinder und einem Schatz arabischer und eigener Lieder im andalusischen Kunststil, Rhythmus und Reim nach Kastilien zurück und erbaut jetzt seine Kastilier mit weltlichen und mit geistlichen Minneliedern zum Preise der irdischen und der himmlischen Herrin.

Unzählbar sind die Durchbrüche, durch die sich der Kulturstrom aus dem andalusischen Staubecken in dünnen Rinnsalen, aber auch in starkem Strahl in die nordspanische Ebene und über die Pyrenäen hinaus ergießt. Da werden Araber als Erzieher der Königskinder von Aragon verpflichtet, als Ärzte zu Kranken geholt und als Schreibkundige in königlichen Kanzleien beschäftigt. Arabische Hofbeamte geben im höfischen Treiben von Barcelona, Burgos und Lissabon den Ton an. Nach den Invasionen der berberischen Almoraviden- und Almohadenheere aus Afrika emigrieren arabisierte Christen, sogenannte „Mozaraber“, zu Tausenden aus Andalus nach Kastilien und Aragon, wo man sie als Muster der Vornehmheit und der kunstreichen Unterhaltung bestaunt und nachahmt. Die Unmassen gefangener Muslime und aus arabischer Gefangenschaft heimkehrender Christen sorgen dafür, daß die faszinierenden Gebräuche und Fertigkeiten des verhaßten und doch im Grunde sympathischen Nachbarn nicht in Vergessenheit geraten.

Das christliche Spanien aber blickt nicht nur gebannt nach dem Süden. Tausend Fäden des Glaubens, der Politik, des Handels, der dynastischen verwandtschaftlichen Beziehungen binden es an die nördlichen Nachbarreiche, an Europa. Die Pyrenäen sind keine Grenzen. Sie sind es auch nicht für den Austausch zwischen dem arabischen Spanien und dem Abendland.

Als Alfons VI. 1085 Toledo angreift, nehmen Scharen deutscher, italienischer und französischer Ritter an der Belagerung und Plünderung der

zweitwichtigsten Stadt der Araber teil und erkleckliche Souvenirs mit sich in die Heimat. Der erste Bischof Toledos, seine Domherren und Mönche sind Franzosen, von Cluny eingesetzt. Und die von Bischof Raimund gegründete Übersetzerschule mit ihrer kostbaren Sammlung arabischer Weisheit und Literatur zieht durch mehrere Jahrhunderte wie ein Magnet die Wissenshungrigen aus allen Ländern Europas an. Als 1147 Lissabon erobert wird, sind die Belagerer Engländer, Deutsche, Flamen und Franzosen, und Deutsche sind es, die den Sieg erkämpfen, ein Engländer aus Hastings der erste Bischof von Lissabon. Die Stadt fällt König Alfonso Enriquez zu, die unermeßliche Beute aber laut Abkommen mit den Mauren an die Ausländer. Wie sie verbreiten auch die aus Andalusien freigekauften französischen, burgundischen, deutschen und slawischen Sklaven, von deren Schicksal mancher Bericht erzählt, und ihre Angehörigen, die ihre zu Wohlstand, Bildung und Macht aufgestiegenen Söhne und Vettern in Cordoba, Saragossa und Almeria zu besuchen pflegen, arabisches Kulturgut über die Pyrenäen hinaus, ebenso wie die Kaufleute aus Lyon, Konstanz, Genua und Nürnberg, die alljährlich die großen andalusischen Handelsplätze besuchen. Ungleich stärker als sie tun es die Millionen christlicher Pilger, die teils aus Südspanien, aber außerdem aus ganz Europa über die „französische Straße", die „via francigena", in das „Jakobsland" nach Santiago de Compostela fluten. Dazu der ihnen folgende Schweif von Händlern, die neben den reichen cluniazensischen Abteien längs der Wallfahrtsstraße ihre Niederlassungen einrichten, „Basken, Bretonen, Deutsche, Engländer, Burgunder, Normannen, Provenzalen, Lombarden, Leute aus Toulouse und viele andere Händler verschiedener Nationen und Sprachen", wie eine Klosterchronik notiert. Und schließlich die Ströme von Mönchen, Priestern, Rittern und Händlern, die sich ständig aus Frankreich und Burgund über die ganze Halbinsel ergießen, und jene plebejische Meute, die sich überall da einfindet, wo zwei sich herumschlagen und es etwas zu erben gibt.
Vermittler sind nicht zuletzt und nicht am wenigsten die Juden, die als Händler, aber auch als Gelehrte und Ärzte arabische Wissenschaft und Kulturgüter aller Art in das Abendland tragen und an dem großen Übersetzungswerk in Toledo und seiner Ausbreitung maßgeblich beteiligt sind. Auf diesen Wegen gelangt auch viel arabisches Erzählgut nach Europa und in neuem Gewand in europäische Märchen, Sagen und Balladen[23].

Wohl die größte Rolle als Übermittler gerade arabischer Sangesweise spielen die weiblichen Gefangenen, die man sich an den christlichen Höfen wegen ihrer Instrumenten-, Sanges- und Tanzkünste mit Vorliebe zur Unterhaltung hält. Nicht etwa nur am Königshof. Selbst in dem Haushalt eines Grafen in Burgos findet ein böhmischer Reisender „schöne Jungfrauen und reich geschmückte, nach maurischer Sitte gekleidete Damen, die in ihrem ganzen Gehaben, im Essen und Trinken maurische Sitten befolgen. Die einen wie die anderen führten sehr schöne Tänze in maurischer Art auf", vermerkt der Sekretär des Barons von Rozmithal in das Tagebuch seines Herrn, „und alle waren dunkelhäutig und hatten schwarze Augen. Sie aßen und tranken sehr wenig, begrüßten fröhlich meinen Herrn und waren mit den Deutschen sehr liebenswürdig." Die arabischen Sängerinnen erfreuen sich solcher Beliebtheit, daß sie bei Eroberungen von Städten scharenweise eingebracht werden.

So geschieht es auch im Jahre 1064. Da erscheint südlich der Pyrenäen der Legat Papst Alexanders II. und „Oberbefehlshaber der römischen Truppen", die sich aus normannischen, französischen und burgundischen Kriegerscharen zusammensetzen, unvermittelt vor der arabischen Grenzfeste Barbastro. Nach vergeblicher Verteidigung ergibt sich die Besatzung auf ehrenwörtliche Zusicherung freien Abzugs hin. Kaum haben die arabischen Soldaten die Tore der Festung verlassen, da werden sie Mann für Mann niedergemetzelt. Als auch die Zivilbevölkerung im Vertrauen auf das Versprechen freien Geleits die Stadt räumt, beginnt eine Schlächterei, die erst zum Stillstand kommt, als das Blut von sechstausend Menschen zum Himmel dampft. Die Beute an weiblichen Gefangenen, die unter die christlichen Sieger verteilt werden, hat Heeresstärke. Der päpstliche Legat bringt mehr als eintausend Araberinnen nach Italien und Rom. Im Jahre 1064! Welch ein effektvoller Kader der Kulturpropaganda! Welche Invasion schon allein des endreimenden Gesangs!

Andere Tausend gefangener arabischer Frauen und Mädchen gehen in die Normandie, nach Burgund, in die Provence und nach Aquitanien. Denn einer der Sieger, der mit reicher musik- und sangeskundiger Beute von dem Kreuzzugsabenteuer nach Barbastro an seinen Hof zurückkehrt, ist Herzog Wilhelm VIII. von Aquitanien, Graf von Poitiers. Dieser französische Edelmann besitzt aber außerdem eine bemerkenswerte Familie. Durch seine Tochter Inez ist er der Schwiegervater des „halbarabisierten" Königs Alfons VI. von Kastilien, der – wie wir wissen – nach Inez' Tod Saïda heimführte, die am Hofe und als Tochter eines der größten andalusischen Dichter und Minnesänger aufgewachsen war. Der Sohn aber und seit 1071 Nachfolger Herzog Wilhelms VIII., zudem der Schwager von Alfons und Saïda und schließlich der Ehemann einer Prinzessin von Aragon ist niemand anders als Wilhelm IX., der berühmte erste Troubadour!

Troubadour, der, wie man heute annimmt, seinen Namen von dem arabischen tarrab, dem Spielmann, herleitet. Und der seine Lieder in den

Metren und Formen arabischer Gesänge vorträgt, wie sie der große arabische Spielmann Ibn Qusman zu singen liebte! 1060 ist Ibn Qusman gestorben, der vom Hofdichter in Badajoz zum Straßensänger heruntergekommen und mit einem Affen herumgezogen war. Aber seine Sadschalstrophen im Volksdialekt, aus alter andalusischer Tradition geschöpft und von ihm zur Literaturform erhoben, sind diesseits und jenseits der Grenzen die große Mode. In Kastilien werden sie bereits nachgeahmt als „villancico". Und 1064 bringt der alte Herzog die Hunderte von Fatimas, Aischas und Habibas aus Barbastro nach Poitiers! Zu jener Zeit, als der Sohn sich eben anschickt, einmal „einer der größten Hofleute der Welt und einer der größten Frauenverführer" zu werden, wie eine zeitgenössische Chronik ihn nennt, „ein Ritter, tapfer in Waffen und unbändig im Minnedienst". Wenn man neuerdings in seinen Minneliedern sogar eine Zeile im hispano-arabischen Dialekt gefunden haben will, so bietet sich also dem Forscher gleich eine Anzahl glücklicher Erklärungen unmittelbarer „Kulturübertragung" an.
Abgesehen von aller persönlichen Verflechtung – in Westeuropa bieten gerade Aquitanien, mehr noch die Provence und das Languedoc den denkbar günstigsten Boden für ein Wurzelfassen von Ablegern arabischer Kultur. Durch zwei, drei, vier Generationen sind dereinst im Zuge der islamischen Expansion Teile Aquitaniens und vor allem der gesegneten Provence mit ihrer paradiesischen Riviera arabisch besetzt gewesen und sicherlich nicht ganz spurlos. Ja, neuerdings geht das nebelhafte Gerücht, jenes Findelkind, das 945 in der Klosterpforte von Aurillac niedergelegt und im Jahre 999 in Rom zum Papst erhoben wurde, sei das Kind von Arabern gewesen ... Wie dem auch sei, noch von 890 bis etwa 975 haben in der Provence und in den Westalpen Sarazenenkolonien geblüht, die aus Spanien und Afrika ständig frischen Zuzug erhielten.

Wie Wilhelm von Aquitanien vermählt sich auch Kaiser Friedrich II. in erster Ehe mit einer Prinzessin von Aragon. Und die blonde Constanze bringt mit spanischen Hofdamen und Troubadouren ihrem jungen Gemahl fünfhundert Ritter unter der Führung ihres Bruders Alfons von Provence in die Ehe. Von Spanien und aus der Provence ergießt sich in der Tat zu dieser Zeit ein lebhafter kultureller Strom nach Sizilien, wo er in einen noch echt arabischen einmündet. Und das macht sofort einen Unterschied. Während die „udhritische Liebe" sich in der Provence und Südfrankreich den Konventionen einer reinen Gesellschaftskultur anbequemen muß und nur vor der hochgeborenen Frau von adligem Stand das Knie beugt, kniet sie hier in Sizilien vor der Geliebten, die allein durch ihren inneren Adel anbetungswürdig erscheint.

Der Kaiser selbst und seine Söhne üben sich mit einem Kreis von Dichtern in der hier üblichen Sangeskunst und Minnedichtung. Und ebenso wie es in der Provence und in Deutschland geschieht, beginnen sie, eine Poesie in der Landessprache zu pflegen – sie wird die Keimzelle der klassischen italienischen Dichtung. „In kurzer Zeit", sagt Petrarca, „hat die Art zu dichten, wie sie bei den Siziliern neu geboren wurde, sich über ganz Italien und weiter verbreitet." „Darum wird alles", erklärt Dante, „was unsere Vorfahren in der Landessprache gedichtet haben, sizilisch genannt."

In der Dichtung dieser beiden italienischen Genien sind – vorwiegend über Bologna und den Dichterkreis um den gefangenen König Enzio, den Sohn Friedrichs II. und einer deutschen Mutter, – „mitunter überraschende Übereinstimmungen mit Versen arabischer Poesie festzustellen", die bei Petrarca gewiß unbewußt sind. Bei Dante aber beruhen sie auf einem ganz persönlichen Umgang mit arabischer Dichtung, islamischer Legende, andalusischer Sufi-Mystik und der Philosophie des Averroes. Während sich bei Petrarca einzelne unmittelbare Anklänge an die klassischen arabischen Minnedichter finden, sind die arabischen Rinnsale, die zu Dante hinfließen, die vielfältigsten und am stärksten gespeist von den „Mekkanischen Offenbarungen", dem „Interpret der Liebe" und den „Schätzen der Liebenden" aus der Feder des großen Ibn Arabi.

Gleichzeitig bricht sich ein mächtiger Strom von Südfrankreich her Bahn in den mitteleuropäischen, deutschen Raum und läßt inmitten von jenseitszugewandter, angstvoll bußfertiger Weltabkehr und Weltverachtung das helle Wunder eines überschäumenden Frühlings erstehen. Im Dienste eines neuen, ethischen Idealismus treibt eine große, geschlossene Lyrik empor, deren Thema – eine unerhörte Sensation – die Minne zu einer Frau ist.

Das ist revolutionär und kaum glaublich in einer Zeit, welche die Frau eben um ihrer Weiblichkeit willen als Trägerin antigöttlicher Strebungen verdächtigt und daher in die Zucht des Mannes gegeben hatte! Und jetzt dürfen die seelisch und geistig niedergehaltenen Frauen mit den schmerzgezeichneten Gesichtern, die noch gestern als Werkzeuge des Teufels den Mann von seinem Weg zu Gott ablenkten, zu den reinen, hohen Herrinnen werden, um deren Gnade derselbe Mann in Geduld, Gehorsam und Demut dient!

Auch dies eine Mode, eine kurze, rauschhafte Blüte, die nach ihrer Zeit verging. Aber ein Kern ist geblieben.

Und überall dort, wo zwischen den Epochen grauester, finsterer Eros- und Frauenfeindlichkeit oder hausbackenen Eheherren-Spießertums –

in dessen Meinung die Evastochter den Mann zur Sünde hinabzog – ein Zeitalter das „Ewig-Weibliche" als das zum Göttlichen Emporführende verehrte, dort lebte etwas von dem Geiste des arabischen Eros fort. Dort rettete die tausendfach getretene Sehnsucht des Germanen nach Verehrung der den Heilsmächten des Seins verschwisterten Frau sich in die Formen und Gebärden jener unterwürfigen, aufblickenden und veredelnden Liebe.

Als am 2. Januar 1492 der Kardinal D. Pedro Gonzales de Mendoza das Kreuz auf die Alhambra, das rote Königsschloß der Naßriden, pflanzte, fand nicht nur die arabische Herrschaft über Spanien ihr Ende.

Hier in Granada war – während Cordoba, Valencia, Sevilla und die anderen Glieder des einstigen Reichs zerschlagen wurden – das Arabertum Andalusiens zu einer letzten, hohen Vollendung gereift. Mit seiner Herrschaft zugleich endete die großartigste und lebendigste Kultur, die der europäische Kontinent während des Mittelalters besessen, endeten die fortgeschrittenste Zivilisation eines vorbildlich verwalteten Landes, der Wohlstand seiner Bevölkerung, der Reichtum seiner Städte, der Ertrag seiner Gewerbe und wichtigen Industrien, die Fruchtbarkeit des Bodens, die unvergleichlichen Kunstwerke und Denkmäler des „großen Denkens" ihrer Erbauer.

Acht Jahre noch hielt sich die christliche Siegermacht an die Verträge unter dem wohltätigen Einfluß des toleranten Erzbischofs Talavera, der die Araber bewunderte und eine hohe Meinung von ihnen besaß. Sein Ausspruch, den Arabern fehle der Glaube der Spanier, den Spaniern aber fehlten die guten Werke der Araber, um echte Christen zu sein, empfing – was die Einstellung zum Andersgläubigen betraf – bald eine traurige Bestätigung. Unter seinem Nachfolger Erzbischof Juan Ximinez versanken die Muslime und die Reste ihrer blühenden Kultur in einem Meer von Schrecken, in dem die Wogen des religiösen Fanatismus alles verschlangen: auf jede Äußerung ihres Glaubens, auf jeden Gebrauch ihrer Sprache, auf jedes Wort, jedes Lied, jedes Spielen eines ihrer Instrumente, das Tragen ihres Familiennamens, ihrer Nationaltracht, den Besuch der Bäder standen Galeerenstrafen, Kerkerhaft, Vertreibung, ja Brennen am lebendigen Leibe. Was die erobernden Christen oder Berber von den Schätzen arabischer Wissenschaft und Dichtung noch nicht zerstört hatten, das wurde von den Häschern des Erzbischofs aus allen Bibliotheken und Verstecken hervorgezerrt und in riesigen Scheiterhaufen die Beute der Flammen. Nur ein paar medizinische Schriften erhielten Dispens. Ximinez' eigene Bewunderer triumphierten über eine Mil-

lion fünftausend vernichteter Bände – sinnlos dem Haß geopferte Früchte von achthundert Jahren geistigen Schaffens!
Und dies ist das letzte Lied, das einer des sangesfrohen Volkes auf andalusischem Boden zu dichten wagte und das zusammen mit dem Brief, der die Brüder in Nordafrika zur Hilfe rufen sollte, der Regierung in die Hände fiel:

Vom Lande Andalusien nun, dem weitberühmten, will ich künden,
Wie von den Glaubensfeinden es geknechtet wird, dem Volk der Sünden.
Gleich wie verirrte Lämmer stehn wir da, umzingelt von den Grimmen,
Und wünschen uns den Tod, so viel erdulden täglich wir des Schlimmen;
Zu ihrem Glauben zwingen sie gewaltsam unser Volk und wollen,
Daß wir gleich ihnen auf den Knien zu ihren Götzen beten sollen.
In steter Drangsal leben wir, in steten Ängsten und erschrocken,
Zum gottverhaßten Bilderdienst uns rufen sie mit ihren Glocken.
Von ihren Spähern sind wir stets umringt, die uns den Tod geschworen;
Wer Gott in seiner Sprache lobt, oh! rettungslos ist der verloren!
Zu ihrem Dienst sind Häscher stets, um einzufangen den Verdächtgen;
Und wär er tausend Meilen fort, sie wissen sein sich zu bemächtgen.
Im düstern Kerker muß er dann auf hartem Boden hin sich strecken;
Bei Tag wie Nacht „besinne dich!" ruft man ihm zu, ihn zu erschrecken;
Da liegt der Unglücksel'ge denn, und der Befehl sich zu besinnen
Dröhnt ihm im Ohre nach, indes ihm Tränen aus den Augen rinnen;
Ihm bleibt kein Trost als die Geduld, indes, von Finsternis umnachtet,
In dem entsetzlichen Verlies er lange, lange Tage schmachtet.
Abgründe tief und grauenvoll erschließen sich vor seinen Blicken,
Ein uferloses Meer; nicht wird, es zu durchschwimmen, einem glücken.
Fort in die Marterkammer drauf schleppen sie ihn, und jeder Knochen
Wird auf der Folterbank, auf die man fest ihn bindet, ihm zerbrochen;
Dann auf dem Platze Attaubin versammeln sich die schnöden Christen;
Errichtet wird dort ein Schafott, ein schreckliches, auf Holzgerüsten;
Und diesen Tag vergleichen sie dem Weltgericht; zu Schimpf und Schande
Muß, wer zum Tod verdammt nicht ist, dort stehn im gelben Bußgewande;
Die andern aber führen sie mit grausen Statuen zusammen
Zum lohen Scheiterhaufen fort, und elend sterben sie in Flammen.
Oh, wie von einem Feuerkreis umzingelt sind wir von Gefahren;
Nicht eine Qual auf Erden gibt's, die unsre Feinde uns ersparen!

Durch Massenaustreibungen und das Wüten des Autodafés war das blühendste Land des Erdteils entvölkert und in kurzer Zeit wieder zur Wüste geworden. Der Sieg über das Arabertum war vollkommen.

SCHLUSS

Wer sich selbst und andre kennt
Wird auch hier erkennen:
Orient und Okzident
Sind nicht mehr zu trennen.

Goethe, Westöstlicher Diwan

Tief über die Mähne der Pferde gebückt, mit wilden, schwarzen Gesichtern und geschwungenen Säbeln, so stürmen die arabischen Reiterschwärme über das menschenverlassene Land. Unter den trommelnden Hufen krümmt sich die gepeinigte Erde. Zerstampft sind die Äcker, niedergewalzt die Behausungen der Menschen, kein Halm bleibt, wo der heillose Wüstenspuk vorüberbraust.

Dies Bild lehrt unsere Schulkinder, was geschehen wäre, hätte Karl Martell die Araber nicht geschlagen und damit das christliche Europa nicht vor ihnen gerettet. Zusammen mit jenem Wort von der Vermittlung des Griechenerbes gehört dieser Satz zu dem einzigen, was man uns gemeinhin über die Araber beibringt.

Ob Karl selbst, als er mit seinen Kriegern gegen sie antrat, das Bewußtsein gehabt hat, „Retter des Abendlandes" zu sein? Sicher war er sehr verblüfft, als ihm am Morgen nach unentschiedener Schlacht gemeldet wurde, daß der Feind über Nacht abgezogen war. Nicht als den Sieger über die Araber, sondern als Bezwinger der Sachsen, Friesen und Alemannen haben seine Zeitgenossen Karl den Hammer gefeiert. Seinen wiederholten Araberkämpfen bei Poitiers, bei Avignon, bei Nîmes, Marseille und dem von ihm vergeblich belagerten Narbonne haben auch seine Nachfolger weltweite Bedeutung nicht beigemessen. Als Kaiser Ludwig der Fromme die Leistungen seiner Vorfahren verherrlichen wollte, ließ er die Unterwerfung der Friesen als die Großtat seines Urgroßvaters auf die Wände der Pfalz von Ingelheim malen. Aber auch die Kirche hat in dem Sieger von Poitiers keineswegs den Retter des Christentums gesehen, sondern ihn als Kirchenräuber verdammt, der aus kirchlichem und klösterlichem Landbesitz seine neuen Reiterheere gerüstet und belehnt habe und dessen Grab darum leer und verkohlt, dessen Leib vom Teufel in die Hölle entführt worden sei.

Überschätzen wir nicht vielleicht, was hier bei Poitiers geschah? Ein belgischer Historiker[24] meint, hier sei wahrscheinlich „nichts weiter als eine stärkere Plünderung" verhindert worden. Entschied sich 732 wirklich, ob Christentum oder Islam, und nicht vielmehr, ob ein romfreies oder romgebundenes Christentum herrschen würde? Im Jahr 732 war alles noch in der Schwebe. In dem Schicksalsjahr 732 schickte Gregor III., ein Syrer, das Pallium an Bonifatius, der eben die Hessen und Thüringer unter den Gehorsam gegen Rom brachte; 738, während Karl Martell von neuem gegen die Araber zog, unterwarf Bonifatius auch die Geistlichkeit Bayerns dem päpstlichen Stuhl und führte die römische Kirchenordnung in Deutschland ein.

Was auch geschehen wäre, wenn eins dieser Ereignisse anders verlaufen wäre, sicher ist: das Abendland wäre ein anderes Abendland geworden – mehr kann niemand darüber aussagen! Ob ein schlechteres oder besseres, ein barbarischeres oder ein humaneres, ein elenderes oder glücklicheres, das zu vermuten, ist zwecklos und weder die Aufgabe der Geschichtsschreibung noch der Sinn dieses Buches!

Trotzdem haben die Historiker diese Frage immer wieder aufgeworfen und mit einer apodiktischen Sicherheit beantwortet, die weder Zweifel kennt noch Beweise. Und die eben deshalb sie neu zu durchdenken zwingt. Kein Geschichtswerk versäumt festzustellen, der Sieg Karl Martells habe „das Christentum", die „christliche Bildung und Gesittung" oder „das Abendland gerettet" oder „die westliche Zivilisation" vor dem „Absterben" und „Eingehen" bewahrt[25]. Das Beispiel Spanien zeigt, daß, während diesseits der Pyrenäen jeder andere Glaube neben dem „alleinseligmachenden", wo immer er sich hervorwagte, liquidiert wurde, dort in achthundertjähriger Araberherrschaft das Christentum weder ausgerottet noch untergegangen ist. Das Beispiel Spanien zeigt ferner, daß dort ein verarmtes, verwahrlostes, geknechtetes Land innerhalb von zweihundert Jahren arabischer Herrschaft durch den Wohlstand aller Kreise seiner Bevölkerung, durch die Bildung aller Volksschichten, durch die Höhe seiner Kultur, seiner Wissenschaften und Künste weit vorn an der Spitze Europas und der westlichen Welt stand, Vorbilder und Anregungen gebend, und diesen einzigartigen Vorrang durch ein halbes Jahrtausend hielt – bis es von außen her zerschlagen wurde.

Doch die Geschichte hat es nicht mit Wenns und Wäre, sondern mit Tatsachen zu tun. Und auf das Europa, an dessen Rändern der Islam heraufzog, übte sein Erscheinen unmittelbar die mächtigsten und vielfältigsten Wirkungen aus.

Er schuf eine gänzlich neue weltpolitische Lage, indem er die Mittelmeerwelt zerbrach und dadurch den Anstoß gab zur Bildung des Abendlandes und zur Verlagerung des politischen Schwerpunktes vom Mittelmeer fort nach Germanien. Nicht mehr an den südlichen Gestaden Europas, sondern um Rhein und Seine kreiste fortan das Schwungrad der Weltpolitik.

Die Aufstellung der Reiterheere und die Durchführung der Lehnsverfassung sind weitere unmittelbare Antworten des Germanentums auf die Herausforderung der Araber, die Entstehung der Ritterorden die germanisch-christliche Entgegnung auf das islamische Glaubenskämpfertum in der Organisation der Ribat[26], die Kreuzzüge die Ausstattung der ursprünglichen Wikingfahrten gegen Palästina mit der islamischen Doktrin des Heiligen Krieges[27].

Indem aber der siegreiche Islam durch sein Vordringen und sein ungeheures Prestige die Weltherrschaft der Kirche in Frage stellte, hat er sie letztlich vorm sicheren Absinken „gerettet". Der Islam zwang die christliche Kirche, sich geistig, moralisch und auch machtmäßig aufzurüsten, um sich gegen den gefährlichsten aller Gegner behaupten zu können.

Folgenschwer und verhängnisvoll wurden die verkehrsmäßige Absperrung und die geistige Selbstisolierung gegenüber der islamischen Welt, die Europa wirtschaftlich und kulturell um Jahrhunderte zurückwarfen. In dem Augenblick erst, als trotz Verbots und offizieller Feindschaft das Abendland sich dem arabischen Orient und Orienthandel öffnete, begann sein wirtschaftlicher Aufschwung. Indem es sich seine allgemeinkulturellen Errungenschaften technischer, hygienischer, sanitärer und staatlich-organisatorischer Art zu eigen machte, ja nach und nach sein großes geistiges Erbe übernahm, erwachte der abendländische Geist aus jahrhundertelanger Erstarrung und Lethargie und begann endlich selbst die Schwingen zu regen zu einem Aufstieg ohnegleichen. Indem es auf allen Lebensgebieten, auch dem der Kunst, unzählige kleine, aber wichtige Impulse auffing, wurde sein Dasein reicher, schöner, gesünder, glücklicher.

Glaubenshaß und Intoleranz waren immer die schlechtesten Berater der Völker, ihre Abkapselung der Feind alles Lebens und Wachstums. Daß sie nur in wechselseitiger Befruchtung und Achtung, in Weltaufgeschlossenheit und freundschaftlichem Wettbewerb zu ihrer größten Energieentfaltung gelangen, vermag die seltsame, von Abstoßung und Anziehung, von Feindschaft und Verzauberung gezeichnete Geschichte jener vielfältigen Beziehungen zwischen Arabertum und Abendland zu bekräftigen, die trotz Haß und Mißtrauen endlich voll unermeßlichen Segens für die Welt geworden sind.

ANMERKUNGEN

S. 21 [1] „Der Islam hat die vom Mittelmeer bestimmte Einheit gesprengt, die der Germaneneinbruch nicht zerstört hatte. Dies ist das entscheidende Faktum der europäischen Geschichte seit den Punischen Kriegen. Es bedeutet das Ende der Antike und in dem Augenblick, in dem Europa sich anschickte, byzantinisch zu werden, den Beginn des Mittelalters." Henri Pirenne, *Geburt des Abendlandes*; Mohammend und Karl der Große, S. 158, insbesondere S. 141–287.

S. 41 [2] Ebenfalls das Hebräische, aber auch das Altnordische stellten Einer und Zehner um; doch seltsamerweise gibt das Schwedische diese Lesart auf und bleibt auch dabei, während das Deutsche vom Althochdeutschen zum Neuhochdeutschen den umgekehrten Weg einschlägt, möglicherweise unterstützt durch die arabische Umkehrung.

S. 54 [3] Karl Menninger, *Zahlwort und Ziffer* (1. Aufl.), S. 244.

S. 61 [4] Moritz Cantor, *Geschichte der Mathematik* II, 32.

S. 62 [5] Ders., II, 48.

S. 67 [6] Gottfried Keller, *Der grüne Heinrich* I, 6.

S. 70 [7] Sämtliche hier erzählten Geschichten halten sich streng an die historischen Quellen (wie hier die Geschichte Mußas und seiner Söhne an den Fihrist des Ibn an-Nadim, an Ibn al-Qifti, Ußaibiah u. a.) und geben keine Zusätze, die nicht durch die Zeitgeschichte belegt werden können.

S. 115 [8] Karl der Große hatte neben der kirchlichen eine rein staatliche Krankenpflege ins Leben gerufen, königliche Hospitäler gegründet und sie der Aufsicht besonderer Beamter unterstellt; bald nach seinem Tod legte die Kirche ihre Hand auf alle weltlichen Einrichtungen sozialer Fürsorge.

S. 116 [9] Max Nordau (*Aus dem wahren Milliardenlande* I, 121 ff.) hat Mitte des vorigen Jahrhunderts als Arzt am Hôtel de Dieu die Verhältnisse in dem alten Pariser Hospital und seine Geschichte, kurz bevor es abgerissen wurde, noch persönlich studiert.

S. 143 [10] „Die von spanischen Christen bewahrten Bräuche stellten einen lebendigen Reflex des arabischen Prestiges dar, das zwar manchmal ‚deprimierte und erniedrigte', das aber trotzdem zu einer unbewußten Nachahmung verleitete, und dies sogar noch nach dem Erlöschen der politischen und militärischen Glanzzeit der Araber." Americo Castro, *Spanien*, S. 118.

S. 169 [11] Die arabo-lateinischen Übersetzungen kranken im Gegensatz zu den gräko-arabischen mit wenigen Ausnahmen daran, daß sie nicht von Fachleuten, ja nicht einmal von Kennern beider Sprachen – des Arabischen und des Lateinischen – durchgeführt wurden. Meist bediente man sich eines Zwischenübersetzers, der den arabischen Text mündlich ins Hebräische oder Kastilische übertrug, um ihn sodann in ein mehr oder weniger gekonntes Latein zu bringen; dabei schlichen sich

Unmassen von Fehlern, Verballhornungen von Fachausdrücken und Namen in die oft ganz unzuverlässigen und sinnverdrehenden Übersetzungen ein.

S. 173 [12] Noch im 17. Jahrhundert liefert der Arzt Johannes Raicus aus Marienburg eine Dissertation von der „Pestilentz ex flagello Dei", in der er den göttlichen Ursprung der Pest beweist als „ein tödtliches Geschoß in den Leib ohn Verletzung der Haut, das endlich in böse drüss und geschwulst sich endet und vom Schlag- oder Würgengel eingeschossen oder eingeschlagen ist, damit Gottes Zorn erfüllet werde. Daß die Pest ein wahrhafftiges Geschoß sey, bezeugget die heilige Schrift."

S. 182 [13] Custom, *History of Medicine*, S. 371.

S. 275 [14] „Das Zeichen der Untergebenheit (der Handkuß) hat nichts mit dem europäischen Feudalismus zu tun, sondern gehört in den Bereich des orientalischen Lebens. Wie selbstverständlich der Handkuß den Arabern als Merkmal der Unterwerfung und der Ehrung erschien, sieht man aus dem folgenden Satz von Ibn Daraj (gest. 1030): ‚Du läßt mich die Länge der Reise fürchten, doch ist diese es wert, unternommen zu werden, allein um die Hand des Amiri zu küssen.'" Castro, *a. a. O.*, S. 123.

S. 282 [15] „Man wird kaum behaupten und jedenfalls aus Quellen und Denkmälern nicht erweisen können, daß Berbern und Westgoten für die Kunstpolitik der arabischen Eroberer ähnlich unentbehrlich waren, wie man das von Kopten, Griechen und Persern anzunehmen berechtigt ist. Die verhältnismäßig späte Unterwerfung des Maghreb hatte vielmehr den Vorteil, daß man hier der bodenständigen Überlieferung im allgemeinen entraten und sogleich die neuen Baugedanken verwirklichen konnte, die sich in den östlichen Zentren und zumal in der Reichshauptstadt Damaskus eben durchgerungen hatten." Kühnel, *Maurische Kunst*, S. 15.

S. 289 [16] „Während die antike Kunst jeden kunstgewerblichen Gegenstand nach den Prinzipien der großen Skulptur und Architektur behandelte, so behandelt die islamische ein Bauwerk wie ein Schmuckkästchen oder einen köstlichen Stoff." Herzfeld, *Genesis*. Hierzu Kühnel, *a. a. O.*, S. 45: „In den granadiner Stoffen wird man viele Motive finden, die in den Stuck- und Mosaikmustern der Alhambra nachzuweisen sind; eigentümlicherweise sprechen aber viele Merkmale dafür, daß hier nicht von Textilien ins Plastische und Musivische, sondern umgekehrt die Wanderung stattfand."

S. 291 [17] Der Kult des Apostels Sankt Jacob, in dem Christliches (als Zwillingsbruder Christi, an dessen Stelle er tritt), Griechisches (Dioskuren) und Germanisches (Wotan als Schimmelreiter) sich mischt, „nahm als Erwiderung auf die Vorgänge auf arabischer Seite unermeßliche Dimensionen an; als Gegenmaßnahme gegen den Kampf des Islams, der von einem religiösen Glauben getragen und gewonnen wurde ... Genauso wie zahlreiche andere Aspekte des maurischen Lebens unbewußt nachgeahmt wurden, so übernahmen die Christen auch von ihren Feinden die Verwendung religiöser Überzeugungen für militärische Zwecke." Castro, *a. a. O.*, S. 140 ff.

S. 293 [18] Der vielfache Gebrauch roter und weißer Keilsteine in den Rundbogenarkaden burgundischer Kirchen (z. B. in Vézelay) haben ihr unmittelbares Vorbild in Saint-Philibert in Tournus, deren Erbauer, Abt Peter I. (1060–1107), von seiner Spanienreise diese Anregung aus der Moschee von Cordoba mitgebracht hatte.

S. 303 [19] Vgl. Böhmer, *Die künstliche Besamung von Stuten*, Deutsche Landwirt. Tierzucht 38, 204, 1934.

S. 335 [20] Über die verschiedenen Stilgesetze der Geschlechterbeziehungen vgl. Sigrid Hunke, *Am Anfang waren Mann und Frau; Vorbilder und Wandlungen der Geschlechterbeziehungen.* Über den Wandel des Marienbildes S. 180 ff.

S. 336 [21] Hunke, *a. a. O.*, S. 34 ff., 161 ff.

S. 338 [22] „Ich möchte noch einmal wiederholen, daß das christliche Spanien keine Gegebenheit war, die eine eigene festgelegte Existenz besaß, auf die gelegentlich der ‚Einfluß' des Islams einwirkte wie eine Mode oder wie eine Folge des Lebens ‚jener Zeiten'. Das christliche Spanien baute sich vielmehr auf, indem es seinem Leben alles einfügte und einverleibte, wozu es durch seine Verflechtung mit der arabischen Welt gezwungen war." Castro, *a. a. O.*, S. 102.

S. 341 [23] Otto Spies, *Der Orient in der deutschen Literatur.*

S. 348 [24] Henri Pirenne, *a. a. O.*, S. 327.

[25] Arnold J. Toynbee (*Studie zur Weltgeschichte*, S. 138) spricht von dem „Druck der Mohammedaner", der „zeitlich als erster auftrat, alle anderen an Stärke übertraf und in seiner Wucht überwältigend erschien, vor allem gemessen an der kleinen Kraft, die der neugeborenen westlichen Kultur zur Verfügung stand"; und er stimmt seinem Landsmann Gibbon (*The History of the Decline and Fall of the Roman Empire*, 1780) zu, der „glaubte, daß dieser Riesendruck die ganze westliche Gesellschaft in die Reihe der eingegangenen, abgestorbenen, steckengebliebenen Zivilisationen hätte verweisen können".

S. 349 [26] Hierzu Castro *a. a. O.*, S. 208 ff., 220; Taeschner, *Islamisches Ordensrittertum zur Zeit der Kreuzzüge.* In: Welt als Geschichte, 1938. Dagegen Waas, *Geschichte der Kreuzzüge* II, 11.

[27] Vgl. Anm. 26.

LITERATURHINWEISE

ALLGEMEINES

Arnold, Th., and Guillaume, A., The Legacy of Islam. Oxford 1947.

Becker, C. H., Das Erbe der Antike in Orient und Okzident. 1931.

—, Islamstudien. Leipzig 1924—1932.

Bertram, Thomas, The Arabs. London 1937.

Bevan, E. R. and Singer, Charles, The Legacy of Israel. Oxford 1927.

Brockelmann, Carl, Geschichte der arabischen Litteratur. Weimar 1897.

—, Geschichte der islamischen Völker und Staaten. 2. Aufl. München 1943.

Byng, Edward J., Die Welt der Araber. Berlin 1953.

Clauß, L. F., Semiten der Wüste unter sich. Berlin 1937.

Diercks, G., Die Araber i. MA. u. ihr Einfluß auf die Kultur Europas. Leipzig 1882.

Enzyklopädie des Islams, 4 Bände u. Erg.-Band. Leiden 1908–1934.

Gautier, E. F., Moeurs et Coutumes des Musulmans. Paris 1949.

—, Le Passé de l'Afrique du Nord. Paris 1952.

Goldziher, Ignaz, Vorlesungen über den Islam. Heidelberg 1910.

Heer, Friedrich, Europäische Geistesgeschichte. Stuttgart 1953.

Hüber, Reinhard, Arabisches Erbe. Berlin.

Huart, C., Geschichte der Araber. Leipzig 1915.

Jacob, Georg, Der Einfluß des Morgenlandes a. d. Abendland. Hannover 1924.

Kremer, A. von, Culturgeschichte des Orients u. d. Califen. Wien 1875—1877.

Littmann, Enno, Abendland und Morgenland. Tübingen 1930.

—, Morgenländische Wörter im Deutschen, 2. Aufl. Tübingen 1924.

Lokotsch, Karl, Etymologisches Wörterbuch der europäischen Wörter orientalischen Ursprungs. Heidelberg 1927.

Mazaheri, Aly, So lebten die Muselmanen im Mittelalter. Stuttgart 1957.

Mez, A., Die Renaissance des Islam. Heidelberg 1922.

Müller, August, Der Islam im Morgen- und Abendland. Berlin 1885—1887.

Der Heilige Qur-ân, arab.-deutsch, vers. m. einer ausführl. Einführung u. d. Ltg. v. Hazrat Mirza Bashiruddin Mahmud Ahmad. Wiesbaden 1954.

Paret, Rudi, Der Islam und die Araber bis gegen Ende des MAs. 1940.

Pirenne, Henri, Die Geburt des Abendlandes - Mohammed und Karl der Große. Leipzig 1939.

Pirenne, Jacques, Die großen Strömungen i. d. Weltgeschichte v. d. Antike bis z. Abschluß d. 2. Weltkrieges. Bern 1945.

Prutz, Hans, Kulturgeschichte der Kreuzzüge, Berlin 1883.

Risler, Jacques, La Civilisation Arabe. Paris 1955.

Rörig, Hans, Die arabische Welt. München 1955.

Schib, Karl, Das Mittelalter. Zürich 1956.

Spies, Otto, Orientalische Kultureinflüsse im Abendland. Braunschweig 1949.

Störig, H. J., Kleine Weltgeschichte d. Wissenschaft. Stuttgart 1957.

Taeschner, Franz, Geschichte der arabischen Welt. Heidelberg 1944.

Waas, Adolf, Geschichte der Kreuzzüge. Freiburg 1956.

ERSTES BUCH: WÜRZE DES ALLTAGS

Aubin, Hermann, Vom Altertum zum Mittelalter. München 1949.

Götz, W., Die Verkehrswege im Dienste des Welthandels. Stuttgart 1888.

Heyd, Wilhelm, Die mittelalterl. Handelskolonien der Italiener in Nord-Afrika von Tripoli bis Marokko. In: Zschr. f. d. ges. Staatsw. Tübingen 1864.

—, Geschichte des Levantehandels im Mittelalter. Stuttgart 1879.

Jacob, Georg, Der Bernstein bei den Arabern des Mittelalters. Berlin 1886.

—, Nachweis arab. u. a. orient. Quellen z. Gesch. d. Germanen i. MA. Berlin 1889.

—, Ein arabischer Berichterstatter aus d. 10. od. 11. Jh. über Fulda, Schleswig, Soest, Paderborn u. a. deutsche Städte. Berlin 1890.

—, Die Waren beim arabisch-nordischen Verkehr i. MA. Berlin 1891.

—, Der nordisch-baltische Handel der Araber i. MA. Leipzig 1887.

—, Welche Handelsartikel bezogen die Araber des MAs. a. d. nordisch-baltischen Ländern? Berlin 1891.

—, Arabische Berichte von Gesandten an germanische Fürstenhöfe a. d. 9. u. 10. Jahrh. Berlin 1927.

— u. Müller, Friedr., Nachweis arabischer und anderer orientalischer Quellen z. Gesch. d. Germanen im MA. Berlin 1889.

Karabacek, Das arabische Papier. Wien 1887.

Kroeber, Ludwig, Geschichte u. Herkunft d. Würz- u. Duftstoffe. München 1949.

Lippmann, E. v., Zur Geschichte des Schießpulvers und der ältesten Feuerwaffen. 1898.

Mickwitz, G., Der Verkehr auf dem westlichen Mittelmeer um 600 n. Chr. In: Dopsch-Festschr. 1938.

Paret, Rudi, Der Einbruch der Araber in die Mittelmeerwelt. Kevelaer 1946.

Romocki, J. v., Geschichte der Explosivstoffe. Berlin 1895.

Schaube, A., Handelsgeschichte der roman. Völker des Mittelmeergebiets zur Zeit der Kreuzzüge. München 1906.

Schulte, A., Geschichte des mittelalterlichen Handels und Verkehrs zwischen Westdeutschland u. Italien. Leipzig 1900.

Simonsfeld, H., Der Fondaco dei Tedeschi. Stuttgart 1887.

Warburg, O., Die Muskatnuß. Leipzig 1897.

Wiedemann, E., Zur Geschichte des Kompasses bei den Arabern. In: Verh. d. Deutschen Phys. Ges. 1907, 1909.

ZWEITES BUCH: ZAHLSCHRIFT DER WELT

Cantor, Moritz, Geschichte der Mathematik. 4 Bde. Leipzig 1913—1922.

Eichengrün, Fritz, Gerbert (Silvester II.) als Persönlichkeit. Leipzig 1928.

Friedlein, G., Gerbert, die Geometrie des Boethius und die indischen Ziffern. Erlangen 1861.

—, Die Zahlzeichen und das elementare Rechnen der Griechen und Römer und des christl. Abendlandes v. 7. bis 13. Jahrh. Erlangen 1869.

Giesing, J., Leben und Schriften Leonardos von Pisa. Döbeln 1866.

Gundermann, Gotthold, Die Zahlzeichen. Gießen 1899.

Günther, S., Geschichte des math. Unterrichts im deutschen MA. Berlin 1887.

Menninger, Karl, Zahlwort und Ziffer. 2. verm. Aufl. Göttingen 1957.

Oechelhauser, Adolf von, Der Bilderkreis zum Wälschen Gast. Heidelberg 1890.
Ruska, Julius, Zur ältesten arabischen Algebra. Heidelberg 1917.
Seeger, Fr., Geschichtl. Darstellung der Zahlen und der ersten 7 Rechnungsarten. Oldenburg 1890.
Tropfke, Johannes, Geschichte der Elementar-Mathematik. Berlin 1921.
Werner, Karl, Gerbert von Aurillac, die Kirche und Wissenschaft seiner Zeit. Wien 1881.
Willers, F. A., Zahlzeichen und Rechnen im Wandel der Zeit. Berlin 1950.

DRITTES BUCH: DER HIMMEL ÜBER UNS

Becker, Friedrich, Geschichte der Astronomie. Bonn 1946.
Becker, Oskar, u. Hofmann, J. E., Geschichte d. Mathematik. Bonn 1951.
Cantor, Moritz, Geschichte der Mathematik. Leipzig 1913—1922.
Carmody, F. J., Arabic astronomical and astrological sciences in latin translation. Berkeley 1956.
Dannemann, Friedrich, Die Naturwissenschaften. 2. Aufl. Leipzig 1920.
Frank, Josef, Die Verwendung des Astrolabs nach al-Chwarismi. Erlangen 1922.
Hauser, Friedrich, Über das Kitab al-hijal der Benu Musa. Erlangen 1922.
Ideler, Ludwig, Untersuchungen ü. d. Ursprung u. d. Bedeutung der Sternnamen. Berlin 1809.
Luckey, Paul, Beiträge zur Erforschung der islamischen Mathematik. In: Orientalia, Bd. 17. Rom 1948.
—, Zur islam. Rechenkunst und Algebra d. MAs. In: Forschung und Fortschritte. Berlin 1948.
Mazaheri, Ali, Histoire de la Science Arabe. Beirut 1948.
Meyerhoff, M., Die Optik der Araber. In: Zschr. f. ophth. Optik. Berlin 1920.
Nolte, Friedrich, Die Armillarsphäre. Erlangen 1922.
Schmeller, Hans, Beiträge z. Gesch. d. Technik i. d. Antike u. bei den Arabern. Erlangen 1922.
Schnaase, Die Optik Alhazens. Stargard 1889.
Schoy, C., Über einige a. d. Arabischen entlehnten Benennungen in den exakten Wissenschaften. 1917.
Suter, Heinrich, Die Mathematiker und Astronomen der Araber und ihre Werke. Leipzig 1900.
—, Das Buch der geometr. Konstruktionen von Abul Wefa. Erlangen 1922.
Wiedemann, Eilhard, Über die Naturwissenschaften im islamischen Mittelalter. In: Der neue Orient, Bd. V. Berlin 1919.
Wieleitner, H., Geschichte der Mathematik. Berlin 1922.
Zinner, Ernst, Die Geschichte der Sternkunde. Berlin 1931.
—, Sternglaube und Sternforschung. München 1953.
—, Astronomie — Geschichte ihrer Probleme. Freibung 1951.

VIERTES BUCH: HEILENDE HÄNDE

Berendes, Das Apothekenwesen. Stuttgart 1907.
Brunn, Walter von, Kurze Gesch. d. Chirurgie. Berlin 1928.

Brunn, W. v., Geschichte der Chirurgie. Bonn 1948.
—, Allgemeinnarkose. 1913.
Creutz, Rudolf, Die Hochblüte der Schule von Salerno. In: Med. Welt, Jg. 1935.
Darmstaedter, Ernst, Zur Geschichte der Narkose und Anästhesie. 1931.
Deubner, Ludwig, Kosmas und Damian. Leipzig 1907.
Diepgen, Paul, Medizin und Kultur. Stuttgart 1938.
—, Die Geschichte der Medizin. 1949.
—, Aus der Geschichte d. Blutkreislaufs. In: Fortschr. d. Med., 50. Jg. Berlin 1932.
—, Medizinisches aus Theologischen Schriften d. MAs. In: Med. Klinik, 1913.
—, Studien z. Gesch. d. Beziehungen zw. Theologie u. Medizin. Berlin 1922.
—, Die Bedeutung des MAs. f. d. Fortschritt d. Medizin, Zürich 1924.
Goldhahn, Richard, Seuchenbekämpfung und Seuchenspitäler in früheren Jahrhunderten. In: Med. Welt. 1935.
Haas, Hans, Spiegel der Arznei. Berlin 1956.
Haddad, S. I. and Khairallah, A. A., A Forgotten Chapter in the History of the Circulation of the Blood. In: Annals of Surgery. London 1936.
Haeser, Heinrich, Lehrbuch der Geschichte der Medizin und der epidemischen Krankheiten. 3 Bde. Jena 1875—1881.
Held, Nicolaus Salernitanus und Nikolaos Myrepsos. Diss. Leipzig 1916.
Hirschberg, J., Geschichte der Augenheilkunde bei den Arabern. Leipzig 1905.
Holländer, Eugen, Die Karikatur und Satire in der Medizin. Stuttgart 1921.
—, Anekdoten aus der mediz. Weltgeschichte. Stuttgart 1953.
Husemann, Th., Die Schlafschwämme und andere Methoden d. allg. u. örtl. Anästhesie im MA. In: Deutsche Zschr. f. Chirurgie, Leipzig 1896.
Khairallah, Amin A., Outline of Arabic Contributions to Medicine. Beirut 1946.
Kilian, H. u. Weese, H., Die Narkose. Stuttgart 1954.
Klebs, Arnold C., The Practica of Gianmetteo Ferrari da Gradi. In: Essays on History of Medicine. Zürich 1924.
Kopp, Hermann, Beiträge z. Geschichte der Chemie. Braunschweig 1875.
Kriegk, G. L., Deutsches Bürgerthum im MA. Frankfurt a. M. 1871.
Macrizi's Beschreibung d. Hospitäler in el-Cahira. In: Janus 1846.
Martin, Alfred, Beiträge z. Kulturgeschichte d. Aussatzes. In: Fortschritte d. Medizin. 50. Jg. Berlin 1932.
Meyerhoff, Max, Ibn Nafis und seine Theorie des Lungenkreislaufs. In: Quellen u. Studien z. Gesch. d. Natw. u. d. Med. Berlin 1935.
—, La Découverte de la Circulation Pulmonaire par Ibn an-Nafis. Kairo 1934.
—, Von Alexandrien nach Bagdad. Berlin 1930.
Meyer-Steinegg, Th. u. Sudhoff, K., Geschichte d. Med. i. Überblick. Jena 1921.
Neuburger, Max, Geschichte der Medizin. 2 Bde. Stuttgart 1906–1911.
Nordau, Max, Aus dem wahren Milliardenlande. Leipzig 1878.
Perrenon, Eugen, Die Chirurgie des Hugo von Lucca. Diss. Berlin 1899.
Ruska, Julius, Arabische Giftbücher. In: Fortschr. d. Med. Berlin 1932.
—, Die siebzig Bücher des Gabir ibn Hajjan. In: Studien z. Gesch. d. Chemie. Berlin 1927.
—, Al Razi (Rhases) als Chemiker. In: Zschr. f. ang. Chemie. 1922.
— u. Kraus, Paul, Der Zusammenbruch der Dschabir-Legende. Berlin 1930.
Schelenz, Hermann, Geschichte der Pharmazie. Berlin 1904.
Schmidt, R., Die Anfänge d. wissensch. u. prakt. Pharmazie am Mittelrhein. In: Deutsche Apotheker-Zeitung 1958.

Seidel, G., Über die medizinischen Kenntnisse b. d. Arabern. In: Sitzgber. d. phys. med. Soz. in Erlangen Bd. 47.
Sigerist, Henry E., Die Geburt der abendländischen Medizin. In: Essays on the Hist. of Med. Zürich 1924.
Singer, Charles and Dorothea, The Origin of the Medical School of Salerno. In: Essays on the Hist. of Med. Zürich 1924.
Steinschneider, Moritz, Die europ. Übersetzungen a. d. Arabischen. Graz 1956.
Sticker, Georg, Seuchengeschichte und Seuchenlehre. Gießen 1908—1910.
Sudhoff, Karl, Tradition und Naturbeobachtung in den Illustrationen medizin. Handschriften u. Frühdrucke. Leipzig 1907.
—, Aus der Geschichte des Krankenhauswesens im frühen MA. im Morgenland und Abendland. 1913.
—, Geschichte der Zahnheilkunde. Leipzig 1926.
—, Zu den Schlafschwämmen der Borgognoni. In: Arch. f. Gesch. d. Med. Leipzig 1921.
el-Tatawi, Der Lungenkreislauf nach el-Koraschi. Diss. Freiburg 1924.
Urdang, Georg u. Dieckmann, Hans, Einführung i. d. Gesch. d. deutschen Pharmazie. Frankfurt 1954.
Usama ibn Munkidh, Memoiren eines syrischen Emirs aus der Zeit der Kreuzzüge. Hg. v. Georg Schumann. Innsbruck 1905.
Valentin, H., Geschichte der Pharmazie und Chemie. Stuttgart 1950.
Wiedemann, Eilhard, Zur Alchemie bei den Arabern. Erlangen 1922.
Wüstenfeld, Ferd., Geschichte d. arab. Ärzte u. Naturforscher. Göttingen 1840.
—, Die Übersetzungen arab. Werke i. d. Lateinische. Göttingen 1878.

FÜNFTES BUCH: SCHWERTER DES GEISTES

Bergsträsser, G., Hunain ibn Ishak und seine Schule. Leiden 1913.
Denifle, H., Die Universitäten des Mittelalters. Berlin 1885.
Haneberg, Daniel, Abh. ü. d. Schul- u. Lehrwesen der Muhammedaner im MA. München 1850.
Hartmann, Richard, Die Religion des Islam. Berlin 1944.
Hellmann, Das Mittelmeer bis zum Ausgang der Kreuzzüge. Gotha 1920.
Kaufmann, G., Die Geschichte der deutschen Universitäten.
Keller, Ferd., Die sarazenische Invasion in der Schweiz. Zürich 1856.
Khemiri, T., Der Asabija-Begriff in der Muqaddima des Ibn Haldun. In: Islam. Berlin 1936.
Lokys, Die Kämpfe der Araber mit den Karolingern. Heidelberg 1906.
Müller, August, Die griech. Philosophen i. d. arab. Überlieferung. Halle 1873.
Semadeni, F. O., Pontresina, seine Geschichte. In: Rund um Pontresina. 1953.
Steiner, H., Die Mu'taziliten oder die Freidenker im Islam. Leipzig 1865.
Suter, H., Die Araber als Vermittler der Wissenschaften in deren Übergang vom Orient in den Occident. Aarau 1897.
Taeschner, Franz, Die islamischen Futuwwabünde. In: Zschr. d. Deutschen Morgenl. Ges. Leipzig 1934.
—, Der Anteil des Sufismus an der Formung des Futuwwaideals. In: Islam 1937.
Wüstenfeld, Ferd., Die Academien der Araber und ihre Lehrer. Göttingen 1837.

Amari, M., Storia dei Musulmani di Sicilia. Florenz 1854—72.

Bäumer, Alfred, Die Ärztegesetzgebung Kaiser Friedrichs II. und ihre geschichtlichen Grundlagen. Diss. Leipzig 1911.

Blochet, E., Les Relations Diplomatiques des Hohenstaufen avec les Sultans d'Egypte. In: Revue Historique 80.

Caboga, Herbert W. M. von, Studie zum Problem einer Burgen-Typologie. Rapperswil 1952.

—, Der Orient und sein Einfluß auf d. mittelalt. Wehrbau des Abendlandes. Madrid 1953.

Caspar, Erich, Hermann von Salza. Tübingen 1924.

—, Roger II. Innsbruck 1904.

Cohn, Willy, Das Zeitalter der Hohenstaufen in Sizilien. Catania 1932.

—, Die Geschichte der normannisch-sizilischen Flotte unter der Regierung Rogers I. u. Rogers II. Breslau.

Fillitz, H., Die Insignien und Kleinodien des Hl. Röm. Reiches. Wien 1954.

Hampe, Karl, Aus der Kindheit Friedrichs II. 1901.

—, Kaiser Friedrich II. als Fragensteller. In: Kultur- u. Universalgesch. Leipzig 1927.

Hartwig, Die Übersetzungsliteratur Unteritaliens i. d. normannisch-staufischen Periode. In: Zentralbl. f. Bibl. Wesen. 1886.

Haseloff, Arthur, Die Bauten der Hohenstaufen in Unteritalien. Leipzig 1920.

Heinemann, Lothar v., Geschichte der Normannen in Unteritalien. Leipzig 1894.

Heupel, Wilhelm, Der sizilische Großhof unter Kaiser Friedrich II. Leipzig 1940.

Horten, M., Die Hauptlehren des Averroes. Bonn 1913.

Hotz, Walter, König und Verschwörer. Bremen 1940.

Kampers, Franz, Kaiser Friedrich II. Leipzig 1929.

Kantorowicz, Ernst, Kaiser Friedrich der Zweite. Berlin 1928. Ergänzungsband Berlin 1931.

Masson, Georgina, Das Staunen der Welt. Tübingen 1958.

Müller, M. J., Philosophie und Theologie des Averroes. München 1859.

Niese, Hans, Zur Geschichte des geistigen Lebens am Hofe Kaiser Friedrichs II. In: Hist. Zschr. München 1912.

Pfister, Kurt, Kaiser Friedrich II. München 1942.

Piper, O., Abriß der Burgenkunde. München 1912.

Renan, Ernest, Averroes et l'Averroisme. Paris 1852.

Röhricht, Reinhold, Beiträge zur Geschichte der Kreuzzüge. Berlin 1874.

Schack, Ad. Fr. v., Die Poesie und Kunst der Araber in Spanien und Sizilien. Berlin 1877.

—, Geschichte der Normannen in Sizilien. Stuttgart 1889.

Schillmann, Fr., Sizilien — Geschichte und Kultur einer Insel. Wien 1935.

Stefano, A. de, La Cultura alla Corte die Federico II Imperatore. Bologna 1950.

Steinen, Wolfram v. d., Staatsbriefe Kaiser Friedrichs II. Breslau 1923.

Sudhoff, Karl, Ein diätetischer Brief an Kaiser Friedrich II. von seinem Hofphilosophen Magister Theodorus. In: Arch. f. Gesch. d. Med. Leipzig 1916.

Suter, Heinrich, Beiträge z. d. Beziehungen Kaiser Friedrichs II. zu zeitgenössischen Gelehrten des Ostens und Westens, insbesondere zu dem arabischen Enzyklopädisten Kemal ed-Din ibn Junis. In: Beitr. z. Gesch. d. Math. b. d. Griechen u. Arabern. Erlangen 1922.

Wahl, Rudolf, Wandler der Welt. München 1949.
Thornton, H. H., The Poems ascribed to Frederick II and „Rex Fredericus". In: Speculum 1926.
Wiedemann, Eilhard, Fragen aus dem Gebiet der Naturwissenschaften, gestellt von Friedrich II., dem Hohenstaufen. In: Arch. f. Kulturgesch. Leipzig 1914.
Wilda, Hans, Zur sizil. Gesetzgebung, Steuer- und Finanzverwaltung unter Kaiser Friedrich II. und seinen normann. Vorfahren. Diss. Halle 1889.
Willemsen, C. A., Die Falkenjagd. Leipzig 1943.

SIEBENTES BUCH: ANDALUSISCHE ARABESKEN

Asin Palacios, Miguel, Dante y el Islam. Madrid 1927.
Bräunlich, E., Literaturgesch. Betrachtungsweise altarab. Poesien. In: Islam 1937.
Briggs, M. S. Muhammadan, Architecture in Egypt and Palestine. Oxford 1924.
Brinkmann, H., Entstehungsgeschichte des Minnesangs. In: Dtsche. Vierteljschr. Halle 1926.
Bucg, R., La musica andaluza medieval en las canciones de Trovadores y Troveros. Madrid 1923.
Burdach, Konrad, Über den Ursprung des mittelalterlichen Minnesangs, Liebesromans und Frauendienstes. Berlin 1918.
Castro, Americo, Spanien, Vision und Wirklichkeit. Köln 1957.
Dehio und Bezold, Die kirchliche Baukunst des Abendlandes. Stuttgart 1901.
Diez, Ernst, Die Kunst der islamischen Völker. Berlin 1917.
—, Glaube und Welt des Islams. Stuttgart 1941.
Dozy, Reinhart, Geschichte der Mauren in Spanien. Leipzig 1874.
Ecker, Lawrence, Arabischer, provenzalischer und deutscher Minnesang. Diss. Bern 1934.
Erckmann, Rudolf, Der Einfluß der arabisch-spanischen Kultur auf die Entwicklung des Minnesangs. Diss. Gießen 1933.
Farmer, Henry George, Clues for the Arabian Influence on European Music Theory. In: Journal of the Royal As. Soc. 1925.
—, The Influence of Music from Arabic Sources. London 1926.
Fiore, Silvestro, Über die Beziehungen zwischen der arabischen und der frühitalienischen Lyrik. Köln 1956.
Franz, J., Die Baukunst des Islam. Darmstadt 1887.
Hartmann, Rudolf, Zur Frage des arabischen Ursprungs des Minnesangs. In: Orient. Literaturzeitung 1941.
Herzfeld, Ernst, Genesis der islamischen Kunst. In: Islam 1910.
Heusler, Andreas, Deutsche Versgeschichte. 2. Bd. Berlin 1927.
Hoenerbach, Wilhelm, Die Vulgärarabische Poetik des Safiyaddin Hilli. Wiesbaden 1956.
— u. Ritter, H., Neue Materialien zum zacal. In: Oriens 3,5. Leiden 1950/52.
Hunke, Sigrid, Am Anfang waren Mann und Frau, Vorbilder und Wandlungen der Geschlechterbeziehungen. Hamm 1955.
Kühnel, E., Maurische Kunst. Berlin 1924.
Kulm, Karl Georg, Zur Geschichte des Reims. In: Dtsche Vierteljschr. 1949.
Löpelmann, Martin, Das Gesetz der Wüste, Vormuhammedan. Kampf- u. Liebeslieder. Aus d. Arab. übertr. u. nachgedichtet. Wiesbaden 1950.

Menendez-Pidal, R., Poesia arabe y poesia europea. In: Bulletin Hispanique 40. Bordeaux 1939.
Merkle, Sebastian, Dante und die mohammedanische Eschatologie. 1929.
Müller, G., Ergebnisse und Aufgaben der Minnesangforschung. In: Dtsche. Vierteljschr. f. Lit. u. Geistesgesch. 1927.
Nykl, A. R., El cancionero del Sheik Aben Guzman. Madrid 1933.
—, Hispano-Arabic Poetry and its Relations with the Old Provençal Troubadours. Baltimore 1946.
Palm, S., Arabische Lyrik in Spanien. In: Dtsche Univ.-Zeitg. Göttingen 1958.
Ribera, Julian, La musica andaluza medieval en las canciones de Trovadores y Troveros. Madrid 1922.
—, La musica andaluza medieval en las canciones de Trovadores, Troveros y Minnesinger. Madrid 1923—1925.
Robertson Smith, Kinship and marriage in early Arabia. 1885.
Rosenthal, Erwin, Ibn Khalduns Gedanken über den Staat. München 1932.
Schack, A. F. v., Poesie u. Kunst d. Araber i. Spanien u. Sizilien. Berlin 1877.
Scheludko, D., Beiträge z. Entstehungsgesch. d. altprovenz. Literatur 1928.
Sedlmayr, Hans, Die Entstehung der Kathedrale. Zürich 1950.
Spies, Otto, Der Orient in der deutschen Literatur. Kevelaer 1950—1951.
Strzygowski, Josef, Antike, Islam und Occident. Leipzig 1909.
Taeschner, Franz, Islamisches Ordensrittertum zur Zeit der Kreuzzüge. In: Welt als Geschichte 1938.
Truchis, P. de, Les Influences Orientales dans L'Architecture Romane de la Bourgogne. Paris 1909.
Wagner, Peter, Morgen- und Abendland in der Musikgeschichte. In: Stimmen der Zeit. 1927.
Wattenbach, Die Anfänge lateinisch profaner Rhythmen des MAs. In: Zschr. f. dtsches Altertum III. 3.
Weisbach, Werner, Religiöse Reform und mittelalterliche Kunst. Zürich 1945.

NACHWEIS DER ABBILDUNGEN

(T) = Tafel, gegenüber der angegebenen Seitenzahl

Beziehungen zwischen der arabischen und der frühitalienischen Lyrik (= Kölner Romanistische Arbeiten, N. F. 8), Köln 1956.

S. 288 (T) „Dom von Monreale“ aus: Guido de Stefano, *Monumenti della Sicilia Normanna.* Societá Siciliana per la Storia Patria, Palermo 1955.

S. 320 (T) „Arabisches Liebespaar“ (Szene aus einem Hafiz) aus: Ph. W. Schulz, *Die persisch-islamische Miniaturmalerei,* Bd. II, Tafel 175, Verlag Anton Hiersemann, Leipzig 1914.

S. 336 (T) „Arabische Musikinstrumente in Compostela“ aus: Americo Castro, *Spanien,* Abb. 42, Verlag Kiepenheuer & Witsch, Köln.

„Zwei arabische Spielleute“ aus: Silvestro Fiore, *Über die Beziehungen zwischen der arabischen und der frühitalienischen Lyrik* (= Kölner Romanistische Arbeiten, N. F. 8), Köln 1956.

UNSERE ARABISCHEN LEHNWÖRTER

Soweit die Wörter im Text (Kursiv) erscheinen, sind sie mit der betreffenden Seitenzahl versehen. Von uns übernommene Bezeichnungen rein arabischer Gegenstände wie Minarett, Muezzin, Emir, Kalif sind nicht berücksichtigt.
Über die Wortgeschichte einzelner Wörter, z. B. Rakete, vertreten die Sprachwissenschaftler verschiedene Meinungen.
Zugrundegelegt wurden:

Littmann, Enno, *Morgenländische Wörter im Deutschen,* 2. Aufl. Tübingen 1924.
Lokotsch, Karl, *Etymologisches Wörterbuch der europäischen Wörter orientalischen Ursprungs,* Heidelberg 1927.
Kluge, Friedrich, *Etymologisches Wörterbuch der deutschen Sprache,* 17. Aufl. Berlin 1957.
Legacy of Islam, hg. von Arnold and Guillaume, Oxford 1952.
Seiler, Friedrich, *Die Entwicklung der deutschen Kultur im Spiegel des deutschen Lehnworts,* Halle 1907–1913.
Spies, Otto, *Orientalische Kultureinflüsse im Abendland,* Braunschweig 1949.

STERNNAMEN ARABISCHEN URSPRUNGS

Acarnar
Achleischemali
Alamac
Alchabor
Aldebaran
Algebar
Algedi
Algenib
Algomeiza
Algol
Algorab
Alhabor
Albajoth
Alkor
Alphard
Alpherath
Alpheraz
Alpheta
Altair
Amak
Arided
Arioph
Asangue
Aschere
Atair
Ataur
Ayuk
Baten-Kaitos
Benetnasch
Betelgeuse
Denab
Denebola
Dubhe
Etanin
Facardin
Fomalhaut
Kalbehasit
Kalbelazguar
Kalbolacrab
Kochab
Markab
Rasalgue
Rasalgethi, Rasalagethi
Rasalgeuse
Ras Alhagh
Rastaben
Rigel
Scheat
Suradain
Wega
u. a.

NAMEN- UND SACHREGISTER